U0603868

"十二五"普通高等教育本科国家级规划教材
科学版精品课程立体化教材·管理学系列

质量管理学

（第四版）

尤建新　邵鲁宁　李展儒　编著
刘虎沉　尤筱玥　主审

科 学 出 版 社

北 京

内 容 简 介

本书分为四篇十六章。第一篇为质量管理基础知识，主要介绍质量、质量管理的基本概念和理论发展，并重点对质量管理体系和服务质量管理进行研讨。第二篇为质量管理职能，主要介绍质量管理活动中的质量策划、质量评价、质量控制和质量改进等职能。第三篇为质量管理方法与工具，帮助理解和掌握实用的几种质量管理工具、统计过程控制与诊断、质量功能展开和 FMEA 方法。第四篇为卓越质量管理，重点介绍了卓越质量与质量奖，以及围绕追求卓越而开展的质量成本管理、顾客满意管理、六西格玛管理等内容。

本书适用于本科生和研究生阶段的教学使用，也可用于工商管理和工程管理等管理类硕士专业学位教育和培训。

图书在版编目（CIP）数据

质量管理学 / 尤建新，邵鲁宁，李展儒编著. —4版. —北京：科学出版社，2021.6

"十二五"普通高等教育本科国家级规划教材　科学版精品课程立体化教材·管理学系列

ISBN 978-7-03-069168-2

Ⅰ. ①质… Ⅱ. ①尤… ②邵… ③李… Ⅲ. ①质量管理学-高等学校-教材 Ⅳ. ①F273.2

中国版本图书馆 CIP 数据核字（2021）第110713号

责任编辑：陶　璇　方小丽 / 责任校对：贾娜娜
责任印制：霍　兵 / 封面设计：蓝正设计

科学出版社 出版
北京东黄城根北街 16 号
邮政编码：100717
http://www.sciencep.com

石家庄继文印刷有限公司 印刷
科学出版社发行　各地新华书店经销
*
2003年8月第　一　版　　　开本：787×1092 1/16
2008年1月第　二　版　　　印张：22 1/4
2014年6月第　三　版　　　字数：528 000
2021年6月第　四　版　　　2022年12月第三十次印刷

定价：48.00元
（如有印装质量问题，我社负责调换）

前 言（第四版）

2020年是一个动荡不定之年，全球数十万人已经被 COVID-19病毒感染，且蔓延势头不减，全球人民生命安危都被笼罩在病毒的阴影之下，举步维艰。COVID-19病毒与石油价格的双重危机导致了2020年3月以来的全球经济大幅度下滑，华尔街显示出了前所未有的恐慌。众多专家预言，这场大灾难过去之后，全球经济格局将发生巨大变化。在全球动荡不安、经济发展速度受限的大环境下，质量将更加关键。

在本书的第三版前言中曾经指出，质量问题涉及千家万户，关系到民众生活水平的提高，是一个永恒的主题。在分享质量进步的同时，我们仍然面临严峻的挑战：食品质量安全问题、空气质量安全等环境问题已经成为影响民生水平进一步提升的关键因素。因此，质量教育的意义更为重大：一方面，不断地获得新的知识，认识卓越质量目标，进而努力提高自己的质量觉悟和工作质量水平，不断改进产品和服务质量，提升企业绩效，为繁荣社会和进步更好地贡献力量；另一方面，是为了享受更好的产品和服务，使生活更加丰富多彩、幸福快乐。进入2020年后，经历了 COVID-19病毒和资本市场跳水的双重洗礼，我们更加感受到质量的重大意义。

同济大学"质量管理学"课程经过三十多年的锤炼，2008年被评为国家级精品课程，2016年进入了国家级精品资源共享课程。本书第一版于2003年出版，受到广大读者的欢迎，被许多高校选为教材使用；第二版被列入国家"十一五"规划教材，于2008年出版，同样获得了众多高校的青睐；第三版结合了作者多年来的科研、企业咨询服务及课堂教学的成果和体会，于2014年出版，并列入了国家"十二五"规划教材建设书目。由于前三版出版后，市场反馈热烈，所以第四版保持了原来的风格和总体框架，考虑到质量管理体系已经非常成熟，且企业实践性较强，不宜在课堂中继续占用过多时间，所以继续维持了第三版的改动和精简，增加了读者们期望的故障模式与影响分析内容。第四版分为四篇十六章，全书修订由尤建新负责，邵鲁宁、李展儒协助。在最后的统稿中得到了刘虎沉、尤筱玥的帮助，他们也担任此书主审。

本书适用于本科生和研究生阶段的教学使用，也可用于工商管理和工程管理领域的硕士专业学位教育和培训。本书的修订基于第一版、第二版、第三版，包含了陈炳权、王永安等众多同仁和前辈的默默奉献，特别是张建同、杜学美、周文泳、武小军、凌刚等同仁也为本书做出了巨大贡献。本书的撰写参考和借鉴了许多质量界同仁的成果，并列为每一章进一步阅读的文献；本书的撰写和多次版本的修订始终得到同济大学教务处与科学出版社各位同仁的支持和帮助，以及各兄弟院校的厚爱，在此一并表示衷心感谢！敬请各位读者和专家继续给予赐教和指正。

作　者

2020年3月于同济园

前　言（第三版）

跨入新世纪已经十多年了，在经历了金融危机的洗礼之后，全球经济格局发生了巨大变化。对于仍然处于发展中国家的中国而言，从制造大国努力成为制造强国，质量仍然是关键。质量问题涉及千家万户，关系到民众生活水平的提高，是一个永恒的主题。在分享质量进步的同时，我们也面临严峻的挑战：食品质量安全问题、空气质量安全等环境问题已经成为影响民生水平进一步提升的关键因素。因此，质量教育更加显得意义重大：一方面，是不断地获得新的知识，认识卓越质量目标，进而努力提高自己的质量觉悟和工作质量水平，不断改进产品和服务质量，提升企业绩效，为社会繁荣和进步更好地贡献力量；另一方面，是为了享受更好的产品和服务，让生活更加丰富多彩、幸福快乐。

同济大学"质量管理学"课程经过二十多年的锤炼，2008年被评为国家精品课程。本书第一版在2003年出版后，获得广大读者的青睐，也对作者提出了一些有益的改进建议。第二版被列入国家"十一五"规划教材，于2008年出版后，同样获得了众多高校的青睐。本次修订出版第三版，是在前两版的基础上，结合作者近几年来的科研、企业咨询服务以及课堂教学的成果和体会，对全书进行的完善和补充，并列入了国家"十二五"规划教材建设书目。第三版保持了前两版的风格和总体框架，考虑到质量管理体系已经非常成熟，且企业实践性较强，不宜在课堂中继续占用过多时间，所以，对相关章节进行了较大的改动和精简。第三版全书分为四篇十五章。第一篇第一章由尤建新负责修订，第一篇第二章和第二篇第五、七、八章由尤建新、周文泳执笔和负责修订，第一篇第三章和第四篇第十三、十五章由尤建新、邵鲁宁负责修订，第一篇第四章、第三篇第十一章和第四篇第十四章由邵鲁宁负责修订，新增第二篇第六章由周文泳执笔，第三篇第九、十章和第四篇第十二章由武小军负责修订。全书最后由尤建新、武小军和邵鲁宁统稿、修改。

本书适用于研究生和本科生阶段的教学使用，也可用于工商管理和工业工程领域的专业学位教育和培训。本书的修订基于了第一、二版的基础，有张建同、杜学美、凌刚、王永安等同仁的巨大贡献，也有陈炳权先生等前辈们的默默奉献；本书的撰写参考和借鉴了许多质量界同仁的成果，并列为每一章进一步研读的文献；本书的撰写和修订始终得到同济大学教务处和科学出版社各位同仁的支持和帮助，以及各兄弟院校的厚爱，在此一并表示衷心感谢！第三版的修订，虽已尽很大努力，但限于作者水平，难免存在不足，敬请各位读者继续给予赐教。

作　者

2014年1月于同济园

前 言（第二版）

　　质量问题涉及千家万户，关系到民众生活水平的提高，是一个永恒的主题。从质量检验、统计质量管理到全面质量管理，质量管理的进步为人类生活的改善作出了巨大贡献。对于仍然处于发展中国家的中国而言，从制造大国逐步发展成为制造强国，质量仍然是关键。中国，从日本引入和学习开展全面质量管理已经近三十年，通过我们的不懈努力，质量管理的理论和实践都有了很大进步，并为中国产品走向世界奠定了良好的基础。我们分享这些进步的成果，一方面，从中不断地获得新的知识，认识存在的不足，进而努力提高自己的质量觉悟和工作质量水平，不断改进提供的产品和服务质量，让顾客更加满意；另一方面，作为顾客，我们也从中享受到了更好的产品和服务，使我们的生活更加快乐。

　　中国的质量进步是有目共睹、令人赞叹的，但是，与世界上发达国家相比，我们仍然存在许多不足。我们需要加倍的努力，尽快地提高我们的质量水平，缩小与发达国家之间的差距。这是我们的责任，更是年青一代人的光荣任务。

　　质量管理课程经过二十多年的锤炼，已经成为上海市的精品课程。本书第一版在2003年出版后，获得广大读者的青睐，也对作者提出了一些有益的改进建议。本次修订出版第二版，是在第一版的基础上，结合作者近几年来的科研、企业咨询服务以及课堂教学的成果和体会，对全书进行的完善和补充。第二版保持了第一版的风格和框架，在补充部分章节的基础上，对原有的章节也进行了较大的改动和完善。全书分为四篇二十一章。第一篇由尤建新执笔修订，主要介绍质量和质量管理的基本概念和思想。第二篇由杜学美执笔修订，主要结合2000版 ISO 9000族标准对质量管理体系进行简要介绍和讨论，有助于对质量管理体系有一个全面的了解，并补充了 ISO 9001：2000标准的应用案例。第三篇由张建同和邵鲁宁执笔修订，介绍质量管理的主要方法，帮助理解和掌握实用的几种质量管理工具，补充了QFD 方法和六西格玛管理的内容。第四篇由杜学美和武小军执笔，主要增加了质量管理信息系统、一体化管理体系和国内外质量奖的内容。全书最后由尤建新和杜学美统稿、修改，并请王永安进行了审稿。

　　本书适用于研究生和本科生阶段的教学使用，也可用于工商管理和工业工程领域的管理培训。本书第一版获得同济大学"十五"规划教材建设基金的资助，第二版被列入教育部普通高等教育"十一五"规划教材，并获得同济大学教材建设基金的再次资助，科学出版社也给予了积极的支持，对于各方给予的支持和帮助，在此一并表示衷心感谢！第二版的修订，虽然已经尽了很大努力，但由于作者的水平有限，总会存在不尽如人意之处，敬请各位读者继续给予赐教。

作 者

2007年6月于同济园

前 言（第一版）

    进入21世纪，在国际市场和信息技术迅猛发展的推动下，各类组织都在努力通过加强管理和创新来提高自身的竞争力。随着全球经济一体化的形成，各国政府和企业对于质量问题的认识进一步深化。对质量问题的认识也从组织的质量部门扩大到了组织的整体，提高质量已不再被认为仅是组织质量部门的职能了，整个组织开展质量管理已成为现代组织包括政府或企业追求长远成功的共识。

    今天，学习全面质量管理知识已经是组织在人力资源发展方面的重要内容之一，也是许多个人在自我发展中的重要武器。从消除顾客不满意发展到追求顾客完全满意，人们的质量观念发生了重大变化，也反映了我们所处的市场越来越成熟了。从企业的角度出发，要适应全球经济的发展和竞争市场的变迁，无论是企业的最高管理者，还是企业的基层管理者，甚至企业的全体员工，都要学习并掌握质量管理知识和方法。这是追求顾客满意的重要保证，也是企业获得长远成功的基础。随着人们质量觉悟的提高，不仅企业的质量管理有了蓬勃发展，一些公共组织包括政府部门也开始实施全面质量管理，从而推动了高等教育中质量管理课程的建设。

    本书是在结合作者近20年的质量管理教学经验和相关的10多项科研项目的基础上，经过2年多的时间撰写完成。全书分为三篇十七章。第一篇前五章由尤建新执笔，第六章由凌刚执笔，主要介绍质量和质量管理的基本概念和思想，并重点对质量管理中目前最受关注的顾客满意、质量成本管理和质量监督进行研讨。第二篇由尤建新执笔，主要结合2000版 ISO 9000族标准对质量管理体系进行简要介绍和讨论，有助于对质量管理体系有一个全面的了解。第三篇由张建同执笔，王永安审稿，介绍质量管理的主要方法，帮助理解和掌握实用的几种质量管理工具。全书最后由尤建新和杜学美统稿、修改。

    本书适用于研究生和本科生阶段的教学使用，也可用于工商管理和工业工程领域的管理培训。作为同济大学"十五"规划教材，本书获得同济大学教材、学术著作出版基金委员会的资助，在此表示衷心感谢。由于作者的水平有限，虽然一改再改，总觉得存在不尽如人意之处，敬请各位读者批评指正，并不吝赐教。

作 者

2003年6月于同济园

目 录

第一篇 质量管理基础知识

第二篇 质量管理职能

第三篇　质量管理方法与工具

第四篇 卓越质量管理

第一篇　质量管理基础知识

第1章

质量管理概述

导读

质量是人类进步和社会发展的标志,质量水平的背后是质量管理(quality management)的努力和成败。本章的任务是陈述质量和质量管理的基本概念,帮助读者形成对质量和质量管理的共识。本章的一个观点是,评判质量水平高低的主角不是供方,而是需方——顾客。并且,决定质量水平的也不仅仅是供方,需方——顾客也扮演着重要角色。所以,本章对顾客的概念专门进行了阐述。

质量管理包括质量策划(quality planning)、质量控制(quality control)、质量保证(quality assurance)和质量改进(quality improvement)等活动,在组织保障上需要建立和完善质量管理体系(quality management system)。质量管理的原则很重要,理论与实践的发展为企业提出了可以遵循的七大原则。

为了开阔视野和加深对质量管理概念的认识,本章还专门单立一节陈述国际知名专家对质量管理的论述,希望对读者有所启发。

1.1 本章引例

2012年10月12日中华品牌管理网等众多媒体报道[1],日本丰田汽车因电动车窗开关按钮故障,将在全球召回743万辆汽车,涉及其品牌下大部分车型。这是继1996年福特召回790万辆汽车后规模最大的单次召回事件之一。本次召回最大的三个区域市场为美国、中国和欧洲,其中美国市场有247万辆,欧洲市场有139万辆,而丰田在日本本土召回了45.93万辆。

在丰田汽车宣布召回后,丰田汽车(中国)投资有限公司在其官方网站上发布消息,表示从2012年11月1日起召回包括天津一汽丰田、广汽丰田及进口车在内共139.5796万辆

---

① 《丰田将在全球召回大约743万辆汽车》, http://www.cnbm.net.cn/information/info126722159.html[2020-11-20]。

汽车。丰田方面表示，此次召回是丰田主动召回行为，中国市场与国外市场同步。从2012年11月1日起，4S店会联系车主以解决该问题。

中国国家质量监督检验检疫总局（简称国家质检总局）发布通告称，此次召回是由于驾驶座车门的电动车窗主控开关按钮可能会发生卡滞，继续使用可能导致车窗玻璃不能正常升降，极少数可能会引起主控开关内部的局部过热熔损。

丰田此前曾陷入召回门事件。从2009年1月开始到2010年2月，因油门踏板和制动系统等故障，连续在全球范围内召回850万辆汽车，主要涉及凯美瑞、卡罗拉和雅力士。

众所周知，日本丰田是世界制造业学习的标杆，无论在欧美国家还是在中国，许多企业经常以丰田模式来衡量自己目前的质量管理水平，从而不断激励自己向丰田靠拢。但是，中国新闻网2010年2月24日引用英国《金融时报》报道称，陷入困境的丰田首席执行官丰田章男（Akio Toyoda）承认，该公司在快速崛起至巅峰的过程中迷失了方向，最终（因质量问题）导致大规模的汽车召回事件发生，丧失了消费者的信任。

即便是近些年迅速崛起的造车新势力的代表特斯拉，也受到生产合格率过低的质量困扰。公司曾承诺"Model 3在2017年12月前达到2万台/月的产能"，但随后特斯拉屡次调低产能目标，面对已经超过40万张的订单，特斯拉要花上比预计更久的时间进行交付。一名在职的特斯拉工程师表示，弗里蒙特工厂生产的零部件预计缺陷率达到40%，大量的返工和维修工作使得Model 3车型的生产延迟。

近年来，中国食品的质量问题发生较多，影响较为广泛，有的已经上升为严重影响民生的安全问题。比如，由于前几年国产奶粉的质量问题，中国消费者通过各种途径，直接或间接地抢购海外零售市场的婴儿奶粉，造成很多地方奶粉市场出现供应紧缺。中国旅游团在世界各地对奶粉"扫货"，已经凸显了对国产奶粉质量的不信任。

显然，质量已经成为当前必须严重关注的问题。那么，怎么来认识质量问题呢？质量管理可以有些怎么样的作为？本章将给出一些有助于思考的基本概念和观点。

1.2 认识质量

质量问题一直是人们关注的首要问题。人们所有的努力，都是为了提高生活质量，社会也因此而发展和进步。如果离开"质量"这个主题，人们所谈论的社会进步、经济发展、生活水平的提高等，都将成为泡影。为此，世界各个国家和政府都对质量问题给予了高度重视。以中国为例，前总理朱镕基一贯重视质量管理工作，在担任上海市市长期间，对上海经济建设中的质量问题深恶痛绝，提出了"质量是上海的生命"[①]的重要论述，对于推动上海经济建设的高质量的发展起了重要作用。

但是，20世纪80年代以来，中国在从计划经济体制向社会主义市场经济体制的转轨过程中，由于种种因素的影响，在质量问题的改善方面，与发达国家之间仍然存在着很大距离。除了前面已经阐述的奶粉问题，近几年来爆发的质量事件还有问题水饺、问题

---

① 《质量是上海的生命》，http://finance.china.com.cn/consume/20160224/3598010.shtml[2021-03-08]。

肉、问题地板、问题大桥，以及地铁、动车等由质量引发的故障等。可以看到，在中国国内生产总值（gross domestic product，GDP）迅速增长并超越德国、日本的同时，还潜伏着许多的质量危机，并且已经从微观层面逐步走向宏观层面。2012年至2013年，雾霾气候愈演愈烈，虽然近两年得到很大改善，但环境问题揭示了中国 GDP 增长背后的宏观质量问题。

当然，质量问题也并非中国的专利，各个国家都会发生，那些觉悟较早的国家率先提出了许多质量管理理论和方法，为世界各国的质量管理发展做出了贡献。以美国和日本为例，它们都曾经是质量问题比较多的国家，也是在质量管理领域产生著名学者和企业管理者最多的国家，目前全球开展质量管理的许多应用理论指导和方法来自这两个国家。但是，发展也是此起彼伏的，并不是所有的开创者都能始终保持领先地位。日本，这个曾经以"东洋货"为劣质产品代名词的国家，就是在20世纪70年代至20世纪80年代创造了日本制造的奇迹，超过了其学习质量管理的师父——美国，使得"日本制造"成为优质产品的品牌。于是，全球的学者和企业都开始转向学习日本的质量管理成功经验，甚至以师父自居的美国也在大学课堂里学习日本的质量管理模式，如丰田模式、田口方法、狩野纪昭方法等。但是，在竞争压力之下，丰田模式遭遇了严峻的挑战，前面阐述的召回门事件，且至今一蹶不振，就是一个典型的例子。

比较之下，中国改革开放40多年来经济得到迅速发展，总体质量水平也有了很大进步，使得"中国制造"（made in China）享誉世界。20世纪末以来，世界各国一直对"中国制造"表现出极大兴趣，有人盛赞中国的贡献，有人将中国的发展作为学习的标杆，也有人散布中国"威胁"论，甚至有人老是拿中国产品的质量问题开涮。那么，中国的整体质量水平如何呢？有进步，但仍然存在令人担忧的问题。中国目前的质量状况与经济社会发展水平不相适应，且已经到了不能不关注质量的严峻时刻。并且，提升质量水平不应仅仅是某些人或某些企业的事情，而应该成为全体中国人的共识。质量问题已经深刻影响到全民的生活水平，影响到企业的信誉，因此树立"中国制造"的质量品牌，已经成为当今中国的重要"政治"。提升"中国制造"的质量水平，无论是对中国经济的进步还是对世界经济的发展，都将是巨大的贡献。

讨论质量问题，学习质量管理，都必须对质量的实体——产品有良好的认识，所以本章从讨论产品的概念开始。

1.2.1　产品

什么是产品？对于产品的认识，不同的人有不同的观点，从不同的角度所看到的也不一样。有些人把产品归集到生产的实物结果上，而有些人则把产品上升到了哲学的境界，这些是有道理的。本章的作者在20世纪就曾经提出，产品是支撑某些功能的载体，用以满足特定需求。载体可以是有形的或无形的（需借助有形载体）。但是，太广泛或太深奥的理论探讨不是本章的任务，因而在本章中不对这类问题展开讨论。在质量管理领域中，随着质量管理理论和实践的发展，人们对产品已经有了基本的认识。例如，ISO 9001：2018标准中，其术语"产品"仅适用于：①预期提供给顾客或顾客所要求的商品和服务；②运行过程所产生的任何预期输出。ISO 9000族标准将产品的概念定义为

"过程的结果。包括硬件、软件、服务和流程性材料"。硬件和流程性材料类的产品通常是指有形产品,也常被人们称为货物。硬件与流程性材料的差别在于量的特性,前者有计数的特性,后者有连续的特性。软件和服务类的产品通常是指无形产品,前者由知识、数据信息等组成,如提供咨询的解决方案、计算机程序、工作手册等,后者通常是在供方和顾客接触面上的一项或多项活动的结果,如产品维修、导游等。在现实生活中,人们接受的许多产品往往以上述多种类别的产品组合构成的形式存在,如购买汽车、计算机或入住宾馆,人们所得到的是硬件、软件、服务及流程性材料综合而成的产品。所以,对产品概念的认识不是一件简单的事情,有一个逐步认识、不断完善的过程。如果在产品概念上存在着较为模糊的认识,那么,对于质量的认识也会受到很大影响。比如,长期以来人们总是将产品与企业联系起来,讲产品质量就会涉及企业的质量管理,很少有谈政府的产品和质量问题。随着认识的发展,政府提供的公共产品越来越受到公众的关注,公共产品的质量也就开始得到了广泛重视。那么,如何认识学校的产品呢?学校的产品质量又是什么?学校应该如何开展质量管理呢?这是一个正在引起大家讨论的问题。前几年,中国大学经历了重组和变革,巨大的变化更是引发了热烈讨论。特别是,大学出现了科研成果作假、招生徇私舞弊、学生寻短自杀等事件后,人们不得不对学校的产品进行研究。如果不能对学校的产品认识清楚,那么一系列的质量问题仍然会继续延续。

随着人类环境意识的不断增强,人们对产品概念涉及的领域的认识也发生了很大变化。人们逐渐认识到,产品概念不仅包括了原有意义上的交易承诺或买卖合同(书面的或非书面的约定)中规定提供的产品,还包括了组织运作活动的其他一切结果。以企业为例,其生产经营活动所带来的资源浪费和排放污染等人类不愿看到的后果也会随着规定提供的产品一起发生。约定的产品可称为"预期的"产品,约定之外的产品可解释为"非预期的"产品。人们逐渐认识到,不管他们是否愿意,都只能接受企业生产经营活动的种种后果,包括"预期的"产品和"非预期的"产品。这类"非预期的"产品虽然没有在商品交易中直接产生影响,但带来的负面影响(如云南昆明滇池和江苏无锡太湖的蓝藻事件、2013年初北京和河北等地的严重雾霾气候等)已经逐步被人们意识到。为了尽可能避免"非预期的"产品产生,人们将产品概念赋予了绿色的循环经济的要求,即"绿色需求"→"绿色设计技术"→"绿色加工工艺"→"绿色产品"。人类的"绿色"期望首先是形成对"绿色"需求的共识;其次,是在产品开发设计时就考虑到使用的原材料、元器件和其他生产物资都是无污染的,并且能保证在其后的生产、使用和用后处置时不仅不造成环境污染,还能提高物资的利用率;再次,在工艺流程中能保证不产生影响环境的有害因素和尽可能地提高资源的有效利用;最后,企业最终提供的产品及其包装物都是无污染的,对环境不产生损害,还能循环利用,从而保证资源得以有效利用。在近几年的发展中,许多企业已经开始提出并积极推动"绿色"供应链的实践。显然,产品概念的绿色化是人们对"预期的"和"非预期的"产品都能满足自身生存和发展需要的一种期望,这是从产品概念上提出的质量要求,也反映了人类在需求得到满足时对成本、利益和风险的综合考虑。

对于产品概念的进一步认识,可以有许多讨论,本章不再展开。下面,是本章讨论的主题——质量的概念。

1.2.2 质量

什么是质量？这是一个又熟悉又难回答的问题，似乎谁都知道什么是质量，但谁都很难说清楚什么是质量。人们总希望有一个标准的关于质量概念的解释，以便大家能够对质量有一个统一的认识。到底有没有标准呢？有。这个世界总有各种各样的问题需要专家来解决，当然也有许多质量问题的专家。经过质量管理理论界和实践界的专家许多年的研究和实践，在1986年发布的 ISO 8402标准中提出了质量定义，至今已经修改了多个版本。ISO 9000：2015标准中将质量定义为：客体的一组固有特性满足要求的程度。在这个定义中，产品质量指产品满足要求的程度、满足顾客要求和法律法规要求的程度。

定义中"特性"的载体，不仅可以是产品和服务，是某项活动或过程的工作质量，还可以是管理体系运行的质量或人及上述各项的任何组合。特性是指可区分的特征，如物理方面的特征、感官上的特征、组织或行为特征、功能性的特征等。要求（requirement）有明示的，也有隐含的或必须履行的。有些企业比较幸运，有非常明确的、发展比较稳定的顾客需求和期望，如固定顾客的长期订单；有些企业面临的顾客需求和期望却是一直在改变的或是比较模糊的，如服装商店每天面对的是不同的顾客，他们会带来眼花缭乱的并且不断变化的需求和期望。

顾客对质量的判断总要有个明确的事物对象，通常这一对象是产品。仅从产品质量的角度，其质量特性可概括为性能、寿命、可信性、安全性、适应性、经济性等。性能通常指产品在功能上满足顾客要求的能力；寿命是指在满足规定使用条件下产品正常发挥功能的持续能力；可信性包括可用性、可靠性、维修性和保障性；安全性是指产品服务于顾客时保证人身和环境免遭危害的能力；适应性是指产品适应外界环境变化的能力；经济性是指产品寿命周期的总费用的大小。顾客对质量特性的感受直接影响其购买行为及购买后的满意程度，而这种感受是综合的，是产品在性能、寿命、可信性、安全性、适应性、经济性等方面的综合表现。不同的顾客对于同一产品的质量感受也不一样，如宾馆或饭店，正是由于顾客有不同的口味、不同的消费感受等，即不同的要求，才会有不同等级、不同特色的宾馆和饭店存在。对于产品的不同的特色，人们很容易理解；对于不同的等级，人们往往把它与质量高低联系在一起，这会引起误解。2000版 ISO 9000族标准对等级有一个描述：对功能用途相同但质量要求不同的产品、过程或体系所做的分类或分级。顾客对质量要求的不同，产生了不同等级。必须认识到的是，不是等级高顾客就一定满意或等级低就一定不满意。高等级或低等级都有其所属顾客，都有其质量要求，都可能使顾客满意或不满意。要结合顾客的要求，对不同等级的产品明确其质量要求并制定标准，以便使供需双方达成共识和开展质量管理活动。由于市场竞争的缘故，企业产品的质量标准给其带来了竞争优势或劣势，所以质量标准的概念早已被供需双方所接受。但是，对于公共部门提供的产品（即公共产品），长期以来没有明确的认识，这种模糊不仅存在于公共部门内部，也在公共部门的顾客——公众中存在。换句话说，是供需双方对公共产品的觉悟水平影响了对其质量的评判。因此，目前的许多公共部门没有对其产品制定质量标准，其顾客对于公共产品质量的标准也缺乏敏感性。随着社会进步和人们觉悟的提高，对公共产品及其质量的认识和对质量标准的需求将迅速提高，公共产品质量将是今后一段时期需要深入研究的重要问题。

对于产品质量，许多文献都有讨论和阐述，这里不再展开，可以参阅相关文献。但是，即使包括了硬件、软件、服务和流程性材料，停留在产品上的质量概念依然是狭义的。下面介绍部分质量专家在质量概念发展方面的贡献。

美国质量管理专家 J.M.Juran 于20世纪60年代用一条螺旋上升的曲线向人们揭示了产品质量有一个产生、形成和实现的过程，人们称之为"Juran 质量螺旋曲线"。"Juran 质量螺旋曲线"阐述了五个重要的理念：①产品质量的形成由市场研究到销售、服务等十三个环节组成，共处于一个系统，相互依存、相互联系、相互促进，要用系统论的观点来管理质量；②产品质量形成的十三个环节一个循环接一个循环，周而复始，不简单重复，是不断上升、不断提高的过程，所以质量要不断改进；③产品质量形成是全过程的，对质量要进行全过程管理；④产品质量形成的全过程中存在供方、销售商和顾客的影响，涉及企业之外的因素，所以，质量管理是一个社会系统工程；⑤所有的质量活动都由人来完成，质量管理应该以人为主体。"Juran 质量螺旋曲线"的提出，推动了人们对质量概念的认识逐渐从狭义的产品质量向广义的企业整体质量发展。人们相信，只有整体质量水平高的企业，才有可能可靠地持续开发、制造和提供高质量的产品。因此，人们对于质量优劣的评判，也从对产品的检验、评价，发展为对企业整体质量管理体系的审核或认证，并且这种有关企业整体质量的审核或认证结果对于投资者坚定投资信念、经营者改进经营策略及顾客做出购买决策起着越来越重要的作用。为了让人们对质量的定义有更明确的认识和便于掌握，Juran 在1988年出版的第四版《质量手册》中将质量定义为"适于使用（fitness of use）"，"使用"与顾客的要求相联系，"适于"则表明符合可测量的产品特性。这一简单的定义使"质量"定义本身也提高了适用性。

美国的另一位质量管理专家 P.B.Crosby 对质量概念也有一个系统的阐述。他在 Quality is Free（《质量免费》）一书中指出：对于质量的定义，最容易发生的错误认识就是将质量表示为"优良""精美""闪闪发光"或"引人注目"。"质量"这个词经常用在表达某些产品的相对价值，如"优质"或"劣质"。新潮的提法是"生活的质量"，这是一个已经用滥的套话。为此，P.B.Crosby 认为必须对质量有一个准确的定义：质量就是符合要求。在企业中，"要求"必须被明确地表达，以确保其不会被误解，然后是持续地测量，以确保产品或服务符合这些"要求"。凡是有不符合"要求"的地方，就表明质量有欠缺。这样，质量问题就转换成了是否有不符合要求的问题，这样，对"质量"的认识也就清晰了，而且"质量"是可测量的（有明确的界限）。

日本的质量管理专家石川馨对质量的概念也有许多重要的观点，他认为质量反映顾客的满意程度，顾客的需要和要求是变化的，因此质量的定义也是不断变化的，高质量就是满足顾客不断变化的期望。他特别强调价格的作用，认为价格是质量的重要组成部分。仅仅满足国家标准或规格并不是问题的答案，这是很不充分的。日本工业标准（Japanese Industrial Standard，JIS）、国际标准化组织（International Organization for Standardization，ISO）或国际电工委员会（International Electrotechnical Commission，IEC）制定的国际标准并不完善，其中有许多缺点。顾客可能会对满足 JIS 要求的产品不满意。

我们还需要意识到顾客的要求也是与时俱变的。通常，即使标准得到修改，也赶不上顾客要求的变化。在谈到质量定义时，石川馨认为人们如何解释"质量"这个术语很重要。他指出：狭义上，质量的含义指产品质量；广义上，质量意指工作质量、服务质量、信息质量、过程质量、部门质量、人员（工人、工程师、经理和行政主管）质量、系统质量、公司质量、目标质量等。这其实就是全面质量的概念。

全面质量的概念在中国是1978年以后才逐步建立起来的。1978年改革开放后，北京内燃机厂从日本小松制作所引入了TQC（total quality control，当时中文译为全面质量管理，不久英文全称改为total quality management，简称为TQM）的思想，这一概念的引进大大深化了我们对质量概念的认识，也促进了企业对整体质量的认识和重视，掀起了全国性的全面质量管理浪潮。

从Juran和A.V.Feigenbaum提出全面质量的概念至今已有60多年了。这60多年中，世界政治、经济的格局有了很大的变化。到了20世纪90年代后期，人类对质量概念的认识随着可持续发展（sustainable development）概念的提出而发生了重大变革。从1972年联合国发表的《人类环境宣言》到1992年里约热内卢召开的联合国环境与发展大会，人类的全球环境意识有了显著的增强，并由此掀起一场"绿色革命"。20世纪的这一人类在认识上的最大觉悟和进步，也促进了人类对质量概念认识的发展。随着"绿色质量"的提出，质的概念中隐含了节约资源和保护环境的内容，并且随着对产品概念和顾客概念认识的发展，增强了人们对质量绩效的关注。资源和环境的问题不仅提出了生态化的追求目标，还直接揭示了质量的代价，高质量的低代价和低质量的高代价概念已清楚地反映了质量在成本、利益和风险等方面对人类发展造成的影响。在进入21世纪之后，人类社会对科技发展的作用和全球经济发展的模式有了更新的认识，具体表现为人类对科技创新的关注开始侧重于保护资源和生态环境，对经济发展模式的关注重点也从商品生产和经济增长的速度转向了人居环境和经济增长的质量。毫无疑问，人类对科技和经济发展方面的认识变化，也对人类的质量观念和质量管理思想的变化产生了积极影响。

1.2.3　顾客

质量是好是坏，由顾客说了定。所以，对顾客的认识非常重要。一般认为，顾客是买卖关系中的购买方，而事实证明这仅仅是对顾客概念解释的一个方面。ISO 9000：2015标准对顾客概念下的定义是：将会或实际接受为其提供的或应其要求提供的产品或服务的个人或组织。标准指出，顾客可以是组织内部的或外部的。产品和质量概念的绿色化也促进了人们对顾客概念的重新认识。在绿色概念驱动下，企业的顾客应该包括其生产经营活动的一切受益（害）者，包括内部顾客与外部顾客。从内部顾客和外部顾客的角度来讨论顾客与质量的问题，目的是要引起人们对内部顾客（组织成员）的关注。如果内部顾客长期处于不满意的状态，则组织也难以保证让外部顾客满意，这是必然的后果。从绿色化和生态化的角度讨论顾客与质量的问题，是要认识到顾客接受的不仅是预期的结果，如买卖约定中的产品，也有非预期的结果，如资源的节约或浪费、环境的净化或污染等对人类社会发展带来的正面或负面的影响。因此，顾客接受产品时付出的代价是两方面的。一方面，顾客为享受预期的结果如买卖约定中规定的产品功能而付出代价;另一方面,人类(广义的顾客)要为消耗资源和污染环境,即非预期的结果而付出代价。于是,发展的可持续性就被提出来了,并成为许多国家提高人居环境和经济增长质量的指导思想。比如,低碳经济、循环经济、科学发展等概念都是在重新审视质量和发展的认识基础上提出来的,并将对人们今后的思想和行为产生重大影响。

公共部门的顾客概念在市场经济国家比较早就形成了,并在实践中已经形成了许多共识。在中国,虽然人们已经开始转变观念,并且提出了服务政府的观点,但以前形成的传统思维不是一下子可以全部改变的。逐步树立服务于顾客的理念,是今后公共部门的一项重要工作。

■ 1.3　质量管理的基本概念

为求得生存和发展,必须积极、有效地开展质量管理活动,这是成功企业的共识,也是发达国家的一些公共部门长期探索和实践的结论。质量管理不再是企业的"专利",公共部门也已经开始开展质量管理活动。为便于理解,本章从企业的角度介绍质量管理的基本概念,这些概念同样适用于公共部门。

1.3.1　质量管理

质量管理是组织为了使其产品质量能满足不断更新的顾客质量要求而开展的策划、组织、计划、实施、检查、改进等管理活动的总和,是组织中各级管理者的职责,其具体实施涉及企业内的所有职工,但必须由组织的最高管理者领导。由于组织环境的多变性和组织发展的导向性,组织的全部质量管理活动都必须围绕着与顾客和社会需求相适应、与满足顾客要求相吻合的质量目标来进行,全面有效地实施质量保证和质量控制,并讲求质量管理活动的经济效果,使组织的各相关方的利益都得到满足。

在总结前人成果的基础上 ISO 9000:2015标准将质量管理定义为:在质量方面指挥和控制组织的协调的活动。这些在质量管理方面的指挥和控制活动通常包括制定质量方针(quality policy)和质量目标及质量策划、质量控制、质量保证和质量改进。为此,组织必须有一个健全的管理体系来支持质量管理活动。

在市场经济环境下,"顾客是上帝"在开展质量管理活动比较成熟的企业中已经不仅仅是口号,而是在质量管理实践中认真贯彻的指导思想和工作理念。由此,企业的质量目标就非常清晰,其质量管理活动就是有效配置资源以更好实现企业质量目标的过程。如果能够把"顾客是上帝"的理念引入公共部门,就能帮助公务员很好地认识他们的质量目标,从而使得公共资源得到更有效的配置,社会的发展更加和谐和美满。作为第三部门的非营利组织,学校的质量管理水平已经落后于企业,亟须树立"顾客是上帝"的质量理念,并健全质量管理体系。总之,从管理学理论和实践出发,可以给质量管理一个更加明晰的解释:有效配置资源以更好实现组织质量目标的过程。

1.3.2 质量管理涵盖的内容

质量管理活动通常包括制定质量方针和质量目标、构建质量管理体系及开展质量策划、质量控制、质量保证和质量改进等活动。

1. 质量方针和质量目标的制定

质量方针是指关于质量的方针，通常质量方针与组织的总方针相一致，与组织的愿景和使命相一致。它是由组织的最高管理者正式发布的该组织总的质量宗旨和方向。

不同的企业可以有不同的质量方针，但都必须具有明确的号召力。在供应链环境下，质量方针的基本要求应包括供方的组织目标和顾客的期望及需求，也是供方质量行为的准则。质量方针的内容一般包括产品设计质量、同供应厂商的关系、质量活动的要求、售后服务、制造质量、经济效益和质量检验的要求、关于质量管理教育培训等。

与质量方针对应的是质量目标，通常定义为在质量方面所追求的目的的具体化内容。从质量管理学的理论来说，质量目标的理论依据是行为科学和系统理论。按照系统论的观点，一个企业是一个目的性系统，它包括若干个带有目的性的子系统，子系统又包括若干个带有目的性的子子系统，如此层层展开，并具体化为相应的质量目标。以系统论思想作为指导，从贯彻企业质量方针、实现企业总的质量目标为出发点，去协调企业各个部门乃至每个人的活动，就是质量目标的核心思想。

2. 质量管理体系

支撑质量管理活动的体系即质量管理体系，是在质量方面指挥和控制组织的管理体系。管理体系是指建立方针和目标并实现这些目标的体系，而体系（或系统）则是相互关联或相互作用的一组要素。ISO 9001：2018标准为有下列需求的组织规定了质量管理体系要求：①需要证实其具有稳定地提供满足顾客要求和适用法律法规要求的产品和服务的能力；②通过体系的有效应用，包括体系持续改进的过程，以及保证符合顾客和适用的法律法规要求，增强顾客满意度。

企业的质量管理是通过制定质量方针和质量目标，建立健全质量管理体系并使之有效运行来付诸实施的。所以，质量管理体系是企业有效开展质量管理的核心。企业在确定质量管理体系范围时应首先确定企业内外部那些与企业的宗旨、战略方向有关，影响质量管理体系实现预期结果的能力的事务。包括以下两个方面。

一是企业内外部环境。对企业的目标造成影响的变更和趋势；与相关方的关系，以及相关方的理念、价值观；企业管理、战略优先、内部政策和承诺；资源的获得和优先供给、技术变更。其中，外部的环境，可以考虑法律、技术、竞争、文化、社会、经济和自然环境方面，不管是国际、国家、地区或本地；内部环境，可以是企业的理念、价值观和文化。

二是相关方需求与期望，相关方包括直接顾客、最终使用者、供应链中的供方、分销商、零售商及其他立法机构等。

值得注意的是，企业或组织应识别可导致改进和变革机会的当前的和预期的未来需求。

由于企业间的差异，每个企业都有其自己的质量方针和质量目标，因而质量管理体系的内容应以满足质量目标的需要为准，为满足实施质量管理的需要而设计。为了使质量管理活动规范化、程序化，并充分考虑企业内外影响质量的每一个过程，企业应根据顾客需要并结合自己的生产和经营特点、产品类型、技术和设备能力等具体情况，遵循ISO 9000族标准（包括ISO 9000、ISO 9001、ISO 9004等）的质量管理体系要求，建立、健全并完善企业的质量管理体系，使其有效运行。这不仅是企业自身发展健康的需要，也是满足各利益相关方需要和取得顾客信任的基本要求。

可以说，一个企业建立后就存在质量管理活动，这已经在客观上形成了一个质量管理体系。当然，其满足需要和完善的程度各不相同。因此，企业的重要任务是根据其质量目标不断地健全、完善其质量管理体系，从而提高企业的质量管理水平和更好地实现企业绩效。

公共部门开展质量管理，同样需要一个完善的质量管理体系的支持。由于客观存在的体制、机制上的差异，公共部门必须根据公众的需要和社会发展的要求，结合自己的特点来建立、健全其质量管理体系。ISO 9000族标准是帮助公共部门完善其质量管理体系的有效依据，但并不是必须遵循的规定。目前已经有许多政府部门和学校，根据自己的具体情况，参照ISO 9000族标准建立了自己的质量管理体系，对于提高质量和满足需求有积极的推动作用。一些取得很好绩效的组织，已经成为同行学习的标杆。但是，与企业不同，公共部门在建立质量管理体系方面遇到许多来自体制、机制方面的挑战。目前，在公共部门建立一整套有效的质量管理体系的案例并不多见，许多环节还在探索和研究过程中。

3. 质量策划

质量策划是质量管理的一部分，致力于设定质量目标并规定必要的运行过程和相关资源以实现其质量目标。质量策划是组织质量管理中的筹划活动，是组织最高管理者和质量管理部门的职责之一。以企业而言，质量策划的内容主要包括以下三个方面。

（1）产品策划。随着我国社会主义市场经济体制的逐步建立和健全，企业欲取得市场竞争的胜利，就必须根据国内外社会经济和顾客需求的发展，对老产品改进和新产品开发进行筹划，包括产品的定位、确定产品的质量特性、质量目标和要求等，并规定相应的作业过程和相关资源以实现产品质量目标。

（2）管理和作业策划。企业为了不断完善质量管理体系并使之有效运作，必须对人员进行培训，包括学习质量管理理论、方法和ISO 9000族标准；确定质量管理体系的过程内容；提出质量管理体系各过程的控制目标和要求等，并规定相应的作业过程和相关资源以实现企业的质量目标。

（3）编制质量计划。为满足顾客的质量要求，企业要根据自身的条件开展一系列的筹划和组织活动，提出明确的质量目标和要求等，并制定相应的涉及质量管理体系要素和资源的文件。质量管理体系要素，包括了质量惯例、职责的分配和活动的顺序。

4. 质量控制和质量保证

质量控制是质量管理的一部分，致力于满足质量要求。任何因素偏差，都会影响组织运作的绩效，因此必须给予有效控制。最先建立质量控制概念的组织是企业，企业实施质量控制的目标是确保产品质量能满足企业各利益相关方对质量的要求。质量控制的范围涉及产品质量形成的全过程，其目的是通过一系列作业技术和活动对影响全过程质量的人、机、料、法、环（man、machine、material、method、environment，简称4M1E）诸因素实施有效控制，并排除会使产品质量受到损害而不能满足质量要求的各项原因，以减少损失，提高绩效。

质量保证是质量管理的一部分，致力于提供满足质量要求的信任。质量保证与质量控制是相互关联的。质量保证以质量控制为基础，进一步引申到提供"信任"的目的。由目的出发，企业的质量保证分为内部质量保证和外部质量保证两类。

（1）内部质量保证。在企业内部，质量保证的主要目的是向企业最高管理者提供信任，即使企业最高管理者确信本企业的产品能满足质量要求。为此，企业中有一部分管理人员专门从事监督、验证和质量审核活动，以便及时发现质量控制中的薄弱环节，提出改进措施，促使质量控制更有效地实施，从而使企业最高管理者"放心"。但是，随着人们对质量问题认识的进一步深化，我们不难发现，企业最高管理者也有向全体员工提供信任的必要，这是建立全体员工对于企业质量管理的信心的重要活动。因此，内部质量保证是企业最高管理者实施质量管理的一种重要管理手段。

（2）外部质量保证。在合同或其他外部条件下，质量保证是向顾客或第三方提供信任，即使顾客或第三方确信本企业已建立完善的质量管理体系，对合同产品有一整套完善的质量控制方案、办法，提供的产品能达到合同所规定的质量要求。因此，企业质量保证的主要工作是促使自身完善质量控制活动，以便准备好客观证据，并根据顾客的要求，有计划、有步骤地开展提供证据的活动。

近些年来，一些学校也开始引入质量保证的概念，并建立了教学质量保证部门。这个认识上的进步是很可喜的，是提升教育质量水平的重要一步。

5. 质量改进

质量改进是质量管理的一部分，致力于提高满足质量要求的能力。

产品质量是企业在竞争中取胜的重要手段，为了增强企业的竞争力，有必要进行持续的质量改进。为此，企业应确保质量管理体系能持续推动和促进其质量改进，使其质量管理工作的有效性和效率能使顾客满意，并为企业带来持久的效益。有效性（effectiveness）是指完成策划的活动和达到策划结果的程度；效率（efficiency）是指达到的结果与所使用的资源之间的关系。有效性与效率之间关系对于企业质量管理活动而言，是密不可分的。离开效率，企业将付出高昂的代价换得有效的结果；离开有效性，高效率的后果将是很可怕的。如同足球比赛，虽然比赛中射门的命中率是百分之百，但全场如果只把握住了一次射门机会，结果是1比3惜败。这就是有效性虽高，但效率不高，结果不好的例证。企业经常遇到这样一种困境，生产效率很高，但由于销售存在瓶颈，生产越多积压越多，有效性不足。所以，生产效率越高，产生的负面影响就越大，企业的前景就越黯淡。这是效率很高，有效性很差，导致最终结果不佳的例证。另外，质量要求是多方面的，除了有效性和效率外，还有可追溯性（traceability）

等。可追溯性是指追溯所考虑对象的历史、应用情况或所处场所的能力。当考虑的对象为产品时，可追溯性将涉及原材料和零部件的来源、加工过程的历史（如经过的工序和场所、使用过的设备、操作者等）、产品交付后的分布和场所等。可追溯性有助于企业对产品的质量问题进行追溯调查，从而发现问题的根源并有效予以解决。为了保持在效率、有效性及可追溯性方面的良好状态，企业必须在质量管理活动中持续追求质量改进。

企业开展质量改进应关注以下几点。

（1）质量改进通过改进过程来实现。企业产品质量的提高，必须通过改进其形成质量的过程及其支持过程来实现。过程决定了结果，关注过程的质量改进将有助于提高企业质量管理的效率和有效性。

（2）质量改进致力于经常寻求改进机会，而不是等待问题暴露后再去捕捉机会。这是一种积极主动的质量管理态度，是质量改进对降低企业质量成本和风险的有效推进。对于质量改进机会的识别，主要基于企业对降低质量损失的考虑和与竞争对手比较中存在的差距。

（3）对质量损失的考虑依据三个方面的分析结果：顾客满意度、过程的质量效率和社会质量损失。顾客满意度反映了企业产品的受欢迎程度，将对企业的营销带来极大影响；过程的质量效率关系到生产的投入产出，反映过程的质量损失；社会质量损失反映企业由于质量问题带来的社会负面影响情况，这方面的影响将会给对企业的发展带来长期的影响。这三个方面的质量损失既是企业的问题，也是企业开展质量改进活动、提升质量管理效果和提高企业竞争力的机会，也为测评质量改进效果提供了分析比较的依据。

公共部门在这个领域还缺乏很好的研究，对质量损失几乎没有建立起相应的概念。因此，在公共管理领域，质量改进将是一项艰巨和长远的工作。

■ 1.4 质量管理的原则

ISO 9001：2015标准修订过程中对"质量管理原则"进行了更新，对其原有八项质量管理原则进行了修改，由 ISO 9001：2008版的一个中心（持续改进）、两个基本点（内部两个基本点：领导作用与全员参与；外部两个基本点：以顾客为关注焦点与与供方互利的关系）及三种方法（过程方法、管理的系统方法及基于事实的决策方法）演变成一个中心（改进）、两个基本点（内部两个基本点：领导作用与全员参与；外部两个基本点：以顾客为关注焦点与关系管理）及两种方法（过程方法及循证决策）。由此，质量管理原则也变更为七项原则。具体更改内容见表1-1所示。

表 1-1 质量管理原则的变化新旧对比

ISO 9001：2008 标准	ISO 9001：2015 标准
1. 以顾客为关注焦点	1. 以顾客为关注焦点
2. 领导作用	2. 领导作用

续表

ISO 9001：2008 标准	ISO 9001：2015 标准
3. 全员参与 4. 过程方法 5. 管理的系统方法 6. 持续改进 7. 基于事实的决策方法 8. 与供方互利的关系	3. 全员参与 4. 过程方法 5. 改进 6. 循证决策 7. 关系管理
2008 版	2015 版

1.4.1　以顾客为关注焦点

一个组织不能没有顾客，因此，质量管理的首要关注点是满足顾客要求，并努力超越顾客的期望。在市场经济条件下，这是组织和顾客之间最基本的关系。

市场经济充分发展的环境下，供需交换必然遵循等价的原则。企业的产品只有顾客认可了、购买了，企业才能生存并得到发展。这就决定了企业应"以顾客为关注焦点"。因此，"顾客就是上帝"并非一个口号，而是市场竞争下企业质量管理的一个基本理念。

企业落实"以顾客为关注焦点"这一原则必须有以下作为。

（1）企业领导层在思想上真正认识"以顾客为关注焦点"的重要意义，并在企业质量方针和质量目标中充分体现"以顾客为关注焦点"的原则。

（2）企业的全体员工对"以顾客为关注焦点"的原则已经理解，并已普遍接受。

（3）企业的所有工作都真正体现了"以顾客为关注焦点"，质量管理体系的所有方面（方针、程序、要求、过程等）都充分体现了"以顾客为关注焦点"，或者说，都是从"以顾客为关注焦点"出发的。

（4）企业设有与顾客沟通的机构，建有与顾客沟通的渠道，并定期或不定期进行沟通。

（5）在调查、识别、分析、评价顾客的需求方面，企业已经建立行之有效的制度并得到落实，能及时获得顾客的信息，并能在企业内部上上下下相关部门之间沟通。

（6）企业已经将"以顾客为关注焦点"纳入了管理评审中，定期进行评审并加以改进。

（7）企业在满足顾客需求方面积极投入，及时处理顾客抱怨和投诉，所有与顾客相关的工作都能得到持续改进，并不断在新产品方面有所突破，顾客满意度呈上升趋势。

1.4.2　领导作用

各级领导必须建立统一的宗旨和方向，并创造全员积极参与，实现组织目标的条件。首先，领导是质量方针的制定者。如果领导未能对质量有准确的认识，没有坚定的质量信念，在质量方针中就难以真正"以顾客为关注焦点"。其次，领导是质量职能活动和质量任务的分配者。分配质量职能活动和质量任务不恰当，也会造成职责不明确、质量任务不落实等问题。再次，领导是资源的分配者。质量管理必须有足够的资源保障才能发挥积极的作用，这是领导言行一致的最重要的体现。最后，领导是质量管理持续改进的推动者，离开了领导的支持和推动，持续改进将难以持续。

如何发挥领导作用呢？企业质量管理中，领导人的作用主要是创造全员参与实现企业目标的环境，这不仅仅是指一般的工作环境，更重要的是指人文环境。不论企业规模大小，员工受群体环境的影响都极大。因此，建立良好的质量氛围，是企业领导的责任，尤其需要领导起模范带头作用。

1.4.3 全员参与

全员参与是提高组织创造力和提供价值能力的必要条件，也是质量管理的一个基本要求。质量是企业整个组织各个环节、各个部门全部工作的综合反映。任何一个环节、任何一个员工的工作质量都会不同程度地、直接或间接地影响企业的质量水平。因此，企业必须把全体员工的积极性和创造性都充分调动起来，不断提高员工素质，倡导人人关心质量，人人做好本职工作，全体参与质量管理的理念。

从人力资源的角度认识员工价值，全体员工都是质量管理的财富，企业的成功必须建立在人力资源充分发挥作用的基础上，否则就是资源浪费。

1.4.4 过程方法

过程是指：一组将输入转化为输出的相互关联或相互作用的活动。一切过程活动的需要都是输入，所有过程活动的结果都是输出。这样，就容易理解前面所谈的产品概念了。

过程方法实际上是对过程网络的一种管理办法，将活动作为相互关联、功能连贯的过程组成的体系来理解和管理，可以更加有效和高效地得到一致的可预知的结果。

企业的全过程将分解为许多子过程，而每个子过程又将分解为许多的子子过程，以此类推，构成企业全过程图。企业全体员工、所有部门都应该在企业的过程图中找到自己的位置。读懂过程图，就能理解过程方法，并自觉运用这种方法去进行质量管理。

1.4.5 改进

持续的质量改进是组织永恒的主题，任何时候都具有重要意义。特别是在当今风云变幻的世界，质量改进更是组织生命力所在。

2010年召回门事件以来，人们关注的日系车质量问题层出不穷，如丰田汽车。丰田汽车是汽车行业乃至整个制造业学习的标杆，但显然其仍然存在太多的地方需要持续改进。那么，我们呢？

在互联网的冲击下，持续改进对于企业更为重要，尤其是所有企业都面临跨界的挑战，优势劣势瞬息万变，持续改进是企业取胜的法宝。

持续改进很重要的一点是主动寻求改进，而不是等问题出现再开始行动。

1.4.6 循证决策

质量管理要求尊重客观事实，用数据说话。真实的数据既可以定性反映客观事实，又可以定量描述客观事实，给人以清晰明确的数量概念，这样可以更精准地分析问题和解决问题。

循证即基于事实，要求企业不断夯实基础，提升信息化水平。因为决策在于领导，在于管理者，因此尊重事实是科学决策的基础。基于事实的决策方法，与其说是一种科学方法，不如说是一种科学态度。有了科学的态度，并体现在行动上，事实就能为决策提供充足的支持。

1.4.7　关系管理

为了持续成功，组织需要管理与供方等相关方的关系。相关方影响组织的绩效。组织管理与所有相关方的关系，以最大限度发挥其在组织绩效方面的作用，对供方及合作伙伴的关系网的管理是非常重要的。

供方是组织的"受益者"之一，所以很容易因此影响组织对供方的态度。但是，供方又是组织的"资源"，尤其是在供应链之间的竞争中，供方往往是组织取胜的重要因素。因此，互利是必须的。

市场经济下，供方的质量业绩显著影响企业的质量业绩，超越企业的供应链质量管理已经扮演了重要角色。企业和供方已经是一个共同体，一损俱损已成不争的事实。因此，与供方共建质量管理体系、共筑质量的防线，已经成为必然。与供方互利的关系，应该成为企业质量管理的重要信条。

1.5　专家论质量管理

质量管理理论和实践的发展过程中，许多质量管理专家做出了巨大贡献。他们对于质量管理的概念都有一些精辟的论述，下面摘要部分专家的论述。

1.5.1　P.B.Crosby

关于质量改进，P.B.Crosby 在 *Quality Without Tears*（《质量无泪》）一书中发表了著名的14点纲要。

（1）高层管理者的承诺。组织的高层管理者是否重视质量是一个组织质量管理工作是否有成效的关键。为此，最高管理者必须在质量管理方面树立威信，杜绝不合格问题的出现。具体地，在组织的方针目标、管理活动和宣传教育中要时刻体现质量和持续改进的理念。

（2）组织质量改进团队。组成质量改进团队的目的是指导和帮助质量改进活动开展，在不断推动质量改进的同时，团队成员也在实践中得到学习和提高，形成了真正的"质量圈"。

（3）质量检测。如果质量没有被检测，就不能判断其状况。但有时人们常常被质量的检测所困扰，其实，只有在人们说不清楚自己在干什么的时候才会有这种感觉。认识这个问题的简单办法是让接受产品或服务者给出一个答案——满意或不满意，这是最简单不过的质量检测。

（4）质量成本。质量的成效或质量改进的成效都应该被检测，对于推动改进而言，检测提供的依据最好是财务数字，质量成本被认为是最具有积极意义的数字。

（5）质量意识。在质量问题上最大的难题是组织内部的沟通，这不是组织的信息系统不完善，而是概念上的障碍。质量意识应该成为组织文化的一部分，组织成员必须认识组织的质量承诺和质量职能，必须明白质量差错导致的代价，必须有质量的共同语言。

（6）质量改进的行动。质量改进不只是及时纠正差错，改进的真正目的在于认清问题并设法消除原因，以杜绝差错的再次发生。

（7）零缺陷运动的策划。策划的成功不在于计划的完美，而在于质量意识是否真正成为组织文化的重要部分。否则，策划会变成一种表现和形式。有决心执行零缺陷行动，就意味着持久的质量改进活动的开始。

（8）质量教育与培训。质量教育与培训的最重要的内容是树立质量意识和更新质量观念。P.B.Crosby 专门借助"失落的文明"一词来提醒人们不要被传统的观念和经验束缚住自己和教育他人。

（9）零缺陷日。这是管理者公开表示自己在质量方面的承诺的时刻，也是组织全体成员一起表达零缺陷誓言的日子。这是鼓舞斗志，表示决心，营造新一轮质量改进气氛的日子。所以，零缺陷日即开始新一轮奋斗的日子，也是纪念过去奋斗历程的日子。

（10）制定目标。没有目标或目标不清晰就难以取得进步。目标是进行质量检测和进一步改进活动的动力。

（11）消除产生错误的根源。不断出现重复的问题和重复同样的改进活动，会让人们疲惫和失去信心，这是质量改进活动必须避免的问题。消除原因，杜绝同样问题的再次出现，是质量改进的主要任务。

（12）表彰。如果改进活动对于员工来讲没有任何益处，就不能激励改进活动的持续进行。表彰是对质量改进的肯定，是质量改进成果的体现，从另外的角度讲也是一种质量检测。

（13）成立质量委员会。成立质量委员会的目的，是集中各路专家共同切磋技术和帮助组织推进质量改进活动。

（14）重新开始。不断进行新的改进活动是质量改进的生命力。为什么到一定的时间必须更换质量改进团队的成员，目的是要补充新生力量，有时还要更换团队的管理者，促进新的发展。

1.5.2 H.J.Harrington

在2002年第八届亚太质量组织会议上，美国质量协会前主席 H.J.Harrington 博士提出了全面改进管理（total improvement management）的思想和方法，分为五个层面，这五个层面组成一个金字塔。

（1）第一层——方向。金字塔的第一层是确定改进过程的方向，由五块基石组成：

高层管理者的领导、经营计划、组织内环境的改进计划、关注外部顾客、质量管理体系。方向层对于组织极为重要，是那些不成功组织不太关注的东西。

（2）第二层——基本概念。金字塔的第二层是将基本概念融入整个组织，由四块基石组成：管理层参与、团队建设、个人的卓越表现、供方关系。基本概念层为组织提供了改进的基础，是帮助管理层进行变革的基本因素。

（3）第三层——实现过程。金字塔的第三层是产品的实现过程，由三块基石组成：过程突破、产品过程卓越、服务过程卓越。过程层关注的是产品的形成和向顾客提供的过程。

（4）第四层——组织影响。金字塔的第四层是改进过程在组织中进行，对组织结构和测量的影响，由两块基石组成：测量过程、组织结构。影响层关注改进的效果，并推动组织的变革。

（5）第五层——奖励和认可。金字塔的第五层是最高层，只有一块基石：奖励和认可。最高管理者应该以各种方式对于组织成员在改进过程中的贡献进行奖励和肯定，这是持续改进的基础和动力。从金字塔的角度来讲，奖励和认可这块基石是将其他几层基石联系和集成起来的关键，这块基石将强化组织成员的改进行动，并由此增强每一块基石的作用。

1.5.3　W.E.Deming

1987年8月在美国召开的 Deming 国际学术研讨会上，W.E.Deming 博士以"迎接挑战，摆脱危机"为题重点阐述了著名的14条质量管理要点。

（1）要使产品具有竞争力并占领市场，应把改进产品和服务质量作为长期目标。特别在公开的组织方针目标宣传中，最高管理者必须不断地重申其质量承诺。

（2）提倡新的质量观念。无论是最高管理者还是组织的其他成员，都必须不断地学习，不断地更新质量观念。

（3）消除依靠大量检查来保证质量的依赖。在改进质量活动和降低成本方面，要积极依靠科学的方法，要了解控制的目标，要掌握统计控制技术，摆脱对大批量检验的依赖性。

（4）采购、交易不应只注重价格。要求供货商提供质量管理体系的有关资料，废除传统的只凭最低价格得标的竞争体系，综合考虑供货商的供货能力。

（5）持续不断地改善生产和服务系统。如果不改进，组织的运作过程总是存在或出现质量的不满意问题，持续改进才能使组织的体系持续满足发展变化的要求。

（6）实行更全面、更好的在职教育和培训。无论是质量观念还是质量方法，都存在着发展变化。因此，需要不断地进行员工的继续教育和培训。

（7）高层管理者的工作在于领导。在组织的质量活动中，高层管理者的主要任务是创造并提供符合质量要求的、舒适的工作环境，包括使每个员工获得必要的工具和文件，能够认识和理解工作的要求，具备合适的工作能力等。

（8）排除恐惧，让每个人都能有效工作。增强组织内的信息沟通，减少对员工的束缚，消除对员工的不信任感并帮助员工建立克服困难的信心，营造一个鼓励创新的工作氛围。

（9）拆除部门壁垒。努力消除组织内各部门间的隔阂，鼓励各部门协同解决质量问题。

（10）不搞流于形式的质量运动。最高管理者不要为了达到零缺陷和提高生产率而给组织员工制定过多的口号、告诫和目标，使大家对质量承诺失去信任，对质量管理活动失去信心。

（11）密切核查各项过程标准的效果。改进应有助于质量目标的实现，要努力追求过程的改进，提高过程的效率和有效性。

（12）排除人们为其工作成果而自豪的障碍。工作成果应该成为员工继续努力工作的动力，要鼓励员工在各方面都能为自己的进步或成果而自豪，如技术水平的提高、目标任务的完成、发现一个不易被察觉的缺陷或解决一个质量问题等。

（13）鼓励自我改进，实施有力的继续教育和培训计划。鼓励员工接受更多的继续教育和培训，增强专业知识和能力，不断地进行自我改进，以适应组织的不断发展需要。

（14）采取积极的行动推动组织的变革。最高管理者对于质量的永恒的责任是实现顾客的要求，满足顾客的要求，让顾客感到满意并忠诚于组织。为此，必须不断地推动组织的变革以适应环境的发展变化，从而增强组织的竞争能力和保持组织的竞争优势。

1.5.4　A.V.Feigenbaum

1998年 A.V.Feigenbaum 在第三届上海国际质量研讨会上发表了"未来属于全面质量领先者"的演讲。A.V.Feigenbaum 认为，质量是一种文化，质量像许多优秀的文化一样，质量没有交流就不会成为一种交流的文化。进入21世纪以后，质量文化会带动全球范围的交流，这种交流的基础是全面质量的发展。A.V.Feigenbaum 把全面质量的发展归结为10项全面质量准则。

（1）质量的形成是全公司范围的过程。在激烈的市场竞争中，任何一个组织想要在市场中处于领先地位，就要考虑一个质量程序，以确定做什么、由谁做、怎样做等，并让组织中的每一位成员了解这个程序，相信这个程序，并执行这个程序。

（2）质量是由顾客来评价的。在激烈的市场竞争中，考虑到知识经济的因素，组织要知道自己提供的产品质量如何，首先要进行顾客调查。组织自己对产品质量的评价加上顾客对产品质量的评价，就成为21世纪的全面质量的概念。

（3）质量和成本是相合的和统一的。过去有一个错误的观念，以为好的质量比差的质量所花的成本要高。而实际上，一个技能低的人比一个技能高的人在加工同样产品时所花的时间要多，而且不合格的可能性也大，这也是成本的问题，从而使我们认识到，好的产品实际上比差的产品所花的成本要低。随着知识经济的发展，大家都认识到质量和成本是相合的。在进入21世纪以后，组织的成员要掌握全面质量管理，必须先懂得什么是成本。

（4）质量要求个人和团队的协作精神。质量成功需要每个人和团队的热情投入，需要对员工进行培训，让他们懂得程序和协作，并且树立不断追求质量成功的理念。

（5）质量是一种管理方法。组织的每个员工、每个部门都要对质量和组织有深刻的了解，要明白，你的部门质量做好了，其他部门的质量也能够做好，因为质量是整个组织共同努力的结果。所以，质量不仅是组织中质量部门的事情，它还是一种文化、一种语言和一种纪律，通过在组织内部的广泛的交流而成为整个组织的事情。

（6）质量与创新相互依赖。创新是质量的一个朋友。如果一个组织的质量领先，那么可以肯定组织在创新上可以有很好的贡献和作为。一个发展良好的组织，不仅提供的产品质量好，同时在研发和设计方面也有独到之处。

（7）质量是一种道德规范。质量与人的观念、信念是有关联的。对于一个组织而言，可以通过其员工对质量的认识和对追求卓越的光荣感来判断其质量。

（8）质量要求不断地改进。对质量的要求是发展的，组织提供的产品质量也必须是不断改进和提高的。从这个意义上讲，质量的概念是更好、更好、更好！

（9）质量是生产率提高最有效的贡献者。任何一个组织在全面质量的实践中都能体会到，通过预防或事后纠正而使生产率得到保证和提高是最合算、投入最少的途径。

（10）质量是通过联系顾客和供方的全面体系来实现的。进入21世纪后，一些组织通过其全面质量的体系把自己和顾客、供方紧密地联系起来。这个体系就是"质量价值链"，是组织取得质量领先地位的关键。

A.V.Feigenbaum 对于这10项准则还提出了10个关键词：程序、顾客、成本、团队协作、管理、创新、道德规范、改进、生产效率和体系。A.V.Feigenbaum 认为，这10项准则不是均等的，在某个阶段，其中的某几项是特别重要的。

对于组织实践，A.V.Feigenbaum 认为，全面质量的成功在于系统地管理。离开系统的方法，组织难以取得持续的成功。随着知识经济时代的到来，A.V.Feigenbaum 借助"知识就是力量"的口号提出：全面质量的有效在于"知识，在得到正确地应用的时候，才有力量"。

1.5.5　Gregory H. Watson

Gregory H. Watson，国际质量科学院院士，美国质量学会资深会员和前会长，美国工业工程研究院资深会员，白玉兰质量贡献奖和芬兰质量协会金奖获得者。他经常陈述的质量管理概念就是：质量管理必须掌控实际、理解理论、有意识地设计质量。

他认为，实现卓越是质量进程中的里程碑。"卓越"是一种习惯的结果，这一习惯源于以正确的方式做正确的事，是想着质量和按质量原则做事的结果。

质量是一种个人、团队和组织的意识，旨在以质量促进行动，促进人们运用科学的原理、方法和工具，实现顾客认可的"正确的工作输出"。

设计质量的驱动力是什么？Gregory H. Watson 认为必须包括以下三个方面。

（1）能力拓展。只有员工协同增效了，组织才可能做好。组织的竞争力来自每个员工的个人技能及其经验，为了共同的宗旨，他们分享各自的能力。员工受到激励参与实现组织宗旨，通过员工间的互动、知识和技能交流，组织的核心竞争力得到拓展。

（2）顾客洞察。只有能感知到顾客的新要求和预先考虑发展新方向的组织，才具备真正的持久核心竞争力。组织的知识源于与顾客的密切关系及对他们需求的理解。拓展对顾客的洞察力，需要全身心地关注顾客关系。

（3）创新激励。创新的能力非常重要。管理者必须激励新的创意产生，鼓励实验，使用欣赏式的探询方法，来了解不为人知的，但可以开发的"隐性知识"，以便用来改进顾客的工作绩效——创造额外的顾客价值。

Gregory H. Watson 坚信：真正的质量发展需要整合型学习。质量管理呼唤学习型组织。

1.6　案例研讨

1.6.1　西安秦岭欢乐世界游乐场[①]

2013年9月15日，西安秦岭欢乐世界游乐场"极速风车"游乐设施在空中高速旋转时，当场甩下3名游客。所幸的是，没有人员死亡，3名游客伤情稳定。

事故发生后，西安市政府成立了由公安、监察、旅游、街办等部门相关人员及中国特种设备检验研究院和陕西省特种设备质量安全监督检测中心专家组成的事故调查组对事故进行调查。经调查，事故原因为设备操作人员对安全保护装置检查确认疏漏所致，是一起因操作人员操作失误所造成的特种设备责任事故。

1.6.2　北京香山公园[②]

2013年9月16日中午12时25分，一名59岁的黑龙江游客在香山公园乘坐缆车上山时坠亡。据法制晚报记者现场了解，香山索道发生游客滑下吊椅坠落事件后，相关安全监督管理部门现场进行安全检查，确认香山索道设备安全无问题。事故发生的第二天，香山索道已恢复正常运营。

时至今日，北京乃至全国的公园景区，大部分都更换为封闭的吊厢式缆车，如八大处公园早在2008年便将索道上的吊椅全部拆除，升级为吊厢。香山公园则依旧坚持自己的"老吊椅"。为此，北京晚报报道，有记者联系到一家运营主题公园游乐设施的公司专门询问这一问题。该公司一位工程师告诉记者，香山公园缆车属于开放式的吊椅式缆车，直观上看，这种设备由于是开放式的，安全级别比较低，但是，这种吊椅也是安全的，如果成年人正常乘坐，也是能够确保安全的。

这位工程师认为，香山公园缆车事故是一个偶发事件，因为其他乘客都没有发生危险，说明当时缆车的运行是没有问题的，不排除这是人的不安全行为或精神原因造成的。

1.6.3　国家质检总局解析大型游乐设施为何上演事故悲剧

针对不断出现的大型游乐设施质量安全问题，我国政府于2013年9月30日发文称，五大原因引发大型游乐设施安全问题。[③]

① 资料来源：http://www.119tx.com/news/show-23086.html。
② 资料来源：https://sports.huanqiu.com/article/9CaKrnJCjYP。
③ 资料来源：http://www.gov.cn/gzdt/2013-09/30/content_2498664.htm。

统计显示，2013年我国取得大型游乐设施制造许可的企业有近90家，年产量约1500台（套）。截至2012年底，我国在用大型游乐设施达到1.67万台（套）。据初步统计，全国有大中型游乐园（场）400多家，年接待3亿多人次。

国家质检总局新闻办公室副主任李本军在2013年9月29日举行的例行发布会上介绍说，近年来，质检总局和各地质量技术监督局完善法规标准体系，开展隐患排查和专项整治，严格执法检查，强化安全宣传，保障了大型游乐设施保持相对平稳的安全形势。

质检总局提供的数据显示，截至2013年，大型游乐设施平均每年发生约5起事故、伤亡约4人。截至2013年8月31日，全国共发生大型游乐设施事故4起，造成1人重伤。"近期发生了西安秦岭欢乐世界游乐设施甩落游客，北京香山游客乘缆车坠亡事件。据了解，当地相关部门正展开调查，质检总局也高度重视。"李本军说。

国家市场监督管理总局特种设备安全监察局有关负责人分析认为，引发大型游乐设施安全问题的主要原因是多方面。一是游乐行业追求新奇和惊险刺激，一些新技术应用于游乐设施中，但缺乏技术标准和成熟经验，增加风险识别的难度。

二是大型游乐设施制造企业技术能力相对薄弱。大部分制造企业起步较晚，资源条件、人员素质、机加工水平等技术条件等还存在一定差距，同时，受产品本身（单台小批量）的制约，企业很难形成规模化生产，保障产品质量安全性能稳定性存在一定难度。

三是部分个体经营者的运营管理水平低下。2013年，国内有相当数量的大型游乐设施由个体经营，个体经营者在租赁的场地上从事大型游乐设施的运营工作，出租场地的单位仅收取租金，但缺少对租赁者实施有效的安全管理。个体经营者以短期营利为目的，缺少日常检查和维护保养方面的投入，缺乏安全意识和自我保护意识，安全管理水平低下，而且躲避政府监管。

四是运营使用单位日常检查和维护保养能力有待提高。特别是多数小型游乐园，作业人员的薪资待遇较低，人员流动性较大，多数单位在人员及工具配备上投入的资金较少，日常检查和维保质量不高，容易形成设备安全隐患。

五是设备使用条件复杂，超负荷情况突出。我国各地区的气候、环境差异较大，部分地区的大型游乐设施，常年运行时间长、设备负荷大、运行环境恶劣。特别是在节假日游客集中时段，设备和作业人员经常处于超负荷状态。

为加强大型游乐设施安全监察，防止和减少事故，质检总局2013年出台了《大型游乐设施安全监察规定》，并于2014年1月1日起施行。

针对2013年国庆期间大型游乐设施和客运索道安全，质检总局也发出通知，要求各地深入开展隐患排查和整治工作，对于查出隐患未经整改或整改不合格的设备一律停用；对于安全保护装置不符合要求，或者无法正常工作的设备一律停用；对设有自动连锁装置的大型游乐设施，要保证装置的可靠、有效，不得擅自屏蔽其连锁功能，否则一律停用。

与此同时，质检总局要求各地按照分类监管的原则，对重点场所和设备，以及安全管理薄弱，事故隐患较多的使用单位和设备加大安全监察力度。

李本军说，各地质监部门正加强对游乐园场和景区索道的监督检查，督促运营使用单位落实加强设备全面检查和维护保养、加强作业人员管理、完善应急救援体系、加强对乘客安全乘坐须知的讲解等安全管理责任。

研讨

请结合本章学习的内容和进一步阅读文献，对案例和质检总局的意见进行评述，并提出自己的观点。

➢ 本章小结

随着人类社会的进步和人类对自我生存环境及资源的体验逐步深化，人们对质量概念的认识发生了很大的变化，有了许多的进步。

对质量概念的认识涉及产品、质量和顾客三个方面。产品是质量的落脚点，所以认识产品的概念是很重要的。产品，即过程的结果，包括了硬件、软件、服务和流程性材料等。绿色概念的发展，使得人们对产品概念有了更为广泛和深刻的理解。质量是指客体的一组固有特性满足要求的程度。由于质量要求是不断发展变化的，所以质量的提高和改进是永恒的主题。质量的优劣是可以评判的，为此应该有可用以评判的质量标准。先进的质量标准有助于供方开展质量管理，但必须是以顾客的质量要求为基础的。顾客提出了质量要求，并成为判定质量优劣的裁判，所以认识顾客的概念是很关键的。无论是企业，还是公共部门，离开了顾客来谈质量管理或者认为自己的质量管理水平已经很高，那是没有意义的。

企业的激烈竞争让质量概念更加明晰，学习时容易理解，但要跟上发展是需要不断努力的。公共部门的质量概念还需要研究和加深认识，这更需要学习和探索。所以，质量概念是不断变化和进步的，我们必须不断学习和提升觉悟，才能适应时代发展的要求。

质量管理是组织管理的重要组成部分，是在质量方面指挥和控制组织协调的活动。质量管理活动通常包括了制定质量方针和质量目标及质量策划、质量控制、质量保证和质量改进等，其实质是有效配置组织的资源更好实现组织质量目标的过程。为了有效实现质量目标，组织必须有一个健全的管理体系来支持其质量管理活动。

企业的质量管理活动比较容易理解，因为在计划经济向市场经济的转轨过程中，企业率先进入市场的激烈竞争之中，比较早地在质量方面提高了觉悟。公共部门由于长期的传统思想束缚，对公共产品和顾客的认识不足，在质量管理方面还处于起步阶段，研究和发展的空间较大。

质量管理有其必须坚守的原则。ISO 9001：2008 质量管理标准给出了以顾客为关注焦点、领导作用、全员参与、过程方法、管理的系统方法、持续改进、基于事实的决策方法和与供方互利的关系等八项原则，这是质量管理理论和实践的发展的重要贡献。

在质量管理理论与实践的发展中，许许多多的质量专家做出了巨大贡献。学习他们的文献是一种享受，本章中的内容仅仅是冰山一角。

📖 进一步阅读文献

国家质量技术监督局. 2008. 中华人民共和国国家标准：GB/ T 19001—2008 质量管理体系标准. 北京：中国标准出版社.

国家质量技术监督局. 2016. 中华人民共和国国家标准：GB/ T 19000—2016 质量管理体系：基础和术语. 北京：中国标准出版社.

尤建新. 1999-03-12. 质量观念的发展. 人民日报，(7).

尤建新. 2003. 质量成本管理. 北京：石油工业出版社.

尤建新. 2008. 管理学概论. 4版. 上海：同济大学出版社.

尤建新，杜学美，胡顺华. 2003. 汽车特许经销商质量管理体系的建立和审核. 2版. 上海：同济大学出版社.

尤建新，杜学美，张建同. 2008. 质量管理学. 2版. 北京：科学出版社.

朱兰 J M. 1986. 质量管理. 北京：企业管理出版社.

Feigenbaum A V. 1983. Total Quality Control. New York：McGraw-Hill Book Company.

 思考题

1. 如何从硬件、软件和服务三个不同的产品来理解产品的质量特性？进一步可以探讨一下大数据的质量特性是什么。

2. 如何理解"高质量的低代价和低质量的高代价"这一观点？

3. 用一个质量管理活动中的例子说明有效性和效率的关系。

4. 如何理解"内部质量保证的目的是向企业最高管理者提供信任"这一观点？为什么还要强调"企业最高管理者也有向全体员工提供信任的必要"？

5. 为什么质量管理原则的第一条是"以顾客为关注焦点"？其实际意义在哪里？

6. 为什么说今天的"跨界"对于质量改进和创新提出了挑战？请举例说明。

第2章

质量管理理论与实践的发展

导读

远在石器时代，人类就有了朴素的质量意识，开始对当时制作的石器进行简单的检验。从质量管理思想的萌芽开始至今，质量管理究竟经历了怎样的发展，以及其相关理论在各个领域是如何应用的，将是本章重点探讨的内容。通过本章的学习，要求熟悉中国古代质量管理思想的形成过程及其对质量管理理论发展的主要贡献，掌握现代质量管理的四个发展阶段的基本背景与主要进步，熟悉 ISO 9000 质量标准的形成背景、发展历程、基本框架与推广应用情况，了解质量管理理论在相关行业的实践应用动态。

2.1 中国古代质量管理思想

2.1.1 质量思想的形成

中国古代的手工业者，如铁匠、裁缝、木匠、陶瓷产品制作者等，其最初的生产方式大都是以家庭为单位的小生产。在这种情况下并不需要特别严密的质量保证体系。随着生产力的迅速发展，生产规模逐渐扩大，劳动分工越来越细，劳动协作也变得越来越密切。于是，质量思想开始逐步形成，为协调各项工作以保证产品最终质量的质量管理方法也层出不穷。

1. 质量思想的萌芽

中国古代的传统商德中闪烁着质量管理思想的火花，从对质量概念、质量观念、产品或服务质量等方面的认识上可见一斑。

对于商品质量，治生学也强调一个"信"字，提倡和宣扬"诚工"和"诚贾"的传统，如果生产者和销售者"商而不诚，苟取一时"，那么其结局必然是"终至瓦解"。

先秦陶朱公（范蠡）在"积著之理"中在谈到产品质量问题时提出了"务完物"的主张，就是指生产者必须保证商品质量，销售商只出售质量完好的产品，对于有质量问题的产品，应坚决处理，决不保留。根据陶朱公的观点，追求上乘的产品质量，不但可以在销售价格上取得优势，还可以树立起生产者和销售者的信誉，保证产品的销路。

战国时期的白圭是治生学的鼻祖，他制定了"智、勇、仁、强"四项选拔和考核经营管理人员的标准。其中的"仁"要求管理者懂得如何处理"取"与"予"的关系，为了树立良好的信誉，生产者应不惜工本去生产质量优良的产品，并为顾客提供优质服务。

2. 早期的质量检验形式

质量检验是质量管理工作的重要措施之一。中国古代的劳动者很早以前就已经认识到进行产品质量检验的重要意义，并在生产实践中摸索出许多行之有效的质量检验方法。在《考工记》中就记载有六种对车轮质量进行检验的方法。例如，用圆规测量车轮的圆整度、用天平测量两侧车轮是否等重、将车轮浸入水中通过观察其沉浮情况确定其材质是否均匀、悬绳检验车轮上下幅是否对直等。

3. 行业自律

唐代的手工业发展十分迅速，其生产技术水平的提高和规模的扩大，使传统手工业中形成的经济关系发生变化，许多手工业作坊纷纷联合起来，形成了"行"的联合或组织。商业经济的发展，使得"行"成为保护同行手工业者利益，维护行业信誉，提高生产水平的重要形式，入"行"者可以对投"行"者生产的产品进行检验，如果未达到行业标准，则拒绝其入"行"。

4. 全程质量管理的雏形

在中国古代的农业生产和手工业制作过程中，人们认识到产品质量和工作质量都有一个逐步产生和形成的过程，并在整个生产过程形成规律；在质的形成过程中，人们采用"防检结合，以防为主"的工作方法来消除产生不合格品的隐患，以保证最终产品的质量。例如，在北魏贾思勰编撰的中国古代农业科学巨著《齐民要术》中，就曾经提出了关于从开荒、选种、播种、耕耘、收割到收获一整套全程质量管理的思想。由此可见，全程质量管理思想已在中国古代初步形成并在实践中得到广泛的应用。

2.1.2　标准化工作

标准化工作作为全面质量管理的基础工作之一，指的是为取得全局的最佳效果，依据科学技术和实践经验的综合成果，在充分协商的基础上，对重复性特征的事物，以制定和贯彻标准为主要内容的一种有组织的活动。

中国在2000多年前的中央集权的专制封建政权，使在全国范围内征集大批劳动力成为可能。因而，也使中央政府对如何加强大型生产或建设工程项目的质量管理有了更进一步的要求。在这种情况下，中国古代的质量管理思想和实践将标准化的方法提升到了一定的高度，并把它作为保证质量的依据。秦简中的《工律》《工人程》《均工》和《效律》等法律都对手工业产品的规格、质量等做出了较为系统的规定。关于产品规格标准化问题，《工律》中规定："为器同物者，其大小、短长、广亵亦必等。"意即同一规格的产品，其规格必须完全相同，不得有丝毫出入。另外，在《考工记》和《营造法式》

这两部分别诞生于中国先秦和北宋的重要科技著作中，也记载了不少有关标准化工作的资料，具体体现在如下几个方面。

1. 用料的标准化

在先秦的《考工记》中记录有六种不同配比的青铜合金的用途："金有六齐：六分其金而锡居一，谓之钟鼎之齐；五分其金而锡居一，谓之斧斤之齐；四分其金而锡居一，谓之戈戟之齐；参分其金而锡居一，谓之大刃之齐；五分其金而锡居二，谓之削杀矢之齐；金锡半，谓之鉴燧之齐。"这也是世界上最早的有关各种青铜合金成分比例及用途的记录。另外，中国古代的工程管理者主张按照不同的质量和等级标准划分各类建筑用材料，并按各类建筑的不同要求合理予以使用。在《营造法式》中，无论对木材、砖瓦的规格，钉子的尺寸大小，还是对涂墙泥灰的成分构成，都有严格规定。例如，造房用的木材可分为八等，应该视房屋的大小选择使用。另外，在造房用砖瓦方面也规定了用于不同建筑物的标准。例如，营造殿阁的用砖，必须方一尺三寸，厚二寸五分；条砖则应长一尺三寸，宽六寸五分，厚二寸五分。为保证涂墙用石灰泥的质量，除规定涂墙泥厚必须达到一分三厘的标准外，还规定了石灰泥的成分构成。例如，若是青石灰，则石灰和软石炭的比例应各占一半；若是黄石灰，则石灰、黄土的比例为3：1。又如，造房用的钉子也要按所钉木厚的比例来确定其长度，若五寸径的椽，就须用七寸长的钉，长必须超过椽径。

2. 产品规格的标准化

中国古代的工程项目管理者为便于对工程质量进行科学评价和监督，营造时做到心中有数，已意识到量化工程质量标准的必要性。例如，《营造法式》中将建筑物分为殿阁、厅堂、楼台、亭榭、廊屋、楼阁等几大类型，对每一类建筑物都规定了相应的面积、椽数、立柱数、铺砖瓦数等一些总体关键指标参数，主张工匠根据人们的不同需要和建筑物的不同类型，确定具体的建筑规模、格局及构造，统一营造格式，以此保证工程质量。除了从总体上明确提出了工程的要求外，《营造法式》中还对局部构造提出了详细要求。例如，对筑墙规定，若墙厚为三尺则墙高为九尺，墙高每增加三尺，墙厚增加一尺。规定统一的质量标准，既有利于在建筑时保证工程质量，又有利于事后监督验收。

3. 计量单位和工具的标准化

秦朝以前，计量单位极不规范。各诸侯国都有自己的计量标准系统，给国与国之间的贸易活动带来不便，同时造成质量工作开展无规可循，无法可依的不利局面。秦始皇统一中国后，统一了度量衡。在《考工记》中就记载了许多常用的度量单位。"室中度以几，堂上度以筵，宫中度以寻，野度以步，涂度以轨"，"度"即丈量，几、筵、寻、步、轨就是当时建筑业中惯用的长度单位。

关于计量工具，秦简中的《工律》有这样的规定，县和工室（管理官营手工业的机构）校正衡器的权、斗桶和升，至少每年校正一次，其目的是统一产品规格，使之达到标准化的要求。唐律在度量衡的规范化与产品标准化方面，也有严格的规定。凡市场通行的度量衡用具必须经管理市场官吏的鉴定，并加盖官印，方准使用。违者，按照情节不同，分别给予笞至杖刑的处罚。如果主管官吏"校斛斗秤度不平"，则必须承担刑事责任。

4. 操作工序的规范化

规范化的工序操作是实施标准化、保证产品或工程质量的关键。《营造法式》中把建筑营造划分为石作、大木作、小木作、雕作、锯作、瓦作、泥作、砖作及窑作等十几项工种，并对各专业工种的操作规范化做了一些具体规定。以泥作工序为例，其程序大致如下：用石灰等泥料涂刷时，先用粗泥大致填平低洼处；稍干后再用中泥涂抹；待到中泥干燥之后再用细泥；最后涂石灰。泥涂过后，等到水分散发或下淋到一定程度后再压五遍，使表面光滑。在施工过程中，工匠按照上述程序进行规范化的工序操作，对保证工程质量具有十分重要的意义。

2.1.3　质量责任制度

1. 质量责任制度的内容

质量责任制是全程质量管理的一项重要基础工作，具体内容指的是将质量工作的具体任务、责任和权限落实到部门和个人，以使质量工作事事有人管、人人有专责、办事有标准、工作有检查。其实，从秦朝开始，中央政府在质量考评与质量责任制方面就已经颁布了有关的法律，明确了奖惩制度。

2. 古代质量责任制度的实例

始建于公元前7世纪，经过历代修缮，于明朝形成了西起嘉峪关，东至山海关，总长约6700多公里的万里长城，动用了劳动力数百万人次，所耗费的土石方更是数量巨大。秦王朝为了对这一浩大工程进行有效质量控制，规定筑城的每一块砖都按照统一规格由全国各地烧制后运送到工地，为监督和控制制砖的责任及质量，每一块砖上都刻有制砖的州府县和制造者的姓名。一旦发现存在质量问题，将对制造者严惩不贷。秦律中的《厩苑律》对耕牛的饲养要求定期考评，好奖劣罚。对于产品质量，秦律也提出了比较严格的要求。《秦律杂抄》载，秦代对官营手工业产品要求进行年度评比考查，如评为下等，罚工师一甲，罚丞、曹长各一盾；若连续三年被评为下等，则加倍惩罚。各县工官新上缴的产品被评为下等，罚该工管的夫一甲，县令、丞、吏和曹长各一盾。城旦做工而被评为下等，每人笞一百。对造车、漆园和采矿等均有大致相同的规定。可见，秦代对有关官吏职责的要求十分严格，对手工业产品的质量标准和检验都形成了一套较为系统和完善的制度。

唐代要求各类产品必须达到标准化，符合法定质量要求。市场上禁止质量不合格产品销售。如果主管市场管理的官吏对此类商品不及时查禁，须承担连带责任。唐律规定：如果"器用之物及绢布之属"制作不牢，以假充真，长短宽狭不合要求而擅自出卖者，"各杖六十"。如果主管官吏知情不处，"各与同罪，不觉者，减二等"。

工程管理中最为重要的是通过各项责任制度来确保工程质量。北宋绍圣四年，为保证工程建筑质量，提高管理水平，李诚奉旨修订《营造法式》。《营造法式》全书共三十六卷，内容大部分来自工程建造实践，具有很强的可操作性。可以认为，《营造法式》

的颁行从工程质量责任制度的角度对工程质量予以了保障。

综上所述，在中国古代以手工业者为从业主体的小生产时期，以"信"为要义的质量观主要体现在传统商德之中。随着生产社会化的发展和大型工程项目的出现，系统的质量思想初步形成，全程质量管理的思路和以标准化工作、质量责任制为主要特征的质量保证体系开始逐步形成。无论是从质量管理思想的发展历程来看，还是从质量管理工作的具体方法和技术来看，我们先辈的思想都可以说是领先于时代发展的。对中国古代的质量管理思想和方法的学习，有利于我们认识中国古代质量的理念，吸取中国传统质量管理的精髓，推动适合中国特点的质量管理理论的发展。

■ 2.2　现代质量管理理论的发展历程

质量管理学作为一门实践性较强的管理科学，随着现代管理科学理论和实践的发展，经历了大半个世纪，已经发展为一门比较成熟的独立科学。关于现代质量管理理论的发展阶段的划分，目前有许多种说法，通常是将其划分为三个阶段：质量检验阶段、统计质量控制阶段和全面质量管理阶段。

2.2.1　质量检验阶段（19世纪末至20世纪30年代）

1. 背景

在20世纪以前，生产主要是小作坊形式，工人自己制造产品，自己负责检验产品的质量。那时的工人既是操作者，又是检验者，制造和检验的职能统一集中在操作者身上，因此被称为"操作者质量管理"。操作者的个人因素很容易造成质量标准的不一致性和工作效率的低下，而且当劳资双方有矛盾或意见不统一时，产品的质量保证就很容易出现问题。

20世纪初，科学管理的奠基人泰勒提出按照职能的不同对工人进行合理的分工，并首次将质量检验作为一种管理职能从生产过程中分离出来，建立了"工长制"，由工长根据产品的技术标准，利用各种测试手段，对已经生产出来的产品或半成品进行筛选，以防不合格产品流入下一工序或出厂。这一变化分离了操作与检验的职能，强化了质量检验的职能，称为"工长质量管理"。

随着生产力的发展和科技的进步，企业的生产规模不断扩大，管理分工的概念被提出。在管理分工概念的影响下，企业中逐步产生了专职的质量检验岗位，有了专职的质量检验员，质量检验的职能由工长转给质量检验员。后来，一些企业又相继成立了专门的质量检验部门，使质量检验的职能得到进一步的加强。这被称为"检验员质量管理"。

2. 主要进步

质量检验阶段从操作者质量管理发展到检验员质量管理，无论是从理论上还是实践上都有很大的进步。首先，专职检验替代了操作者对产品质量的管理，使得产品质量检验的效率大大提高；其次，专职检验为解决不合格产品的出厂问题提供了一种新的途径；

最后，一些企业成立了专门的质量检验部门，使得质量检验的职能得到进一步加强，质量管理向着更加成熟的阶段发展。

3. 存在问题

随着社会科技、文化和生产力的发展，质量检验阶段存在的许多不足之处逐渐显露出来：①事后检验，没有在制造过程中起到预防和控制作用，即使检验查出废品，也已是既成事实，质量问题造成的损失已难以挽回；②全数检验，在大批量的情况下不仅经济上是不合理的，还容易出现错检漏检，既增加了成本，又不能保证检验百分之百的准确；③破坏性检验，破坏性检验使全数检验在技术上有时不可行，判断质量与保留产品之间发生了矛盾。这些问题在第二次世界大战（简称二战）时期显得特别突出，推动了质量管理理论的进一步发展。

2.2.2　统计质量控制阶段（20世纪40年代初至20世纪50年代末）

1. 背景

这一阶段的主要特点是从单纯靠质量检验把关，发展到工序控制，是质量的预防性控制与事后检验相结合的管理方式。

早在20世纪20年代，一些发达国家就相继发布了公差标准，以保证批量产品的互换性和质量的一致性。同时，一些著名统计学家和质量管理专家注意到质量检验的弱点，并设法运用概率论和数理统计学的原理去解决质量管理中的这些问题。1924年，美国贝尔研究所的工程师 W.A.休哈特提出了著名的质量控制图法。后来，他应西屋电气公司的要求，参与该公司所属霍桑工厂关于加强与改善质量检验工作的调查研究，并提出"六西格玛"的方法来预防废品产生，把质量控制图即预防缺陷法应用到工厂中去。1931年，贝尔研究所成立了一个检验工厂小组，W.A.休哈特、C.D.爱德华兹、D.A.柯特斯、H.E.道奇、H.C.罗米格和戴明都属于这个小组。小组研究的成果之一就是提出了关于统计抽样检验的理论。然而由于20世纪30年代资本主义国家爆发了严重的经济危机，而运用数理统计方法需要大量的计算工作，因此这些新方法和理论几乎无人问津。

直至二战期间，由于战时的需要，美国大批民用公司改为生产军需品。当时面临的严重问题是：由于无法预防废品产生，以及民用公司技术和生产能力的限制，生产的军需品不仅合格率低且质量十分不稳定，这严重影响了战时军用物资的及时供给。为此，美国政府和国防部组织了一批数学家研究和解决军需产品的质量问题，先后制定了战时的三项质量控制方面的国防行业标准，即 AWSZ1.1—1941：质量管理指南；AWSZ1.2—1941：数据分析用控制图法；AWSZ1.3—1942：工序控制图法。这些标准的提出和应用，标志着质量管理在20世纪40年代进入了统计质量控制阶段。二战以后，数理统计和其他数学方法所取得的成果便逐渐被运用到质量管理中，为企业带来了较高的利润。

2. 主要进步

相比于质量检验阶段，统计质量控制阶段无论在理论上还是在实践上都发生了一次飞跃。第一，该阶段树立了"事先控制、预防废品"的质量观念，把事后把关变为预先控制,大大提高了产品的出厂合格率;第二,由于采用抽样检验的方法,很好地解决了全数检验和破坏性检验无法实施的问题。

3. 存在问题

虽然统计质量控制减少了不合格品的数量,降低了生产费用,但是也存在一些不足。首先,统计技术难度较大,使得人们误以为质量管理就是深奥的统计方法,而对质量管理产生了一种高不可攀、望而生畏的感觉,难以调动员工参与质量管理的积极性,所以这一阶段也被称为是"质量管理专家时期";其次,仅偏重工序质量控制,没有对整个产品质量的形成过程进行控制,预防思路不开阔;再次,过分强调质量控制的统计方法,而忽视其组织管理工作,因此不被高层管理者重视;最后,它仍以满足产品标准为目的,而不是以满足消费者的需要为目的。这些问题都一度影响统计质量控制的普及和推广。

2.2.3 全面质量管理阶段(20世纪60年代以来)

1. 背景

全面质量管理阶段大约从20世纪60年代开始,可以说一直延续到今天,且仍处于不断发展和完善之中。20世纪60年代,随着生产发展和社会进步,特别是随着科学技术的飞速发展和创新成果的不断涌现,质量管理的对象、内容和任务都发生了新的变化。

进入20世纪50年代之后,科学技术日新月异,生产力迅速发展,微电子、核能源、航空航天、自动化和军事工业等一批新兴产业相继崛起,统计质量管理的方法已经不能满足高质量产品的要求,必须运用系统工程的概念,实施质量的全面、全过程、一体化管理。这一时期,人们对产品质量的要求从单纯的使用性能发展为对耐用性、美观性、安全性、可靠性及经济性的全面关注,这就大大提升了人们对产品质量的需求水平,也对质量管理提出了新的课题。

20世纪60年代初,伪劣商品充斥市场,消费者权益受到了巨大的威胁和侵害,保护消费者权益的运动向企业提出了"质量责任"问题。1960年,美国、英国、比利时、奥地利等国的消费者组织在荷兰海牙正式成立了国际消费者组织联盟,并于1983年确定每年的3月15日为"国际消费者权益日",这一举措成为质量管理理论发展和实践推行的巨大动力。

自泰勒创立科学管理理论以来,管理科学出现了各种学派,系统理论和行为科学理论等管理理论的出现和发展,对企业组织管理提出了变革要求,促进了质量管理的发展。

基于上述形势及认识,全面质量管理的思想应运而生。从统计质量控制发展到全面质量管理,是质量管理领域一个质的飞跃。

2. 全过程质量管理与全面质量管理

全过程质量管理,后翻译为全面质量管理,该管理思想最早起源于美国,是由通用电气公司的费根堡姆于1961年提出的。全面质量管理是一种综合的、全面的经营管理方式和理念,它以组织全员参与为基础,代表了质量管理发展的新阶段。后来在其他一些工业发达国家开始推行,并且在实践运用中逐步发展起来。特别是日本,在20世纪60年代以后推行全面质量管理并取得了丰硕的成果,引起世界各国的瞩目。

20世纪80年代后期以来，全面质量管理得到了进一步的扩展和深化，逐渐由早期的全过程质量管理演化成为全面质量管理，其含义远远超出了一般意义上的质量管理的领域。全面质量管理是在最经济的水平上，在充分满足客户要求的条件下进行生产和提供服务，把企业各部门在研制质量、维持质量和提高质量的活动中构为一体的有效体系。关于全过程质量管理和全面质量管理的比较，如表2-1所示。

表 2-1 全过程质量管理与全面质量管理的比较

比较项目	全过程质量管理	全面质量管理
基点	要求管理者必须着眼于细节，从细节找到解决问题的关键	满足市场对质量的诉求，旨在建立企业的核心竞争力
地位	战术决策	战略规划
范围	微观	宏观
强调	控制	管理

3. 主要进步

全面质量管理不同于以往的质量管理，其在很多方面上都有了较大的改善，它主要强调：①质量管理应当由过去以检验人员、数理统计专家为主进一步拓展到全员参与；②质量管理要建立在全员参与的基础上；③不仅要对制造工序实施质量管理，而且要对产品质量产生与形成全过程都实施质量管理，进一步将质量管理由以往的单一制造工序拓展到产品整个生命周期；④质量管理必须综合考虑质量、价格、交货期和服务，而不能只考虑狭义的产品质量，强调让顾客满意；⑤质量检验仅靠检验和统计方法是不够的，解决质量问题的方法和手段是多种多样的，而且必须有一整套的组织管理工作。

2.2.4 全面质量管理的发展

从20世纪80年代开始，也就是全面质量管理从全过程质量管理发展到全面质量管理的同时，产生了第一部管理的国际标准——ISO 9000族标准，使对质量管理活动的评判有了一把国际统一的尺子。目前，ISO 9000族标准已被全世界150多个国家和地区视作国家标准采用，并广泛应用于工业、经济和政府管理等领域，成为国际经济和社会活动中必不可少的一类国际标准。

1. ISO 9000族标准的形成背景

ISO 9000 族标准是指由国际标准化组织质量管理和质量保证技术委员会（International Organization for Standardization / Technical Committee 176，ISO/TC176）制定的所有国际标准。该标准族可帮助组织实施并有效运行质量管理体系，是质量管理体系的通用要求或指南。ISO 9000族标准产生的原因和背景，概括起来主要可以分为以下几个方面。

（1）各国的质量实践为 ISO 9000族标准的产生提供了条件。世界各国纷纷制定与颁布的质量责任、法令、法律、法规，把质量保证体系的建立与实施作为强制性的社会要求,这为 ISO 9000族标准产生奠定了法律方面的基础。例如,我国《产品质量法》第一章第六条、第二章第十四条分别规定了"国家鼓励推行科学的质量管理方法""国家根据国际通用的质量管理标准,推行企业质量体系认证制度"等要求,使 ISO 9000族标准的实施有了强有力的法律基础。

(2)科学技术和生产力的发展,是形成和产生 ISO 9000族标准的社会基础。随着生产力的发展,产品结构日趋复杂,商品一般都通过流通销售给用户,这时,用户很难凭借自己的能力和经验来判断产品的优劣程度。生产者为了使用户放心,采用了对商品提供担保的对策(如我们常见的"三包",即包修、包换、包退),这就是质量保证的萌芽。

(3)消除国际贸易中的质量体系注册/认证等方面的技术壁垒,促进国际贸易顺利发展是 ISO 9000族标准产生的经济基础,也是 ISO 9000族标准产生的直接原因。否则,任凭各国依据其不同的国家或团体标准进行质量体系认证,势必导致严重的技术壁垒,阻碍国际贸易的正常进行。

(4)激烈的国际贸易竞争加速了 ISO 9000族标准的形成。ISO 9000族标准是了适应20世纪80年代之后剧烈的国际市场竞争而制定的。它们既是欧美各市场经济国家企业走质量效益型道路的经验总结,也顺应了国际大市场优胜劣汰竞争态势下各类企业生产和发展的客观需要。

(5)保护消费者权益及社会公共利益活动促进了 ISO 9000族标准的发展。各国消费者权益保护活动的广泛深入开展,推进各类企业不断建立与实施质量管理体系,改进与稳定产品/服务质量,也成为 ISO 9000族标准产生和发展的群众基础。

(6)组织生存和提高效益的需要是产生 ISO 9000族标准的重要原因。组织为了生存和发展,获得更大的经济效益,除重视质量管理和内部质量保证外,还应重视外部质量保证。为避免因产品缺陷而引起质量事故,赔偿巨额钱款,组织宁可先投入一定资金,走预防为主的路线。这就促进了 ISO 9000族标准的产生、形成和贯彻,也是 ISO 9000族标准的真谛所在。

2. ISO 9000族标准的发展历程

自 ISO 9000族标准发布至今,ISO 根据实际运作时发现的问题对 ISO 9000族标准做了调整与修改,总的来说可划分为四个阶段。

(1)20世纪80年代的 ISO 9000族标准。1986年发布的 ISO 8402与1987年发布的 ISO 9000~ISO 9004标准构成了 ISO 9000族标准的第一版。第一版 ISO 9000族标准的发布与实施,使世界各国有了一套相同的国际标准化的质量管理方法,而《贸易技术壁垒协定》的签订和实施又推进了 ISO 9000族标准的广泛实施,从而有效地破除了国际商品贸易中依据不同质量保证标准进行质量体系认证/注册而导致的技术壁垒,促进了国际贸易的政策发展。

(2)20世纪90年代的 ISO 9000族标准。由于第一版的 ISO 9000族标准主要适用于工业制造领域,不能适用于其他各行各业,因此需要对第一版的质量体系要素进行具体补充和细化。为此,ISO/TC176在维持 ISO 9000族标准总体结构和思路不变的前提下,对第一版 ISO 9000族标准进行了局部修改,并补充制定了 ISO 10000系列标准,对质量体系的一些要素活动进行了具体的规定,形成了第二版ISO 9000族标准。第二版ISO 9000族标准的发布与实施极大地推进了世界各国的质量管理事业,掀起了一股世界性的ISO 9000族标准实施热潮。

（3）ISO 9000：2000族标准。2000年发布的第三版ISO 9000族标准是为了适应21世纪即"质量的世纪"对质量管理的客观要求而产生的。于是ISO/TC176对20世纪90年代的ISO 9000族标准进行总体结构及技术内容等的全面修改,2000年版的ISO 9000族标准明确提出ISO 9000、ISO 9001、ISO 9004和ISO 19011四项标准共同构成了一组密切相关的质量管理体系标准。四个标准即:ISO 9000：2000《质量管理体系基础与术语》;ISO 9001：2000《质量管理体系要求》;ISO 9004：2000《质量管理体系–业绩改进指南》;ISO 19011：2002《质量和（或）环境管理体系审核指南》。

上述一系列标准可以帮助各种类型和规模的组织实施并运行有效的质量管理体系。并且指出:为了成功地管理和运作一个组织,为了针对所有相关方面的需求,实施持续改进其业绩的管理体系,必须遵守下列八项质量管理原则:以顾客为关注焦点;领导作用;全员参与;过程方法;管理的系统方法;持续改进;基于事实的决策方法;与供方互利的关系。

ISO 9000：2008族标准的修改延续了2000年版的基本结构。ISO 9000：2008族标准核心标准如下。

ISO 9000：2005《质量管理体系——基础和术语》。标准阐述了ISO 9000族标准中质量管理体系的基础知识、质量管理八项原则,并确定了相关的术语。

ISO 9001：2008《质量管理体系——要求》。标准规定了一个组织要推行ISO 9000,取得ISO 9000认证,所要满足的质量管理体系要求。组织通过有效实施和推行一个符合ISO 9001：2008标准的文件化的质量管理体系,包括对过程的持续改进和预防不合格,使顾客满意。

ISO 9004：2009《追求组织的持续成功——质量管理方法》。标准以八项质量管理原则为基础,帮助组织有效识别能满足客户及其相关方的需求和期望,从而改进组织业绩,协助组织获得成功。

ISO 19011：2011《管理体系审核指南》。标准提供了管理体系审核的指南,包括审核原则、审核方案的管理和管理体系审核的实施,也对参与管理体系审核过程的人员的个人能力提供了评价指南。

（4）ISO 9000：2015和ISO 9001：2015标准。2012年,国际标准化组织开始启动下一代质量管理标准新框架的研究工作,继续强化质量管理体系标准对于经济可持续增长的基础作用,为未来十年或更长时间,提供一个稳定的系列核心要求;保留其通用性,适用于任何类型、规模及行业的组织中运行;关注有效地过程管理,以便实现预期的输出。

通过应用国际标准化组织导则,增强其同其他ISO管理体系标准的兼容性和符合性,以推进其在组织内实施第一方、第二方和第三方的合格评定活动;利用简单化的语言和描述形式,便于加深理解并统一对各项要求的阐述。

ISO 9001：2015标准的主要变化在于其格式变化,以及增加了风险的重要性,其主要的变化包括：①采用与其他管理体系标准相同的新的高级结构，有利于公司执行一个以上的管理体系标准；②风险识别和风险控制成为标准的要求；③要求最高管理层在协调质量方针与业务需要方面采取更积极的行动。

重要的七大变化有：①采用新的高级结构；②风险管理引入标准，但不再使用预防措施；③新的要求、组织环境背景；④更加提升过程方法的应用水平；⑤更适用于服务型组织；⑥文件化的信息；⑦七项质量管理原则。

3. ISO 9000族标准的推广应用

ISO 9000族标准适用于以下四种情况。

（1）质量管理的指南，即为了质量管理的目的所建立的质量体系。企业应根据市场和企业内部情况在最佳成本和最小风险的基础上，为满足用户的需要或期望，设计质量体系，以实现产品质量要求，并提高组织的竞争能力。在这种环境下，组织的质量体系没有受到需方的约束，这时组织通过市场调查，预测用户需要，自行确立产品质量水平，设计和建立质量体系，以经济有效的方式实现对产品质量的要求。

（2）合同情况，在第一方、第二方之间。顾客向供方订货时，为了确保其订购产品的质量达到规定的要求，往往要提出对该供方的质量体系要求，规定某一具体质量保证模式，作为订购产品技术规范的补充。合同中规定的质量体系要求应成为供方质量体系的组成部分。在合同期内，供方根据合同要求应向需方提供各种证据，以证明其质量体系符合合同规定的要求并保持有效运行，产品质量处于受控状态并达到了技术规范的要求。

（3）第二方认定或注册，需方按照质量保证模式标准或其他标准，对供方的质量体系进行评定，以评估其是否满足有关标准要求，供方一旦被评定合格并且同意保持这样的质量保证能力，需方则予以登记注册认可，作为一定时期的合作伙伴。

（4）第三方认证或注册，即供方的质量体系按质量保证的其中一个标准接受认证机构的评价，认证合格的企业予以登记注册。认证机构还要定期对供方的质量体系进行监督检查。在第三方认证或注册情况下，通常可以减少第二方对质量体系评定的次数和范围，大大减少评定工作量，节省费用。一个供方往往同时处在一个或数个或所有的上述的情况之中。因此，供方组织应分析自己所面临的环境类型，所建立的质量体系，应覆盖并适应所面临的所有情况，且对所建立的质量体系予以有效的保持。

2.3　质量管理理论的实践应用动态

2.3.1　生产领域的应用

质量管理早期产生的原因就是解决产品生产过程中出现的次品问题。任何一个产品生产的每一步，即从最初的设计到最后产品出厂，都要有严格的质量要求和规定。在质量管理理论逐步完善的今天，其在生产领域的应用仍然是最基础和最广泛的。

1. 产品设计

一个产品的质量是由设计质量、制造质量及销售服务的质量共同构成的。作为生产活动的首要环节，产品设计的质量决定了整个产品的质量，目前质量管理理论在产品设计方面也有了比较成熟的应用。

作为对企业质量保证体系的一个基本要求，ISO 9000系列标准为企业提供了多种质量保证模式，企业可根据供需双方的风险、成本和利益进行全面的考虑和平衡，系统考虑产品设计的复杂性、设计成熟程度，并从中选择一个合适的设计标准，以便实现全面质量管理。

质量功能展开（quality functional deployment，QFD）最初主要应用于产品设计和开发，通过有效地结合顾客需求和产品生产设计来改进产品质量管理，能够有效地将顾客需求转化为设计需求，是保证质量形成的关键第一步。

另外，正交设计、方差分析、信噪比等数理统计方法及目标管理、并行工程等方法也常常用于设计开发阶段的质量管理。

2. 生产过程

原料采购、生产、检验等也是实现产品质量的重要过程，在这些过程中要全面考虑制造的复杂性、技术性、安全性和经济性等因素，这就离不开质量管理理论和方法的应用。

PDCA循环，即戴明环，是plan（计划）、do（实施）、check（检查）和action（处理）四个词的头个字母合并缩写，是程序化、标准化的科学工作方法，多用于生产过程中对产品质量的改进，使其不断进步、提高。

业务流程重组（business process reengineering，BPR）是对企业的生产流程做根本性的思考和彻底重建，将其应用于生产过程中能够使产品在成本、质量和生产速度等方面取得显著的改善。

六西格玛法的质量管理思想最早是由摩托罗拉公司提出并付诸实践，它在缩短产品的生产周期、减少缺陷等方面有着广泛的应用。六西格玛法适用于任何水平的任何企业，功能强大，对产品的缺陷可以测量到百万分之一的水平。

直方图、控制图、检查表、散布图、排列图、亲和图等在检测生产过程中的质量问题方面也有着重要的应用。

3. 售后服务

产品的质量最终是在市场销售、售后服务的过程中得到评判与认可，售后服务的质量对整个产品的质量起到了关键的保障作用。

顾客满意度（customer satisfaction，CS）理论被广泛地用于测定顾客对产品和服务的满意度程度，可以反映和提高行业产品及服务的质量，引导新型质量良性竞争。

排列图、散布图、关系图法等质量管理的新老七种工具也都可以用于售后服务过程中的质量管理。例如，企业在进行售后服务的过程中，可以通过运用检查表对顾客满意度进行调查，用因果图寻找问题产生的原因，对因果关系进行全面系统地观察与分析，等等。

2.3.2 环境领域的应用

近年来，随着我国环境保护事业的不断发展，将质量管理理论应用于环境保护领域中，已经逐渐成为一种流行的趋势。

1. 环境质量标准

ISO 14000 环境管理体系标准是国际标准化组织继 ISO 9000标准后推出的又一个管理标准，作为环境保护的专门标准，ISO 14000更多的是关注环境质量和环境效益等。其在标准规定上内容更加系统，有 ISO 14001环境管理体系，可供企业进行参考以制定企业自身的环境管理体系，另外还有 ISO 14010环境审核指南等，可供各国政府参阅。例如，我国根据 ISO 14001制定了《环境管理体系规范及使用指南》，根据 ISO 14010制定了《环境审核指南通用原则》。

ISO 26000是国际标准化组织起草并制定的一部关于社会责任方面的重要标准，是继ISO 14000之后的又一标准体系。ISO 26000中关于环境的要求主要包含预防污染、可持续地使用资源、缓和及适应气候变化、保证及恢复自然环境等四个议题，ISO 26000的出台标志着全球贸易的发展需要对环境做出更加全面具体的考虑，如企业要想进行出口就要使温室气体排放量和重金属的排放量等环境指标达标，产品的包装要符合可回收利用的标准，另外，如果企业要将产品出口欧盟，则至少需要通过四个方面的环境认证。

ISO 14000和 ISO 26000等标准，成为评价环境质量优劣程度和企业环境污染治理好坏程度的尺度，也是环保部门进行环境管理、监督执法的基础依据，为规范企业的行为起到了积极的作用。环境规划、环境治理、环境评价、排污收费、环境技术开发和产品生产等活动，都离不开环境标准作依据。同时，环境标准是国家环境政策在技术方面的具体体现，是行使环境监督管理和进行环境规划的主要依据，是推动我国环境质量进步的重要动力。

2. 环境质量监测

随着环境质量监测领域和范围的日益扩大，我国的环境质量监测技术水平和监测能力也得到了快速发展，质量管理理论的应用使得监测手段不断更新，使环境监测能够及时、快捷、全面地反映环境质量状况和污染变化趋势。

在环境质量监测的初期，质量管理的方式主要采用统计质量控制，它通过对样品的最终分析数据进行统计分析，检验其合格情况，同时对实验室内分析过程也采用了一定的质量控制手段，如空白试验、平行样、加标回收率等，这些都是利用统计方法对实验室分析数据进行的事后质量检验。

而后，环境质量监测系统先后开展了创优质实验室和计量认证工作。优质实验室分别从人员素质状况、实验室条件与管理、质量保证、工作完成等4个方面22项具体内容对环境监测站的主要工作进行考核。而计量认证则从组织机构、仪器设备、检测工作、人员、环境制度等6个方面50项具体内容对环境监测站的工作质量进行更具体、全面的考核。这两项工作的开展使环境质量监测站的面貌和监测能力在较短的时期内发生了深刻而显著的变化。

随着中华人民共和国国家标准《校准和检验实验室能力的通用要求》（GB/T 15481—1995）的颁布，环境监测工作开始引入全面质量管理的全新概念。2007年9月1日国家环境保护总局施行了《环境监测管理办法》，首次正式提出环境监测全过程质量管理的理念，重申了环境监测站要按建设标准规定达到相应的监测能力，并对环境监测人员培训、考核、上岗做出了规定，要求建立环境监测数据质量管理的相关制度，保证样品采集、保存、运输、前处理、实验室分析及数据汇总、综合分析等全过程受控和可追溯。

2.3.3　科研领域的应用

知识经济时代的经济增长和社会进步越来越依赖科技创新和高新技术产业的发展。科学研究水平的提高及其管理体制的创新，是提高我国经济发展水平及建设高水平研究型大学的重要手段，而科研质量的提高则离不开质量管理理论的保障。

1. 科研管理

科研管理部门承担着科研发展规划计划的编制、组织实施，也是高校科技活动与国家、社会交流的重要窗口。科研管理水平的高低直接影响到科研工作发展速度、成果大小，以及科研质量水平。

目前，我国的许多科研机构都开始相继进行 ISO 9000 质量管理体系认证。获得 ISO 9000 质量管理体系认证，无疑能够为科研工作的快速发展起到重要的保障作用，可以大大提高科研管理水平和科技产品的置信度。建立基于 ISO 9000 标准的质量管理体系，可以把全面质量管理的思想应用于科研管理工作中来，规范、制衡和监督科研管理中的行政行为。事实证明，科研质量管理体系的建设对于规范科研机构的管理活动，保证科研项目的顺利完成起到了积极作用。

2. 科研过程

科学研究是一个严谨的过程，容不得半点差错，质量管理领域中的"零缺陷"管理思想就非常适用于科研活动。要达到科研项目"零缺陷"质量管理，就要在科研项目全过程的每一个环节制定"零缺陷"管理目标，保障每一名科研人员在工作中不出现人为的差错或人为失误，以促进质量管理目标的实现。

DMAIC 模式是六西格玛管理的过程改进模式，近些年也逐渐被应用于科研领域中。DMAIC 模式通过定义（define）、度量（measure）、分析（analyze）、改进（improve）、控制（control）等五个步骤，能够分析出影响科研项目完成的关键因素，并对其进行改进和控制，能够有效地提高科研质量水平。

除此之外，排列图、因果图、直方图、系统图等生产领域的质量控制方法也可用于科研项目质量的控制。

3. 科研成果评价

按照评价主体划分，质量评价的方法可以分为第一方评价、第二方评价和第三方评价三种，这三种方法也同样适用于科研成果的评价。

第一方评价是组织内部质量评价，科研机构按照自己选定的标准，对组织内的科研成果进行评价，如高校中通常会设置"优秀科研奖"来表彰在科研上具有一定建树的学生和老师。

以顾客为主体的质量评价也称为"第二方评价"，对于科研项目来说则是由相同或相关领域的研究者、科技论文或专著的阅读者与引用者、专利的应用者等对其成果进行评价。

以第三方专业机构为主体的质量评价称为"第三方评价"，第一方和第二方无商业利益关系授权。例如，科技期刊编辑部或出版社的评审专家、科研成果鉴定部门、专利审批部门等。

2.3.4　教育领域的应用

在我国，由于长期受传统教育观念和片面追求升学率倾向的影响，学生难以适应社会经济、科技文化发展的多样化需求。特别在我国高等教育步入大众化阶段后，要求各级各类学校"把抓教育教学质量放在更加突出的位置"，以高质量的教育迎接21世纪的挑战。无论是国内还是国外，都相继出现了把工商界关于质量管理的术语、标准以至全面质量管理理论引进教育质量管理之中的趋势。特别是从20世纪90年代起，教育管理研究的焦点集中在质量管理理论与教育实践结合的问题上，以借鉴质量管理思想，促进教育质量的全面提高。

我国的许多高校目前都采用全面质量管理对学校的教育质量进行改进，贯彻全员参与原则，广泛开展教学质量小组活动；制定质量标准，并以此作为制定教学评估标准、教师工作质量考评标准、教学目标改进及进行教师培训的依据；加强质量的全程控制，包括教师的严格聘用、培训、教学信息的采集和反馈，追踪了解师生教学需求和教学质量的评估，从中肯定成绩，诊断问题，提出意见和实施改进。

把 PDCA 循环应用于教学中，能够促使教师和学生的教育质量意识不断增强，改进质量管理措施，不断提升教学质量和管理水平。PDCA 循环的质量思想已广泛应用于我国教育界各级各类学校。

我国部分高校如大连海事大学等根据有关国际公约和海事教育、培训的要求，先后通过了 ISO 9000质量管理认证，使学校各项工作规范化、程序化，促进了教育质量和学校管理水平的提高。

2.3.5　医疗领域的应用

医疗质量关系到人民身心健康，关系到千家万户的幸福，也关系到经济发展和社会和谐，是一个十分重大的民生问题。质量管理理论的引入和应用，对医疗质量管理的创新起到了极大的推动作用。

1. 药品质量管理

药品的质量管理工作关系到患者的用药安全，从药品的生产、医院采购、入库验收、在库养护到临床应用的每个阶段，都需要严把质量关。

而关于药品进入医院后的质量控制，我国多家医院都采用质量控制小组对病区药品实施持续护理质量控制，并收到了满意效果。持续质量控制，能够明确药品管理要求，规范科室药品的管理流程，并且能够增强护士的法律意识和风险防范能力。

2. 病案质量管理

病案质量是医疗质量的反映，将质量管理理论与方法和日常的病案管理工作相结合，能够不断提高病案质量，从而提高医院管理水平。

目标管理（management by objectives，MBO）法源于美国管理专家彼得·德鲁克，将其应用于病案管理主要分为三个阶段：①病历质量目标的制定和分解；②病历质量目标的实施与控制；③对病历质量目标实现情况的考评与奖惩。质量目标层层分解，促进了目标责任的落实，保障了病案管理的质量。

PDCA 循环、临床路径管理法、DMAIC 模式、零缺陷管理法等也常常被用于病案的质量管理。

3. 护理质量管理

中华人民共和国成立以来，我国护理质量管理由经验管理发展到科学管理。由于医学科技的进步，以质量管理理论为基础的护理质量保证体系，逐渐成为21世纪护理质量管理的发展方向。

现代医院多采用建立护理质量小组的现代管理方法，通过组织机构的保证功能，使护理质量处于受控状态；目标管理应用于护理管理中，是将护理部整体目标逐次转变为各层次各部门及个体目标，建立管理的目标体系，实施检查、控制与评价，并根据各自目标完成情况分别予以奖惩；全面质量管理法是将护理各部门的工作质量，包括病房护理质量及门诊、急诊、供应室等的护理质量进行统筹管理，既重视组织管理，又重视技术管理、设备资金管理等。

持续质量改进、ISO 9000质量认证体系、循证医学应用、临床路径管理、医疗质量实时控制、质量保证体系、人本管理等管理模式的引入和应用，也都为医疗质量的提高提供了重要的保障。

■ 2.4　案例研讨：索纳公司的质量管理实践发展[①]

索纳克尤转向系统公司（Sona Koyo Steering Systems Limited，简称索纳公司）1985年成立，已经发展成世界著名的转向系统公司，其对质量管理方法的应用，特别是对全面质量管理理念的贯彻，体现了质量管理实践发展的轨迹。鉴于索纳公司在质量管理方面取得的卓越成就，本案例从该公司的愿景和战略着手，对其全面质量管理战略的实施进行分析，并对其质量管理成果进行探讨。

---

① 资料来源：范飞和昭靖（2012）。

2.4.1　案例背景

索纳公司成立于1985年，它是印度索纳集团与日本捷太格特株式会社（由光洋精工株式会社和丰田工机株式会社合并成立）建立的合资公司。该公司为印度客车和中型汽车生产完备的转向系统，手动、液压和电子动力转向系统，以及车轴零部件、后轴配件和传动轴等传动系统产品。企业客户包括马鲁蒂铃木（占58%的销售份额）、现代汽车、塔塔汽车、丰田汽车、通用汽车等。公司曾被世界经济论坛评为"全球增长型企业"，在2003年成为全球首家获得戴明奖的转向系统生产企业。

21世纪初，意识到海外汽车零部件业务的机遇，索纳公司确定了企业使命——"创建让印度人引以为豪的企业"，并明确其2010年愿景——"让公司成为全球客户首选的合作伙伴"，具体包括以下方面：①拥有充满活力和积极投入的员工；②实现增长，取得高盈利；③直接或间接地供货给全球主要的代工厂；④至少有45%的销售额来自海外客户；⑤保持成为印度第一大转向系统企业。

索纳公司还确定了经营理念：以人为本，服务客户，追求卓越。公司设定了首个具有里程碑意义的目标：在2006～2007年度，净销售额达到50亿卢比，出口总额达到10亿卢比。

2.4.2　愿景和战略

索纳公司在印度国内市场占有45%以上的销售份额，是印度转向系统行业的领先企业，公司发现未来在小型轿车、低成本轿车、轻型商用车和越野车领域具有市场份额增长的机会。索纳公司将印度莱恩-马德拉斯有限公司视为主要竞争对手，后者在动力转向系统市场的销售比率较大。索纳公司的销售额保持增长态势，公司设定了远大的目标，尤其是海外销售目标：公司出口额增加到企业销售额的45%，2006～2007年海外市场出口总额达到10亿卢比（占企业销售额的20%）。为实现上述目标，公司制定了相应的经营战略，包括以下方面：①扩大销售量、产能和人力资源；②建立技术联盟和合作伙伴关系；③提升技术、研发和测试能力；④产品结构多元化；⑤扩大客户群；⑥降低风险，保持对马鲁蒂铃木公司的销售份额；⑦增加出口；⑧通过实施全面质量发展，实现卓越发展。

2.4.3　全面质量管理质量战略的实施

20世纪90年代末，索纳公司发生大量客户退货事件，公司开始实施全面质量管理，并加入了马鲁蒂铃木公司的供应商集群。索纳公司使用全面质量管理引领的、丰田生产体系和全面生产维护支撑的整合方式，通过三个阶段的方针目标展开来实施质量战略。这三个阶段分别为保持优势、改进不足、突破性进展。公司最初开展5S①活动和实行相关质量管理方法（如防差错、合理化建议），之后实施差距分析、原因分析和七大质量改进工具，如今公司实施了改善活动、精益生产、准时生产和全面生产维护，并采取了

---

① 5S 即整理（seiri）、整顿（seiton）、清扫（seiso）、清洁（seikeetsu）和素养（shitsuke）。

一些特殊举措,如"质量门20"来开发新产品,并实施大批量的试生产来评估生产的可行性。秉持服务客户、以人为本和追求卓越的理念(表2-2),公司实施全面质量管理引领的质量战略,旨在实现业务目标和符合战略要求。

表 2-2 质量战略在索纳公司的实施

经营理念	质量战略	质量战略要素
服务客户 以人为本 追求卓越	由全面质量管理引领	构建 2010 年愿景
		为实现愿景设立更高的目标
		采用新的管理模式
		方针目标展开
		丰田生产体系(精益生产)
		实施 ISO 9001、TS 16949 和 ISO 14001
		实施准时生产、全面生产维护、改善活动和精益生产
		发展供应商
		与供应商进行以事实为基础的洽谈
		运用信息技术
		学习和持续改进
		突破性管理

质量战略是提高企业整体战略有效性的重要途径,企业整体战略要求组织进一步制定相应的细分策略,以支持整体战略的有效实施。索纳公司采用一种特殊类型的市场细分策略——利基营销,利用自身特有的条件和优势,选取竞争对手获利甚微或力量薄弱、甚至忽视的某些细分市场(称作利基市场)作为其专门服务的对象,全力满足利基市场的各种实际需求,以避免与强大的竞争对手发生正面冲突。索纳公司通过与印度理工学院进行合作,为利基市场开发差异化的、具有个性化特征的产品(称作利基产品),渗透到利基市场(如越野车市场),并努力成为非客运车市场的一级供应商。在过去三年中推出的新产品销售额占据销售总额的44%。

2.4.4 结果评估

在2003~2007年,索纳公司在所有转向系统和动力传动系统产品的生产与销售方面呈现100%甚至更高的增长幅度,并提升了运营效率、缩短了新产品研发周期。通过平衡计分卡(表2-3)分析公司2003~2004年度到2005~2006年度的衡量指标显示,公司业务不断增长、内部业务过程有所改进、客户退货减少、营业额增加、已动用资本回报率上升。只有在2004~2005年度,供应商产品缺陷率有所增加。2003~2006年,营业利润总额虽然上升,但增长率下降;出口总额从3000万卢比增加到5亿卢比以上,但出口总额占销售总额的比率较低。

表 2-3 绩效平衡计分卡

	衡量指标	2003~2004 年	2004~2005 年	2005~2006 年
财务方面	营业利润增长率（折旧和息税前）	60%	26%	10.5%
客户方面	已动用资本回报率的增长率	16.5%	24.2%	22%
	客户退货率 ppm	112	90	57
内部业务过程方面	供应商产品缺陷率 ppm	932	1368	537
	开发的产品量/个	24	39	49
学习和成长方面	每个员工的培训/小时	57.5	60	75
	每个员工提出的建议数量/条	10.4	20.6	29

注：ppm 即 part per million，在质量体系中，ppm 表示百万分之几，用来衡量产品的每百万件中的不良品种数

在2006~2007年度，索纳公司84.7%的产品收入来自转向系统产品，其中58%的销售份额来自马鲁蒂铃木公司。企业销售额达到7800万美元，营业利润、已动用资本回报率、净资产回报率分别同比增长59.3%、27.8%和20.8%，不过出口额的增长出现停滞。针对2010年愿景目标和公司设定的2006~2007年度的首个里程碑式目标，进行中期绩效评审，并依据戴明奖评审指标的期望要求对公司绩效进行评估（表2-4），结果显示：企业效益稳步增长，生产率提高，质量水平有所提高，利润逐步增加（但增幅逐年下降）。但是，公司出口量欠佳，这是由于某海外客户延迟了其新车上市计划，导致索纳公司出口业务受到影响。此外，受到货币汇率波动的影响，索纳公司海外市场的拓展力度不够。因此，公司重新修订了2010年的出口指标。这说明了汽车零部件供应商受到两个主要风险因素的影响：对汽车制造商的依赖程度和货币汇率的变动情况。公司员工流失率上升（主要是中层管理人员），企业人力资源数量增加（由2002~2003年度的286人增加到2006~2007年度的689人），改变了员工的结构（3/4的员工是新人）。这可能会引起公司的某些策略无法开展下去，导致公司在竞争激烈的全球市场中的绩效水平受到影响。

表 2-4 根据戴明奖的期望要求进行评估

戴明奖评审指标的期望要求	企业表现
质量水平稳定，并得到提升	√
提高生产率，削减成本	√
扩大销售	扩大了销售（但不在国外市场）
增加利润	√

依据公司是否实现业务目标及是否满足戴明奖评审指标的期望要求，对公司的战略有效性进行评估分析的结果显示：在戴明奖框架下实施的由全面质量管理引领的质量战略，可以帮助索纳公司改进绩效。然而，公司没能满足在海外市场方面的目标，也没有达到戴明奖评审指标期望要求的所有方面，表明质量战略中的人力资源、技术和市场营

销要素还存在不足。随着汽车零部件业务在印度国内市场的增长速度不断大于海外市场，索纳公司及时修订了出口指标，将原先制定的2010年愿景中的出口销售额比率指标从45%下调为35%。

对公司进行 SWOT&R[①]分析（表2-5），确定企业的竞争优势、劣势、机会、威胁和风险，进一步评估影响企业实现战略目标的因素，从而将公司战略与内部资源、外部环境有机结合，进一步调整企业的战略。通过分析，确定了影响企业有效实施战略的重要因素分别为员工和管理过程与战略目标的匹配性、技术创新、客户、柔性管理、授权、独特能力、技术联盟与合作伙伴关系、持续改进等。质量战略实施过程中强调有效性和效率，在战略部署框架内，企业要有随机应变的能力，因而柔性管理被视为企业保持竞争优势的先决条件。索纳公司抓住全球 OEM 聚焦印度的机会，决定将战略重点转向印度国内市场，并进一步开拓利基市场。

表 2-5 SWOT&R 分析

优势	劣势	机会	威胁	风险
远见卓识的领导	员工流失率高	客运车和多用途运载车市场良好的增长前景	竞争者在电子动力转向系统市场具备竞争力	经济下滑
技术联盟与合作伙伴关系	技术依赖性	全球的 OEM（original equipment manufacturer，原始设备制造商）聚焦印度	价格增长的压力	货币汇率波动
质量标准和工程技术	利基产品数量有限	良好的出口潜力	GDP 增长速度减缓	新的技术联盟的不确定性
设计、分析和管理数据库及测试能力		越野车市场和其他利基市场的机会		印度国内汽车零部件市场的增长依赖于客运车和多用途运载车的销售
经济效益好				过度依赖于马鲁蒂铃木公司（占索纳公司58%的销售份额，是其最大的客户）

在过去几年里，索纳公司采用新的管理模式、建立新的技术联盟、扩大规模、实施产品多元化经营，将非核心产品进行外包，公司管理呈现柔性的特点。公司实施变革机制，建立授权制度，公司的柔性管理过程可以较好地应对和适应复杂多变的环境。公司逐步依靠自身力量开发利基产品，超越竞争对手，应对价格增长的压力，缓解了汽车零部件业务面临的风险。索纳公司虽然希望在关键的国外市场增加销量，但没能使其人力资源（培养和保持企业独特的能力）与营销及技术方案（开发更多的海外市场产品）相匹配。随着全球主要的 OEM 计划将印度作为全球小型轿车的生产枢纽，索纳公司开始

① 其中，S 代表 strength（优势），W 代表 weakness（弱势），O 代表 opportunity（机会），T 代表 threat（威胁），R 代表 risk（风险）。

将战略重点转向印度国内市场。员工具有共同的愿景，公司形成相互尊重、信任、公开和合作的文化，员工共同承诺实现企业使命。通过让索纳公司成为员工的选择，使得公司员工感到幸福，并引以为豪，最终实现企业的愿景和使命。

 研讨

（1）索纳公司实施质量战略分了哪几个阶段？具体做法有哪些？

（2）索纳公司通过实施全面质量管理提升了公司的竞争优势，请结合质量管理的相关理论，从表2-2质量战略要素中选取2~3条谈谈具体的做法。

（3）根据表2-5关于索纳公司的 SWOT&R 分析，结合全面质量管理的相关理论和方法，你认为该公司应当如何调整策略来促进公司的发展？

➤ **本章小结**

在人类相当长的历史时期里，在质量管理领域的思想与实践中，中国一直处于世界的前列，在质量概念、质量观念、行业自律、质量检验、标准化工作、质量责任制度等诸多领域为现代质量管理理论和实践的发展奠定了坚实的基础。从古代中国对质量管理领域的思想和实践贡献上看，本章 2.1 的论述只是冰山一角，读者可以通过研读我国古典书籍找到更多历史证据。

质量管理理论与实践发展，与社会经济发展和科学技术密切相关，依次经历了质量检验、统计质量控制、全面质量管理三个阶段。质量检验阶段的贡献是提出了"质量把关"，实现了从"操作者质量管理"到"专门的质量管理"的历史转变。统计质量控制阶段的贡献是树立了"事先控制、预防废品"的质量观念，并将诸多科技进步的成果应用到了质量管理实践，解决了工业化进步过程中质量管理遇到的瓶颈问题。全面质量管理阶段将系统思想很好地融入质量管理之中，更好地将技术进步和现代管理有机结合起来，并有公共资源作为支持。

质量管理理论与实践的发展，更好地树立了为顾客服务的理念。这个理念是企业健康和持续发展所必需的，也推动了环境、科研、教育、医疗等领域的持续健康发展。

📖 **进一步阅读文献**

岑咏霆. 2010. 质量管理教程. 上海：复旦大学出版社.

戴明 W A，奥尔西尼 J N. 2019. 戴明管理思想精要：质量管理之父的领导力法则. 裴咏铭译. 北京：金城出版社.

范飞，昭崝. 2012. TQM 引领的质量战略实施——来自戴明奖获奖企业的案例. 上海质量,(5):32-35.

郭彬. 2018. 创造价值的质量管理：质量管理领导力. 北京：机械工业出版社.

克劳士比 P B. 2011. 质量免费. 杨钢，林海译. 太原：山西教育出版社.

Defeo J A，Juran J M. 2018. 朱兰的卓越领导者质量管理精要. 赵晓雯译. 北京：机械工业出版社.

 思考题

1. 简要论述中国古代质量思想的形成过程。

2. 我国古代的标准化工作主要体现在哪几个方面？

3. 古代质量责任制度的内容包括什么？请列举2～3个相关实例。

4. 质量检验阶段的产生背景是什么？这一阶段的主要进步包括哪些方面？

5. 统计质量控制阶段相比于质量检验阶段的主要进步是什么？存在什么问题？

6. 全过程质量控制与全面质量控制的主要区别有哪些？

7. 简述 ISO 9000族标准的产生背景、发展阶段与基本框架。

8. 质量管理理论的应用主要有哪几个方面？请举例说明。

9. 谈谈你身边能够应用到质量管理理论的例子。

第3章

质量管理体系

导读

企业的质量管理是通过制定质量方针和目标，建立、健全质量管理体系并使之有效运行来付诸实施的。为确定质量管理体系是否符合要求和得到有效实施与保持，组织应按策划的时间间隔进行内部审核。组织将质量管理体系、环境管理体系、职业健康与安全管理体系等各个管理体系整合成一个符合国际标准化组织要求的综合管理体系，是认证发展的必然趋势。

管理体系是指建立方针和目标并实现这些目标的体系，而体系（或系统）则是相互关联或相互作用的一组要素。质量管理体系是管理体系中关于质量的部分，通过体系的有效应用，包括体系持续改进的过程，以及保证符合顾客和适用的法律法规要求，旨在增强顾客满意；证实组织具有稳定地提供满足顾客要求和适用法律法规要求的产品及服务的能力，通常包括制定质量方针、目标及质量策划、质量控制、质量保证和质量改进等活动。

可以说，一个企业建立后就存在质量管理活动，这已经在客观上形成了一个质量管理体系。当然，其满足需要和完善的程度各不相同。因此，企业的重要任务是根据其质量目标不断地健全、完善其质量管理体系，从而提高企业的质量管理水平和更好地实现企业绩效。企业的质量管理是通过制定质量方针和目标，建立、健全质量管理体系并使之有效运行来付诸实施的。所以，质量管理体系是企业有效开展质量管理的核心。

2015版ISO 9001标准指出，组织应确定外部和内部那些与组织的宗旨、战略方向有关并影响质量管理体系实现预期结果的能力的事务。

在确定这些相关的内部和外部事宜时，组织应考虑以下方面：①可能对组织的目标造成影响的变更和趋势；②与相关方的关系，以及相关方的理念、价值观；③组织管理、战略优先、内部政策和承诺；④资源的获得和优先供给、技术变更。

这里外部的环境，可以考虑法律、技术、竞争、文化、社会、经济和自然环境方面，不管是国际、国家、地区或本地。内部环境则是组织的理念、价值观和文化。

也就是说，一个组织质量管理体系的设计和实施受其商业环境、环境的变化或与环境有关的风险的影响，也受各种需求、具体的目标、所提供的产品、所采用的过程及组织的规模和结构的影响。由于企业间的差异，每个企业都有其自己的质量方针和质量目标，因而质量管理体系的内容应以满足质量目标的需要为准，为满足实施质量管理的需要而设计。为了使质量管理活动规范化、程序化，并充分考虑企业内外影响质量的每一个过程，企业应根据顾客需要并结合自己的生产和经营特点、产品类型、技术和设备能力等具体情况，建立、健全企业质量管理体系，并使其有效运行。这不仅是企业自身健康发展的需要，也是满足各利益相关方需要和取得顾客信任的基本要求。

公共部门开展质量管理，同样需要一个完善的质量管理体系的支持。由于客观存在的体制、机制上的差异，公共部门必须根据公众的需要和社会发展的要求，结合自己的特点来建立、健全其质量管理体系。ISO 9000族标准是帮助公共部门完善其质量管理体系的有效依据，但并不是必须遵循的规定。目前已经有许多政府部门和学校，根据自己的具体情况，参照 ISO 9000族标准建立了自己的质量管理体系，对于提高质量和满足需求有积极的推动作用。一些取得很好绩效的组织，已经成为同行学习的标杆。但是，与企业不同，公共部门在建立质量管理体系方面遇到许多来自体制、机制方面的挑战。目前，在公共部门建立一整套有效的质量管理体系的案例并不多见，许多环节还在探索和研究过程中。

3.1　ISO 9000族标准

ISO 9000族标准是在总结质量管理实践的基础上，将一些先进国家已经逐步建立起来的质量管理标准进行整理，形成的国际标准。建立 ISO 9000族标准的目的，是努力使各国或地区对质量管理活动的评判有一把统一的"尺子"，以帮助供需双方对企业的质量管理体系建立共识。

3.1.1　ISO 9000族标准产生的社会背景和基础

ISO 9000族标准是由 ISO/TC176制定的所有国际标准。该标准族可帮助组织实施并有效运行质量管理体系，是质量管理体系通用的要求或指南。ISO 9000族标准产生的主要社会背景和基础可以归纳为以下几个方面。

（1）ISO 9000族标准是为了适应20世纪80年代之后剧烈的国际市场竞争而制定的。它们既是欧美各市场经济国家企业走质量效益型道路的经验总结，又顺应了国际大市场优胜劣汰激烈竞争态势下各类企业生存和发展的客观需要。

（2）消除国际贸易中的质量体系注册/认证等方面的技术壁垒，促进国际贸易顺利发展是 ISO 9000族标准产生的经济基础，也是产生 ISO 9000族标准产生的直接原因。否则，任凭各国依据其不同的国家或团体标准进行质量体系认证，势必导致技术壁垒增加，阻碍国际贸易的正常进行。

（3）社会科技进步，使高科技产品不断涌现，而高科技产品势必要求高质量，否则会对产品的使用者乃至周围人群造成严重的危害，这是 ISO 9000 族标准产生的技术基础。

（4）世界各国制定与颁布的质量责任、法令、法律、法规，都把质量保证体系的建立与实施作为强制性的社会要求。这是 ISO 9000 族标准产生的法律基础。例如，我国《产品质量法》第一章第六条、第二章第十四条分别规定了"国家鼓励推行科学的质量管理方法""国家根据国际通用的质量管理标准，推行企业质量体系认证制度"，从而使 ISO 9000 族标准的实施有了强有力的法律基础。

（5）各国消费者权益保护运动的广泛深入开展，推进各类企业不断建立与实施质量管理体系，改进与稳定产品/服务质量，这成为 ISO 9000 族标准产生和发展的群众基础。

（6）ISO 9000 族标准经过几十年的实践，促进了全球产品和服务质量的提升，取得了显著的经济效益和社会效益，这是 ISO 9000 族标准产生和发展必不可少的实践基础。

目前，ISO 9000 族标准已在全世界绝大多数国家和地区采用，等同国家标准，并广泛用于工业、经济和政府的管理领域，贯彻 ISO 9000 族标准已被众多企业所看重，成为企业证明自己产品质量、工作质量的一种"护照"。根据国际标准化组织调查，ISO 9001 已经被100多个国家的超过100万个企业和组织采纳实施。

3.1.2　ISO 9000 族标准的发展沿革

自1986年国际标准化组织首次发布了 ISO 9000 族标准开始，至今经历了下列四个阶段。

（1）20世纪80年代的 ISO 9000 族标准。1986年发布的 ISO 8402 与1987年发布的 ISO 9000、ISO 9001、ISO 9002、ISO 9003、ISO 9004标准构成了 ISO 9000 族标准的第一版，其构成如图3-1所示。

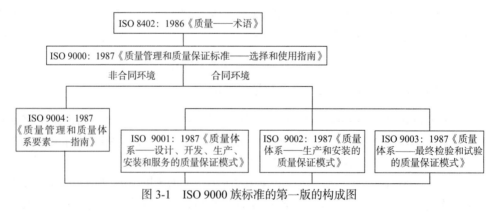

图 3-1　ISO 9000 族标准的第一版的构成图

第一版 ISO 9000 族标准的发布与实施，使世界各国有了一套相同的国际标准化的质量管理方法，而《贸易技术壁垒协定》的签订和实施又推进了 ISO 9000 族标准的广泛实施，从而有效地破除了国际商品贸易中依据不同质量保证标准进行质量体系认证/注册而导致的技术壁垒，促进了国际贸易的正常发展。

（2）20世纪90年代的 ISO 9000 族标准。由于第一版的 ISO 9000 族标准主要适用于工业制造领域，不能适用于其他各行各业，尤其是服务业，同时对第一版的质量体系一些要素需要进行具体补充和细化。为此，ISO/TC176在维持 ISO 9000族标准总体结构和思路不变的前提下，对第一版 ISO 9000族标准进行了局部修改，并补充制定了一些 ISO 10000系列标准，对质量体系的一些要素活动做出了具体的规定，形成了第二版 ISO 9000族标准。第二版 ISO 9000族标准的发布与实施极大地推进了世界各国的质量管理事业，掀起了一股世界性的 ISO 9000族标准实施热潮。

（3）21世纪初的 ISO 9000族标准。面临进入21世纪的挑战，20世纪90年代的第二版 ISO 9000族标准难以适应21世纪对质量管理的客观要求，于是 ISO/TC176对 ISO 9000族标准的总体结构及技术内容等进行了全面修改。这次革命性的修订，使得2000年发布的第三版 ISO 9000族标准有了更加广泛的适用性，而且相比较20世纪90年代的第二版而言，第三版更加系统和简明，并融合了先进的管理理念。

为了有助于标准的应用，第三版 ISO 9000族标准在标准结构上分成三类文件。详见表3-1和图3-2。

表 3-1 21 世纪 ISO 9000 族标准文件结构表

ISO 标准		技术报告（ISO/TR）	小册子
核心标准	其他标准		
ISO 9000 ISO 9001 ISO 9004 ISO 19011	ISO 10012	ISO/TR 10006 ISO/TR 10007 ISO/TR 10013 ISO/TR 10014 ISO/TR 10015 ISO/TR 10017	质量管理原理 选择和使用指南 小型企业的应用

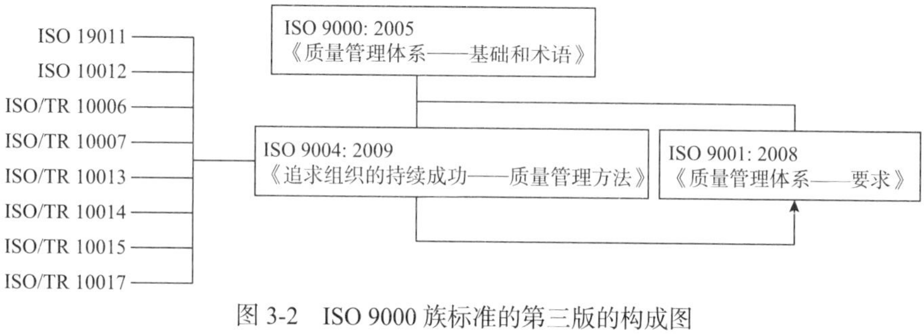

图 3-2 ISO 9000 族标准的第三版的构成图

2000年版 ISO 9000族标准明确提出 ISO 9000、ISO 9001、ISO 9004和 ISO 19011四项标准共同构成一组密切相关的质量管理体系标准，可以帮助各种类型和规模的组织实施并运行有效的质量管理体系，并且指出：为了成功地领导和运作一个组织，为了满足所有相关方面的需求，实施并保持持续改进其业绩的管理体系，必须遵守下列八项质量管理原则：①以顾客为关注焦点；②领导作用；③全员参与；④过程方法；⑤管理的系统方法；⑥持续改进；⑦基于事实的决策方法；⑧与供方互利的关系。

从上述的八个基本原则来看，ISO 9000族标准从20世纪80年代发展到今天，其基于的基本思想仍然是全面质量管理。2000年版 ISO 9000族标准的发布和实施，给21世纪带来一个良好的开端，并掀起一股更大更广泛的 ISO 9000族标准实施热潮。在这些标注的基础上，不同的行业又制定了相应的技术规范，如 ISO/TS 16949《质量管理体系——汽车行业生产件及相关服务组织实施 ISO9001:2008的特别要求》、ISO 13485《医疗器械 质量管理体系 用于法规的要求》等。

（4）一体化发展。国际标准化组织会根据经济社会发展的需要及时修订相关的标准，如 ISO 9000和 ISO 9001已在2015年完成修订，ISO 9004和 ISO 19011已在2018年完成修订。

与 ISO 9001：2008相比较，2015版的 ISO 9001按照《ISO/IEC 导则，第一部分，ISO 补充规定》（ISO/IEC Directives，Part1-Consolidated ISO Supplement）附录 SL 中的结构起草的，以提高与其他管理体系标准的一致性。ISO 9000：2015版的重要改变主要体现在对质量管理原则的简化、引入风险管理理念的引入及对部分概念的调整等方面。

1）2015年版的 ISO 9001中的七项质量管理原则

如上文中所述，2000年版的 ISO 9001族标准指出，组织在实施质量管理体系时必须遵守以顾客为关注焦点、领导作用、全员参与、过程方法、管理的系统方法、持续改进、基于事实的决策方法和与供方互利的关系。在新版的标准将管理的系统方法合并到过程方法，将原有的八项原则简化为七项。删除该原则的原因是其内容可以被"过程方法"原则涵盖。同时，新版标准对原以顾客为关注焦点、持续改进及与供方互利的关系等三项原则进行了修改。将原"持续改进"原则改为"改进"原则。将原"与供方互利的关系"原则改为"关系管理"原则。新原则将其对象从原来的"供方"扩大到与组织活动有关系的一些相关方，包括供方、合作伙伴、顾客、投资者、雇员及整个社会。新原则讲求组织对相关方关系的维护和利用，极大地扩展了旧版原则的内容。

2）2015年版 ISO 9001对风险管理理念的引入

引入风险管理的内容是本次改版的一大显著特色，统观2015年新版的 ISO 9001标准，不难发现风险管理的意识贯穿着该标准的始终。该标准不仅新增了术语"风险"，在标准正文的标题中也多处出现"风险"这一字眼。新标准要求组织在与顾客沟通及提供产品与服务等过程中有风险意识，采取相应措施识别和应对风险。风险管理意识的引入不仅体现了2015年的新标准符合当今瞬息万变的经济形式，也体现了该标准对管理学新知识的吸取和运用。

3）2015年版 ISO 9001对质量管理体系的调整

对比旧版的标准，新标准在质量管理体系方面做出了较大的调整，体现在更加重视外部环境及领导等因素的作用。首先，在外部环境对组织的质量管理的影响上，新版的标准增加专门的内容指出，组织在制定质量管理的目标及实施质量管理的过程中都必须注意外部因素对该管理活动的影响力。而这一部分内容在旧版的标准中只是在引言部分有相关的论述。其次，在领导的作用方面，新标准加重并细化了对领导在质量管理中的要求。标准的第5.1.1条，对领导者提出了十多个方面的要求，大大提高了领导者在质量管理体系中的作用，也细化了"领导作用"原则的内容。

4）2015年版 ISO 9001删减的内容

首先，新版的 ISO 9001标准的另一个抢眼的变化是不再要求组织进行文件化程序。新版删除了原本因太过刻板而不便于实施的"文件化程序"和"质量文件"的要求，取而代之的是文件化信息的要求。与旧版的标准不同，新版允许组织根据自身的规模、活动的复杂程度、人员水平等因素调整该组织管理系统文件的内容和繁简度。在更灵活的同时，与旧版相比，新标准更注重过程控制的记录（表3-2）。其次，不再对质量手册、管理者代表、文件控制、监视和测量设备控制及预防措施等内容进行明文规定。

表 3-2　ISO 9001：2015 与 ISO 9001：2008 标准对照

ISO 9001：2015		ISO 9001：2008	
范围	1	1	范围
规范性引用文件	2	2	规范性引用文件
术语和定义	3	3	术语和定义
组织的背景	4		
理解组织及其背景	4.1		
理解相关方的需求和期望	4.2		
质量管理体系范围的确定	4.3		
质量管理体系及其过程	4.4	4	质量管理体系
领导作用	5		
领导作用和承诺	5.1		
方针	5.2	5.3	质量方针
组织的作用、职责和权限	5.3	5.5.1	职责和权限
策划	6	5.4	策划
风险和机遇的应对措施	6.1	5.4.2	质量管理体系策划
质量目标及其实施的策划	6.2	5.4.1	质量目标
变更的策划	6.3		
支持	7		
资源	7.1		
总则	7.1.1		
人员	7.1.2		
基础设施	7.1.3	6.3	基础设施
过程环境	7.1.4	6.4	工作环境
监视和测量设备	7.1.5	7.6	监视和测量设备的控制
组织知识	7.1.6	6.2.2	能力、培训和意识
能力	7.2	6.2.2	能力、培训和意识
意识	7.3	6.2.2	能力、培训和意识
沟通	7.4	5.5.3	内部沟通
形成文件的信息	7.5		

ISO 9001：2015		ISO 9001：2008	
总则	7.5.1	4.2.1	总则
编制和更新	7.5.2	4.2.4	记录控制
文件控制	7.5.3	4.2.3	文件控制
运行	8		
运行的策划和控制	8.1		
产品和服务要求的确定	8.2	7.2	与顾客有关的过程
顾客沟通	8.2.1		
产品和服务要求的确定	8.2.2	7.2.1	与产品有关的要求的确定
产品和服务要求的评审	8.2.3	7.2.2	与产品有关的要求的评审
产品和服务要求的更改	8.2.4	7.2.3	顾客沟通
产品和服务的设计与开发	8.3	7.1	产品实现的策划
外部提供的流程产品和服务的控制	8.4	7.4	采购
总则	8.4.1		
外部供方的控制类型和程度	8.4.2		
提供外部供方的文件信息	8.4.3		
产品和服务开发	8.5	7.3	设计和开发
产品生产和服务提供的控制	8.5.1	7.5.1、7.5.2	生产和服务提供的控制、生产和服务提供过程的确认
标识和可追溯性	8.5.2	7.5.3	标识和可追溯性
顾客或外部供方的财产	8.5.3	7.5.4	顾客财产
产品防护	8.5.4	7.5.5	产品防护
交付后的活动	8.5.5	7.5.5	产品防护
变更控制	8.5.6		
产品和服务发布	8.6	8.2.4	产品的监视和测量
不合格输出的控制	8.7	8.3	不合格品控制
绩效评价	9		
监视、测量、分析和评价	9.1	7.6	监视和测量设备的控制
总则	9.1.1		
顾客满意	9.1.2	8.2.1	顾客满意
数据分析与评价	9.1.3	8.4	数据分析
内部审核	9.2	8.2.2	内部审核
管理评审	9.3	5.6	管理评审

续表

ISO 9001：2015		ISO 9001：2008	
改进	10	8.5.1	持续改进
总则	10.1		
不合格和纠正措施	10.2	8.5.2、8.5.3	纠正措施、预防措施
持续改进	10.3	8.5	改进

■3.2 质量管理体系内部审核

质量管理体系内部审核是组织在建立和运行质量管理体系后必须进行的一项管理活动，其目的是使组织的质量管理体系的运行能够符合组织策划的安排，能够符合顾客的要求，能够符合 ISO 9001：2015标准的规定要求，能够实现组织所确定的目标。换句话说，内部质量审核的目的就是保证组织质量管理体系的符合性和有效性。

3.2.1 内部质量审核概述

质量管理体系内部审核也称第一方审核，是指组织由于内部目的，由组织自己或以组织的名义进行的对其自身的质量管理体系的审核。通过内部质量审核，组织可以综合评价自身质量管理体系的运行状态，评价各项质量活动及其结果的有效性，同时对审核中所发现的不符合项采取纠正和改进措施。

质量管理体系内部审核的结果可以作为组织声明自身合格的基础。从事内部质量审核的审核员通常是本组织内部经过培训的内审员，必要时，也可请外部人员来参加。

组织开展质量管理体系内部审核的直接理由主要有以下几个方面。

（1）确保组织质量管理体系符合国际标准的要求。比如，组织为了确保其质量管理体系符合 ISO 9001：2015标准的要求，定期组织内部质量审核。

（2）满足内部管理的需要。组织为了保持并不断完善其质量管理体系，有效地开展质量管理活动，定期组织内部质量审核。简言之，质量管理体系内部审核是组织完善内部管理的重要工具。

（3）接受外部质量审核前的准备。组织在接受质量管理体系外部审核之前，通过内部质量审核进行自查，力求在外部审核进行之前发现并纠正其质量管理体系中存在的不符合项。

（4）持续改进的需要。组织为了适应不断变化的内外环境，必须持续地推动其各项改进活动，包括质量管理体系的改进。质量管理体系内部审核是组织推动持续改进的重要工具。

内部质量审核活动必须确定组织的质量管理体系满足审核准则的程度如何，包括三个方面的内容。

一是符合性。比如，组织的质量管理体系文件与 ISO 9001：2015标准的规定的符合性，质量管理体系现场运行与质量管理体系文件的符合性。

二是有效性。比如，对组织的质量管理体系运行的效果进行评价，对组织的质量管理体系文件是否有效实施进行审核。

三是适宜性。比如，对组织的质量管理体系及其活动是否适宜于既定的质量目标进行评价。

在内部质量审核的组织、策划和实施过程中，应该遵守和执行相应的审核原则。审核原则主要有以下几个方面。

（1）客观性原则。组织的内部质量审核必须坚持以事实为依据、以审核准则为准绳，来评判组织的质量管理体系总体运行水平。事实必须以客观证据为基础，没有客观证据的信息，或证据不充分，或证据未经验证，都不能作为审核结论的依据。客观证据应该是真实的，其获得必须是合法的。

（2）系统性原则。组织的内部质量审核活动必须有计划、有组织、有步骤、规范地进行。质量管理体系是具有系统性的体系，对其的审核活动也应具有系统性。

（3）独立性原则。组织的内部质量审核活动必须保持一定的独立性，并由此保证其公正性和有效性。为此，内审员应该由与被审核领域无直接责任的人员担任。内审员应该避免感情用事和不受偏见的影响，要尊重客观事实，排除干扰，依据客观事实得出准确的结论。

（4）抽样原则。由于时间、人员等资源的限制，内部质量审核必然是一种抽样进行审核的活动。抽样就会产生风险，内部质量审核应考虑降低抽样带来的风险。为此，组织开展内部质量审核活动时必须关注抽取样本的代表性，如随机抽样。

（5）保密原则。内审员在内部质量审核过程中所获得的任何信息都应予以保密，除非这些信息已经公开发布过。如果由于内审员的泄密行为造成受审核方受到伤害，则内审员必须承担相应的责任。

（6）采信原则。内审员在内部质量审核过程中，对所收集的审核证据应进行验证和确认以后才能予以采用和信任。采信原则的要点是：①采信的审核发现和客观证据应该是通过合法渠道正当获取的，包括受审核方责任人对其责任范围内的规定或活动的陈述，绝对不能道听途说；②采信的审核发现和客观证据应该经过验证和受审核方确认。

（7）正面证实原则。内审员在内部质量审核过程中，对其审核发现和所收集的审核证据应该进行正面证实。其要点是：①以事实为依据，以审核准则为准绳；②能从原因推断到结果，存在外延与内涵的一致；③保持平常心，克制表现欲。

3.2.2 内部质量审核的策划与准备

组织在建立质量管理体系时，就应该对其内部审核有总体的策划与安排。对质量管理体系内部审核的策划与安排，是为了建立起一个推动组织质量管理体系不断完善的内部审核机制。做好质量管理体系内部审核的准备工作，是为了使内部质量审核工作能够按计划有效进行。

3.2.2.1 内部质量审核的策划

组织对质量管理体系内部审核的策划、安排和组织管理中，应注意以下几个方面。

（1）组织最高管理者必须重视内部质量审核。实施质量管理体系内部审核，对于组织的质量改进和提高具有重要作用。要做好内部质量审核，关键在于最高管理者的重视和推动。

（2）管理者代表必须主持内部质量审核。确保组织的质量管理体系得到实施和保持，并能持续加以改进，是管理者代表的主要职责。因此，管理者代表必须主持组织的内部质量审核活动。其要点是：①主持内部质量审核的策划，确定审核的重点；②组织审核小组和实施内审活动；③在实施内审活动和对不符合项实施纠正措施过程中，要做好组织内相关层面的沟通和协调工作；④对于内审活动的结果，必须及时向最高管理者汇报，以帮助其全面掌握组织质量管理体系的业绩和存在的改进机会。

（3）确定内部质量审核的责任部门。组织的质量管理体系内部审核是一项常规工作，需要有一个部门负责相关的职能，包括进行内部质量审核的计划、实施及后续的纠正、跟踪验证活动等。

（4）组建内审员队伍。开展质量管理体系内部审核，需要一支有资格、能胜任、经过授权的合格的内审员队伍。内审员不能审核自己工作的领域，所以组织应该关注内审员的数量和部门分布。内审员的候选人应该具有一定的专业知识和技术能力，熟悉组织的业务和质量管理活动，善于交流、沟通和语言表达，经过内审员培训合格后可授权其担任内审员。只有经过授权的内审员才能进行正式的内部质量审核。

（5）建立内部质量审核程序。组织应该制订和实施内部质量审核程序，明确内部质量审核的目的、范围、引用的文件、术语和定义、职责、工作程序和记录要求等。在内部质量审核的工作程序中，应规定下述工作的内容和程序要求：①审核频次，包括年度审核计划的要求和增加审核的要求；②审核准备，包括组建审核小组、编制审核计划和准备审核文件；③实施审核，包括召开首次会议、现场审核和记录、问题沟通、证实审核发现和客观证据、确定不符合项并撰写不符合报告、召开审核小组内部会议和召开末次会议等；④编写审核报告，内容包括审核目的、审核依据、审核范围、审核日期、审核结论及改进要求等；⑤审核后的改进，包括针对不符合项实施纠正措施、验证纠正措施的有效性；⑥审核总结。

3.2.2.2 内部质量审核的准备

组织对质量管理体系内部审核的准备工作包括组建审核小组、编制审核计划、审核相关文件和准备审核文件等。

（1）组建审核小组。内部质量审核的审核小组包括审核组长和内审员，必要时也可聘请具备专业知识的专家参与内审活动。审核小组也可包括见习审核员和观察员。选择内审员不仅要考虑其资格和能力，还要考虑这次内审活动的业务范围和内审员应具备的专业知识，必要时请相关的专家做技术补充。审核组长的人选必须具备组织、协调、判断和决策能力。

（2）编制审核计划。内部质量审核的审核计划是内审活动的具体安排，应形成文。

审核计划由审核组长制订，经管理者代表批准后实施。审核计划应明确规定本次内部质量审核的目的、范围、审核准则（依据）、审核小组人员名单和分工、日期和地点、受审核部门和主要审核内容、各次会议（首次会议、末次会议、审核小组会议）的安排、各项具体审核活动的时间安排、撰写和递交审核报告的时间等。审核计划还应阐明本次内部质量审核的路线和采用的主要方法。

（3）审核相关文件。在实施内部质量审核前，审核小组应对审核相关的质量管理体系文件进行审核。文件包括质量手册、程序文件、作业指导文件及其他相关文件和资料。文件审核的目的主要是确认组织的质量管理体系文件是否满足规定的要求，从而确定其能否进入现场审核阶段，也为编制审核文件做好准备。对文件审核的总体评价应包括质量管理体系文件的系统性、充分性、合理性及与规定要求的符合性，并形成文件审核报告。文件审核报告应给出审核结论（合格或需进一步改进）和不符合的内容。

（4）准备审核文件。主要是准备审核检查表，每个内审员都要根据自己的审核职责认真编制审核检查表。审核检查表中的主要内容包括：①受审核部门、地点；②内审员、审核时间、在场人员；③审核准则（依据），如质量管理体系规定的内容；④检查项目、检查方式方法；⑤检查记录等。审核检查表应经过审核组长审批批准后才能实施。

3.2.3 内部质量审核的现场审核

现场质量审核的任务和目的是内审员通过在现场查、看、听、问、观察、验证、座谈等方式，收集和验证有关审核的发现和客观证据，来判定和证实受审核方的质量管理体系是否在正常运行；组织的质量手册和程序文件在受审核方已经得到实施；受审核方的质量管理体系运行结果满足规定的质量目标的要求；受审核方的质量管理体系能够稳定、有效地运行并持续改进。现场质量审核阶段的主要工作内容有以下几个方面。

（1）首次会议。首次会议的目的是：①向受审核方管理人员介绍审核小组成员；②确认审核目的、范围和计划；③简要介绍本次审核所采用的程序和方法；④建立相互间的联系渠道，确定审核过程中的陪同人员；⑤确认审核小组需要具备的资源和条件；⑥确认审核过程中各次会议的时间和参加人员；⑦必要的澄清和声明；⑧向审核方表明积极的姿态等。

（2）现场审核。内审员在现场通过观察、提问、聆听、测量、试验、验证等方式获得受审核方质量管理体系运行的有关客观证据，以证实受审核方质量管理体系与审核依据之间的符合性、有效性和适宜性。客观证据有现场存在的客观事实、文件、记录、各类作业活动及责任者对其责任范围内质量活动的陈述等。

（3）确定和报告不符合项。不符合项是指内审员在现场审核中所确认的审核发现与审核准则不一致的客观事实。不符合项报告是指内审员提交的经过受审核方确认的不符合项的书面陈述。内审员在确定不符合项时必须以客观事实为基础；必须以审核准则为判定依据；必须分析产生不符合项的原因，弄清是文件不符合、实施不符合还是效果不符合；必须得到受审核方对不符合项事实的确认；必须在审核小组内经过充分讨论。

（4）审核小组内部会议。审核小组内部会议的主要任务有三项：①内审员之间交流现场质量审核情况；②汇总审核发现和客观证据，讨论确定不符合项，分析不符合项的影响；③研究审核结论，包括从体系文件、体系运行状况、体系运行结果、体系持续改进能力等方面对组织质量管理体系的评价及审核后质量管理体系纠正和改进的重点。

（5）末次会议。末次会议是现场质量审核的最后一次活动，由审核组长在重申本次内部质量审核目的、范围和审核准则的基础上，向受审核方介绍现场审核情况，评价受审核方质量管理体系的有效性，报告审核发现和客观证据，宣布不符合项和审核结论，提出后续纠正措施和跟踪验证的要求并再次保证遵守保密原则。受审核方的管理者应在末次会议上做出落实纠正措施、不断改进质量的承诺。

（6）内部质量审核报告。质量管理体系内部审核报告一般是在现场质量审核结束后编写，其内容主体在审核小组内部会议和现场审核末次会议上形成，由审核组长在现场质量审核结束后的规定期限内以正式书面文件的形式提交组织的最高管理者和管理者代表。内审报告批准发放后，本次内部质量审核活动即告结束。内部质量审核报告的内容主要有：①审核目的和范围；②审核小组人员名单，受审核方的主要参加人员名单；③审核日期、审核计划；④审核准则（依据）；⑤审核概述；⑥对受审核方质量管理体系的综合评价和审核结论；⑦不符合项及统计分析；⑧对纠正措施完成的要求和建议；⑨审核报告发放范围；⑩审核组长签字，管理者代表审核，最高管理者批准。年度审核计划、不符合项报告和其他有关资料可以作为内审报告的附件。

3.2.4　纠正和跟踪验证

质量管理体系内部审核的主要任务是推动组织的质量改进。因此，对内部质量审核中发现的不符合项和组织质量管理体系中存在的薄弱环节，要研究、提出并实施纠正措施。纠正措施包括针对不符合项采取的直接消除不合格的措施和消除不合格原因的措施，同时还要明确采取纠正措施的责任部门或责任人，以及完成纠正措施的时限。

内审员的任务是提出审核中发现的不符合项和需要改进的地方，提出实施纠正措施的建议和完成纠正措施的时限。内审员没有制定和帮助实施纠正措施的义务，除非组织最高管理者或管理者代表要求内审员协助这方面的工作，但这种内审员介入制定和实施纠正措施的做法会干扰内审员的正常工作并对组织的内审工作产生负面影响。

受审核方必须很好地理解审核小组指出的不符合项，认真分析原因，制定并实施纠正措施。对于那些虽然不是不符合项，但已被发现的质量管理体系薄弱环节，受审核方应制定和实施预防措施，对于纠正措施和预防措施的实施结果进行自查，并将自查结果及时反馈给审核小组，以得到审核小组的验证。

对纠正措施的效果进行跟踪验证，是内部质量审核的延伸。具体讲，跟踪验证是对受审核方所采取的纠正措施及其结果进行评审、验证，其方式与前面的内部审核一样。受审核方必须按各不符合项和薄弱环节，将制定及实施纠正措施和预防措施过程的文件与记录提供给跟踪审核的内审员，作为实施纠正措施和预防措施的证据，由内审员进行文件审核。文件审核通过后，内审员进入现场进行跟踪验证，对不符合项及薄弱环节进行复审，记录复审结果并形成书面的跟踪审核报告。

纠正措施和预防措施实施效果良好的，应予以巩固，纳入质量管理体系文件；实施效果不好的，应研究并提出新的纠正和预防措施，继续新的纠正活动。

鉴于 ISO 9001标准已经在2015年9月进行了最新修订，此处特别说明新版标准涉及内部审核的内容与旧版相关内容的区别。首先，根据新版标准，组织应定期进行内部审核，考查组织的质量管理是否符合该组织对质量管理体系的要求；是否符合新标准的要求；是否得到有效的实施和保持。其中，第二点要求是新版标准新增的内容。同时，在进行内部审核时应遵守的具体要求方面，新标准也提出了新的要求。新标准要求，组织在进行质量管理时，应策划、建立、实施和保持一个或多个审核方案，包括审核的频次、方法、责任、策划审核的要求和报告审核结果；确定每次审核的准则和范围；明确审核员的选择和审核的实施过程中的客观性和公正性；确保审核结果提交给管理者以供评审；即使采取适当的措施；保持形成文件的信息，以提供审核方案实施和审核结果的证据。

3.3 管理体系一体化

在经济全球化的进程中，质量、环境、健康与安全等问题越来越受到关注。对企业来说，通过国际通行的质量、环境、职业健康与安全等管理体系标准的认证，一方面可以帮助企业取得进入国际市场的通行证，尽快地在质量、环境及健康安全等方面全面实现与国际社会的有效接轨，减少重复验证和认可，避免"非关税贸易壁垒"；另一方面，企业通过认证，建立起真正意义上的现代企业制度，能够更有效地提高产品质量，节能降耗，文明生产，从而提升市场竞争能力和可持续发展的能力，然而当越来越多的企业想要通过多个体系的认证以获得竞争优势时，却由于各类国际标准发布的时间不同和以独立标准的形式存在，而增加了企业认证和接受审核的次数，审核成本也因此而增加。而且，实践表明多个管理体系如果独立运行于一个组织中，将会带来诸多的负面效应，如投入的人力多，重复的文件多，工作接口的矛盾、管理机构及职责的重复，尤其是各管理体系之间存在较高的协调成本，致使企业整体的运营效率深受影响。为此，"一体化管理体系（integrated management systems，IMS）"的理念在近年来日益受到广泛的关注。

2015版 ISO 9001的一个目的就是加强与 ISO 14001：2004的兼容性。目前，负责制定质量管理体系标准的 ISO/TC176和负责制定环境管理体系标准的 ISO/TC207及负责制定其他管理体系标准的 TC 正在起草共同愿景（joint vision），希望提高国际标准化组织管理体系标准的兼容性，增强使用者的价值，并提出了组织概要（context of the organization）、领导、支持、运作、绩效评价、改进的高层结构。

以大连三洋制冷有限公司（简称三洋公司，现为松下制冷（大连）有限公司）为例，在1996～2001年，三洋公司先后建立并实施了 ISO 9002质量管理体系、ISO 14001环境管理体系、CCMS（China Certification Center of Machinery Safety，中国机械安全认证中心）

机械产品安全质量保证体系、BRl 级压力容器质量保证体系、常压（真空）锅炉设计制造质量保证体系这五套体系，如果加上当时即将建立运行的 OHSAS 18001职业健康安全管理体系，就会出现六套体系并行的局面。通过几年来的体系运行，三洋公司在得益于体系运行给企业发展带来益处的同时，也不得不承认多套体系并行已经为企业带来了越来越多的负担。基于标准持续改进的要求和公司体系运作的需要，三洋公司不得不组织人员一套一套地修订文件，一次又一次监督审核，不但使各部门疲于应对，而且使公司承担着巨大的费用负担。文件、记录重复甚至矛盾的产生也逐渐开始影响到公司正常的作业生产，引起该企业领导者的高度重视和认真思考。

国内的一些调查表明，已经建立实施质量、环境和职业健康安全三个管理体系的企业都反映管理体系文件多、相互重叠，管理机构和职责有重复管理等现象，各管理体系之间的协调性差，各自突出在企业管理中的地位和重要性，内部审核和外部审核频繁。并且，80%的企业不同程度地反映建立三个管理体系后，管理部门增加，出现局部多头管理现象，部分管理重复形成管理的复杂化，降低了管理的效率和有效性，而被调查的其他正在建立环境和职业健康安全管理体系的企业，都担心建立三个管理体系会使企业管理文件多而繁复，导致管理的不协调，特别是中小型企业，更担心会使管理分散，造成管理复杂化而降低管理效率。所有被调查的企业都迫切希望建立一体化的管理体系模式，寻求管理体系整合的途径，使建立的管理体系体现企业集中管理模式，提高企业管理的效率和有效性。

由此可见，企业为了向相关方证明自身的经营活动满足他们的要求，就必须按照多个标准的要求建立相应的管理体系以取得多张认证证书；而激烈的市场竞争环境又要求企业必须运用科学的管理方法来提高资源的利用率和工作效率，最大限度地降低管理成本。因此，为了增强综合竞争优势，企业需要不断寻求管理的系统化、规范化的方法，以便在确认顾客需求的基础上，以最合理的管理成本，达到管理的整体高效和在更广泛的程度上满足各方要求的目的。

3.3.1 一体化管理体系的内涵

企业进行管理体系一体化的结果是将各类管理体系整合成一个综合的管理体系，即形成一体化管理体系。根据标准对体系和管理体系的阐述及各类管理体系标准对于管理体系一体化的倾向性，我们对一体化管理体系做出如下定义：建立综合的方针和目标，通过两种或两种以上管理体系的有机整合，形成使用共有要素以实现这些目标的单一的管理体系。

对于上述定义，有必要指出以下四点。

（1）综合的方针和目标是指将各个管理体系的方针和目标综合成一体化管理体系的方针和目标，旨在同时满足一个企业的多个不同相关方的期望或要求。

（2）两种或两种以上的管理体系可以是企业已经分别建立的，也可以是企业拟打算建立的，但这些管理体系应当具有专业性较高的管理目标，致力于满足不同的相关方要求。

（3）有机整合是指遵循系统化原则，形成相互统一、相互协调、相互补充、相互兼容的有机整体，而不是多种管理体系的简单相加。

（4）诸多管理体系本身就是针对同一个企业而言，因此各专业管理体系并不能相互独立，而是具有某些相同或相近的要素。这些要素自然可以为一体化之后的管理体系所使用，而且共有要素实际上也为一体化管理体系的建立和运行提供了平台。因此，在一体化管理体系定义中强调了共有要素，以防止共有要素因管理体系呈现不同形式而被人为地分开。

根据参与一体化的不同管理体系的数目，可以将一体化管理体系分为二元、三元和多元（三元以上）三种类型。而这样的分类实际上也反映了管理体系一体化的程度和演变阶段。一体化程度较低的是二元型一体化管理体系，典型的如质量管理体系和环境管理体系的一体化，环境管理体系和职业健康安全管理体系的一体化；多元型一体化管理体系的一体化程度较高，它不仅涵盖质量、环境及职业健康安全管理的各个要素，还融合了其他管理体系（如财务、信息安全，食品安全卫生等）的要求，旨在形成整体的运行机制，以系统的方法落实多项管理体系标准的要求，从而达到让顾客、员工、社会及其他相关方都满意的目的。按照质量、环境和职业健康安全管理标准建立一体化管理体系，是当今各类企业管理体系发展的主要趋势，这对于在世界经济中已经占有重要地位的中国来说，具有重要的现实意义。

3.3.2 基于 PDCA 循环的一体化管理模式

PDCA 循环是美国质量管理学家戴明博士提出的关于管理过程运行的模型，它把一个管理过程分解为四个阶段，依次进行，周而复始，形成一个管理的闭环，从而实现管理绩效的持续改进。PDCA 循环是企业管理的基本工作方法，也是组织持续改善绩效的必由之路。这也是国际管理标准共同采用 PDCA 运行模式的原因。同样，为了建立一个开放的、能够自我约束和自我完善的一体化管理体系，建议以 PDCA 循环为基础，同时考虑组织内部企业文化的支持因素，对企业的各个管理体系进行系统方式的一体化，如图3-3所示。

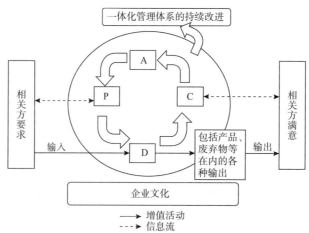

图 3-3 基于 PDCA 循环的一体化管理体系模式

图3-3表明，基于PDCA循环的一体化管理体系模型由计划（P）、实施（D）、检查（C）、处理（A）四个子系统构成，而这四个子系统的具体要素及其相关内容可以用表3-3来描述。

表 3-3　基于 PDCA 循环的一体化管理体系中的一般要素

IMS 的子系统	一般要素	所涉及的典型问题
1. 计划（P）	1.1 承诺和方针 1.2 相关方要求的识别及关键问题的分析 1.3 选择应解决的关键问题 1.4 目标和指标的设置 1.5 资源的识别 1.6 人力资源的管理 1.7 其他资源的管理 1.8 组织的结构、职责和权限的确定 1.9 操作过程的策划 1.10 对可以预见的事件的应急准备	1.1 组织需要有一个总的方针，以表明其对满足管理体系标准的承诺和建立一个总体的目标及行动的原则。该方针应为目标和指标的设置提供一个框架 1.2 为满足相关方的要求，组织需要识别那些必须予以控制和改进的问题；"要求"还包括各种法律、法规的要求 1.3 对于 1.2 所识别的问题，进行优先级排序，确定需要重点解决的关键问题 1.4 基于 1.2 的输出、组织的方针和管理评审的结果制定明确的目标和指标 1.5 概括了确保资源充分性的需求 1.6 对每个员工、相关方和临时工等的管理（包括资格和诸如意识的建立和培训等方面的活动） 1.7 对影响组织绩效的基础设施、车间、设备和财务等方面的操作进行管理和维护 1.8 需要对所涉及的各类人员职责、权限及他们在组织中的相互关系进行规定，以确保有效而高效的工作 1.9 对各种操作过程的策划安排，应该对那些影响 1.4 中所规定的目标和指标实现的操作过程的实施策划 1.10 需要在适当的地方对可预见的紧急事件进行应急管理安排
2. 实施（D）	2.1 运行的控制 2.2 文件及其记录的控制 2.3 组织内部的交流及内外部的交流 2.4 与供方的关系	2.1 实施计划和保持完成规定的指标所必需的各种活动及运行的控制措施 2.2 对于成功的实施和运行管理体系所必需的那些文件及记录的管理 2.3 对于组织内部的交流和组织与外部的交流，都要做出安排 2.4 为那些影响组织绩效的组织及提供服务和签订服务合同的人员，做出规范而系统的活动安排
3. 检查（C）	3.1 监视和测量(包括内部审核） 3.2 分析和处置不符合项 3.3 数据分析	3.1 对于组织的产品、过程和体系的有效性及持续改进进行监视和测量 3.2 确定不符合项及对它们进行处置的方式 3.3 对于 3.1 及其他活动所收集到的数据进行分析，以证实体系的适宜性和有效性，并确定体系持续改进的方向
4. 处理（A）	4.1 纠正措施 4.2 预防措施 4.3 管理评审 4.4 持续改进	4.1 用以消除管理体系和运行过程中不符合项的根源 4.2 用以预防管理体系和运行过程中潜在不符合项的根源 4.3 管理者应评审体系，以确保其持续的适宜性、充分性和有效性，改进组织的方针和目标 4.4 利用方针、目标、审核结果、管理评审、纠正和预防措施、数据分析，持续改进体系的有效性

■ 3.4　案例研讨

　　根据国际特许经营协会对于特许经营的定义，特许经营是特许人和受许人之间的契约关系，对受许人的经营领域、经营诀窍和培训，特许人应该提供持续的支持；受许人的经营是在由特许人所有及控制下的一个共同标志、经营模式和过程要求之下进行的，并且要求受许人从自己的资源中对其业务进行投资。特许经营的行业分布很广，包括餐厅、旅店、休闲旅游、汽车用品及服务、商业服务、印刷、影印、招牌服务、教育用品及服务、汽车租赁和机器设备租赁、日用品零售店、其他服务业等领域。其中，汽车特许经营方式兴起于20世纪初，是指汽车生产企业或汽车批发商通过签订合同，授权汽车经销商在一定的区域从事汽车生产企业生产的特定品牌汽车的销售活动，其目的是达到汽车生产企业营销体系的统一运营，实现规模效应和品牌效应。中国的汽车特许经营是随着国外汽车公司与国内厂家合资建厂而进入中国汽车销售市场的。下文以上汽大众汽车销售有限公司（现已并入上海大众汽车有限公司，简称上汽大众）的汽车特许经销商为例，对其建立符合 ISO 9001：2015《质量管理体系——要求》标准规定的质量管理体系的过程进行一些讨论。[①]

3.4.1　组织结构设计

　　质量管理体系的有效运行要依靠企业建立和完善相应的组织机构，整个组织结构要科学合理，即在纵向方面要有利于领导的统一指挥和分级管理，在横向方面要有利于各个部门的分工合作、协调配合、和谐一致。上下左右的联络渠道要畅通，还应具有较强的应变能力，以适应市场的发展和变化。

　　针对汽车产品而言，集销售、配件、服务、信息管理为一体的汽车特许经销模式是国际通行的，发展较为成熟的营销服务模式。上汽大众的汽车特许经销商为了形成上述四位一体的汽车经销模式和遵循质量管理体系要求，设计了如图3-4所示的组织结构。

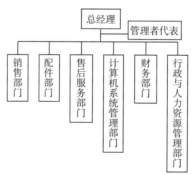

图 3-4　汽车特许经销商的组织结构

[①] 21世纪初上汽大众汽车特许经销商质量管理体系的建立可参见文献：尤建新等（2003）。

3.4.2　贯彻质量管理体系标准的主要步骤

上汽大众的汽车特许经销商在根据2015年版 ISO 9001标准建立质量管理体系时，主要遵循了以下步骤。

（1）最高管理者（总经理）统一管理层思想、确定建立质量管理体系的进度目标。

（2）成立贯标领导班子和工作班子。

（3）根据进度目标制订组织建立、实施质量管理体系的具体工作计划。

（4）分层次地对全体员工进行2015年版 ISO 9000族标准学习方面的培训。

（5）以顾客为关注焦点，结合法律法规要求和上汽大众的特许经营要求，制定本企业的质量方针和在相关职能上建立质量目标。

（6）对照已建立的质量目标并根据 ISO 9001：2015标准的要求进行现状调查，找出本企业在经营管理上的薄弱环节。

（7）策划服务实现过程及其各个支持过程。

（8）明确各个过程和子过程应开展的质量活动。

（9）根据 ISO 9001：2015标准的具体要素进行质量职能分配。

（10）制（修）订各部门的质量管理职责、权限及相互关系。

（11）提供和管理实现各个过程所必需的资源，包括人力资源、基础设施、工作环境等。

（12）策划适合本企业的质量管理体系文件结构，并进行与之对应的文件编写工作。

（13）进行质量管理体系文件会审后，由最高管理者（总经理）批准发布。

（14）开展质量管理体系文件的宣传教育。

（15）试运行所建立的质量管理体系（三个月以上）。

（16）培训质量管理体系内审人员，并由总经理聘任。

（17）进行质量管理体系内部审核活动和纠正措施的跟踪（一次以上）。

（18）最高管理者（总经理）亲自主持管理评审。

2015年版 ISO 9000标准体现的是"大质量管理"的思想，强调过程方法和管理的科学性、系统性，因此在按其要求建立质量管理体系的过程中，会涉及业务流程的重组和组织机构的调整。这就要求特许经销商的高层领导必须充分认识到贯标的重要意义，明确职责，理顺职能，由上至下地消除贯标工作中的障碍，以确保质量管理体系的建立和实施。

3.4.3　核心业务流程

在上汽大众的汽车特许经销商的经营范围内，汽车销售是其核心业务。该项服务及相关服务的基本流程可用图3-5来表示。

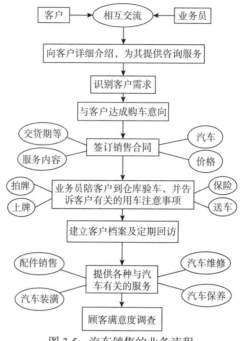

图 3-5　汽车销售的业务流程

　　如图3-5所示，汽车特许经销商的以销售为主导的服务流程可归纳为九个过程，每一个过程的内容归纳如下。

　　（1）业务员在客户上门后，热情地招待客户，与客户进行有关汽车信息的交流。

　　（2）业务员耐心地向每一位客户介绍各款车的车型、性能、技术、参数等详细资料，帮助客户了解轿车市场情况，并进行新老产品比较，向客户提供其所需的咨询服务，然后把客户带到陈列样车旁，进行实地看样、试车。

　　（3）业务员在与客户进行交流的基础上识别出客户的需求。

　　（4）业务员向客户介绍各种汽车情况，使客户对所介绍的产品有充分的了解，并在充分考虑客户的实际需求基础上，结合各款汽车的性能，帮助客户决策，与客户达成购车意向。

　　（5）客户与业务员签订销售合同。销售合同的主要内容是合同号，供方、需方的名称，产品的名称、数量和价格，产品的质量要求，交（提）货日期、地点，验收期限和方法，包装要求和费用负担，结算方式和期限，违约责任及争议的解决方式，服务内容，其他事项。该合同由经销商负责解释，由客户和经销商共同签订。合同签订后，计算机系统管理部开出发货单，并由业务员陪同客户去财务部付清有关款项。若是现金支付，财务部就会审核有关凭证，收款后在发货单上签章，开出统一发票给客户，以便客户去仓库提车，并将收款信息反馈到客户档案中；若是支票支付，财务部就会向银行询问客户信用，做应收账款及明细账（等支票兑现后，再做现金账），然后在发货单上签章，由客户凭单提车。

　　（6）业务员陪同客户去仓库提车，与此同时帮助客户验车，告知客户有关的使用知识及用车注意事项：包括6万公里免费保养、车灯开关、刮雨器的开关、播放器如何操作及该经销商的特约维修站位置等。一切检查完毕，业务员交车给客户。若客户需要，业务员可提供拍牌、保险、上牌、送车上门等服务。拍牌的具体过程如下：客户个人持身份证（企业则携带好企业代码证、公章等），将其交与业务员，业务员负责携带客户所有购车资料到机动车拍卖中心办理拍牌手续，同时办理好机动车登记等手续。

（7）销售部在客户购车以后，根据客户填写的"用户服务卡"建立起客户的档案，其中包括客户姓名、地址、联系方式、购车车型、发动机号、购车日期等资料。这样，销售部就可以根据客户档案积极做好回访工作，即定期向客户发函或打电话，并附回执要求客户回复，来征求客户的意见，让客户在回执中填写已发生或未发生的用车情况、建议，了解客户在车辆使用中所发生的各种情况和其对公司是否需要某种服务及要求，切实解决客户的用车问题，同时在不断与客户联系交流的过程中，持续地更新客户档案。

（8）"四位一体"的汽车特许经销商除了整车销售业务外，还提供各种与汽车有关的服务，即配件销售、汽车装潢及汽车维修、汽车保养。

（9）售后服务部负责定期开展顾客满意度的调查，并对顾客满意度信息进行分析、处理，以此作为服务质量改进的依据。

3.4.4 质量管理体系的主要内容

根据 ISO 9001：2015标准中基于过程的质量管理体系模式，对已经通过认证的上汽大众的汽车特许经销商质量管理体系中管理职责，资源管理，产品的实现，测量、分析和改进这四大过程要素进行总结和概述。

1. 管理职责

作为一种服务组织，汽车特许经销商的管理职责至少包括以下内容。

（1）通过在组织内部开展宣传、培训、会议等形式的活动，向全体员工传达顾客要求和法律法规要求的重要性，以提高员工的质量意识、法治意识，树立"以顾客为中心"的经营理念。

（2）确定适合企业的服务质量方针和质量目标，并确保质量目标与质量方针一致并尽可能定量，如顾客满意度和顾客忠诚度这一类指标。

（3）指定一名管理者代表，并对影响企业服务质量的所有人员明确规定其职责和权限，使他们积极参与质量活动，承担相应的责任，从而有效地进行合作，实现服务质量的持续改进。

（4）由最高管理者对服务质量管理体系进行正式的、定期的、独立的管理评审，以确保质量管理体系的稳定运行和有效性。

汽车特许经销商对实施质量要求、目标和完成情况的沟通过程编制相应的文件，并且对需保留的文件和质量业绩的记录进行控制、妥善保存和防护。

2. 资源管理

在对资源的管理过程中，汽车特许经销商根据质量管理体系各工作岗位所规定的岗位职责要求而选择能胜任的人员，而每个员工的能力则由教育程度、接受的培训、具备的技能和工作经历来决定。并且，企业为员工提供各种形式的培训，提高员工的技术知识和技能、管理技能和手段、交往的技能、有关市场及顾客的需求和期望方面的知识、相关的法律法规要求等方面的能力，使员工可以不断提升个人能力，并参与组织的活动，以实现其目标，从而满足企业质量活动对人员的能力要求。

就基础设施和工作环境而言，汽车特许经销商应根据上汽大众特许方的要求安排宽敞舒适的汽车展示厅、优雅的购车环境、辅之配套的基础设施，致力于使顾客在购车过程中获得满意的体验。

3. 产品的实现

汽车特许经销商的产品实现过程是提供销售、维修及保养等各种服务活动。

在设计和（或）开发服务质量的过程中，汽车特许经销商为了确保所有相关方的需求都能得到满足，对影响服务质量的设计和（或）开发过程的输入进行识别，以满足相关方的需求和期望。其中输入可包括服务方针、标准和规范，顾客或市场的需求和期望，可信性要求，最终用户的要求（也就是直接顾客的要求）等。由此，设计和（或）开发的输出应导致服务质量的实现，而且应包括满足顾客和其他相关方的需求及期望所必需的信息。

对于服务的运作的实现，汽车特许经销商为了满足相关方的需求和期望，评审如下内容：企业满足合同要求的能力、培训员工的情况和员工的能力、沟通过程、服务运作后的活动等。

汽车特许经销商采用适宜方法识别产品，并且在有可追溯性要求的场合，控制并记录产品的唯一性标识。汽车特许经销商的产品标识可分为两类：一类是用于控制服务质量的服务标识，如服务人员的胸卡、服饰等；另一类是对其销售的汽车和配件所做的特性标识和（或）状态标识。这样，汽车特许经销商通过产品标识就可以控制提供的产品和服务的质量，并可以做进一步追溯，从而保证向顾客交付合格的汽车、配件与服务。

对于顾客的财产，汽车特许经销商明确在其控制下的与顾客和其他相关方所拥有的财产及其他贵重物品有关的职责，以保护这些财产的价值。这类财产包括顾客购买的车辆、顾客提供的构成产品的部件或组件；顾客提供的用于修理、维护或升级的产品；顾客直接提供的包装材料；服务作业（如贮存）涉及的顾客的材料；代表顾客提供的服务，如将顾客的财产运到第三方；顾客知识产权的保护，包括规范，如图样。

4. 测量、分析和改进

对于顾客满意程度的测量和监控，汽车特许经销商可从与顾客有关的信息来源（如用户服务跟踪卡、客户档案、顾客反馈等来源），得知有关汽车使用方面的反馈、顾客要求和合同信息、市场需求、服务质量数据、竞争方面的信息。这些信息反映了要求的符合性、满足顾客的需求和期望及产品价格和交付等方面的情况，建立起了与顾客相互交流的信息收集渠道，可以更好地满足顾客需求。

汽车特许经销商建立了内部审核的过程，以评价其质量管理体系的强项和弱项，也可评价企业其他活动和支持过程的效率及有效性。其中，内部审核要考虑的事项可包括过程是否得到有效实施；不合格项的识别；改进的机会；信息技术的应用；与相关方（包括内部顾客）的关系。

汽车特许经销商通过准确性、及时性、员工的有效性和效率、技术的应用等指标来衡量过程的表现，通过考虑与产品（包括供方提供的产品）规定要求的符合性、顾客对产品特性的验证要求等内容来选择测量产品的方法，以保证过程的有效性及汽车的质量合格，达到让顾客满意的目标。

汽车特许经销商规定对不合格项做出反应的权限，并对汽车产品的标识、隔离和处置进行控制，以防误用。汽车特许经销商不仅记录所有的不合格项及其处置情况，还进行不合格项的评审和处置，以确定是否存在发生不合格项的趋势或现有的不合格项的特点，并将其作为管理评审的输入及用于改进的数据来源。通过对来自其各部门的信息和数据汇总分析，一方面，可确定其运行业绩、顾客满意和不满意、业绩的水平对比等；另一方面，汽车特许经销商所采取的纠正措施应充分考虑顾客投诉、不合格报告、内部审核报告、过程测量、顾客满意度的测量等信息来源，注重消除不合格项和缺陷的产生原因，从而避免其再次发生。至于所采取的预防措施，汽车特许经销商则是采用风险分析、统计过程控制等预防的方法，识别出潜在不合格的原因，来保证特许经销商的服务过程的持续改进，提高组织内部的有效性和效率及顾客和其他相关方的满意程度。

研讨

（1）通过资料查阅和企业调研，理解 ISO 9001：2015标准在我国汽车特许经销商中应用的意义。

（2）根据 ISO 9001：2015标准的要求讨论上汽大众汽车特许经销商的总经理和管理者代表的质量职责。

（3）对汽车特许经销商的相关方及其要求进行分析，并谈谈你对2015版 ISO 9000 族标准所反映的"大质量管理"思想的理解。

（4）针对汽车特许经销商的业务流程，分析其九方面服务过程所对应的 ISO 9001：2015标准的要素。

（5）汽车特许经销商和普通汽车销售企业在按照 ISO 9001：2015标准要求建立或完善其质量管理体系时有什么相同和不同之处？

本章小结

从 20 世纪 80 年代开始，也就是全面质量管理从全过程质量管理发展到全面质量管理的同时，产生了第一部管理的国际标准——ISO 9000 族标准。20 世纪 90 年代又掀起了六西格玛管理高潮和追求卓越绩效，并且在许多国家得到关注。前者将质量固化到统计概念上，为追求质量管理的完美无缺提供技术支持；后者是鼓励各类组织更好地为顾客服务，不断完善质量管理体系和推动质量改进，并关注组织的社会责任。ISO 9000 族标准经历了多个主要版本，形成了目前包括 ISO 9000、ISO 9001、ISO 9004 和 ISO 19011 四项标准共同构成的一组密切相关的质量管理体系标准，可以帮助各种类型和规模的组织实施并运行有效的质量管理体系。

根据 ISO 9001：2015 的要求，企业要严格遵照七项质量管理原则建立和运行质量管理体系，并且保证组织质量管理体系的符合性和有效性，也就是要进行质量管理体系内部审核和外部审核。

质量管理体系内部审核也称第一方审核，是指组织由于内部目的，由组织自己或以组织的名义进行的对其自身的质量管理体系的审核。对内部质量审核中发现的不符合项和组织质量管理体系中存在的薄弱环节，要研究、提出并实施纠正措施。

由于企业在多个管理体系认证和运行过程中出现了审核成本增加、体系文件繁多、管理效率低下和协调成本增加等问题，企业必须运用科学的管理方法来提高资源的利用率和工作效率，最大限度地降低管理成本，而国际主要的管理标准在其制定或演变过程中均注重体系的兼容性、整合或一体化的问题，建立一体化管理体系的必要性日渐突出。

国际标准化组织已经着手研究一体化管理体系的标准，相关信息可浏览国际标准化组织的网站（http://www.iso.org/iso/en/ISOOnline.frontpage）。

进一步阅读文献

郭庆华. 2017. 2015 版质量管理体系标准理解与应用. 北京：中国铁道出版社.

刘晓论，柴邦衡. 2017. ISO 9001：2015 质量管理体系文件. 2 版. 北京：机械工业出版社.

尤建新，杜学美，胡顺华. 2003. 汽车特许经销商质量管理体系的建立和审核. 2 版. 上海：同济大学出版社.

尤建新，邵鲁宁. 2018. 企业管理概论. 6 版. 北京：高等教育出版社.

 思考题

1. 在质量管理活动中，进行内部审核的目的是什么？由目的出发，为提高内部质量审核的有效性，审核小组应该注意什么问题？

2. 为什么在现场审核时要召开首次会议和末次会议？在这两次会议上审核小组和受审核方应注意哪些问题？

3. 企业在建立一体化管理体系的过程中，应当注意哪些管理一体化方面的要求？

第4章

服务质量管理

导读

英国经济学家约翰·杜宁认为，从20世纪末到今天，我们所处的是服务经济时代。纵观全球，以美国为代表的发达国家七成以上的产值来自服务业。在我国的经济发展中也出现了服务业在GDP占比中上升的趋势。2018年中国第三产业（广义服务业）对GDP增长的贡献率达到了59.7%，占GDP比重为52.16%，其中，广州、上海等城市的服务业在GDP的比重也超过了70%。产品服务化的趋势也越来越明显，企业不仅要提供高质量的产品，还需要辅以高质量的服务才能真正赢得顾客，有时高质量的服务反而弥补了相对不足的产品质量，依然给顾客带来好的购买体验。

针对服务的特性，企业如何提供高质量的服务？高质量的服务本身又是什么？对每个客户而言，标准是一致的吗？如果没有统一的标准，那什么才是好的服务？什么样的服务才能真正赢得客户的实际购买？带着这些问题，本章试图从服务与服务质量概念、服务质量管理架构的"金三角"、服务质量差距模型、服务质量评价方法和服务承诺方面逐一解答。

4.1 服务与服务质量概念

4.1.1 服务的概念

在ISO 9000：2015版中，将服务定义为至少一项活动必须为在组织和顾客之间进行的组织的输出。服务的主要特征通常是无形的。服务通常包含为确定顾客的要求与顾客在接触面的活动及服务的提供，可能还包括建立持续的关系，如银行、会计师事务所或公共组织（如学校或医院）。服务的提供可涉及如下方面：①在顾客提供的有形产品（如维修的汽车）上所完成的活动；②在顾客提供的无形产品（如为准备税款申报书所需的收益表）上所完成的活动；③无形产品的交付（如知识传授方面的信息提供）；④为顾客创造氛围（如在宾馆和饭店）。

产品与服务的区别：根据营销学的产品层次模型，产品是一个广义的概念，它包含三个层次的内容：第一，核心产品，指的是产品的核心功能，即消费者购买产品所要求的基本效用、实际功能和品质保证；第二，形式产品，指的是产品的品种、外包装等产品核心功能的扩大；第三，延伸产品，指的是企业在消费者购买及使用产品过程中所提供的各种服务，如售后服务等。而服务是指，为满足顾客需要，供方与顾客接触时所产生的系列活动及供方内部相关活动的过程与结果。

上述产品和服务存在着多方面的差异，二者的区别主要表现在：第一，存在形式不同。有形产品是独立、静止的实体产品；服务则是非实体的、无形的，它是一种行为或过程。第二，表现形式不同。市场上虽然存在着各种各样的实体产品，但每一类实体产品都有其生产的标准，也就是说几乎每个实体产品都有与之相类似的产品；但服务的表现形式确实千差万别的，即使是同一劳动者提供的同一类似的服务也不可能一模一样。第三，生产、销售与消费的同时性不同。产品的生产、销售与消费可以分别进行；服务的生产与消费则是同时进行的。第四，顾客参与生产的程度不同。一般情况下，顾客很少参与到产品的生产（主要的生产过程在工厂等专门场所进行）；而服务的提供则需要顾客的参与才能完成。除此之外，产品和服务还在生产方式、存储可能性等方面存在着差异。

4.1.2 服务质量的概念

一般而言，服务是生产和消费同时进行的、无形的、顾客主观感觉和认识服务质量的过程。顾客与服务供方之间在一些关键时刻发生的相互接触，即买卖之间的相互接触，会对顾客的服务质量感觉和认识产生重要影响。所以，许多学者认为服务质量是以顾客满意程度的高低为标志，认为服务质量的产生是顾客本身对服务的预期与实际感受比较的结果。

Garvin（1984）认为服务质量是一种感知性的质量，并非客观质量，而且服务质量是顾客对于事物的主观反应，并不以事物性质或特性进行衡量。

美国质量协会（American Society of Quality，ASQ）及欧洲质量管理组织（European Organization for Quality，EOQ）将服务质量定义为产品或服务的总体特征及特性满足既定需求的能力。

Lewis 和 Entwistle（1990）认为服务质量可以衡量服务水准传递符合顾客期望的程度。

Parasuraman 等（1988）将服务质量更深层地定义为在服务传递过程中，即服务提供者和顾客互动过程中所产生服务的优劣程度，而且强调服务质量由顾客评定。

美国市场营销科学研究院（Marketing Science Institute）对服务质量所展开的大规模市场调查指出，服务质量是一个相对标准，而非绝对观念，顾客对企业服务质量是否满意，乃决定于其事前所持有的期待与实际所感受到的服务（知觉绩效）之间的比较。若所提供的服务使顾客感到超过了其事前期待，则顾客满意度高，为高水平服务质量，顾客可能会再度光顾；如果实际评价与事前期待相似，则顾客认为受到了普通服务，不会留下特别的印象；若实际评价低于事前期待，则该顾客必定不再光临。

Gronroos（1984）根据服务传递方式，将服务质量区分为技术质量与功能质量。

（1）技术质量：指提供的服务是什么？即顾客实际接受的服务结果是否能满足顾客要求。

（2）功能质量：指服务是如何提供的？也就是服务传递的过程与方式是否能让顾客满意。

有扩展的研究进一步认为，还应该包括形象质量和真实瞬间。

（1）形象质量：企业在社会公众心目中形成的总体印象。顾客可从企业的资源、组织结构、市场运作、企业行为方式等多个侧面认识企业形象。企业形象质量是顾客感知服务质量的过滤器。如果企业拥有良好的形象质量，些许的失误会赢得顾客的谅解；如果失误频繁发生，则必然会破坏企业形象；倘若企业形象不佳，则企业任何细微的失误都会给顾客造成很坏的印象。

（2）真实瞬间：即服务过程中顾客与企业进行服务接触的过程。这个过程是一个特定的时间和地点，这是企业向顾客展示自己服务质量的时机。真实瞬间是服务质量展示的有限时机。一旦时机过去，服务传递结束，企业也就无法改变顾客对服务质量的感知；如果在这一瞬间服务质量出了问题也无法补救。真实瞬间是服务质量构成的特殊因素，这是有形产品质量所不包含的因素。

4.2　服务质量管理架构："服务金三角"

"服务金三角"来源于美国服务业管理的权威卡尔·艾伯修先生。他是在总结了许多服务企业管理实践经验的基础上提出来的，它是一个以顾客为中心的服务质量管理模式，由服务策略、服务组织、服务人员三个因素组成，如图4-1所示。

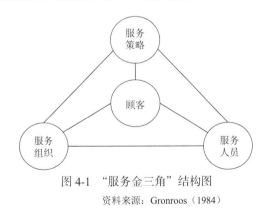

图 4-1　"服务金三角"结构图

资料来源：Gronroos（1984）

1. 服务策略

要使服务企业提供成功的服务，第一个关键要素在于企业必须制定一套明确的服务策略。制定服务策略必须要根据顾客的期望并加以细化，使顾客的期望与企业提供服务的能力相匹配，这样就可以为顾客提供满意的服务奠定良好的基础。

美国哈佛商学院教授海斯凯特指出：一项服务不可能使所有人得到满足。服务组织与制造厂商不同，无法在同一时间提供超过一种"产品"——也就是超过一种形式或水准的服务。对于经营者，你必须选择或细分出某一群顾客，再给予特定的服务，只有按照顾客的需要，并制定出一套服务策略提供服务者，才能在顾客的心目中，拥有竞争上的优势。

2. 服务人员

要使服务企业能提供成功的服务，第二个关键要素是服务人员。因为对顾客来讲，与企业之间的接触是通过与企业第一线的服务人员来实现的，服务人员既是企业的代表，又是服务的化身，因此服务人员素质的高低对服务企业来讲极为重要。

服务企业的第一线职工是要直接接触顾客的。这一点和制造业职工是大不相同的。举例来讲，在生产流水线上的工人，其操作过程是标准化和程序化的，所以其中很少有不确定性的成分，甚至有时根本不需要判断力。一切只要按程序、按标准进行操作就可以了。但是对服务业中的第一线职工而言，行业的性质决定了他们必须与顾客密切接触，且这种接触充满了不确定性，因为顾客的需求和期望是五花八门的。服务人员在提供服务过程中，在很多情况下需要服务人员自行判断如何解决顾客中存在的问题，有针对性地提供服务。因此，要使企业能够提供顾客满意的服务，训练一支具有良好素质的服务员工队伍是必不可少的。

3. 服务组织

每一个服务企业都必须建立相应的服务管理体系，其目的是保证服务企业在确定细化的服务策略以后，通过建立服务提供系统和有效控制提供服务过程，使服务企业能及时准确地提供服务以满足预定的目标市场中顾客的需求。

首先，服务企业职工本身的行为就构成了服务这一"产品"的组成部分，而制造业中工人的行为可以影响产品的质量，但不会构成产品本身的一部分。服务企业职工的服务行为对顾客所感受到的服务起到了重要的作用，而且越是提供无形服务比重高的服务，顾客的心理感受的分量就越重。其次，由于服务产品具有无形性，不能贮存，所以很难依靠"库存"来解决供求之间不平衡的矛盾。再次，由于服务具有生产和消费同时进行的特征，服务企业的管理者有必要建立强有力的统一标准。最后，服务质量难于进行事后把关，所以必须有赖于服务企业有效组织机构的力量来进行事前控制。

4. 三者关系

成功的服务策略必须要得到服务人员的理解支持，这是保证服务策略得以正确实施的基础。企业整个组织系统的设计、部署都应该随着服务策略的内容制定而展开，而如果服务组织的机构设置，规章制度的建立及岗位安排不妥当，也就不能充分调动每个职工的工作积极性，期望一个企业能为顾客提供满意的服务也是不可能的。总之，以上三大关键因素，即服务策略，服务人员和服务组织三者之间只有互相协调，才能保证企业获得最大的成功。

■ 4.3　服务质量差距模型

服务质量差距模型（The gaps model of service quality）是20世纪80年代中期到20世纪90年代初，美国营销学家 Parasuraman、Zeithamal 和 Berry 等提出的，其专门用来分析质量问题产生的根源。他们认为企业管理人员、企业员工和顾客在服务质量的期望和心理方面存在差异，这些差异可以分为五种，前四种分别是顾客对服务的期望和管理人员对顾客期望的理解之间的差异；管理人员对顾客期望的理解同企业制定的服务质量标准之间的差异；企业制定的服务质量标准同企业实际提供的服务质量之间的差异；企业实际提供的服务质量同企业宣传所描述的企业能够提供的服务质量之间的差异。第五种差异，也是最重要的差异即顾客对服务的期望和对实际得到的服务的感觉之间的差异，具体如图4-2所示。

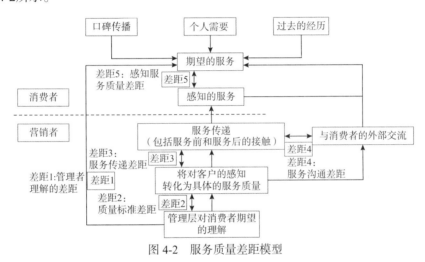

图 4-2　服务质量差距模型

资料来源：Parasuraman 等（1985）

首先，模型说明了服务质量是如何形成的。模型的上半部涉及与顾客有关的现象。期望的服务是顾客过去的经历、个人需要及口碑传播的函数。另外，也受到企业服务——沟通的影响。

实际经历的服务，在模型中称为感知的服务，它是一系列内部决策和内部活动的结果。在服务传递发生时，管理者对顾客期望的认识，对确定组织所遵循的服务质量标准起到指导作用。

当然，顾客亲身经历的服务传递和生产过程是一个与服务生产过程有关的质量因素，生产过程实施的技术措施是一个与服务生产的产出有关的质量因素。

分析和设计服务质量时，这个基本框架说明了必须考虑哪些步骤，然后查出问题的根源。要素之间有五种差异，也就是质量差距。质量差距是质量管理前后不一致造成的。最主要的差距是期望服务和感知（实际经历）服务差距（差距5），五个差距及它们造成的结果和产生的原因分述如下。

1. 管理者理解的差距（差距1）

这个差距指管理者对期望质量的感觉不明确。产生的原因有：对市场研究和需求分析的信息不准确；对期望的解释信息不准确；没有需求分析；从企业与顾客联系的层次向管理者传递的信息失真或丧失；臃肿的组织层次阻碍或改变了企业在顾客联系中所产生的信息。

2. 质量标准差距（差距2）

这一差距指服务质量标准与管理者对质量期望的认识不一致。原因如下：计划失误或计划过程不够充分；计划管理混乱；组织无明确目标；服务质量的计划得不到最高管理层的支持。第一个差距的大小决定计划的成功与否。但是，即使在顾客期望的信息充分和正确的情况下，质量标准的实施计划也会失败。出现这种情况的原因是，最高管理层没有保证服务质量的实现。质量没有被赋予最高优先权。治疗的措施自然是改变优先权的排列。今天，在服务竞争中，顾客感知的服务质量是成功的关键因素，因此在管理清单上把质量排在前列是非常必要的。

总之，服务生产者和管理者对服务质量达成共识，缩小质量标准差距，远比任何严格的目标和计划过程重要。

3. 服务传递差距（差距3）

这一差距指在服务生产和交易过程中员工的行为不符合质量标准，它是因为：标准太复杂或太苛刻；员工对标准有不同意见，如一流服务质量可以有不同的行为；标准与现有的企业文化发生冲突；服务生产管理混乱；内部营销不充分或根本不开展内部营销；技术和系统没有按照标准为工作提供便利。可能出现的问题是多种多样的，通常引起服务传递差距的原因是错综复杂的，很少只有一个原因单独起作用，因此治疗措施不是那么简单。差距原因粗略分为三类：管理和监督；职员对标准规则的认识和对顾客需要的认识；缺少生产系统和技术的支持。

4. 服务沟通差距（差距4）

这一差距指服务沟通行为所做出的承诺与实际提供的服务不一致。产生的原因是：服务沟通计划与服务生产没统一；传统的市场营销和服务生产之间缺乏协作；服务沟通活动提出一些标准，但组织却不能按照这些标准完成工作；有故意夸大其词，承诺太多的倾向。引起这一差距的原因可分为两类：一是外部服务沟通的计划与执行没有和服务生产统一起来；二是在广告等服务沟通过程中往往存在承诺过多的倾向。在第一种情况下，治疗措施是建立一种使外部服务沟通活动的计划和执行与服务生产统一起来的制度。例如，至少每个重大活动应该与服务生产行为协调起来，达到两个目标：第一，市场沟通中的承诺要更加准确和符合实际；第二，外部营销活动中做出的承诺能够做到言出必行，避免夸大其词产生的副作用。在第二种情况下，由于服务沟通存在滥用"最高级的毛病"，所以只能通过完善服务沟通的计划加以解决。治疗措施可能是更加完善的计划程序，不过管理上严密监督也很有帮助。

5. 感知服务质量差距（差距5）

这一差距指感知或经历的服务与期望的服务不一样，它会导致以下后果：消极的质量评价（劣质）和质量问题；口碑不佳；对公司形象的消极影响；丧失业务。第五个差距也有可能产生积极的结果，它可能导致相符的质量或过高的质量。感知服务差距产生的原因可能是本部分讨论的众多原因中的一个或者是它们的组合。当然，也有可能是其他未被提到的因素。

差距分析模型指导管理者发现引发质量问题的根源，并寻找适当的消除差距的措施。差距分析是一种直接有效的工具，它可以发现服务提供者与顾客对服务观念存在的差异。明确这些差距是制定战略、战术及保证期望质量和现实质量一致的理论基础。这会使顾客给予质量积极评价，提高顾客满意程度。

4.4 服务质量评价——SERVQUAL 方法

服务质量评价是服务企业对顾客感知服务质量的调研、测算和认定。1988年，Parasuraman、Zeithaml 和 Berry 在服务质量差距模型的基础上，提出了著名的 SERVQUAL（即 service quality 的缩写，中文含义为服务质量）量表，通过统计分析和检验，以因素萃取的方式提取出5个质量维度、22个服务质量衡量项目来进行服务质量评价（表4-1）。其理论核心是服务质量差距模型，即服务质量取决于用户所感知的服务水平与用户所期望的服务水平之间的差别程度，用户的期望是开展优质服务的先决条件，提供优质服务的关键就是要超过用户的期望值。

表 4-1 SERVQUAL 量表

维度	含义	服务项目
有形性 （tangible）	指有形的设施、设备、人员和通信器材的外表	1.它们应该有较新的设备
		2.它们的实际设备应该在视觉上很吸引人
		3.它们的员工应该穿着适当而且整洁
		4.它们实际设施的外观应该与所提供的服务形态相搭配
可靠性 （reliability）	指可靠的、准确的履行服务承诺的能力	5.当它们答应在某时间完成某些事时，它们应该会做到
		6.当顾客有问题时，它们应该能体会并重新保证
		7.它们应该是可依赖的
		8.它们应该在承诺时立即提供服务
		9.它们应该正确地保存记录
响应性 （responsiveness）	指帮助顾客并迅速为其提供服务的愿望	10.它们可以告诉顾客正确的服务时间
		11.提供它们能快速了解顾客期望的服务
		12.它们的员工愿意帮助顾客
		13.它们不会因为太忙而忽略顾客的要求

续表

维度	含义	服务项目
保证性 （assurance）	指员工表达出的自信和可信 的知识、礼节及能力	14.顾客应该能够信任它们的员工
		15.顾客应该在与它们的员工交易时觉得安全
		16.它们的员工应该是有礼貌的
		17.它们的员工应该得到公司充分的支持，以便将工作做好
移情性 （empathy）	指设身处地为顾客着想和 对顾客给予特别的关注	18.它们应给予顾客个性化服务
		19.它们的员工会为遇到困难的顾客提供帮助
		20.它们的员工会主动关心顾客需求
		21.它们设身处地将顾客的最佳利益放在心上
		22.它们以顾客的便利性来决定营业时间

资料来源：Parasuraman 等（1988）

SERVQUAL 将服务质量分为五个层面：有形性、可靠性、响应性、保证性、移情性，每一层面又被细分为若干个问题，通过调查问卷的方式，让用户对每个问题的期望值、实际感受值及最低可接受值进行评分，并由其确立相关的具体因素来说明它，然后通过问卷调查、顾客打分和综合计算得出服务质量的分数。

SERVQUAL 计算公式：

$$SQ = \sum_{i=1}^{22}\left(P_i - E_i\right)$$

其中，SQ 为感知服务质量；P_i 为第 i 个因素在顾客感受方面的分数；E_i 为第 i 个因素在顾客期望方面的分数（$i = 1,2,3,\cdots, n; n = 22$）。

由上式获得的 SQ 是在五大属性同等重要条件下的单个顾客的总感知服务质量，但是在现实生活中顾客对决定服务质量的每个属性的重要性的看法是不同的。因此，通过调查后应先确定每个服务质量属性的权重，然后加权平均就可得出更为合理的 SERVQUAL 分数。公式为

$$SQ = \sum_{j=1}^{5}w_j\sum_{i=1}^{22}\left(P_i - E_i\right), \quad i = 1, 2, 3, \cdots, 22; j = 1, 2, 3, \cdots, 5$$

其中，w_j 为第 j 个属性的权重。

SERVQUAL 标尺在很多行业内都是适用的。通过这五个维度及期望/感知形式，为服务质量的度量提供了一个基本的框架。必要时，这一框架可以进行调整和补充，以适应某些组织的特定需要。但在以后的一系列应用中其暴露出很多问题（如信度被高估、缺乏结构效度、维度不稳定、差距型还是感知型不明等），模型必须做必要的修正才能更好地应用（张新安和田澎，2006）。

■ 4.5　服务承诺

4.5.1　服务承诺的定义[①]

服务承诺（service guarantee）也称服务保证，是一种有效的促销手段和质量管理措施。美国学者 Hart 在《无条件服务承诺的威力》一文中，将服务承诺定义为，企业用于解释被服务顾客在服务失败时可以期待企业以何种方式进行补救的一种声明。服务承诺这一概念从产品保证演变而来。产品保证是厂商（销售者）对消费者购买的产品的担保，可以被视为消费者与销售者对所购产品的契约性协议。服务承诺是企业通过承诺的方式传递的一种质量信号，旨在吸引新顾客并应对服务的失败；服务承诺包含服务质量承诺（要达到什么水平）和补偿承诺（没有达到时的补偿标准）两个方面，两者相互结合，使得保证具有可信性和完善性。

当购买的产品价值难以判定时，消费者就会产生购买风险。有效的服务承诺作为一种显著的线索，给企业带来的作用主要包括以下几个方面：①帮助顾客判断和降低感知购买风险，提高感知价值，进而增加购买意愿；②为企业树立顾客导向的服务理念、提高服务质量提供了有效途径；③为企业塑造良好形象，获得竞争优势。

4.5.2　服务承诺的分类[②]

按承诺的对象不同可将其分为内部承诺、外部承诺。内部承诺是指企业为内部客户提供优质服务的相关承诺，目的是充分满足内部客户的需要。内部承诺作为一项重要的质量管理措施，对于企业的作用是明显的，一方面可以使内部服务者理解内部客户的需要，提高某个领域的服务品质；另一方面可有效地发动员工参与管理、提高员工工作责任感，加强各个部门之间的协作与沟通。内部承诺优点在于内部推广较简单、有效，风险小，费用少。外部承诺是组织对外部顾客提供的保证，目的是吸引外部顾客、塑造企业形象等，但其设计和实施承担的风险及耗费的成本较大。

对承诺的范围分为以下四种。①单一承诺：仅对服务过程中的某一特定事项做出承诺；②多重特性承诺：对服务项目中一方面事项做出承诺；③完全承诺：对服务的所有事项做出承诺，顾客获得完全满意；④组合式承诺：以上三种方式的组合式承诺。完全承诺可以在很大程度上降低顾客的购买感知风险，但采用这种承诺方式也必然给企业带来较大风险。因此，在确定承诺的范围时，应充分考虑顾客的需求，对于顾客重视的服务属性做出具体承诺。

根据企业是否对顾客进行公开传达，可将承诺分为隐性承诺和显性承诺。隐性承诺的优点在于未明确规定服务失误后具体的金额补偿，从而避免了过大的赔付损失。从长期来看，隐性承诺可以增强顾客满意度，提升企业声誉。隐性承诺的缺陷在于不能向顾客传递明显的信息，在营销效果上会比显性承诺差。企业在具体的实施过程中，对于风

---

① 资料来源：金立印等（2008）。
② 资料来源：余雪莉和汪京强（2011）。

险较大的服务属性，在显性承诺实施前可以先进行一段时间的隐性承诺，以便对承诺的实际成本和收益有更好了解。相比于隐性承诺，显性承诺具有较强的宣传和营销效果。对于新企业或者没有形成口碑和品牌的企业，可以选择有效的显性承诺以提升企业知名度，吸引更多顾客。

4.5.3　服务承诺的设计[①]

服务承诺如果设计和实施得不好，就不可能提供优质服务。有效的服务承诺需要精心设计和实施，其过程可归纳为图4-3。

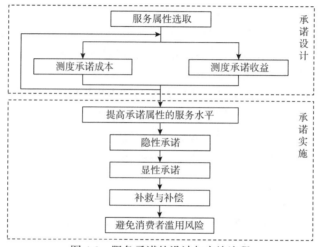

图 4-3　服务承诺的设计与实施流程

（1）服务承诺的类型选取。完全承诺是指消费者被承诺获得全面满意，如假日酒店承诺"如果有任何让您不满意的事情，请毫不犹豫地告诉我们，因为您不希望为不满意的服务付费"，这就是一种完全承诺。然而，采用完全承诺所要冒的风险会比较大，主要原因有二：一是服务提供者担心这种承诺会被消费者滥用；二是由于服务质量本身存在许多不确定性因素，当传递服务的质量在很大程度上受服务提供者不可控因素的影响时，承诺的代价过于高昂而不经济。因此，常用的服务承诺为具体承诺，即将焦点置于一个或多个服务属性上，将消费者最重视的特定的服务属性抽取出来加以承诺。

（2）服务属性选取。如果企业采取具体承诺模式，即对最关键的服务属性进行承诺，那么，选取哪些服务属性，对于承诺实际取得的效果至关重要。消费者、竞争对手、定标比超的对象、企业员工均是选取服务属性时应当关注的。

（3）测度承诺成本。承诺成本包括预期的承诺赔偿额、承诺的宣传成本和员工培训成本等。承诺条款中的赔偿额度乘以目前发生服务缺陷的数量，并将实施承诺后绩效的改进等因素考虑进去，可以计算出一定时期内承诺预期的总赔偿额。在计算当前发生服务缺陷的数量时，需要分析发生服务承诺属性不合格的概率，该分析可能会得出一个过高的概率，概率过高表明推行服务承诺在当前是不可能的，因此需要制订一个可执行

---

① 资料来源：王明明（2008）。

的改进计划，将服务的质量提高到可以使承诺变为可行的水平。

（4）测度承诺收益。承诺的收益一般包括以下几部分：①因减少风险而吸引的新消费者；②因获得赔付而减少的消费者流失；③明确的服务标准而导致的服务质量的提高或缺陷发生的减少，以及因此而增加的消费者忠诚度。上述收益的精确计算是很难的，甚至有些研究者认为"推行一个服务承诺是信念问题而不是事实和数据"。

虽然服务保证十分重要，但是相当一部分服务业的管理者却认为，服务难以被保证。因为，服务很难如同有形产品那样有质量保证书或可以被退换（如无法退换一次不成功的理容服务），或者说，服务中的实体部分可退换，但是有失误的服务的无形部分却不能被退换。根据已有的研究，有效的服务保证计划至少包括三个特点。

1. 对顾客满意度的保证

既然服务保证的目的是使顾客满意，那么有意义的服务保证就意味着对顾客的满意度的承诺。例如，美国西夫韦公司（Safeway）提供"三人成行"承诺，顾客结账时，任何一队如果超过三个人，就立即开辟一个收款柜台。这类保证可能并不难做到，但是能明确提出来还是会得到顾客重视和让顾客满意。又如，在航空服务中，航空公司难以保证做到100%的准时，因为经常会由于恶劣的天气而误点。但这不意味着"顾客满意度"不能被保证，当飞机航班因天气原因延误时，如果航空公司能够安排好顾客的等待时间内的活动，如饮食、休息、娱乐等，顾客满意度就有可能不受影响。因此，服务保证的含义并不是要让企业保证服务项目中的所有条件（尤其是那些企业不可控制的条件），而是承诺使顾客满意度不受损害。

2. 保证条款的具体化

有意义的服务保证的另一个含义是：保证条款应当明确具体，使顾客能够准确了解保证的内容，也使提供服务的员工清楚地明白其工作目标和职责。在很多服务企业中，经常能看到"提供优质服务""提供快速服务"的标语口号，但这种保证的含义是不明确的，因为对于顾客来说，从这种保证中看不出自己到底能得到什么样的服务；对于员工来说，从这种保证中也弄不明白自己应该如何执行。相反，如果不是保证"提供快速服务"，而是保证"五分钟内提供服务"，这种保证对于顾客和对于员工来说都是一种明确而有意义的保证。

3. 对未实现的保证的赔偿

有意义的服务保证的第三个含义是：一旦保证没有实现，企业应当给予顾客合理的赔偿，并且使顾客获得赔偿的程序简单、迅速。例如，达美乐比萨店（Domino's Pizza）承诺，在一定的范围内，顾客会在30分钟以内收到所购买的比萨饼，否则就可以少交3美元或免费用餐。但是，很多企业在顾客不满意时，只会口头道歉，而不愿意做出任何实际的补偿，或者在顾客提出补偿要求时会设置很多复杂的手续来限制顾客的要求。这样往往会导致顾客感到寻求补偿很麻烦而放弃。但是顾客放弃补偿要求实际上对于企业并没有太多的好处，因为这样一方面使企业难以迅速了解服务品质管理中存在的问题，得不到改善的机会；另一方面，他们会把自己的经历告诉周围的很多人，使企业的形象受到很大损害。

4.5.4　欧洲电器销售商 Darty 公司的服务承诺

根据 Darty 公司发布的服务诚信协议，其服务承诺包括以下内容。

（1）实体店和网店统一的低价。

（2）买贵了返还差价，即使对比价是网店的价格。在您购物之后的十天内，如果您在法国本土境内任意实体店或网店发现比我们的价格更便宜的同款商品，我们将把差价以礼品卡的形式返还给您。

（3）网购取货服务。网购一小时之后，您可以到 Darty 实体店取货，前提是网店上标示着"仓库有货"。

（4）购物次日的免费送货上门和安装。购买商店指定的大件商品可享受此服务。可享受该服务的时间是周一到周六（巴黎地区为周一到周日）。但服务的路途不超过5小时的车程。

（5）预约送货。在不超过商店2小时车程的范围内，均可享受周一至周日7点至21点的预约送货服务。

（6）预约安装。为了顾客的便利，购买本公司任何商品均可预约上门安装服务。

（7）为了循环利用，提供免费上门取走旧电器服务。

（8）改变主意的自由。在 Darty 实体店购买任何商品后的15天内，没拆封的商品免费退货；已拆封但未使用过的商品均可更换，卫生产品、软件和音像制品除外。（网店的服务按照法律规定进行）

（9）24小时服务电话。

（10）商品保修期两年。

（11）借助于电子设备的全球服务。在全球范围内，如果顾客在使用购买于 Darty 或别的商店的电器的过程中遇到问题，均可以得到 Darty 公司的远程服务。

（12）可付费延长保修期。

（13）维修超过保修期的商品。

（14）保护您的设备。Darty 公司将采取防盗或防火墙等措施来保护您的设备。

（15）为您的购物计划提供消费贷款。

■ 4.6　案例研讨①

上海大众汽车租赁有限公司始终坚信服务质量是企业生存和发展的关键，越是艰难的时刻，越不能放松服务质量管理。质量管理的关键在人，为此，公司以提升全员质量意识为中心，持续开展全员劳动竞赛，有效调动了员工参与质量管理、提升服务水平的积极性和主动性，取得了良好的成效。公司多次荣获上海市"名牌"服务、上海市"用

---

① 资料来源：凌东书（2012）。

户满意企业"等多项殊荣。

多年来，公司坚持推行温馨服务，要求驾驶员在仪表举止、礼貌用语、行为规范、驾驶技能等方面都表现出较高的素养，提供个性化、细致化服务，向中外宾客展示行业文明形象。公司持续改进，多次修订《服务标准》，围绕"礼貌、真诚、自控、舒适"四项温馨服务标准总则，利用岗中学习机会对每一位员工进行服务礼仪、服务技巧培训，形成了确保服务质量的长效管理机制。通过开展全员劳动竞赛，使这些措施得到进一步落实、强化。

1. 车容车貌长效管理

整洁的车容车貌是实现卓越服务的必备条件，并被纳入了竞赛指标。公司结合车辆进出场检查和动、静态质检，有效确保了车辆二级清洗制度、雨后保洁制度的贯彻执行。公司定期开展车容车貌集中整治。公司领导班子分别带队前往各分公司进行检查、指导。各基层单位根据整改要求，首先做好全员宣传动员，营造氛围，并对管理人员、车辆清洗保洁人员开展业务培训，提高现场查纠处理能力。各分公司管理人员结合进出场检查和质检人员的道检，开展普查，消除盲区。一旦发现车容车貌不符合营运服务标准，就会要求立即整改，经验收合格后方能营运。

公司要求基层严格执行 PVC（polyvinylchloride，聚氯乙烯）座套管理制度，给乘客营造清洁、舒适的车厢环境。公司通过每月的二级清洗对 PVC 座套进行专业清洁和保养；将座套清洁纳入营运车辆每日一级清洗范围，并要求驾驶员做好日常清洁维护。为提高驾驶员在营运中对座套清洁、维护的重要性的认识，公司针对座套使用情况编制了专题材料，在驾驶员岗中培训中加以宣传和教育。与此同时，公司加大车辆进出场检查及日常巡视抽查力度，提醒、督促驾驶员做好座套维护。

2. 售后服务管理

公司认为售后服务是第二次市场竞争。在日趋激烈的市场环境下，服务差距正在日益缩小，售后服务的质量是体现企业诚信的重要标志。顾客对企业受理投诉、寻物的要求是否能得到满足将直接影响公司的服务品牌。

"大众热线"全天候反馈社会各方的监督信息。公司设专人监听电话录音，并制定了《接听规范》与《服务质量投诉处理办法》。工作人员牢记"从严管理、风正务实"的企业理念，耐心细致地倾听乘客的心声，及时高效地为乘客排忧解难，保证乘客的投诉"件件有回复，事事有着落"，一流的售后服务有效地维护和提升了该公司的服务品牌。

针对回访工作中存在的不足，公司定期召开会议汇总共性问题，并编入业务人员月度教育培训计划书中，有针对性地开展沟通技巧、业务常识方面的培训，提高业务人员的沟通能力和业务水平，提高售后服务质量。公司将服务投诉中较为集中的问题、典型案例编入月度驾驶员培训计划书中，并增设"打击计价器舞弊"专栏，公布行业执法、公司自查及被查实驾驶员的处罚情况，在提供营运管理信息的同时，更在队伍中起到了警示作用。

3. 根据行业考核要求落实整改

在服务质量管理方面,公司将从营运服务数据中总结、发现需要改进和革新的方面,提升归纳为标准化服务制度。按照行业质量信誉考核要求,公司定期召开信访、投诉处理专题工作会议,提出重点问题及改进措施,确定质量信誉考核的重要指标,使各分公司明确质量工作的整改重点。

根据市执法总队会议精神,公司积极开展打击计价器舞弊的宣传教育和自查自纠,一旦发现驾驶员私装小马达,就会坚决予以处理,决不姑息。充分发挥 GPRS(general packet radio service,通用分组无线业务)实时跟踪功能,专人负责后台数据监控、排查。对有违反交通规则记录的驾驶员开展办班教育,增强其安全行车意识。

研讨

(1)用服务质量差距模型分析出租车行业存在哪些方面的差距?

(2)从"服务金三角"的角度分析,上海大众汽车租赁有限公司在服务质量管理方面还有哪些方面可以进一步改进?

(3)公司如何才能实现高水平的服务承诺?

本章小结

服务质量是服务营销的核心。无论是有形产品的生产企业还是服务业,服务质量都是企业在竞争中制胜的法宝。服务质量的内涵与有形产品质量的内涵有区别,消费者对服务质量的评价不仅要考虑服务的结果,而且要涉及服务的过程。服务质量应被消费者所识别和认可。服务质量的构成要素、形成过程、考核依据、评价标准均有其有别于有形产品的内涵。"顾客服务"一度被认为是仅仅局限于传统的服务性行业(如宾馆、饭店等)的观念,现已在全球范围内成为推动整个工商业界向前发展、追求卓越的一种理念。顾客服务已经成为企业赢得竞争的最终武器。服务业所涉及的行业五花八门,各行涉及专业种类繁多,项目范围有大有小,不可能有一个统一的标准的服务质量管理流程模式来规范。各个服务企业必须依据自己的实际情况,按照 ISO 9000 质量保证标准要求,结合现有的成熟管理经验,付出一定的人力、物力、财力,健全符合自己管理需要的服务质量流程。

进一步阅读文献

金立印,裴理瑾,邹德强. 2008. 服务保证研究回顾与展望. 外国经济与管理,30(5):42-47.

凌东书. 2012. 开展劳动竞赛,提升质量意识——大众出租汽车公司创新探索服务质量管理. 上海质量,(11):58-60.

苏秦. 2010. 服务质量、关系质量与顾客满意:模型、方法及应用. 北京:科学出版社.

王明明. 2008. 服务承诺的设计与实施. 消费经济,(4):18-20,85.

余雪莉,汪京强. 2011. 基于顾客导向的企业服务承诺的设计与实施. 企业活力,(7):22.

泽丝曼尔 Z A,比特纳 M J,格兰姆勒 D D. 2008. 服务营销(原书第 4 版). 张金成,白长虹,等译. 北京:机械工业出版社.

张新安,田澎. 2006. 应用 SERVQUAL 标尺的若干问题及改进. 系统工程理论与实践,(6):41-48.

赵海峰. 2013. 服务运营管理. 北京：冶金工业出版社.

Garvin D A. 1984.What does product quality really mean. MIT Sloan Management Review，26(1)：23-45.

Gronroos C. 1984.A service quality model and its marketing implications. European Journal of Marketing，18（4）：36-44.

Lewis B R，Entwistle T W. 1990.Managing the service encounter：a focus on the employee.International Journal of Service Industry Management，1(3)：41-52.

Parasuraman A，Zeithaml V A，Berry L L.1985. A conceptual model of service quality and its implication for future research. Journal of Marketing，49(3)：41-50.

Parasuraman A，Zeithaml V A，Berry L L. 1988. SERVQUAL：A multiple-item scale for measuring consumer perceptions of service quality. Journal of Retailing，64(1)：12-40.

 思考题

1. 产品服务化的趋势对企业质量管理提出了哪些挑战？
2. 服务质量管理的难点有哪些？
3. 服务质量评价方法有哪些局限性？
4. 设计有效的服务承诺需要注意哪些问题？

第二篇 质量管理职能

第 5 章

质 量 策 划

导读

　　质量策划是质量管理的首要职能，其结果对后续的质量保证、质量评价、质量控制、质量改进等质量管理活动产生深远影响。如何认识和把握质量策划的基本属性和核心工作，如何开展质量策划工作，将是本章重点探讨的内容。通过本章的学习，要求掌握质量策划的内涵、目标、原则与工作内容，熟悉质量策划的分类、层次、范围与一般过程，了解质量策划的常用方法与工具。

5.1　质量策划概述

5.1.1　质量策划的内涵与分类

1. 质量策划的内涵

　　随着质量管理的不断发展，人们对质量策划的认识也在逐步深入。Juran认为质量策划是这样的活动，即设定质量目标和开发为达到这些目标所需要的产品的过程。在ISO9000：2015质量标准中指出：质量策划是质量管理的一部分，致力于制定质量目标并规定必要的运行过程和相关资源以实现质量目标。编制质量计划可以是质量策划的一部分。

　　下文将对上述关于质量策划的内涵做简要阐述。

　　（1）质量策划是质量管理的一部分。质量管理是指指导和控制与质量有关的活动，通常包括质量方针和质量目标的建立、质量策划、质量控制、质量保证和质量改进。质量控制、质量保证、质量改进只有经过质量策划，才可能有明确的对象和目标，才可能有切实的措施和方法。因此，质量策划是质量管理诸多活动中不可或缺的中间环节，是质量管理工作得以顺利有序开展的桥梁和纽带。

　　（2）质量策划致力于设定目标。质量目标是组织前进方向中期望达到的某一个点，质量策划就是要根据组织的方向并结合具体情况来确立这个"点"，由于质量策划的工作内容不同、对象不同，因而所要达到的质量目标也不尽相同，但质量策划的首要结果就是设定质量目标。

（3）质量策划要为实现质量目标规定必要的作业过程和相关资源。质量目标设定后，如何实现呢？这就需要有相关的作业过程、措施来将其实现。例如，"5W1H"，质量策划必须清楚地确定和描述这些内容：what（做什么？目标与内容）、why（为什么做？原因）、who（谁去做？人员）、where（何地做？地点）、when（何时做？时间）和 how（怎么做？方式、手段）。在实现质量目标的过程中离不开人、机、材料、方法等资源的支持，因此质量策划除了设定质量目标外还要规定作业过程和相关资源，才能保障质量目标的实现。

（4）质量策划的结果应形成质量计划。质量策划要求将质量策划设定的质量目标及其规定的作业过程和相关资源用书面形式表示出来，最终形成的文件就是质量计划。

2. 质量策划的分类

在组织中质量策划按不同的划分要求可以有不同的分类，根据时间、对象、层次、内容、综合程度等我们可以将质量策划进行如下划分。按照策划时间长短区分，质量策划可以分为长期质量策划、中长期质量策划、短期质量策划。按照策划对象区分，质量策划可以分为质量管理体系策划、质量目标策划、过程策划、质量改进策划。按照组织层次区分，质量策划可以分为战略层质量策划、管理层质量策划、执行层质量策划和操作层质量策划。按照策划内容区分，质量策划可以分为综合性质量策划、临时性质量策划。按照策划综合程度区分，质量策划可以分为战略质量策划、战术质量策划。

5.1.2　质量策划的目标与原则

1. 质量策划的目标

质量策划的目标是组织努力所要达到的目的，为后续的质量控制、质量保证、质量改进提供标准和方向。质量目标有很多来源，多数质量目标来源于顾客需求，这些目标可能是市场推动的，也可能是技术推动的。此外，人类的内在驱动（如维持整洁的环境，追求廉价的商品等）及社会强加的法律、政府规章、同行压力等都可能成为质量目标的来源。质量策划按照不同的标准可以有多种划分，因此不同质量策划的目标也不尽相同。质量策划只有在目标设定之后才能进行，因此质量目标可以说是质量策划的起始点。

2. 质量策划的原则

为制定一个清晰、明确的质量策划，在其制定过程中要遵循一定的原则，具体而言包括层次性、系统性、可考核性、可操作性、权变性。

（1）层次性：质量策划按照组织层次可以划分为战略层质量策划、管理层质量策划、执行层质量策划、操作层质量策划。不同层次的质量策划所关注的重点及要解决的问题都不尽相同，且具有独特的特点：从战略层到操作层，质量策划期越来越短，质量策划的时间单位越来越细，覆盖的空间范围越来越小，质量策划的内容越来越详细，质量策划过程中的不确定性越来越小。

（2）系统性：质量策划是一项复杂工程，在质量策划过程中要将组织内在有限的人员、材料、机械等资源同外在的顾客需求、质量目标等纳入一个系统，从系统的角度明确各部分之间的相关关系，并在此基础上确定质量策划的内容以使质量策划更加符合组织的实际情况。

（3）可考核性：质量策划的可考核性原则主要是指质量目标的可考核性，其考核途径是将目标量化，目标量化是指人们必须能够回答这样一个问题：在质量策划实施中我们如何知道既定的质量目标已经完成了？比如：企业要求产品要有"合理的返修率"，这可以表示出产品质量合格情况，但这并没有说明产品应该是多少返修率，因为人们对于"合理"的解释是不同的。如果我们明确将目标定量为"本年度维持产品返修率不超过5%"，那么就对质量目标做出了明确的回答，从而为质量策划的实施成果提供了考核的标准。

（4）可操作性：质量策划要建立在组织现实条件基础之上，只考虑要求，不考虑能力，质量策划所设定的质量目标就可能过高，从而导致质量策划的失败。反之，只强调自己的能力，不考虑要求，易设定较低的质量目标，从而使得质量策划难以满足利益各方的要求，导致顾客和其他相关方的不满。一个不具有操作性的质量策划可能给组织造成无法挽回的损失。因此，质量策划必须建立在实事求是的基础上，一方面要明确自己的能力条件，另一方面又要尽力满足各方要求，制定合理的、满足各方要求的、可实现的质量目标。

（5）权变性：权变性方法要求企业根据事件、时间、地点、人的不同而采取灵活变通的管理方法。质量策划是质量管理循环的开始，其制定过程包含很多的未知因素（如员工的离职、资金的短缺、宏观调控等），因此质量策划在实施过程中难免会出现一定的偏差。为使制定的质量策划能够按照既定的轨迹实施，就需要在实施过程中根据具体的实施环境和现实条件做出灵活性变通，因此质量策划要有一定的权变性。

5.1.3 质量策划的依据与要求

1. 质量策划的依据

为制定一个具有可操作性的质量策划，在其制定之初首先要明确质量策划的制定依据，一般而言质量策划的依据主要体现在以下四个方面。

（1）顾客和相关各方的需要及期望。顾客和相关各方满意度的提高是组织进行质量管理的重要目标之一，因此顾客及相关各方的需要及期望也就成为质量策划的重要依据，需要对其进行详细、全面的分析。

（2）组织内外部环境。任何组织都不能够脱离环境而独立存在，组织的生存环境是质量策划能否成功的关键因素，一个脱离组织生存环境的质量策划难以具有可操作性，因此质量策划的制定必须建立在其生存环境的基础之上，它是质量策划的重要依据之一。这个环境既包括组织内部的环境（如员工数目、资源数量、业务范围等）也包括组织的外部环境（如行业发展方向、政策支持力度、宏观经济状况等）。

（3）质量方针。质量方针是由组织最高管理者正式发布的该组织总的质量宗旨和方向，是组织经营总方针的组成部分，体现出管理者对质量的指导思想和承诺。通常质量方针为制定质量目标提供框架，如某组织提出"质量，顾客满意"的质量方针，该质量管理班子提出"下一道工序就是我的顾客，提供无可挑剔的交付成果"的质量方针，从而与组织总的质量方针保持一致。质量方针一旦确定和颁布，就对组织每一个成员产生强有力的约束力，各成员都应理解、贯彻和执行。

（4）标准和规范。不同行业和领域的项目都有相应的质量标准和规范，质量管理委员会在进行质量策划时，应明确对项目质量产生重要影响的一系列国家标准、行业标准、地方标准和法律法规等。

2. 质量策划的要求

质量策划在制定过程中要符合相应的制定要求，尽管不同质量策划的制定要求略有不同，但一般都包括以下基本要求。

（1）充分考虑质量策划的所有输入条件。质量策划的输入实际上主要包括两方面：一是"要求"，即来自质量方针、上一级质量目标、顾客和其他相关方的需要及期望；二是能力条件，也就是组织的实际情况。

（2）充分征求意见、集思广益。质量策划是一项内容广泛、过程复杂的工程，对策划人员具有较高要求，需要其充分调动自己的知识能力和经验教训。然而"智者千虑，必有一失"，如果质量策划仅依靠有限的策划人员来完成，很可能会出现意想不到的差错和漏洞。因此，质量策划活动应当充分征求其他人意见、集思广益。必要时，质量策划会议可以邀请有关专家或负责具体工作的人员（包括操作者）参加，与其在实施中受阻，不如事先消解阻力，从而保障质量策划顺利、高质量进行。

（3）注重质量策划的落实。质量策划的最终成果能否按照既定的计划有序、按时、高品质的完成，是质量策划是否成功的关键。为此，质量策划的制定、实施要遵循 PDCA 方法循环向上地进行。首先，在策划时，每一项措施（过程）都应规定相应的责任部门或责任人及相应的完成时间；其次，在质量策划实施过程中，组织在相应的节点要进行必要的检查，督促、协调、指导和帮助相关人员的工作；最后，在质量计划完成之后，组织需要进行必要的验证（验收），并对质量策划的参与人员及实施成果进行考核和奖惩。PDCA 循环中，质量策划属于计划（P）阶段，是循环的起点，但关键还在于检查（C）和处理（A）阶段，若没有检查和处理，PDCA 循环就是不成功的，没有循环起来的。

（4）实施质量策划的评审。质量策划的评审包括两个方面：一是质量策划的最终成果形成质量计划的书面文件之后，视其计划的内容广泛征求意见，使其更加完善；二是当质量策划在实施中遇到重大困难时，也可以对质量计划进行评审。如果质量策划所涉及的内容较多、时间较长（如中长期质量计划）或环境发生变化（如组织的状况发生变化、顾客的要求发生变化、市场发生变化、政府的经济政策发生变化等），应当进行定期的评审，并在必要时予以修订。但是对质量策划的评审和修订是建立在更好地满足顾客要求的基础之上进行的，不能因为遇到一点困难就随意修订计划。

5.1.4 质量策划的层次与范围

1. 质量策划的层次

组织由多个不同的部门相互联系而成,可以将其划分为四个层次:战略层、管理层、执行层、操作层(图5-1)。由于每个层次所关注的重点及目标不同,从而形成的质量策划也不同。

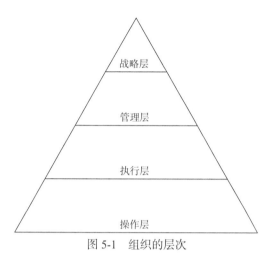

图 5-1　组织的层次

战略层是组织战略目标的制定者,其主要任务是在综合考虑组织经营环境的基础上,确定组织的战略意图和战略行动。战略层的质量策划主要考虑的是组织的局限性、方向性及涉及的与目标有关的质量方针问题,质量策划中至关重要的质量目标一般是由战略层来制定的。

管理层是质量策划的具体制定者,在战略层制定的质量方针和质量目标的基础上制定详细的质量策划。管理层是组织战略质量目标能否实现的关键,是具体的战术制定者,其质量策划关注的重点是明确实现战略目标的具体措施、方法和工具,并将质量目标进行分解和落实,明确组织中各部门的职责和权限,以及实现质量策划所需要的各种资源。

执行层是质量策划的具体执行者,在管理层制定的质量策划的基础上,依据自身部门的职责和权限及自身的资源情况,制定本部门具体的质量策划。

操作层是质量策划的具体实现人员,这一层次的主要任务是按照组织制定的质量策划要求、措施、方法、工具等进行作业,实现质量策划的具体实施。

每个层次的质量策划关注的重点不尽相同,且具有独特的特点,从战略层到操作层,质量策划期越来越短,质量策划的时间单位越来越细,覆盖的空间范围越来越小,质量策划的内容越来越详细,质量策划过程中的不确定性越来越小。

2. 质量策划的范围

(1)质量管理体系策划。质量管理体系策划是一种宏观的质量策划,是建立或完善组织质量管理体系必不可少的第一步,应由最高管理者负责执行,根据质量方针确定的方向设定质量目标,确定质量管理体系要素,分配质量职能等,从而建立质量管理体系的大体框架，设计出质量管理体系的蓝图。策划的质量往往决定了质量管理体系的质量，特别是能否结合组织实际情况进行策划，因此质量管理体系策划在组织质量管理中具有重要的意义。

（2）质量目标策划。质量目标是指"在质量方面追求的目的"。按质量策划的定义，任何质量策划都有设定质量目标的任务。组织已建立的质量管理体系虽不需要进行重大改变，但在需要对某一时间段（如中长期、年度、临时性）的业绩进行控制，或者需要对某一特殊的、重大的项目、产品、合同和临时的、阶段性的任务进行控制时，就需要进行这种质量策划，以便调动各部门和员工的积极性，确保策划的质量目标得以实现，如每年进行的综合性质量策划（策划结果是形成年度计划）。这种质量策划的重点在于确定具体的质量目标和强化质量管理体系的某些功能，而不是对质量管理体系本身进行改造。

（3）过程策划。过程是指"一组将输入转化为输出的相互关联或相互作用的活动"，产品是"过程的结果"，服务也是"过程的结果"，而程序则是"为进行某项活动或过程所规定的途径"。过程方法是 ISO 9000 族标准遵循的质量管理七大原则之一，在组织质量管理中具有不可忽视的作用。过程策划是针对具体的项目、产品、合同进行的质量策划，同样需要设定质量目标，但重点在于规范必要的过程和相关的资源。这种策划包括对产品实现全过程的策划，也包括对某一过程（如设计和开发、采购、过程运作）的策划，还包括对具体过程（如某一次设计评审、某一项检验验收过程）的策划。也就是说，有关过程的策划，是根据过程本身的特征（大小、范围、性质等）来进行的。对于组织来说，对过程的策划不必过细，不必涉及员工个人的活动（工作），其重点应放在组织过去尚未开展或开展不太好的、ISO 9000标准族规定的一些新的过程上，如与顾客有关的过程、设计和开发评审、内部审核等方面。

（4）质量改进策划。质量改进虽然也可视为一种过程，但却是一种特殊的、可能脱离组织常规的过程，因此更应当加强质量策划。质量策划活动具有一定的可重复性，一般在确定质量策划后就可以按策划规定的内容重复进行，然而质量改进策划则不同，一次质量改进策划只可能针对一次质量改进项目，因此质量改进策划相对而言可重复性较低，而且其制定是分层次（战略层、管理层、执行层和操作层）进行的。

5.2 质量策划的工作内容

5.2.1 质量策划的需求识别

识别质量策划的需求是质量策划工作的首要任务，一个清晰、明确的需求对于组织质量策划的顺利进行具有重要的意义。识别质量策划的需求首先要明确需求的来源，这一阶段主要是在寻找质量策划的输入，尽管不同的质量策划会有不同的需求，产生不同的质量策划输入，但几乎所有的质量策划的需求都可以在下列项目中找到。

（1）质量方针。质量目标一定程度上产生于质量策划的需求，它是建立在组织的质量方针基础上的，一般来说，组织中长期的质量目标就是从质量方针直接引出的。其他质量目标仍然必须遵循质量方针所规定的原则，不得有违背或抵触的地方，因此质量方针是质量策划的重要需求来源。

（2）上一级的质量目标。质量策划有可能是有关组织优化过程的策划，因此上一级的质量目标也就成为本次质量策划的需求来源。上一级的质量目标包括两个方面：一是从层次上来说，是上一级；二是从时间来说，是上一级（如年底质量目标相对于长期目标是下一级，相对于季度质量目标就是上一级）。

（3）组织存在的问题。组织在日常的生产运营中不可避免地会产生一系列的问题，质量策划一定程度上正是为解决这些各式各样的问题而存在的。问题，即为实现质量方针和质量目标所必须要解决的重要问题，包括产品不合格、缺陷、不足、与先进水平的差距等。也就是说，未能满足质量目标要求或有碍于质量目标完成的资源、过程、产品、程序等都可能成为问题点，这样的问题点也就成为质量策划的需求来源。

（4）现状和未来的需求。现状是实现质量策划的基础，实现质量策划的内容满足未来需求的同时可以改变组织的现状，但这需要时间和资源。二者的矛盾不能仅靠降低要求来解决，还要考虑未来的需求。

（5）所有相关方的满意程度。组织所有相关方满意度的提升是质量策划的重要目的之一，在这里我们所说的所有相关方包括顾客（内部的和外部的）、员工、所有者、供方（内部的和外部的）、社会，质量策划应当充分考虑他们的利益，当组织相关各方的满意度出现问题时（顾客购物体验下降、物流配送时间延长等），对于质量策划的需求就会产生。

以上是质量策划的绝大部分的需求来源。就具体表现形式，一般认为当组织出现下列情况之一时，就应进行质量策划：①当顾客提出要求，组织根据这种要求建立质量管理体系或对其进行重大改进时；②政府（包括出口对象国的政府）对组织的质量管理体系有强制要求时；③组织需要改进质量管理，提升（包括建立和改进）自己的质量管理体系时；④组织的质量管理经过审核（包括内部审核和外部审核），达不到预期的或规定的要求，需要进行重大改进时；⑤组织的质量管理体系经过较长的时间运行，需要通过改进或重组来重新焕发生机和活力，以使组织的质量管理再上新台阶时；⑥组织引进或创新的管理理念、管理方法，需要对质量管理体系进行重大调整时；⑦组织的内外环境发生重大变化，原有的质量管理体系已不适应新环境的要求时，如内部组织机构或人员发生重大变化、外部市场发生重大变化等；⑧组织的产品结构发生重大变化，原有的质量管理体系已不适应新产品的需要时；⑨其他情况需要建立质量管理体系或对其进行重大改进时。

5.2.2 质量策划的输入

1. 必须的输入内容

质量策划是针对具体的质量管理活动进行的。在进行质量策划时，力求将涉及该项活动的信息全部搜集起来作为质量策划的输入。不同的质量策划可能有不同的输入内容。

下面这些是任何质量策划都必须要考虑的：①质量方针或上级质量目标的要求；②顾客和其他相关方的需求及期望；③与策划内容有关的业绩或成功经历；④存在的问题点或难点；⑤过去的经验教训；⑥质量管理体系已明确规定的相关的要求或程序。

2. 明确要求

在进行质量策划时，必须首先明确要求。不管这种要求是来自内部还是来自外部，不管是顾客提出的（或隐含的）还是政府规定的，不管是现实情况迫切需要达到的，还是可以在将来达到而现在早一点达到更好的，都必须一一明确，最好能够形成书面的要求，以供组织策划时认真考虑。具体来说，这些要求可能是：①合同的规定；②市场调研的结果；③对顾客的需求和期望及市场变化的预测；④有关的法律法规；⑤政府或上级主管部门（母公司）的规定；⑥质量审核（包括内部审核和外部审核）的结果报告；⑦管理评审的决定；⑧最高管理者的指令；⑨经最高管理者批准了的有关建议或报告；⑩有关的质量计划。

在质量策划的初始，这些要求可能是不明确的、不具体的。在进行质量策划时，首先要将那些不明确的、不具体的要求进行分析和确定，以使其明确化、具体化。质量策划为实现这些要求或者说目标而存在，但其实现要建立在实际情况的基础之上，因此质量策划既要满足质量目标的要求，又要符合组织的实际情况。

3. 组织的实际情况

组织的实际情况，是指组织现实存在的各种主客观条件需要进行分析和确定。具体来说，包括以下一系列内容：①组织的规模、性质及在市场上的地位；②组织质量管理体系的现状和取得的业绩；③产品结构、发展方向和市场占有率；④组织的组织结构、人员结构和文化背景；⑤过去的有关经验、教训要结合现实情况加以分析而不能盲目照搬；⑥组织所处的地理位置及由此而带来的外部客观环境，包括政策环境；⑦组织的财力状况和预计投入的经费；⑧组织存在的重大缺陷和问题，包括质量管理体系存在的缺陷和问题；⑨组织的需要和利益目标。

一般来说，现实情况与质量策划的目标往往是一对矛盾。目标要求"提升"而现实情况要求"降低"。在分析和确定情况时，可能存在着两种偏差，一是忽视现实情况或忽视现实情况对质量目标的制约，对现实情况不加以认真分析和确定；二是过分强调现实情况中存在的问题或负面效应，而忽视了其中的业绩和正面效应。为避免这两种情况，应深入分析情况，既确定其问题，又确定其业绩。组织在策划时，应当把要求和情况结合起来，将要求和情况作为质量策划必不可少的一种输入，在符合情况的基础上制定尽可能满足需求的质量策划，最好能够形成相关的文件材料，并且这些材料应尽早交与参与策划的所有人员。

5.2.3　质量策划的形成

一般来说，涉及组织层次的质量策划，应由最高管理者负责，由相关的管理人员组成相应的质量策划委员会或召开小组会议，质量策划的形成需要质量管理委员会的全程参与和指导。如果质量策划的内容涉及的范围很大，还可以扩大会议参与人员的范围，并利用头脑风暴的方法来进行质量策划。

为了提高质量策划会议的效率，可以由最高管理者自己或委托他人，在质量策划会议开始前根据质量策划的输入材料，事先拟定质量策划草案，并分发到质量策划会议的成员手中，让会议成员能够对会议内容提前了解，在质量策划会议上进行讨论、删减和修改。这种形式实际上是由某一个人或某几个人先进行了一次质量策划，这样可提高质量策划的效率和质量。但如果参与质量策划的其他人员对此不感兴趣，质量策划会议又可能流于形式，起不到集思广益的作用，这就可能使质量策划产生漏洞和不足，从而对质量计划的完成产生很大的负面影响。因此，质量策划形成的关键在于如何召开质量策划会议，如何使参与质量策划的所有人员积极投入，充分发表意见和建议。

质量策划是一项十分复杂的工作，不仅需要有专门的机构和人员来进行，而且需要组织所有的部门和全体员工予以配合，其形成过程应当遵循以下步骤。

（1）最高管理者或者管理者代表必须亲自主持，自始至终参与策划。

（2）质量策划领导小组对策划形成的方案和计划进行评审。

（3）质量策划人员负责具体编制方案和计划。

（4）吸引员工参与质量管理体系策划，使策划过程形成一个开放系统。

5.2.4 质量策划的输出

质量策划都应形成文件输出，即形成质量计划文件。一般来说，质量策划输出应包括以下内容。

（1）为什么要进行质量策划或为什么要制定该项质量策划（将质量策划的输入进行简单表述），适当分析现状（问题点）与质量方针或上一级质量目标要求，以及顾客和相关方的需求及期望之间的差距。

（2）通过质量策划设定的质量目标。

（3）确定各项具体工作或措施（也即各种过程）及负责部门或人员（也即职责和权限）。

（4）确定实现质量策划的资源、方法和工具。

（5）确定其他内容（其中质量目标和各项措施的完成时间是必不可少的）。

如果质量计划草案是预先准备好的，应根据质量策划会议的决定对其进行必要的修改。如果未预先准备好草案，则应委托或指令相关人员根据会议的决定起草。质量策划应由负责该项质量策划的质量管理委员会批准后下发实施。

5.2.5 质量策划的修正

从广义上说，质量策划的修正从属于质量改进的内容，因为质量策划的修正一定程度上与一般的质量改进策划相似，二者都按照分析现状、分析原因、找出主因、制定措施四个步骤来进行。但是相较于质量改进，质量策划的修正更强调以下两个方面。

（1）确定和评审不合格或潜在的不合格。

（2）确定不合格的原因。

由此可见，质量的修正策划不是由上级或他人选定了项目之后才开始策划的，它应当成为一项日常的定期开展的活动。不管是组织的战略层、管理层、执行层还是操作层，都应当通过固定的或规定的渠道（主要是监视和测量的渠道、内部或外部顾客信息反馈的渠道）来获得不合格的信息，通过定期的分析来确定潜在不合格的信息，然后通过分析原因、制定具体措施的方式来进行质量策划。

5.3 质量策划的一般过程

5.3.1 设定质量目标

任何一种质量策划，都应根据其输入的质量方针或上一级质量目标的要求，以及顾客和其他相关方的需求及期望来设定具体的质量目标。组织的质量目标为组织全体员工提供了其在质量方面关注的焦点，同时，质量目标可以帮助组织有目的地、合理地分配和利用资源，以达到策划的目的。一个有魅力的质量目标可以激发员工的工作热情，引导员工自发地为实现组织的总体目标做出贡献，对提高产品质量、改进作业效果而言其具有其他激励方式不可替代的作用。

在制定质量目标之前我们有必要了解所要制定的质量目标的类别，一般来说我们可以将质量目标分为战术质量目标和战略质量目标两种。

（1）战术质量目标。人类各式各样的需求形成了不同的质量目标，如产品特征、过程特征及过程控制特征。我们称这些质量目标为战术质量目标，以区别于战略质量目标。在狭义的质量管理里，质量目标在性质上来说几乎无例外地是战术的。它们是由公司的中下层或工厂一级的职能部门设定的。

（2）战略质量目标。战略质量目标是由公司一级设定的，并作为公司整个经营计划的一部分。战略质量目标的概念是把质量列为公司目标中最优先考虑的目标。这一概念也因采用广义的质量管理概念而得到加强。战略质量目标是外加的，不能代替战术质量目标，它对于战术质量目标的设定和实现具有深刻的影响。

要想使质量目标真正地符合组织的实际情况，在质量管理中起到作用，需要对质量目标涉及的问题进行综合考虑，这是质量策划的重要内容之一。在质量目标的制定过程中要着重考虑以下四个方面：①确保质量目标与质量方针保持一致；②充分考虑组织现状及未来的需求；③考虑顾客和相关方的要求；④考虑组织管理评审的结果。

质量目标的制定可以参照如下的步骤进行：①找出组织目前的弱项和存在问题；②对这些问题进行分析，确定问题的范围；③由所存在的问题引导出质量目标。

5.3.2 确定达到目标的途径

要实现组织既定的质量目标，首先要将质量目标进行分解、层层展开，各级质量目标的实现也就保证了组织总质量目标的实现。质量目标展开后，组织相应的部门要明确自身的质量目标要求，并根据自身的人员、资源情况对每项质量目标编制实施计划或实施方案。在活动计划书或措施计划表中，应详细列出实现该项质量目标存在的问题、当前的状况、必须采取的措施、将要达到的目标、什么时间完成、谁负责执行等，从而使质量目标的实现步骤一目了然，以确保其顺利实施。

实现质量目标的过程多种多样，这些过程可能是链式的，即从一个过程到另一个过程，最终到目标的实现；也可能是并列的，即各个过程的结果共同指向目标的实现；还可能是上述两种方式的结合，既有链式的过程，又有并列的过程。事实上，任何一个质量目标的实现都是多种过程的组合。例如，要实现产品合格率的目标，既需要产品生产运作的过程（链式过程），更需要各种管理控制过程（很可能是并列的），因此在质量策划时要充分考虑所需要的过程。当然，如果其中某一种或某一个过程对组织来说是已经存在着的并且是较为完善的，也可以不再纳入质量策划中考虑，需要指出的是质量策划考虑的重点应当放在那些新建的、需要改进的和需要加强的过程上。

5.3.3 确定相关的职责和权限

质量策划是对相关的质量活动进行的一种事先的安排和部署，而任何实现质量目标的过程必须由人员来完成，因此质量策划的难点和重点就是落实相应质量策划人员的职责和权限，又被称为质量功能展开，从而使质量目标纵到底横到边，做到千斤重担大家挑，人人肩上有指标。将质量目标分解落实到各职能部门和各级人员，在质量目标更具有操作性的同时，使得各部门、各级人员明确自己的质量目标，知道努力的方向，明白应该干什么、什么时候干、怎样去干、干到什么程度、充分调动其积极性，以确保质量目标的顺利完成。

在质量策划会议上，进行相关职责和权限的划分时，有关人员很可能为此而发生矛盾和争执，出现推诿、包揽等现象。如果某一个质量过程所涉及的质量职能过去未能明确，没有相关文件给予具体规定（这种情况事实上是常见的），推诿扯皮现象可能更严重。这时，需要有相应权限的人员（如最高管理者）来"拍板"予以确定，不能因此而使质量策划受到影响。

5.3.4 确定所需资源

质量策划中既定内容的实现是建立在组织各种资源输入的基础之上的，具体而言这些资源包括人员、设施、材料、信息、经费、环境等。但是，需要指出的是并不是所有的质量策划都需要确定这些资源，也就是说，一个质量策划不需要事无巨细地将质量策划过程中所需要的所有人员、设施、材料、信息、经费、环境等资源一一罗列，这会导致质量策划的工作量超出所能承受的范围，而且在现实的组织运营中也是不可行的。事实上，如果质量职责已经落实，相应的资源准备工作理应由承担该项工作的部门或人员负责。而且，绝大多数质量策划所需的资源，完全可以从现有资源中予以调整解决，只有那些新增的、特殊的、必不可少的资源才需要纳入质量策划中来。

5.3.5 确定实现目标的方法和工具

对于质量目标的实现，不同类型的质量策划可能会有不同的方法和工具，需要说明的是这些方法和工具的确定也不是所有的质量策划都需要的。一般情况下，具体的方法和工具可以由承担该项质量职能的部门或人员去选择。但质量目标产生于新工作或者质量改进工作时，就需要确定实现目标的方法和工具。例如，在策划某一新的项目的设计和开发时，就需要对其所使用的新的设计方法、验证方法、设计和开发评审方法等予以确定。

5.3.6　制定考核形式与时间节点

由于现实情况的复杂多变性，质量策划在实施过程中可能会出现与既定内容相偏离的情况。因此，为了能够识别出各阶段质量策划的进展情况，需要制定详细的考核形式。具体的考核形式来源于质量目标中所要求的内容，这一工作包括质量目标和具体措施（也就是已确定的过程）完成的时间、检查或考核的方法、评价其业绩成果的指标、完成后的奖励方法、所需的文件和记录等。一般来说，完成时间是必不可少的，应当确定下来，而其他策划要求则可以根据具体情况来确定。

5.3.7　输出质量计划文件

质量策划都应形成文件输出，也就是说，都应形成质量计划文件。此时输出的质量计划文件应当包括5.2.4质量策划的输出部分包含的内容。

■ 5.4　常用的质量策划方法举例

质量策划是一个复杂、烦琐的过程，其过程离不开各种质量策划方法与工具的支持。随着质量管理理论和实践的发展，几乎所有的运筹优化与质量管理方法都在质量策划中得到发展和应用。因此，本章限于篇幅就不一一罗列。下面介绍一些常用的质量策划方法。

5.4.1　质量标杆法

质量标杆法是一种行之有效的质量策划方法，一定程度上来说质量标杆法是一种发现自身不足，进而明确质量目标的方法，是一场广泛开展的调研与取经的运动，是一个产业研究的过程，能使管理者通过比较组织与组织之间的过程和行事方式来识别"优中之优"，从而实现卓越水准或建立起竞争优势。其基本原理是利用其他项目实际实施的或计划的质量结果或项目质量计划作为新项目的质量参照体系和比照目标，通过比较进行项目质量策划或制定出新项目质量计划。实施质量标杆法的组织必须不断对其他质量管理项目的产品、服务、成果、经验、不足等进行评价来发现其优势和不足。

在开展质量标杆法之前要求组织理解以下基本原理。

（1）了解自身，评估优势和劣势所在。明确组织目前的重要绩效指标及对工作过程步骤和行事方式的文件化。

（2）了解行业领先者和竞争对手。只有清楚了领先者的优势和劣势，才能够对自身的能力进行差异化。

（3）借鉴最佳经验以追求卓越。采用并执行最佳行事方式以使组织的地位领先。

实施质量标杆法一般遵循以下四个步骤：①收集信息；②分析信息和资料，确定标杆项目或企业；③找出差距；④制定对策。质量标杆法的具体工作流程是以标杆项目的质量政策、质量标准与规范、质量管理计划、质量核检单、质量工作说明文件、质量改进记录和原始质量凭证等文件为蓝本的，需结合新项目的特点去制定出新项目的质量计划文件。在使用质量标杆法时，要注意标杆企业或项目在实施过程中发生的质量问题，在制订本计划时要吸取其经验教训，并制定防范措施和应急计划。

作为一种组织质量业绩评价的重要方法，质量标杆法之所以能引起组织的重视并广泛使用，其根本原因在于它在通过辨识最佳实践、了解最佳组织的业绩及客观评价本组织业绩的基础上，为组织提供了一个奋斗目标，并且表明了清晰、明确的实现途径。通过质量标杆法，组织可以发现和应用适合本组织的新战略，从而赶上并且超越竞争者。

5.4.2 先期产品质量策划法

先期产品质量策划（advanced product quality planning，APQP），出现于20世纪80年代后期，这个研发流程首先应用于汽车行业，它的编写是由福特、通用和克莱斯勒三家汽车制造巨头完成的，在长达五年的时间里，他们分析了全球各地的汽车组织研发生产情况，尤其是被称为成功典范的日本汽车公司。今天，先期产品质量策划被应用于各个方面，它是一种结构化的方法，用来确定和制定确保某产品使顾客满意所需的步骤。

先期产品质量策划的目标是促进与所涉及的每一个人的联系，以确保所要求的步骤按时完成。有效的产品质量策划依赖于高层管理者对努力达到使顾客满意这一宗旨的承诺。先期产品质量策划在组织的质量管理方面具有广泛的应用，因为它能够为组织带来以下益处：①引导资源，使顾客满意；②促进对所有更改的早期识别；③避免晚期更改；④以最低的成本及时提供优质产品。

先期产品质量策划方法的实施过程一般遵循以下的五个步骤。

（1）计划和定义。本过程的主要任务：①明确顾客的需要和期望；②制订计划和定义质量大纲；③将顾客满意作为一切工作的出发点。

（2）产品的设计与开发。本过程的主要任务和要点：①确定质量策划过程中所涉及的产品设计特征的最终形式；②质量策划小组应考虑所有的设计要素；③制造样品以验证产品或服务满足需求；④一个可行的设计应能满足生产量和工期要求，也要考虑质量、可靠性、投资成本、重量、单件成本和时间等目标要求；⑤对技术要求和有关技术资料进行全面、严格的评审；⑥进行初始可行性分析，以评审制造过程中可能发生的潜在问题。

（3）过程设计和开发。本过程的主要任务和要点：①开发一个有效的制造系统，以满足顾客的各种需求；②明确为获得优质产品而建立的制造系统的主要特点及与其相关的控制计划。

（4）产品和过程的确认。本过程的主要任务和要点：①通过生产运行明确制造过程的要点；②验证产品和过程是否遵循控制计划及过程流程图与产品是否满足顾客的要求。

（5）反馈、评定和纠正措施。本过程的任务和要点：①质量策划不因策划过程的结束而停止，在产品的制造阶段，所有促使产品质量下降的特殊原因和普通原因都会表现出来，因此我们要对质量策划的输出进行评价，即对质量策划工作的有效性进行评价；②在此阶段，生产控制计划是评价产品和服务的基础。

5.4.3 质量功能展开

质量功能展开是一种新产品开发的有力的质量工具，首先由日本赤尾洋二与水野滋提出。它是基于顾客需求的对新产品开发进行质量保证的方法论。

质量功能展开对顾客需求进行多层次的演绎分析，并将其转化为产品的设计要求、零部件特性、工艺要求、生产要求的质量工程工具，用来指导产品的设计和保证产品质量。这一技术产生于日本，在美国得到进一步发展，并在全球得到广泛应用。质量功能展开是开展六西格玛管理必须应用的最重要的方法之一。在概念设计、优化设计和验证阶段，质量功能展开也可以发挥辅助的作用。

水野滋将其定义为：将形成质量保证的职能或业务，按照目的、手段系统地进行详细展开，通过组织管理职能的展开实施质量保证活动，保证顾客的需求得到满足。质量功能展开的基本原理就是用质量屋（house of quality）的形式，量化分析顾客需求与工程措施间的关系度，经数据分析处理后找出对满足顾客需求贡献最大的工程措施，即关键措施，从而指导设计人员抓住主要矛盾，开展稳定性的优化设计，开发出满足顾客需求的产品。

质量屋是建立质量功能展开的基础工具，是质量功能展开方法的精髓。其最早出现于日本，1972 年日本三菱公司的神户造船厂首次使用了"质量表"（最初质量屋在日本称为质量表，后来传入美国后进行了相应的改进，因其形状像一个屋子而被形象称为质量屋）。1978年日本水野滋、赤尾洋二教授编写出版了《质量机能展开》。质量表的定义由赤尾洋二教授整理而成：质量表是将顾客真实的、用语言表现的质量要求，进行体系化整理，并显示它们与质量特性的关系。这是为了把顾客需求变换成代用特性，以支持进一步进行质量设计的表格化工具。

质量功能展开作为一种强有力的工具被广泛用于各领域，帮助人们确定生产组织结构需求，控制流程及控制质量。它带给我们的最直接的益处是缩短了周期、降低了成本、提高了质量。更重要的是，它改变了传统的质量管理思想，即从后期的反应式的质量控制向早期的预防式质量控制的转变。同时，它能帮助我们冲破部门间的壁垒，使公司上下成为团结协作的集体，因为开展质量功能展开不是质量部门、开发部门或制造部门某一个部门能够独立完成的，它需要集体的智慧和团队精神。由于质量功能展开将在第十一章有专门的陈述，本章就不再赘述。

■ 5.5 案例研讨：福特金牛座汽车的质量策划

在福特公司的发展历程中，1986年投产的金牛座车型占据着重要的地位，我们今天看到的汽车流线型风格就是由它普及起来的。本案例在介绍金牛座汽车发展背景的基础上，分析了其发展历程中的质量策划工作。从案例中可以发现，金牛座汽车成功的关键在于其优秀的质量策划工作。

5.5.1 案例背景

20世纪80年代早期，福特汽车的北美的市场份额遭到国外竞争对手的蚕食，日本汽车行业的蓬勃发展对美国本土汽车制造商产生了巨大的冲击。首先导致美国国产新车积压，产量急剧下降。1980年日本汽车在美国国内市场上的占有率已经达到21.3%（图5-2）。据统计，1978年美国汽车创年产最高纪录为1289万辆，随后逐年迅速下降，1982年的年产量与1978年相比，下降了46%。其次，在大幅度减产的过程中，美国汽车厂商亏损严重，仅1980年一年，各厂商亏损额即达到42亿美元，通用、福特、克莱斯勒汽车公司都出现巨额赤字。20世纪90年代，本田雅阁、丰田佳美和咄咄逼人的现代索纳塔在北美横行肆虐，从而使北美生产企业连续几年出现严重亏损。

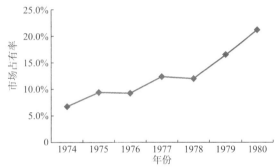

图 5-2　1974～1980 年日本汽车在美国市场占有率

资料来源：欧是（1984）

在这样的行业背景下，面对重重的行业困难，福特公司决定策划一种新型福特车——前轮驱动、中等型号，这种新型车被称为"金牛座"。在20世纪80年代到20世纪90年代，金牛座汽车成为底特律三大汽车公司唯一一款有能力与日本公司较量并取得胜利的车型。

1986年投产的福特金牛座车型，对于当时的主流家庭轿车市场而言，无疑是一个轰动性的设计。符合空气动力学原理的流线型设计风格，使得其他大部分轿车看起来非常陈旧，一时间其他汽车制造商纷纷仿效。福特金牛座汽车曾经是美国最畅销的轿车，它并不是第一款使用了流线型设计的汽车，在它推出之前，奥迪的5000就使用了这种设计，因此有人戏称这是一款奥迪的流线型身体和福特发动机的结合体，但无论如何，如今的汽车流线型设计风格就是由福特金牛座普及起来的。

5.5.2 质量策划过程

1. 需求识别

顾客扮演的角色众多，必须加以了解。一般来说，有两类基本的顾客群：外部顾客，即那些在生产组织之外的顾客；内部顾客，即那些在生产组织之内的顾客。

（1）内部顾客。福特公司对谁是顾客、谁将受到该项目的影响等做了仔细的调查，这有助于公司比以往更精确地识别和满足顾客的需要。例如，保险公司会受到任何新车型号的影响，当车由于事故损坏时他们要支付修理费，他们要寻找减少修理费用的途径，而这些费用部分地取决于车本身的设计。金牛座汽车项目小组提供了有助于修车的一些质量特征，因此帮助了受到影响的顾客——保险公司。类似地，交通行政部门一直在严格实施高速公路安全方面的法律法规，在福特公司开发新车型考虑高亮度刹车灯的时候，交通行政部门还没有重视这种安全需求，而且当时的交通法律法规还没有提出这样的要求，但福特公司已经从防止发生意外的视角而提前在设计中考虑了这方面影响因素，从而使服从未来新要求所花费的成本减少到最少（事实上高亮度刹车灯的规定随后就实施了）。

（2）外部顾客。在明确产品特征时要准确回答"我们需要具有什么样特性的产品来满足顾客的需要"这一问题。福特的金牛座汽车最要紧的顾客是"终极顾客"，也就是购买车辆的人。福特公司更深入地提出这样的问题：为什么买金牛座汽车？更重要的是，什么样的产品特征决定了顾客购买的车型？在设计、生产、销售和售后服务等方面有数以千计的质量特征，在这些质量特征中，哪些特征是被顾客所感知并由此影响到顾客的购买决定？针对这些问题，福特公司从专家那里获取意见，同时考虑顾客和许多公司部门的意见，来补充自己的市场调查。福特公司基本是按照下列资料来取得有关顾客需要的资料的：①定量市场调查；②定性市场调查；③调查研究；④观察研究；⑤经销商反映；⑥顾客调查；⑦直接与顾客交流；⑧媒体反馈；⑨产品评价报告——内部的和外部的；⑩竞争力评价。福特公司通过对这些资料的分析，从候选的特征中提取出400多个对主要顾客感知有直接影响的特征。其中包括：①提起发动机罩所需的力量；②后储箱的高度；③刹车制动距离；④方向盘的感觉；⑤噪声；⑥舒适；⑦安全；⑧可靠性/可信性；⑨耐久性；⑩节省燃料；⑪各种路况下的驾驶质量。

2. 质量目标——最优级

在着手进行产品开发之前，福特公司就金牛座汽车的明确目标达成了共识。其简略表述就是"最优级汽车"，也就是说应当等于或超过国内外本级别中任何一个有竞争能力的车型。这个决定也就成为新型车质量策划中的质量战略目标。

只要是有许多来自不同部门的人员共同参与的项目，就会很自然地给团队带来很多各自"原单位的重点和目标"。这些原单位的重点和目标可能会与"最优级汽车"的目标有所背离，能够不经意地转移团队的焦点，并且在团队内制造出大量的矛盾。为了解决这个问题，福特金牛座项目用"最优级汽车"这一表述来协调所有团队成员的努力，使之聚焦于一个统一的目标之上。对于促使人们认识到团队具有共同的目的和单一的主导目标而言，这一表述是一种简单而有效的途径，它使得所有的团队成员能够根据既定的目标来矫正日常的决策与行动。

3. 组织结构重构

在福特公司创立的前期，公司采用的是传统的职能型的组织结构，新车型的设计也是按顺序进行的。每个职能部门（市场研究、生产设计等）执行自己的职能，然后把结果传到下一个职能部门。而福特公司在进行新型金牛座汽车的设计过程中采用了一种新方法，即以项目为导向的方式，该项目被命名为金牛座汽车项目小组。图5-3和图5-4分别表示了福特公司传统的组织结构形式和金牛座汽车项目小组的组织结构形式。

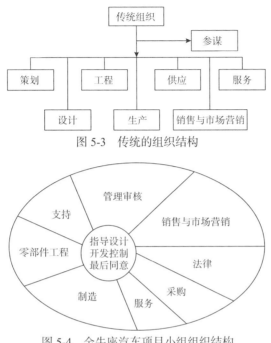

图 5-3 传统的组织结构

图 5-4 金牛座汽车项目小组组织结构

金牛座汽车项目小组包含了所有的与金牛座策划相关的职能部门，从而可以让所有这些部门同时策划而不是按照传统的职能型的组织结构按顺序进行，同时通过打破部门边界的方式扩大了项目的参与面。

4. 过程开发

在进行过程开发时，必须由供应商、项目各部门与顾客进行精确沟通。有些重要的信息通过语言就足以传递。然而，日益复杂和专业化的社会要求以更高的精度来沟通与质量有关的信息，因此福特金牛座汽车项目小组将400多个原本以顾客的语言来表达的质量特征全部换为技术的、可测量的术语，如用度测量气温、用米测量距离、用分钟测量时间、用分贝测量噪声等。这个转换始终是质量策划过程中的一部分，并且由于在清单上的定性术语太多，这个转换变得越来越复杂。

在福特公司内部，由于金牛座汽车项目的过程开发综合程度较高，牵扯范围较广，为确保工厂员工的意见在过程开发时就予以充分考虑，公司做了大量的工作，征求了所有来自生产现场和生产一线的职工意见。1400多项意见被识别和评价，并融进金牛座汽车设计中。对于外部的供应商，金牛座汽车项目小组采取了实质性的步骤来执行公司新的措施——与供应商建立合作伙伴关系。原型的零部件试验由生产零部件的供应商进行，提供高质量的零部件，并增加供应商使用技能优化生产过程的机会。

许多因素都确保了生产过程能够满足工程设计的目标。对于生产现有产品，许多具有很长历史和被广泛认可的能力被流传下来；联合策划对潜在能力存在的问题提供了早期报警，并且采取措施予以避免；对早期的完整的车型原型允许进行最后的优化设计；福特现存的统计处理控制系统和合格的供应商也确保了生产的过程能力。金牛座汽车项目小组的最优级概念使转换有了改进，这要归功于联合策划，小组的协作和管理者、工程师的全过程参与。

5.5.3　市场反响与后续发展

金牛座在市场上获得了令人瞩目的成功，使福特公司的获利能力在美国生产者中达到最高。"你不会再为拥有一辆美国品牌的家庭轿车而感到羞愧。"——再挑剔的北美的评论都发布了类似的感慨。

1. 北美三大畅销汽车

金牛座的辉煌延续的时间太短，从20世纪90年代初期开始，本田雅阁、丰田佳美开始奋起反击，20世纪90年代初期推出的新款雅阁变得更大气，动力也更强劲；丰田佳美开始模仿金牛座流行的曲面造型风格，三款车型的竞争在20世纪90年代初期开始变得非常激烈。

借助于准确的市场定位和高质量的质量策划，金牛座汽车在性能方面具有很强的竞争力，在其推出的前几年一直占据美国销售量第一位，本田雅阁排在第二，后来本田雅阁展开凌厉攻势，把金牛座挤到第二。1997年以后，以前处于销售量第三的丰田推出了性能更高、价格更低的97款佳美，直捣过去由金牛座和本田雅阁汽车霸居的宝座。北美三大畅销汽车对比如表5-1所示。

表 5-1　北美三大畅销汽车对比

车名	性能				价格/美元
	发动机/马力	0~97公里/小时	市区百公里油耗/升	设计舒适性	
福特金牛座	200	8.2秒	11.2	设计新潮，革命性的流线型造型，内饰大量采用椭圆形结构	21 610
本田雅阁	170	8.8秒	12.4	内饰设计，采用方形圆角，缺乏特色	22 500
丰田佳美	194	8.7秒	10.7	噪声震动小，内饰更人性化，驾驶舒适感强	17 000

资料来源：欧是（1984）

2. 金牛座的后续发展

在2000年，福特公司对金牛座汽车进行了重新的设计，加入了很多保守的元素，大大缩减了其初始的椭圆形的设计成本；通过一系列的技术革新，大大降低了金牛座的制造成本，从而提高了金牛座的市场竞争力。重新设计后，金牛座汽车在北美轿车市场依旧能够占据一席之地，2003年美国汽车市场前十名如表5-2所示。

表 5-2　2003 年美国汽车市场前十名

名次	车型	销量/辆
1	福特 F 系列	845 586
2	雪佛兰 Silverado 皮卡	684 302
3	道奇公羊皮卡	449 371
4	丰田佳美	413 296
5	本田雅阁	397 750
6	福特探险家	373 118
7	福特金牛座	300 496
8	本田思域	299 672
9	雪佛兰 Impala	267 882
10	雪佛兰开拓者	261 334

资料来源: 邝蕾（2004）

　　由表5-2我们可以看出，福特金牛座汽车在与丰田佳美和本田雅阁的较量中很快就败下阵来，主要原因还是福特在进行质量策划时选择了错误的战略目标，其将公司的战略转型倾向于利润更丰厚的皮卡和 SUV（sport utility vehicle，运动型多功能汽车）市场，福特金牛座开始被逐渐遗弃。20世纪90年代开始，通用、福特和克莱斯勒被皮卡和 SUV 的巨大利润诱惑，几乎放弃了中型车和小型车的研发，短期的利润刺激战胜了长远的大局，令人讽刺的是，利润来得快消失得同样迅速。

　　到2006年，金牛座汽车的销量出现了巨大的下滑，汽车设计不够新颖，难以开展有效的质量策划。鉴于金牛座不断下降的支持率和顾客需求的转变，福特公司决定暂停金牛座汽车的生产。尽管在2008年福特公司重新意识到轿车市场的重要性，并对金牛座汽车进行了重新再设计，但是顾客对日系车质量好、价格低、安全性好的认知已经形成，而且金牛座汽车缺乏强大的市场竞争力和高质量的质量策划，轿车战略的发展困难重重，金牛座难以重现往日的辉煌。

　　显而易见，福特金牛座汽车能够在其最初推出市场时取得巨大的成功，离不开其富有创新的质量策划方法的支持，而其后来的衰落也是福特公司在制定质量策划中的战略目标时出现偏差所致。因此，质量策划在公司的发展工程中具有重要的意义，一个好的质量策划能够为公司在未来的市场竞争中取得极大的竞争优势，在竞争日益激烈的当今市场，各组织都应当从福特金牛座汽车质量策划中吸取教训，不断完善和强化组织的质量策划能力，从而使组织在市场竞争中占领先机。

 研讨

　　（1）金牛座汽车质量策划的战略目标是如何确定的？

　　（2）金牛座汽车质量策划取得成功的主要因素有哪些？

　　（3）你认为金牛座汽车后续衰落的原因有哪些？

（4）从该案例我们可以得到哪些关于质量策划的启示，并结合自身经历谈谈对质量策划的认识。

➤ 本章小结

质量策划是质量管理的首要职能，是质量管理的一部分，致力于制定质量目标并规定必要的运行过程和相关资源以实现质量目标。质量策划结果对后续的质量保证、质量评价、质量控制、质量改进等质量管理活动产生深远影响。对一个特定组织而言，尽管不同层次、不同类型、不同对象的质量策划的目的存在明显差异，但是，更好地贯彻质量方针和实现质量目标通常是组织开展各类质量策划工作的目标之所在。质量策划需要遵循层次性、系统性、可考核性、可操作性、权变性等基本原则，通常包括设定质量目标、确定达到目标的途径、确定相关的职责和权限、确定所需资源、确定实现目标的方法和工具、制定考核形式与时间节点、输出质量计划文件等核心环节。选用合适的方法与工具对于质量策划工作非常重要，本章只是列举了一些常用的质量策划的方法和工具，更多的方法和工具依然有待于读者从其他相关书籍和论著学习及应用。

📖 进一步阅读文献

邝蕾. 2004. 日本车威胁美国. 招商周刊，(8)：34.

欧是. 1984. 形势严峻的日本汽车业. 文史哲，(2)：97-103.

谭洪华. 2017. 五大质量工具详解及运用案例. 北京：中华工商联合出版社.

王海军. 2019. 产品质量先期策划(APQP)实用指南. 北京：机械工业出版社.

朱兰 J M. 1999. 朱兰论质量策划—产品与服务质量策划的新步骤. 杨文士，等译. 北京：清华大学出版社.

 思考题

1. 什么是质量策划？质量策划有哪些分类方法？

2. 为什么要进行质量策划？请举例说明。

3. 在开展质量策划工作时，应遵循哪些原则？

4. 质量策划的依据有哪些？请简要论述质量方针、质量目标与质量策划之间的内在联系。

5. 开展质量策划活动时，有哪些基本要求？

6. 不同层次的质量策划工作之间有哪些不同之处？请举例说明。

7. 简述质量策划的工作内容与一般过程。

8. 简述质量标杆法的基本原理。质量策划中应用这种方法应注意哪些事项？

9. 什么是先期产品质量策划法？简述实施先期产品质量策划法的基本步骤。

第6章

质量评价

导读

质量评价,源自质量审核,其评价结果是质量保证、质量控制、质量改进等质量管理活动的重要依据。从发展历程上看,质量评价依次经历了质量审核、质量奖评价、支持改进的质量评价(quality evaluation to support quality improvement, QESQI)等三个阶段。上述三类质量评价活动的目标、准则、对象、重点及其内在联系,将是本章重点讨论的内容。通过本章的学习,要求掌握质量评价的概念、构成要素、分类与原则,理解质量审核的内涵,熟悉三类质量审核的差异,了解质量审核的相关方与工作程序,掌握支持改进的质量评价的内涵、特点、目标与思路,熟悉质量奖评价的目的、准则与趋势,了解质量评价理论与实践的发展趋势。

6.1 质量评价概述

6.1.1 质量评价的内涵与特点

1. 质量评价的内涵

评价是审核的发展,研究质量评价应从理解质量审核开始。审核就是公司为达到预定目标,根据事先制定的规则或标准,通过审查和测量,从统计样本中推断出所有受审活动的结论。最早的审核用于财务方面,即对财务账目进行定期检查并做出调整和最终解释的活动。审核有四个特点:①具有一组规则或绩效标准;②应用一组评价和测量准则;③执行主体为第三方;④对结论进行审查。所以审核可以扩展到由规则控制的所有活动。因此,审核的概念又被应用到质量管理领域,产生了质量审核。总体来讲,质量审核可分为三种类型,即产品审核、过程审核和体系审核。在质量管理相关理论的发展过程中,对审核的精确性提出了更高的要求,从而催生了质量评价概念的产生,推动了质量评价指标体系在各领域内的应用。

根据质量评价的概念发展历程，本章对质量评价给出如下定义：质量评价是为达到特定目的，评价主体采用相应的标准与方法评判特定对象（如组织的质量体系、过程或产品）的一组固有特性并得出评价结果的过程。具体地，质量评价的对象是产品、过程或组织质量体系的一组固有特性；评价主体一般由顾客、组织方评估团队和第三方专业评价机构组成；评价标准是根据评价目的，反映评价对象一组固有特性的量表；评价结果可以包括评价对象是否满足要求、与标准的比较结果、存在问题与改进建议等。

2. 质量评价的特点

总的来说，质量评价具有以下几个特点。

（1）独立性。独立性指执行评价的机构和人员具有独立性，依据评价准则进行客观的评价，得出客观的结论，而不应该掺杂任何主观意愿或主观臆想，更不能根据主观想象得出结论。

（2）客观性。评价应采用客观标准、客观证据，其中客观证据即指那些支持事物存在或其真实性的数据，用来确保评价结果的客观性。

（3）一致性。这里所说的一致性具有两个层次的内容，首先是指评价标准的一致性，也就是说彼此独立的评价人员采用同一标准进行评价，得到的结论才具有可比性；其次是指评价结论的一致性，即由彼此独立的评价人员对同一对象评价，得到的结论是相似的。

（4）系统性。质量评价是一个系统的过程，为了实现评价目标，需要应用系统方法，识别、理解和管理评价活动的相互关联过程。

6.1.2　质量评价的目标与准则

1. 质量评价的目标

纵观质量评价的理论发展历程及其在各具体领域的实践经验，可以将质量评价的主要目标总结为以下三个方面：①保证产品、过程或质量管理体系符合质量要求，以取得顾客信任；②发现优势，树立典范，并引导组织追求卓越。③发现弱点，诊断原因，提出改进建议。

需要指出的是，以上三个方面的质量评价目标并不是相互独立的。首先，质量保证与取信顾客目标应当是质量评价的基础目标。以19世纪末泰勒科学管理思想为开端，质量概念经历了从"符合性质量观"到"适用性质量观"再到"顾客满意质量观""卓越质量观"的演化过程。对于各阶段质量观，质量保证无疑是基本要求，是过去、现在和将来都不可或缺的部分，也是企业立足市场的准则，因此它也应将其作为质量评价的基础目标。其次，支持改进目标是展示优秀目标的发展和递进。若要改进，必须测量和评价，因此支持改进质量评价将不可避免地参考和借鉴展示优秀质量评价的相关模型及方法。从质量评价相关方法的发展情况来看，两者间也存在一定的递进关系。

2. 质量评价的准则

质量评价准则是用于与评价证据进行比较的依据。对于不同的评价目的，其评价准则也是不同的。例如，第一方评价的准则可以包含组织的全部质量体系文件，因为组织的质量体系文件均是经过批准后正式发布的组织法规；第二方审核的准则可能是合同及其附件；而第三方质量体系认证的准则，只能是相关国际权威标准及程序（如 ISO 9000等）。

6.1.3 质量评价的对象与重点

质量评价的对象包括产品、过程和质量管理体系，在理论和实践的发展中逐渐形成了三种不同的质量评价类型，即产品质量评价、过程质量评价与体系质量评价，并在各方面表现出一定差异性。

1. 产品

以产品为对象的质量评价称为产品质量评价，是指从顾客的观点出发，对已经加工完毕并通过检查和试验、等待发运的产品的质量进行抽样评价，以确定产品是否可以让顾客满意。产品质量评价需根据制定的产品质量标准进行。产品评价工作可由一个专门的机构来完成。在某些情况下可以在生产线的末端直接进行评价；在某些零部件同最终产品完全密封无法解体的情况下，评价工作也可以在某个加工区进行。对评价机构和地点的选择取决于对评价有效性和客观性的需求。

产品质量评价有以下作用。

（1）能及时地掌握产品质量水平和质量动态，研究并预计其发展趋势。

（2）对评价中暴露出来的有关设计、工艺、标准和检验等诸多方面的问题，能及时反馈信息，以便采取有效措施，改进和提高产品质量。

（3）发现产品质量缺陷并调研其产生原因，通过质量改进提高产品竞争力。

2. 过程

以过程为对象的质量评价称为过程质量评价，也称"工序质量评价"，是为了研究和改善过程质量控制状态，独立地、系统地、有计划地对过程控制计划的质量、实施效果进行评价的活动。过程质量评价的目的是研究和改善过程质量控制的现状，提高过程质量控制的有效性。过程质量评价着重于对关键过程质量控制的评价，而不单纯是评估能力及实物质量。

过程质量评价有以下作用。

（1）调查过程质量控制计划的实施情况与效果，对其指定的是否切合实际、导向作用如何等进行评价，明确是否需要采取纠正或改善措施。

（2）掌握过程影响因素的现状，了解因素变化与过程质量间的关系，实现更有效、更经济的控制。

（3）对关键过程进行质量评估，发现组织质量控制活动中的问题，进而不断改善过程控制方法。

3. 质量管理体系

以质量管理体系为对象的质量评价称为体系质量评价，它是企业本身或外部对企业实施质量体系（或其要素）能否有效地达到规定的质量目标和顾客的要求，所进行的有计划的、独立的、定期的评价活动。体系质量评价的目的是评价质量管理体系的运行情况和实施质量管理体系诸要素的有效性。这种有效性是以是否达到规定的质量目标、顾客对体系及在该体系运行的情况下生产出来的产品（或服务）是否满意来衡量的。体系质量评价既是组织内部的一项日常的、有计划的、定期的质量管理活动，也是组织外部对本组织质量保证能力的一种评估。通过质量体系评价，可以为被评价组织提供进一步改进质量体系的机会和依据。

表6-1对产品质量评价、过程质量评价和体系质量评价的主要区别进行了归纳。

表 6-1　不同对象的质量评价

比较项目	产品质量评价	过程质量评价	体系质量评价
对象	已检验入库或已进入流通领域的"最终"的产品	过程控制状况，影响过程质量的因素	质量管理体系各适用条款要求（要素）
目的	确保满足质量目标	评估各项活动及相关结果的有效性	检验体系实施是否达到规定质量目标
方式	从客户角度进行抽查与评定	定期或专题评价	定期/独立/正式的评定

6.1.4　质量评价的主体与分类

1. 质量评价的主体

本节中所描述的质量评价主体是指具体实施评价活动的组织或个人。从国内外质量评价工作的实践来看，质量评价的主体有三类：组织、顾客、第三方专业机构。

（1）组织。以组织为主体的质量评价也称为"第一方评价"，是组织或人员希望通过自己的评价人员进行内部质量评价，按照自己选定的质量体系或产品服务规范，对自己的质量体系、过程或产品与服务进行的评价。

（2）顾客。以顾客为主体的质量评价也称为"第二方评价"，是由组织的顾客或由其他人以顾客的名义进行的评价，注重双方签订的合同要求。评价的结果通常作为顾客决定购买的因素。

（3）第三方专业机构。以第三方专业机构为主体的质量评价也称为"第三方评价"，是与第一方和第二方无商业利益关系的，旨在考察某一组织质量体系是否对其所提供的产品或服务实施了质量管理控制的独立机构，如食品、医药、核能或其他管理机构和具有资质的专业机构。

2. 质量评价的分类

一般来说，按照评价主体来划分，质量评价可分为第一方评价、第二方评价和第三方评价。对于这三类质量评价的具体含义，可参考上文中的内容，在此不再赘述。

（1）按照组织边界来划分，质量评价可以分为内部质量评价和外部质量评价。其中，第一方评价属于内部质量评价；第二方评价和第三方评价属于外部质量评价。

（2）按照评价对象来划分，质量评价可以分为产品质量评价、过程质量评价和体系质量评价。

（3）按照评价方法来划分，质量评价可以分为定性质量评价、定量质量评价、定性与定量相结合的质量评价。

（4）按照评价目的划分，质量评价可以分为取信顾客的质量评价、展示优秀的质量评价和支持改进的质量评价。

表6-2比较了各类质量评价在评价依据、评价主体、评价目的和评价范围方面的特点。

表 6-2 各类质量评价的比较

比较项目	内部质量评价	外部质量评价	
	第一方评价	第二方评价	第三方评价
评价依据	（1）组织质量管理体系文件 （2）合同要求 （3）法律法规 （4）标准	（1）合同要求 （2）标准 （3）法律法规 （4）供方质量管理体系文件	（1）标准（一般为国际认证标准）和法律法规 （2）受审方质量管理体系文件 （3）合同要求
评价主体	来自组织内部	顾客	独立第三方
评价目的	推动内部改进	选择、评定或控制供方	认证注册
评价范围	可扩大到所有内部管理要求	限于顾客关心的标准及要求	限于申请的产品及质量认证标准

6.2 审核

6.2.1 审核概述

审核是为了获得客观证据，并对其进行客观的评价，以确定满足审核准则的程度所进行的系统的、独立的、形成文件的过程，质量管理体系审核（简称体系审核）是质量奖评价和支持改进的质量评价的前提与基础。体系审核是评价主体通过文件审核与现场审核等方式，评判组织的质量管理体系是否满足质量标准（如行业标准、国家标准、国际标准），并为组织提供内部或外部质量保证的过程。体系审核的参与主体包括审核委托方、受审核方和审核员，当有多名审核员时，还会形成审核组。

从发展上可以将审核分为第一方审核、第二方审核和第三方审核三种。取信顾客的审核强调质量保证，其关注焦点在于证实质量要求已经或能够达到。对于不同的审核主体而言，其审核目标不尽相同，也具有不同的审核范围：第一方审核的目标主要是内部质量保证，第二方审核的目标主要是外部质量保证，第三方审核的目标主要是获得体系认证。

6.2.2 第一方审核

为了证实通过体系产生预计结果的真实能力，需要周期性地对质量体系进行检查和评价。一般由质量部门代表高层管理者负责对质量体系组织与实施审核。由于这种类型的评价由公司自己完成，所以称为第一方审核。

第一方审核应由组织按照审核或评价的基本要求和自身特点制定，其流程应简明可行，严格完成，闭环运转。一般情况下，应有以下具体步骤。

（1）审核策划。应按照相关规定，制订定期审核方案。对于每次的具体审核活动，由管理者授权成立审核小组，由审核组长制订审核活动计划，准备工作文件，由相关主管部门进行通知。工作文件的准备主要是指审核所依据的标准和文件、现场评价记录等。标准和文件必须是有效版本，且已在现场付诸实施。

（2）审核实施。以首次会议开始现场评价。审核员运用各种审核方法和技术，收集证据，得到审核发现，进行分析判断，开具不合格项报告，并以末次会议结束现场评价。审核组长应实施评价的全过程控制。

（3）审核报告。现场审核结束后，应提交审核报告。工作内容包括审核报告的编制、批准、分发、归档、考核奖惩，纠正、预防和改进措施的提出，确定并明确分步实施的要求。

（4）跟踪审核。应加强对审核后的区域、过程实施及纠正措施情况的跟踪，并在紧接着的下一次审核时，对措施的实施情况及效果进行复查审核，将审核结果写入报告，实现审核的闭环管理。

6.2.3 第二方审核

随着质量管理的不断深入和质量环概念的产生，人们意识到仅靠企业自己的质量管理体系无法实现对质量的全面保证，供应商质量保证也是质量形成中的重要环节。因此，那些对供应商依赖程度高的企业开始逐步将质量保证和管理程序扩展到组织边界外围，要求供应商的质量管理体系能遵照客户的标准或双方认同的标准，这就出现了第二方审核。这种方式是由客户对供方是否满足自己或双方认同的标准实施审核，目的是使客户相信供应方能够达到客户所要求的质量水平。波音公司的 D1-9000标准就属于第二方审核。

第二方审核相比第一方审核和第三方审核，具有更加明确的目的。质量管理体系改进和完善的根本目的是更好地保证和提高产品质量，它符合使用方作为首要受益者的期望。第二方审核能够更好地体现使用方的利益，与其他类型的质量审核相比，在产品质量、服务质量、过程质量和质量管理体系的要求方面具有更加明确的目的。

6.2.4 第三方审核

内部质量审核和第二方审核在20世纪60年代和20世纪70年代比较盛行。但是，第二方审核的发展，给供应商和顾客都带来了许多问题：一方面，由于单个供应商拥有许多顾客，每个供应商必须满足不同顾客的标准，顾客需求的差异化对质量评价的普适性提出了更高的要求；另一方面，单个顾客可能对应若干供应商，必须为所有供应商提供一套质量管理体系，然后逐一审查，显然很不经济。因此，需要制定统一的外部质量保证标准。这种标准首先在技术领域建立，随后扩展到在其他层次上的标准。1987年，质量体系的国际标准——ISO 9000国际质量标准发布，在很大程度上规范了质量审核的工作内容和基本流程，同时为减少多重审核这种多余的非增值活动提供了一个途径，提高了审核的效率，第三方审核由此产生，即通常意义上的"认证体系"。这种制度是由一个第三方的组织来对供方组织进行正式的审核，以评估其对于相应的质量体系标准的符合性。这种第三方组织即为通常意义上的"认证机构"或"注册机构"。当供方组织被判断为具有完全的符合性时，第三方组织就会向供方组织颁发证书，并将该组织的质量管理体系注册在一个能够公开获得的登记表上。为了保持自身的注册地位，供方组织必须通过由注册机构定期进行的监督审核，通常每半年进行一次。为了确保注册机构的能力和客观性，世界上普遍建立了注册机构的认可制度，并由认可机构来审核注册机构是否符合认证机构运营的标准国际指南。

图6-1描绘了第三方认证组织在美国的认可和注册流程。图6-1中的三个纵向列描述了注册机构认可委员会在三个领域中的活动，即对于注册机构的认可、对于希望成为审核员的个人认证，以及对于培训课程的认可。

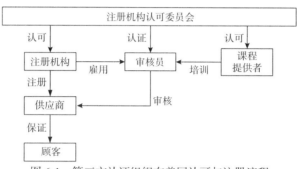

图 6-1　第三方认证组织在美国认可与注册流程

6.3　质量奖评价

6.3.1　质量奖评价概述

质量奖评价又称"展示优秀的质量评价"，是对组织的全面质量管理与绩效的综合评价，评价的主要侧重点在于发现成功、反映优势、树立典范，并将被评为最佳企业的经验加以推广，引导企业追求卓越。质量奖评价目标在于鼓励企业以获奖组织为标杆，不断提高过程、产品、体系的质量水平，这也是该类质量评价区别于其他类型质量评价的重要特征。

质量保证是企业应具有的基础，也是立足市场的准则，但并不等价于企业拥有取得竞争优势、赢得订单的"诱人质量"。因此，评价必须综合反映全面质量管理及其绩效，引导企业向世界级水平努力。质量奖评价就是在此意义上的评价。为引导本国企业追求卓越，大多数国家或地区都设立了适合自己国情的质量奖评价，如1951年日本设立了戴明奖，1981年我国设立了国家质量管理奖，1988年美国设立了马尔科姆·波多里奇国家质量奖（Malcolm Baldrige National Quality Award，MBNQA，简称波多里奇国家质量奖），1991年欧洲质量组织设立欧洲质量奖（European Quality Award，EQA，现为欧洲质量管理基金会卓越奖），1993年丹麦设立了丹麦质量奖。此外，澳大利亚、西班牙也设立了国家质量奖。各国质量奖的评价模型和评价准则一直在实践中修改和完善。目前，美国波多里奇国家质量奖、欧洲质量奖和日本戴明奖并称世界三大质量奖，是国际上最为著名、影响最大的质量奖项。

质量奖评价和第三方审核之间虽有共通之处，但依然存在显著差异，这里仅以 ISO 9000 标准作为第三方审核的代表进行对比。

（1）评价目的不同。质量奖评奖的目的有两个：一是选拔代表质量管理最高成就的少数典范；二是为希望实现最高绩效水平的组织提供准则和指南。第三方审核的目的在于判断企业质量管理体系是否达到国际通用标准，主要聚焦于供方组织中最直接影响产品质量的有关职能，期望得到绝大多数供方组织的实施，从而最终促进企业及国际的贸易活动。

（2）审查范围不同、深度不同。第三方审核是符合性标准，着重于发现现有的质量管理体系与标准之间的不符合项，覆盖的范围与各质量奖相比要小得多。

（3）强调的重点不同。第三方审核强调过程的展开和实施，即强调质量形成过程的重要性；而质量奖则还需要评价和比较实施效果的优良程度，即强调质量最终结果（包括产品质量、顾客满意等）的重要性，特别是企业的经营效果。

（4）社会责任方面。企业社会责任是企业全球化进程中无法回避的使命，作为一种国际普遍认同的理念，要求企业在创造利润、为股东利益负责的同时，还要承担对消费者、员工、社区、环境的责任。各质量奖在自己的评价标准中都不同程度地体现了组织在社会责任方面的表现，尤其是欧洲质量奖，而 ISO 9000 对此方面则少有考虑。

6.3.2　国内外评价标准之比较

世界三大质量奖评审所依据的标准，是众多世界卓越企业成功经验的总结，反映了当今组织管理实践的最前沿。这些质量奖项及其评审标准所代表的卓越绩效模式准则，为全球众多国家和地区开展质量奖评审工作提供了有益的借鉴。各质量奖虽然在评分标准上具有一定差异，但在发展趋势上则有共性。本节主要选取世界三大质量奖和中国的质量奖进行对比分析。

首先，各质量奖的评分项存在一定差异。其中中国全国质量奖（现为全国质量管理奖）与波多里奇国家质量奖的评分项最为相似，而戴明奖则与其他质量奖存在较大差异，详见表6-3。

表 6-3　各质量奖评分项比较

	中国全国质量奖	波多里奇国家质量奖	欧洲质量奖	戴明奖
评分项	（1）领导 （2）战略 （3）顾客与市场 （4）资源 （5）过程管理 （6）测量、分析与改进 （7）结果	（1）领导 （2）战略策划 （3）顾客关注 （4）以员工为本 （5）运营关注 （6）测量、分析和知识管理 （7）结果	（1）领导作用 （2）方针和战略 （3）人员 （4）合作伙伴与资源 （5）过程、产品和服务 （6）顾客结果 （7）人员结果 （8）社会结果 （9）经营绩效结果	（1）管理方针及展开 （2）新产品开发、工作过程改进 （3）维持与改善 （4）管理体系 （5）信息分析及信息技术运用 （6）人力资源开发
评分项总计	7	7	9	6

其次，各质量奖评分项的分值也存在差异。波多里奇国家质量奖与全国质量奖相比，结果类条款所占的比重更大，体现了波多里奇国家质量奖评价准则结果导向的特点。欧洲质量奖各评分项分值的分配较为平均，其中驱动因素类条款（包括领导，战略策划，人员，合作伙伴与资源，过程、产品和服务）分值所占比例为50%，结果类条款（包括人员结果、顾客结果、社会结果、关键结果）分值所占比例为50%。针对以上三个质量奖的比较结果见图6-2。戴明奖各评分项的分值分配也较为平均，总分为100分，对每个条款评价时，从有效性、一致性、持续性和彻底性四个角度进行。

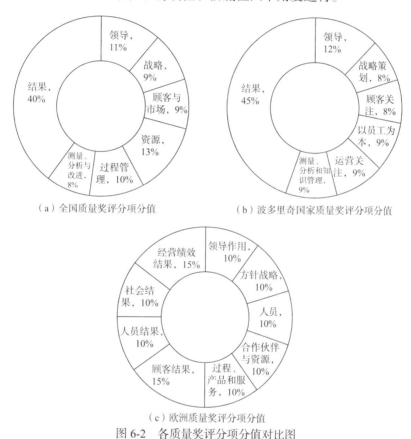

（a）全国质量奖评分项分值　　　　　　　（b）波多里奇国家质量奖评分项分值

（c）欧洲质量奖评分项分值

图6-2　各质量奖评分项分值对比图

这些奖项自设立以来，其评审标准不断进行修订，以帮助组织应对变化的环境，聚焦战略驱动的绩效，增强组织长期持续发展能力。纵观近几年三大质量奖和全国质量奖评审标准的修订情况，主要体现出以下几个方面的趋势。

（1）更突出准则基本理念与核心价值观的作用，并强化卓越绩效模式的系统性。

（2）突出强调对创新的关注。

（3）持续强化对顾客的关注。

（4）关注组织的可持续性，以及可持续性与社会责任的关系。

（5）关注组织应对复杂多变环境的敏捷性。

（6）关注识别、利用并发展组织的核心竞争力。

为了帮助企业提升质量管理绩效，积极申请质量奖，我国还专门研究制定了 GB/T 19580《卓越绩效评价准则》等国家标准和资料，供企业参考。

6.3.3 评价工作的一般流程

由于国内外质量奖评价流程相似，本节主要参考全国质量奖评价工作的基本流程，描述评价工作的一般流程，如图6-3所示。从质量奖评定启动到授奖表彰，中间共历经六个步骤。

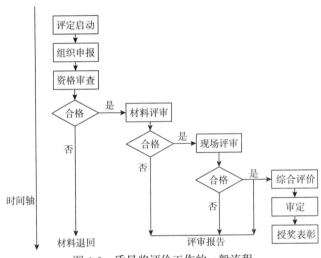

图 6-3 质量奖评价工作的一般流程

（1）组织申报。凡符合质量奖申报基本条件的组织，应根据自愿的原则，按照评审标准和填报要求填写相关申报表，对本组织经营质量管理业绩进行自我评价和说明。

（2）资格审查。对申报组织的基本条件、评价意见和材料的完整性进行审查。

（3）材料评审。组织评审专家对资格审查合格的组织进行材料评审，根据资料评审结果，按照优中选优的原则确定现场评审组织名单。经资料评审，未能进入现场评审的组织，评审专家组将针对组织的优势和不足，提供资料评审反馈报告。

（4）现场评审。组织评审专家组对资料评审后确定的组织进行现场评审。评审专家组给出现场评审意见并提出存在的问题，形成现场评审报告。

（5）综合评价。质量奖相关责任机构对申报组织资料评审、现场评审结果等进行综合分析，择优推荐，提出获奖组织推荐名单。

（6）审定。审定委员会听取评审工作报告，审定获奖组织。

在具体组织和实施现场评审工作时，其步骤主要包括提出评价需求、制订评价计划、组成评价小组、编制提纲、实施评价、撰写评价报告等，上述步骤可以概括为以下三个阶段。

（1）评价准备阶段。首先由评价委托方提出评价计划。其主要内容包括评价目标、评价范围、评价原则、应接受评价的组织边界及相关人员等。

（2）实施评价阶段。组成评价小组后，要建立评价小组与被评价方的联系，双方确认评价的范围和目的，澄清评价计划中不明确的内容，然后到被评价方处进行调查、取证活动。

（3）总结与提交阶段。根据获得的客观证据，编制评价报告，并将评价相关文件提交给委托方。

6.4 支持改进的质量评价

6.4.1 支持改进的质量评价概述

质量管理体系审核与质量奖评价虽然对组织质量改进具有一定的导向作用，但其作用有限，在某些方面具有局限性。就质量管理体系审核而言，审核中所发现的组织质量问题，经常会引发组织内部相关责任部门或个人间的责任推诿和工作关系紧张问题。而对于质量奖评价来说，其所遴选出来的标杆组织虽然具有卓越的质量管理模式，但其他类型的组织在借鉴、消化和吸收标杆组织经验时存在一定的困难，从而制约了评价成果对质量改进的导向作用。为此，需要有一种质量评价与质量改进相结合的评价方法，支持改进的质量评价就是在此背景下产生的。

支持改进的质量评价是在组织整个系统中借用评价方法发现弱点、诊断原因、提出改进建议的企业质量自我评价，属于自我诊断性评价。支持改进的质量评价涉及范围很广，可以灵活选择评价对象和层次，其评价目标主要是为了发现组织中的质量问题，诊断引起质量问题的根源，并提出质量改进的具体目标和思路。这种类型的质量评价可以分为全面质量管理活动的自我评价、以质量奖为基础的自我评价和面向过程改进的自我诊断性质量评价三种评价方法和模型。

由于第一、第二类支持改进的质量评价在如何改进的问题上比较薄弱，因此面向过程改进的质量评价成为相关领域研究的焦点，也是本节的重点内容。

6.4.2 全面质量管理活动的自我评价

全面质量管理活动的自我评价是在20世纪80年代发展起来的，如美国的以利润为中心的全面质量管理，通过将生产过程中与质量有关的各个部门联系起来，形成一个紧密的全面质量管理系统，以求获得最低的质量成本；日本的以质量改进为中心的全面质量管理，包括物、事和人的质量管理。由于全面质量管理活动的自我评价模型是一种表述性的模型，因此存在着难以定量化和规范化、不同企业或部门之间横向比较困难等弱点。

6.4.3 以质量奖为基础的自我评价

典型的以质量奖为基础的自我评价有美国的波多里奇国家质量奖自我评价、欧洲质量奖自我评价、中国全国质量奖自我评价，它们将全面质量管理的内容更加全面和科学地描述了出来，也将企业自我评价工作向前推进了一步。欧洲质量奖模型的评价从系统因素—过程—结果的因果关系链中分出9个"类"，既包括了全面质量管理的主要内容，又理顺了它们之间的因果关系,最贴近诊断思路。

6.4.4 面向过程改进的自我诊断性质量评价

面向过程改进的自我诊断性质量评价是对企业使命或目标及结果的评价、过程的评价、质量体系要素的评价及跨部门职能之间的综合评价与诊断。与质量奖评价相比,面向过程改进的自我诊断性质量评价具有以下显著特点。

(1)评价方法以反映公司使命的模型为基础。传统的评价只考虑实物产品和服务,而面向过程改进的自我诊断性质量评价超越了传统的质量评价范围,覆盖了公司和经营的各个方面。评价模型虽然借鉴了质量奖评价模型的主要内容,但所有的评价目标都超过了传统的质量界限,只有采用与质量奖评价不同的方法才能达到这些目标。这里的评价方法要以反映公司使命的模型为基础,这就要求管理人员反复分析目标,并对这些目标进行定义。在定义目标时,要将过程和系统因素结合起来,并面向使命和战略目标。评价模型要成为不同类型组织进行评价的共同基础。在非营利性组织的评价中,经营性目标应根据具体使命而定。

(2)评价方法与改进相结合。评价方法与改进相结合是所有自我评价模型的共同要求。但在实际中,质量奖评价总是趋向于识别强项而不是弱项(改进机会),这不符合诊断和改进的要求。而面向过程改进的自我诊断性质量评价方法是面向过程的自我评价,侧重于识别弱项及其产生的根本原因,这是区别于质量奖评价的一个显著特点。因为加权及总得分会淡化评价的真正目的——改进,所以模型中考虑的各"类"没有权重之分。若为了评价而评价,则每个公司可根据具体情况自己确定权重;如果用于与其他公司的比较,则采用统一的模型和权重。这里所说的改进具有两层含义:第一层含义是传统上的理解,即当绩效没有满足目标和期望时,为了发挥现有的能力,使之达到目标和期望所要求的水平而采取的行动;第二层含义是指在现有的能力上的进一步改善、提高,具有超越目标的含义。改进的第二层含义是不断改进和突破全面质量管理约束的根本。

(3)评价方法以结果为基础。结果与目标(或期望)的差距或公司预期的绩效与现有绩效的差距是面向过程改进的自我诊断性质量评价的主要动力。它与质量奖明显不同,质量奖方法更多地侧重于以实际模型为基础而不是以结果为基础,在评价系统因素时考虑公司的方法和展开(即应用程序);在评价过程时考虑目标优势和相对竞争者的优势及结果的趋势。显然,评价者试图建立各种评价之间的关系,特别是原因和结果的关系,但由于这种方法是在一定的规范上进行,所以很难建立起这种关系。

(4)评价方法基于过程和诊断。这是面向过程改进的自我诊断性质量评价和诊断中最突出的特点,体现了这种评价方法与质量奖完全不同的特性。质量奖评价虽然有一定的诊断性,但不会很详细,其评价仅仅能检查申请报告和了解现场访问情况。

面向过程改进的自我诊断性质量评价和诊断路径是从结果开始寻找相关原因的,其因果关系模型如图6-4所示。图6-4中结果由两个过程产生(实际上,一个复杂的结果往往是更多个过程的输出,但在开始分析时,最好选择少数几个关键过程,忽略影响不大的过程),因果树的主干是过程,分枝是五类系统因素,再进一步细分可以扩展到第三级分枝,即各个要素,在此不具体展开。如果某个结果没有达到目标,根本原因可能在有关过程或系统因素中,也就是说,这些系统因素通过某些或所有过程影响最终结果。如果公司领导不力,在检验过程时就会直接发现问题,但在进一步分析详细的原因或根本原因时,可能发现这种问题存在于整个系统中。同样,如果公司采用的是职能型结构,最直接的原因可以在过程管理中找到,但深层原因仍是系统中存在的问题。

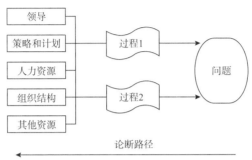

图 6-4 面向过程改进的自我诊断性质量评价与诊断路径(原因树)

6.5 案例研讨:网约车服务质量评价案例

网约车是目前在我国发展最为迅速的分享经济模式之一,但从出现至今就存在着一系列的问题与挑战,如网约车的服务质量问题、网约车的合法性和监管问题、与传统出租车行业的利益协调问题等。

根据中华人民共和国交通运输部发布的《网络预约出租汽车运营服务规范》,网络预约出租汽车运营服务被定义为企业以互联网技术为依托构建服务平台,并通过网络服务平台接受约车人预约请求,使用符合条件的车辆和驾驶员,提供不在道路上巡游揽客、站点候客的出租汽车运营服务。按照该定义,网约车是一种通过网络服务平台提供约车服务的模式。

服务质量评价是服务质量管理的条件,也是服务质量管理的信息基础,服务质量评价方法的开发主要是以服务质量形成机制为理论基础,如 SERVQUAL 模型。根据网约车的特性对 SERVQUAL 模型的有形性、可靠性、响应性、保证性和移情性5个维度及其22个小项指标进行分析,如表6-4所示。

表 6-4 修正的网约车 SERVQUAL 量表

纬度	小项	小项定义
有形性	有形性 1	车辆、系统、App(application,应用程序)性能卓越
	有形性 2	车内环境整洁、舒适
	有形性 3	司机衣着整洁、大方
	有形性 4	车辆的档次满足所提供的服务

续表

纬度	小项	小项定义
可靠性	可靠性 1	司机在承诺时间内将乘客送到目的地
	可靠性 2	乘客遇到困难时，司机表现出关心并帮助
	可靠性 3	平台或司机是可靠的
	可靠性 4	司机准时接送乘客
	可靠性 5	准确记录行车路线、时间等信息
响应性	响应性 1	司机告诉乘客确切的接送时间或到达时间
	响应性 2	司机迅速为乘客提供服务
	响应性 3	平台或司机总是愿意帮助乘客
	响应性 4	平台或司机不会因为太忙而无法及时响应乘客的需求
保证性	保证性 1	平台或司机是值得信赖的
	保证性 2	平台或司机提供的服务使乘客感到安全放心
	保证性 3	司机态度友好、举止礼貌
	保证性 4	员工或司机可以从平台得到足够的报酬，以更好地为乘客提供服务
移情性	移情性 1	平台为乘客提供个性化服务
	移情性 2	司机为乘客提供个性化服务
	移情性 3	平台或司机了解乘客的需求
	移情性 4	平台或司机重视乘客的利益
	移情性 5	平台或司机提供方便乘客的服务

资料来源：左文明和朱文锋（2018）

 研讨

（1）有哪些方法可以对以上评价维度进行定量描述？

（2）如何用 SERVQUAL 模型来解析2020年疫情防控期间的快递服务呢？

➤ **本章小结**

从发展历程上看，质量评价理论和实践的发展依次经历质量审核、质量奖评价、支持改进的质量评价三个阶段。质量审核是一种以质量保证为目的的质量评价活动，是目前最为常见的质量评价形式，也是其他两类质量评价活动的基础性工作；开展此类质量评价活动，有利于组织及其委托方验证质量活动及其结果是否满足合同的要求，满足对质量控制的需求。质量奖评价是一种以展示优秀为目的的质量评价活动，开展此类质量评价活动,有利于引导相关组织及其人员重视质量、学习行业标杆经验、改进质量水平。但是,上述两类质量评价,依然存在评价结果对组织的改进质量的导向作用不够明显的局限性,而支持改进的质量评价能很好地解决这个问题,真正实现评价与改进的有机结合,适用于在各类组织及人员等层面普遍推广。就现阶段质量评价的理论和实践发展来看,质量审核和质量奖评价相对比较成熟,而支持改进的质量评价的理论、方法和工具依然有待于进一步突破和探索。

进一步阅读文献

柴邦衡, 刘晓论. 2004. 质量审核. 北京:机械工业出版社.

卓德保, 徐济超. 2005. 面向过程改进的诊断性质量评价. 北京:机械工业出版社.

左文明, 朱文锋. 2018. 分享经济下基于 SERVQUAL 的网约车服务质量管理研究——以滴滴出行和优步为例. 管理案例研究与评论,11(4): 349-367.

思考题

1. 什么是质量评价? 质量评价有哪些特点?

2. 质量评价的对象有哪些?

3. 按照评价目的划分,质量评价可分为哪几类?

4. 文件审核与现场审核各有哪些优缺点?

5. 谈谈开展质量审核工作的难点有哪些? 如何突破这些难点?

6. 质量奖评价工作的一般流程是怎样的?

7. 世界三大质量奖的区别和共性是什么?

8. 什么是面向过程改进的自我诊断性质量评价? 该类质量评价有何特点?

9. 针对高校科研质量,可以建立怎样的评价体系? 怎样设计其评价流程?

10. 谈谈质量审核、质量奖评价和支持改进的质量评价之间的区别和联系。

第 *7* 章

质 量 控 制

导读

在过去很长的一段时间里，世界各国对质量控制一直存在多种理解和认识，目前国际标准化组织对这一术语的界定得到了质量管理界的认可。通过本章的学习，要求掌握质量控制的内涵、一般过程与基本内容，理解设置质量控制点的重点、注意事项和质量控制的一般过程，熟悉质量控制目标的具体分类和设定原则，掌握质量控制标准的制定依据、主要类别和形成过程，了解常用质量控制方法和工具的主要用途，并能用所学知识分析和解决实际的质量控制问题。

■ 7.1 质量控制概述

7.1.1 质量控制与质量控制点

自从20世纪早期出现"质量控制"这一质量术语以来，在很长的一段时间里，世界各国对其有多种理解和认识。目前，质量管理界比较公认的定义为：质量控制是质量管理的一部分，是致力于满足质量要求的活动。为了满足质量要求，需要监视质量形成过程及其相关质量体系要素，发现和消除引起不合格或不满意效果的因素。在企业领域，质量控制活动主要是企业内部的生产现场管理，它与是否有合同无关，是指为达到和保持质量而进行控制的技术措施及管理措施方面的活动。

在质量管理活动中，我们将那些需要重点控制的对象或实体称为质量控制点。一般说来，凡属下列情况的都应设定为质量控制点：对产品的适用性（性能、精度、寿命、可靠性、安全性等）有严重影响的关键特性、关键部件或重要影响因素；对工艺上有严格要求，对后续过程有严重影响的关键质量特性、部件；由于质量过程不稳定，出现不合格的项目；对用户反馈的重要不良项目；紧缺物资可能对生产安排产生重大影响的关键项目等。

设置质量控制点时应该注意以下几点：一是尽量要定量表达控制点的质量特性；二是要明确控制点的责任单位；三是要以产品的质量特性或过程的质量特性为控制对象；四是有计划、有目的地设置控制点；五是设置控制点还要突出重点管理的原则，一般说来，应当首先在主导产品、创优产品、出口产品、量大面广的产品上建立控制点。就一个重点产品来说，应首先对其关键零件，选择其关键过程的关键质量特性进行重点控制。

在设定质量控制点时，一般分为如下六个步骤：①结合有关质量体系文件，按质量环节明确关键环节和部位需要的特殊的质量特性及主导因素；②由设计、工艺和技术等部门确定本部门所负责的必须特殊管理的质量控制点，编制质量控制点明细表，并经批准后纳入质量体系文件中；③编制质量控制点流程图，并以此为依据设置质量控制点；④编制质量控制点作业指导书，包括工艺操作卡、自检表和操作指导书；⑤编制质量控制点管理办法；⑥正式纳入质量体系控制点，所编制的文件都要和质量体系文件相结合，并经过批准正式纳入质量体系中进行有效运转。

7.1.2　质量控制的一般过程

质量控制的关键是使所有质量过程和活动始终处于完全受控状态，事先应对受控状态进行安排，并在实施中进行监视和测量，一旦发现问题应及时采取相应措施，恢复受控状态，把过程输出的波动控制在允许的范围内。质量控制的基础是过程控制。无论是制造过程还是管理过程，都需要严格按照程序和规范进行。控制好每个过程特别是关键过程，是达到质量要求的保障。

质量控制通常包括以下六个主要环节。

（1）制定质量控制操作规程。根据国家、地方和行业的质量标准及规定，结合本企业的实际情况，编制《质量控制操作规程》，报送主管领导审核、审批后下发各部门，各部门组织学习并且贯彻实施。质量控制操作规范的具体内容包括但是并不局限于：质量控制的组织管理及各部门质量控制人员职责；质量控制的实施流程及具体操作规范；质量工作各环节的质量目标与标准；质量控制的相关制度。

（2）编制质量控制计划。编制《质量控制计划》，作为企业质量控制工作方案及具体的实施依据。《质量控制计划》应包括的内容有以下几个方面：企业的质量控制目标；质量控制活动的职责和权限；质量控制工作过程中需采取的质量保证措施；出现问题的解决程序等。

（3）巡视与质量评估。在企业的运作过程中，各部门质量控制人员按照《质量控制操作规程》的规定对本部门各项工作实施监督与质量控制，确保各环节按照质量标准执行。各部门质量控制人员定期将《质量控制工作报告》以电子邮件的形式上交质量管理部质量控制主管，及时反馈质量管理状态、存在的质量问题等。质量管理部在各部门质量控制人员的配合下，定期进行现场质量巡视，并对企业质量控制的重要环节和关键环节的质量状况进行评审。质量评审的组织形式可采用会议或会签的方式进行，评审的具体内容参照各相关过程的程序文件执行。评审记录可以以《评审报告》或《会议纪要》的形式体现。

（4）质量问题分析。各部门在质量管理过程中，随时将出现的质量问题反馈给质量管理部或相关部门，质量管理部就评审中的质量问题进行讨论和分析。

（5）提出问题解决方案。经判断，若属于常规问题，由相关部门按照以前的处理方案进行处理。如果出现的问题不属于常规问题，则质量管理部组织相关部门讨论问题的解决方案，直到最终文案的确定与下发实施。

（6）质量控制信息汇总存档。质量控制过程中产生的相关资料、文件等由质量管理部收集、存档，为今后企业质量控制活动提供有效的信息，以便高效率地开展质量控制工作。

7.1.3　质量控制的基本内容

不同组织的组织目标、质量方针和质量目标等也不相同，其质量管理体系、质量形成过程和产品也不尽相同，使得它们的质量控制内容也各有侧重。尽管存在上述差异，但是对任何组织而言，质量控制的内容均可以从产品、过程和质量管理体系要素的角度加以区分。

产品是过程的结果，通常可以分为服务、软件、硬件、流程性材料等产品类别。不同类型产品由于属性和表现形式不同，其质量控制内容也存在明显差异。服务和软件通常都是无形的，其质量控制重点可以从顾客消费和使用这些产品的实际反馈结果中加以发现，尤其要重视顾客或组织内部成员提出的引起产品不合格或缺陷的关联过程和质量管理体系要素，通常可以通过增强生产或提供产品的规范、方法、程序和流程的适用性及执行力，来预防和纠正可能产生的产品质量问题。硬件和流程性材料通常是有形产品，其质量水平通常是可以通过相应的指标、方法和工具加以测量的，其质量控制重点是发现纠正不合格或缺陷。在现实生活中，组织提供的许多产品由不同类别的产品构成，服务、软件、硬件或流程性材料的区分取决于其主导成分，如外供产品"汽车"是由硬件（如轮胎）、流程性材料（如燃料、冷却液）、软件（如发动机控制软件、驾驶员手册）和服务（如销售人员所做的操作说明）所组成。对这种复合型的产品的质量控制，在确定质量控制重点内容时，通常可以按具体构成成分性质和属性差异分解为子类产品，运用系统的视角，分类控制产品及其子类产品的质量水平。新时代数据质量已经成为质量控制的热点，是一个新的探索领域。

过程是一组将输入转化为输出的相互关联或相互作用的活动，一个过程的输入通常是其他过程的输出。按过程的输出结果是否可以验证区分，过程一般可以分为两类，一类是输出结果是否合格且能经济地进行验证的过程，可以称之为普通过程；另一类是输出结果是否合格不易或不能经济地进行验证的过程，通常称之为特殊过程。尽管组织为了增值通常对过程进行策划并使其在受控条件下运行，但是对上述两类过程进行控制时，其质量控制的侧重点是不同的。一般说来，对普通过程的质量控制可以重点关注相关技术和管理活动的规范性、可靠性、适应性和适宜性，对特殊过程的质量控制则重点关注与这些过程相关的关键质量管理体系要素是否处于受控状态。总体而言，无论是哪种类型的过程，预防、发现、诊断和纠正组织的各类过程的异常波动并使其始终处于受控状态一直是组织的过程质量控制的核心工作。

质量管理体系要素主要包括组织质量的管理队伍、质量发展战略和质量计划、组织结构、组织资源等方面。其中，质量控制重点主要反映在以下几个方面：一是组织各层次质量管理队伍的素质、能力和绩效水平；二是质量发展战略和质量计划对实现组织总体战略与规划的支持力度，以及对具体质量活动的适用程度和指导作用；三是组织的人力资源、财务资源、物料和设备资源、信息资源、设施资源、软环境条件、测试方法和计量工具等各类资源要素配置的合理性、有效性和效率。对任何一个组织而言，质量管理队伍是组织的质量要素的集成者和调配者，选拔和任用合适的质量领域的领导队伍始终是确保质量管理体系要素资源有效运作的关键之所在，预防和撤换能力及素质不合格的质量管理人员是组织质量控制工作顺利开展的前提和基础。

组织的产品、过程和质量管理体系要素之间是相互联系并具有内在的因果关系的，组织在确定其质量控制工作内容时需要坚持联系的观点和系统的观点。此外，从产品质量形成过程来看，组织质量控制主要涉及产品设计、产品生产、产品提供和售后服务等诸多环节，其核心工作内容在于及时发现和分析与上述环节相关的产品（包括中间产品）、过程和质量管理体系要素的异常波动，并采取必要措施预防和纠正不合格和缺陷。

■ 7.2 质量控制目标与标准

7.2.1 质量控制目标

质量控制目标是指受控对象需要达到的绩效水平。按目标的描述情况区分，质量控制目标可以分为定量目标和定性目标。定量的质量控制目标，通常是组织的定量质量目标具体化的结果，是指能够通过定量方法加以精确描述的质量控制的绩效指标，如产品的合格率、技术性能指标等。定性的质量控制目标，通常是组织的定性质量目标具体化的结果，是指通过文字方式加以定性描述的质量控制的绩效状态，如舒适、灵敏、操作方便等。有些定性的质量控制目标可以通过一定的方法和手段将其定量化，进而转化为定量的质量控制目标。质量控制目标无论是定量的，还是定性的，其根本出发点都是为了更好地满足组织内外顾客的需要和期望。质量控制目标一般可以细化为产品控制目标、过程控制目标、质量管理体系控制目标等三类。

质量控制的目标针对部门或个人，这些目标所衡量的绩效结果成为公司建立奖惩制度的根据。制定质量控制的目标应该遵循如下原则。①正当性：它们应该具有不容置疑的正式地位，可以作为奖惩制度指定的依据。②可测性：目标应该是可以测量和评价的，这样有利于有效沟通和控制。③可达性：目标应该是可以达到的或是有事实表明曾经有人达到过。过高的目标会使员工失去士气，不利于企业文化的建设和绩效的提高。④公平性：对于职责相当的人员，目标应该具有大致相同的可达性。

7.2.2 质量控制标准的分类

设定质量控制标准，为组织发现和纠正质量偏差提供了衡量标准，也为组织达到顾客的各种要求提供了客观依据。质量控制标准的表现形式多种多样，按照不同的依据进行划分，有不同的表现形式。

按照业务内容进行划分，质量控制标准可以分为技术标准和管理标准。

（1）技术标准。技术标准是对技术活动中需要统一协调的事物制定的技术准则。技术标准又可分解为基础标准、产品标准和方法标准。基础标准是标准化工作的基础，是制定产品标准和其他标准的依据，常用的基础标准主要有通用科学技术语言标准、精度与互换性标准、结构要素标准、实现产品系列化和保证配套关系的标准、材料方面的标准等。产品标准是指对产品质量和规格等方面所做的统一规定，是衡量产品质量的依据，一般包括产品的类型、品种和结构形式，产品的主要技术性能指标，产品的包装、贮运、保管规则，产品的操作说明等。方法标准是指以提高工作效率和保证工作质量为目的，对生产经营活动中的主要工作程序、操作规则和方法所做的统一规定，主要包括检查和评定产品质量的方法标准、统一的作业程序标准和各种业务工作程序标准或要求等。

（2）管理标准。管理标准是指为了达到质量的目标，而对企业中重复出现的管理工作所规定的行动准则。它是企业组织和管理生产经营活动的依据及手段。管理标准一般包括以下四类。一是生产经营工作标准，它是对生产经营活动的具体工作的工作程序、办事守则、职责范围、控制方法等的具体规定。二是管理业务标准，它是对企业各管理部门的各种管理业务工作要求的具体规定。三是技术管理标准，它是为有效地进行技术管理活动，推动企业技术进步而做出的必须遵守的准则。四是经济管理标准，它是指对企业的各种经济管理活动进行协调处理所做出的各种工作准则或要求。

按照适用范围和领域划分，质量控制标准又可以分为国际标准、国家标准、行业标准（或部颁标准）和企业标准等。

（1）国际标准是指国际标准化组织、国际电工委员会及其他国际组织所制定的标准。

（2）国家标准是对需要在全国范围内统一的技术要求，由国务院标准化行政主管部门制订的标准。1988年，我国将国际标准化组织在1987年发布的《质量管理和质量保证标准》等国际标准仿效采用为我国国家标准，编号为 GB/T 10300 系列。它在编写格式、技术内容上与国际标准有较大的差别。从1993年1月1日起，我国实施等同采用 ISO 9000 系列标准，编号为 GB/T 19000-ISO 9000 系列，其技术内容和编写方法与 ISO 9000 系列相同，使产品质量标准与国际同轨。目前，我国采用的是等同于现行的国际标准 ISO 9000：2015、ISO 9001：2015和 ISO 9004：2018，国家标准为 GB/T 19000—2016、GB/T 19001—2016和 GB/T 19004—2020。

（3）行业标准又称为部颁标准，由国务院有关行政主管部门制定并报国务院标准行政主管部门备案，在公布国家标准之后，该项行业标准即行废止。当某些产品没有国家标准而又需要在全国某个行业范围内有统一的技术要求时，就可以制定行业标准。

（4）企业标准主要是在企业生产的产品没有国家标准和行业标准时，制定企业标准作为组织生产的依据。企业的产品标准须报当地政府标准化行政主管部门和有关行政主管部门备案。已有国家标准或者行业标准的，国家鼓励企业制定严于国家标准或者行业标准的企业标准，企业标准只能在企业内部适用。

7.2.3　质量控制标准的制定和完善

质量目标是质量方针在组织各层次具体展开的结果，也是制定组织质量控制目标的基础。通常而言，质量控制标准是根据质量方针、质量目标和质量控制目标而制定的。质量控制标准的制定和完善一般包括以下几个主要环节。

（1）拟定质量控制标准草案。质量管理部成立质量控制标准编写小组，负责企业质量标准的编写工作。在此过程中质量控制标准编写小组收集国内外、地方、行业等的相关质量标准与规定，并选取本企业的相关资料、文件、规定等，企业各相关部门也提供有关部门质量管理的相关文件资料。编写小组根据收集汇总的资料文件，组织编写本企业质量标准文件，形成质量控制标准文件草案。

（2）形成质量控制标准文件。在质量控制标准文件草案编制完成后，编写小组根据有关领导的建议、意见及企业质量管理的实际情况，对草案进行补充完善，最终形成《质量控制标准文件》。《质量控制标准文件》的内容应包括但不限于以下项目：原料质量控制、辅料质量标准、半成品质量标准、成品质量标准、包装材料质量控制、工艺质量标准、制造质量标准。

（3）下发执行质量控制标准文件。《质量控制标准文件》形成后，根据企业质量管理审批程序规定，上报质量管理部经理、主管副总、总经理等相关领导审核、审批。之后，质量管理部负责发送至各相关部门，企业实行标准化作业管理，以保证企业产品质量。

（4）质量控制标准修正与调整。在实施质量控制标准过程中，会遇到许多问题，如制定标准人员对于目标认识不明确，标准不适合实际应用，标准设计过高或者过低等，这些问题都会影响产品的质量、企业的绩效、员工的士气等。因此，质量控制修正与调整过程不可或缺。质量标准由质量管理部门审核之后，必须在各个相关部门实际应用，并且及时获得相关部门领导和员工的反馈，然后进行修正，以期适应各个部门的工作流程。这是一个循环的过程，直到标准调整到最佳状态。

■ 7.3　质量控制的常用方法

7.3.1　质量控制方法概述

质量控制方法是保证产品质量并使产品质量不断提高的一种质量管理方法。它通过研究、分析产品质量数据的分布，揭示质量差异的规律，找出影响质量差异的原因，采取技术组织措施，消除或控制产生次品或不合格品的因素，使产品在生产的全过程中每一个环节都能正常地、理想地进行，最终使产品能够达到人们需要所具备的自然属性和特性，即产品的适用性、可靠性及经济性。目前常用的质量控制方法主要是日本在20世纪五六十年代开展质量管理活动中开发和总结出的工具和方法，统称"老七种方法"，以及20世纪80年代以后形成的"新七种方法"和一些新开发的方法。下文对其中部分常用的质量控制方法及其用途做简要阐述，相关原理将在后续章节进行详细介绍。

（1）检查表法。检查表又称调查表，统计分析表等。检查表是质量控制"老七种方法"中最简单也是使用最多的手法，主要用来系统地收集资料、积累信息、确认事实并对数据进行粗略的整理和分析。

（2）分层法。分层法又叫分类法，是分析影响质量（或其他问题）原因的方法。其办法是把收集来的数据按照不同的目的加以分类，把性质相同，在同一生产条件下收集的数据归在一起。这样，可使数据反映的事实更明显、更突出，便于找出问题，解决问题。

（3）因果图法。因果图是用于考虑并表示已知结果与其所有可能原因之间关系的一种图形工具。各种原因可归纳为类别原因和子原因，形成类似鱼骨的图样，所以因果图也称为鱼骨图。因果图可用于分析、表达因果关系，通过识别症状、分析原因、寻找解决问题的方法措施。

（4）排列图法。根据所搜集之数据，按不良原因、不良状况、不良发生位置等不同区分标准，以寻求占最大比率之原因、状况或位置的一种图形。排列图又叫柏拉图。

（5）直方图法。直方图是频数分布直方图的简称，它是用一系列宽度相等、高度不等的长方形来表示数据的图。长方形的宽度表示数据范围的间隔，长方形的高度表示在给定间隔内的数据数。直方图的作用是：显示质量波动的状态、直观地传递有关过程质量状况的信息，以便于掌握过程的状况。

（6）散布图法。分析质量事故时，我们总是希望能够找到造成质量事故的主要原因，但影响产品质量的因素往往有很多，有时我们只需要分析具体两个因素之间到底存在着什么关系。这时可将这两种因素有关的数据列出来，并用一系列点标在直角坐标系上，制作成图形，以观察两种因素之间的关系，这种图就称为散布图。

（7）控制图法。控制图又称管理图。控制图是对生产过程中产品质量状况进行实时控制的统计工具，是质量控制中最重要的方法。控制图的特点是引入了时间序列，通过观察样本点相关统计值是否在控制限内以判断过程是否受控，通过观察样本点排列是否随机从而及时发现异常。控制图在质量预防和过程控制能力方面大为改进。

（8）箭线图法。箭线图法，又称矢线图法，是网络图在质量管理中的应用。箭线图法是制订某项质量工作的最佳日程计划和有效地进行进度管理的一种方法，效率高，特别适合运用于工序繁多、复杂、衔接紧密的一次性生产项目上。

（9）关联图法。关联图法，是指用一系列的箭线来表示影响某一质量问题的各种因素之间的因果关系的连线图。关联图法是根据事物之间横向因果逻辑关系找出解决主要问题的最合适的方法。

（10）亲和图法。亲和图法针对某一问题广泛收集资料，按照资料近似程度，内在联系进行分类整理，抓住事物的本质，找出结论性的解决办法。这种方法是开拓思路、集中集体智慧的好办法，尤其针对未来和未知的问题，其可以进行不受限制的预见、构思，对质量管理方针计划的制订、新产品新工艺的开发决策和质量保证都有积极的意义。

（11）矩阵图法。矩阵图法就是从多维问题的事件中，找出成对的因素，排列成矩阵图，然后根据矩阵图来分析问题，确定关键点的方法，它是一种通过多因素综合思考，探索问题的好方法。在复杂的质量问题中，往往存在许多成对的质量因素，将这些成对因素找出来，分别排列成行和列，其交点就是其相互关联的程度，在此基础上再找出存在的问题及问题的形态，从而找到解决问题的思路。

（12）矩阵数据分析法。矩阵图上各元素间的关系如果能用数据定量化表示，就能更准确地整理和分析结果。这种可以用数据表示的矩阵图法，在新七种工具中，是唯一利用数据分析问题的方法，但其结果仍要以图形表示。

（13）过程决策程序图法（process decision program chart，PDPC）。过程决策程序图法是在制订计划阶段或进行系统设计时，事先预测可能发生的障碍（不理想事态或结果），从而设计出一系列对策措施以最大可能引向最终目标（达到理想结果）。该法可用于防止重大事故的发生，因此也称之为重大事故预测图法。

7.3.2 质量控制常用方法举例

近几十年来，现代的概念、方法和工具在质量控制中的不断正式采用，使得质量控制的有效性呈现出不断提高的趋势。质量控制中常用的方法与工具有系统图法、质量成本控制法、质量问题追溯法和四检法等。

1. 系统图法

系统图法，是指系统地分析并探求实现目标的最好手段的方法。在质量控制中，为了达到某种目的，就需要选择和考虑某一种手段；而为了采取这一手段，又需考虑它下一级的相应的手段。这样，上一级手段就成为下一级手段的行动目的。如此，把要达到的目的和所需要的手段，按照系统来展开，按照顺序来分解，画出图形，就能对问题有全面的认识。然后，从图形中找出问题的重点，提出实现预定目的的最理想途径。它是系统工程理论在质量管理中的一种具体运用。

系统图法主要用于以下几方面：①在新产品研制开发中，应用于设计方案的展开；②在质量保证活动中，应用于质量保证事项和工序质量分析事项的展开；③应用于目标、实施项目的展开；④应用于价值工程的功能分析的展开；⑤结合因果图，使之进一步系统化。

系统图法的绘制程序主要有以下几步。①确定目的和目标。具体地提出研究对象所要达到的最终目的和目标，尽可能用数据和简练的语言，醒目地记在卡片上，同时写明"为什么要达到此目的和目标"，对于为实现目的和目标的条件及注意事项也要简要注明，同时要根据更高一级的目的、目标来判定该目的、目标是否可行。②提出手段和措施。要召开"诸葛亮"会议，集思广益，提出实现目的的各种手段。③评价手段和措施，决定取舍。对找出的手段、措施是否得当进行评价，并进行取舍选择，决定下一步应保留和淘汰的东西。评价中可用一些符号来表示评价的结果，如 X 代表不可行，O 表示可行等。④绘制系统图。绘制系统图是最重要的一环。具体做法是：首先把程序"1"中确定的目的和目标置于图纸左端的中间，其次把为了达到的目的和目标与必要的手段和措施之间的关系联系起来，在联系的过程中要仔细考虑各因素之间的逻辑关系，一般要提出如下几个问题反问一下，为了达到确定的目的和目标首先应采用什么手段呢?如果把这种手段和措施作为目的，那么为了达此目的还需进一步采用怎样的手段呢？实施这些手段或其中一部分，是否真正达到高一级的手段或目的？⑤制订实施计划。根据对象制订实施计划，这时要使系统图中最低级的手段进一步具体化、精练化，并决定其实施内容、日程和承担的任务等事项。

2. 质量成本控制法

质量成本是指为提高产品质量而投入的企业资源。它是以质量标准为参照的一种投入，其投入以使产品质量指针上升为目的。在企业市场地位既定条件下，质量标准只能在一个额定的幅度内变动，过高或过低都将与企业既定的市场地位相背离。因此，在额定的幅度内，应是质量标准最高，而对应的质量成本最低，要达到这一目标，就必须对质量成本进行控制。

控制质量成本的主要方法有以下三个。①根据企业市场地位的需要，确定企业"质量标准"摆动最大允许幅度并以此为根据确定"质量成本"的理论之正常波动范围，使所有管理者都认清楚降低质量成本有什么样的数据参考，从而有的放矢地去进行管理作业。②在企业管理能力与技术能力的范围内，分析研究企业在保证质量标准的基础上降低质量成本的可能性与主要途径，督促管理人员去积极实施。③广泛而积极地开展企业的创新活动，也可以降低质量成本作为专项开展的创新活动，既取得降低质量成本的可能条件，又增加了全员的质量意识。

3. 质量问题追溯法

质量问题追溯是指对于企业经营有关的一切可能发生或已经发生的质量问题，就其产生的原因、产生的地点与范围、解决的方法与途径、解决后还应注意的主要问题进行的探讨与实践。质量问题追溯法，是指追溯质量问题应采取的思维形式和行为方式，也就是如何才能有效地符合工作程序、符合成本原则，其解决的具体行为即为所"追溯"的标准行为，也就是方法。任何企业都会或多或少地出现质量问题、质量事故，如果不进行追查及寻找解决方法，以后就有可能出现类似问题或更大的问题，最终给企业带来难以挽回的损失。

质量追溯的方法又可以分为如下六类常用的方法。①沿流上溯法。其是从质量问题产生的工段、工序、工种点或管理作业点沿既定作业流程的逆向上溯，逐个工种点、逐个工段、逐个作业点地盘查、清理，直到找到问题的发生源，并将清查过程的逐次影响因素记录在案，与发生源结合起来进行综合分析的一种方法。这是一种常规的、思路较清晰的，也是管理者容易接受的方法，其优点较为明显，缺点是工作量较大，管理成本较高。②顺流而下法。其是依生产流程或管理流程顺序而下，逐个作业点进行盘查，直到查清楚全部问题为止的一种方法。③随机抽查法。其是对待较复杂的复合型作业流程而采取的方法，其重要的原则之一就是随机样板要具有代表性，符合数理统计的随机性原则。④图上作业法。其是在全套流程图上根据质量问题的具体表现，如特征、性质、程度等估测可能发生问题的工序,根据估测资料针对性地对估测点进行检测的一种方法。⑤成品分析法。其是对出现的不合格成品进行产品解剖，分析质量问题是由何处造成、何处引起、何处结束，然后做出详细的解剖纪录，再根据解剖的结果在线进行修正作业的一种方法。⑥产品对比法。其是一种利用同行业优质产品进行质量对比的方法。

4. 四检法

四检法包括自检、互检、抽检、巡检四个方面的内容。

（1）自检是指本人对自己作业工序上的产品按质量标准进行的检验，主要针对质量的外观检验，可凭借经验对某些专业技术要求不高的指标实行自检控制，以目视检验为主，标定检验为辅。

（2）互检是指相邻工序上的作业人员相互检验对方的产品，可用同类工种进行互检，作业人员不仅要掌握本工序的品质标准，也要训练掌握相邻工序的品质标准。互检应在作业的同时进行，一般不设专门时间。

（3）抽检是指质量管理人员不定时地随机性抽样检验，分定时抽检和不定时抽检，定量抽检和不定量抽检，或各种方法混合使用。抽检的范围一般确定于一个管理单位或工艺相似的范围内。

（4）巡检是指基层管理人员如班组长的随机性抽样检验，巡检时应特别注意品质问题的多发工序和工种点，可以使用目视方法也可以按标准检验方法进行检验，一般应锁定在本管辖范围内。

7.4 案例研讨[①]

7.4.1 POLO总装生产线概述

上海大众汽车有限公司安亭一厂是采用精益生产方式的一个全新的紧凑型轿车生产基地，生产具有世界先进水平的POLO轿车。汽车一厂总装车间可以生产A04系列的VW240（POLO两厢）、VW241（POLO三厢）等车型，具有很强的柔性生产能力。整个流水线采用了当时汽车行业先进的模块化生产方式，由主板块、驾驶舱模块、门装配线、前围模块、底盘模块组成，共计149个工位，其中主板块主要负责车身上相关零件的安装，而四条模块线则分别承担四个比较复杂的模块的安装，这样的生产形式十分适合复杂车型和复杂工艺，将一些不容易安装的零件或有特殊工艺要求的零件安排在模块预装线上完成，这样的工艺安排有利于生产质量的过程控制，通过在每一条模块线的末端设立相应的质量控制点，可以及时发现并纠正装配过程中的零部件或操作问题，避免缺陷车辆流入下道工序而难以返修造成损失。此外，总装车间应用先进的制造技术和检测手段，在前束试验、转鼓试验、整车报交检测线、道路试验、雨淋试验等检测点对整车性能进行测试。

7.4.2 质量控制环的基本原理

由于POLO总装生产线是一条全新规划的生产线，其产品几乎是与欧洲同步设计同

---

① 资料来源：尤建新和张伟翔（2004）。

步规划和同期生产的，且 POLO 产品的目标客户主要是个人消费者，客户对产品从外观到内在质量都有着更为挑剔和个性化的要求，这就使企业必须形成多品种小批量的生产模式来满足多样化需求，因而对生产过程中的质量控制体系提出了更高的要求，即这个体系必须是以用户的评价作为最终的关注点，而不是仅仅满足标准。所以，其质量体系必须是一个能在不同层面对所发生的问题及时发现并将之消除的一个系统，而且它必须是面向过程的，通过对过程的不断优化来达到改进现状、实现目标的目的。因此，公司引进了质量控制环的概念，以质量控制环作为我们质量控制体系的基本组成。

　　公司的质量控制环是一个封闭的循环，一旦在解决问题的过程中，一个循环执行和评价后未能彻底解决，控制环将立即进行第二次循环更正，直到问题得到根治。其主要包括以下四个基本步骤。①发现问题：发现问题不仅仅是发现问题，更重要的是主动寻找可能影响质量的问题，而这需要依靠所有员工的质量责任。②原因分析：在此阶段，最好的方法是以小组工作的形式，运用头脑风暴法，尽可能收集有关的可能性，并寻找有关的材料和数据。③制定措施：在此阶段，经过方案的收集、筛选、优化、评价，采用各种有效质量工具，以确定最优方案。在此阶段仍以小组工作为主。④执行及评价：在此阶段，要对措施执行之后的结果进行跟踪，并将结果加以公布，同时须进一步巩固。

　　质量控制环的顺利实施，需要夯实如下几个方面的基础：①必须是以多层次的质量控制环作为开展工作的手段，以此来满足客户的高要求和多种需求；②必须有合适的机制来保证它有效地运行；③必须有多种控制手段确保控制的效果；④必须以合理高效的质量信息流程作为整改工作的基础；⑤必须考虑进一步优化流程，引进新概念，来满足未来客户可能提出的更高的要求。

7.4.3　质量控制环的组织架构

　　为了有效实施质量控制环，公司共构建了小组级质量控制环、车间级质量控制环、厂级质量控制环和公司级质量控制环等四个层次的质量控制环组织。从总装车间范围来说，只涉及两个层次的质量控制环（包括小组级质量控制环和车间级质量控制环）。总装车间小组级质量控制环的具体设置：整个总装过程根据工艺内容被有序地划分成14个小组级质量控制环（划分原则没有严格定义，只要基本保证小组所承担工作内容完整和独立即可）。其中主线4个工段被划分成8个小组级质量控制环，4个预装模块（仪表板、底盘、前围、四门）被作为4个小组级质量控制环，返工工段被作为1个小组级质量控制环，产品最终检验被作为1个小组级质量控制环。这14个小组级质量控制环覆盖了整个总装制造过程，环环相扣。每个小组级质量控制环设有1名质量控制环主持人（在总装车间质量控制环主持人是脱产的，在其他车间不一定，这主要是由于总装过程人为因素较高，过程可控程度较低）。质量控制环主持人必须根据要求对本小组的工作进行100%的检验，质量控制环主持人接受质量控制环协调员的指导，为工长提供质量工作的支持。车间每个班设有1名质量控制环协调员（在总装车间，质量控制环协调员是专职的，在其他车间不一定，可以由某个工长或现场技术员兼任），质量控制环协调员接受车间质量控制环负责人的指导，为值班长提供质量工作的支持。车间质量控制环负责人由现场技术员兼任，他接受工厂质量控制环负责人的指导，为车间经理提供质量工作的支持。

7.4.4 质量控制环的实施过程

在POLO总装生产线质量控制环的实施过程中,公司重点做了以下几个方面的工作。

（1）建立和完善质量控制标准和方法。其主要包括决策控制、过程控制和结果控制等三个方面的质量标准和方法体系。在决策控制方面,主要包括制定质量目标、目标控制和质量决策等步骤。在过程控制方面,主要包括建立标准、过程检查、对存在的问题进行整改等步骤。在结果控制方面,主要包括结果检查、对质量缺陷进行整改等步骤。

（2）推行生产车间内部的三检制。其主要包括质量管理环员工自检、质量管理环主持人检验、质量管理环协调员和工长抽检。在员工自检方面,质量管理环员工被要求做100%自检;在自检过程中,员工根据岗位操作指导书对自己的工作过程及结果进行检验。在质量管理环主持人检验方面,主持人也被要求做100%检验;在主持人检验过程中,重点检验对象是质量管理环检验规范对本小组中的一些重要装配内容的规定,其中,检验规范中80%的内容是基本固定的,20%的内容将根据实际的产品质量情况,由质量管理环协调员负责在必要的时候进行调整。在质量管理环协调员和工长抽检过程中,重点是根据实际的产品质量情况而进行的检验。

（3）质量问题发现和分析过程。首先,小组级质量管理环发现自己内部的质量问题,若判断为人为问题,且可以立即整改消除,则直接通知"肇事人"消除问题、在随车流程卡相应合格位置盖章。小组级质量管理环发现自己内部的质量问题,若判断为非人为问题,如果可以立即整改消除,则消除问题,再将问题录入质量管理环计算机辅助系统并确认已返工,同时在随车流程卡相应合格位盖章。如果无法立即整改消除,则将问题录入质量管理环计算机辅助系统并在随车流程卡注明,同时在随车流程卡相应不合格位置盖章。小组级质量管理环如果发现外部的质量问题,则将问题录入质量管理环计算机辅助系统并在随车流程卡注明,同时在随车流程卡相应不合格位置盖章。如果问题的责任人明确则同时通知相关责任人处理。

（4）质量问题整改过程。在质量问题整改过程中,公司采用各级质量管理环自下而上、逐层过滤的方法。原则上自己职责范围内的问题由自己负责整改,在整改过程中,可以寻求他人的支援,但是自己整改负责人的位置不会因此而改变。

（5）质量管理环工作系统的管理。为了有效落实质量管理环方法,应首先建立专门的工作指导书明确职责、规范流程。与此同时,应确定车间质量管理环负责人,由其负责开展必要的培训和指导工作,并定期对质量管理环方法的实施情况进行评价和持续的改进。

通过实施质量控制环,POLO总装生产线质量控制活动取得良好的效果,如报交合格率得到显著提高、返工工时显著降低、返工工废损失显著减少。

 研讨

（1）POLO总装生产线的质量控制环的基本思路是什么?应该注意哪些问题?

（2）POLO总装生产线在推行质量控制活动中,其质量控制的组织架构分成几个层次?各层次之间有哪些内在联系?

（3）POLO 总装生产线推行生产车间内部的三检制分别是什么？这种质量检验的制度安排有何优点？

➤ 本章小结

　　质量控制是质量管理的一部分，是致力于满足质量要求的活动。质量控制点是我们需要重点控制的对象或实体。质量控制通常包括制定质量控制操作规程、编制质量控制计划、巡视与质量评估、质量问题分析、提出问题解决方案、质量控制信息汇总存档等主要环节。对任何组织而言，质量控制的内容主要可以从产品、过程和质量管理体系要素的角度加以区分。组织的产品、过程和质量管理体系要素之间不仅是相互联系并具有内在的因果关系的，组织在确定其质量控制工作内容时也是需要坚持联系的观点和系统的观点。

　　质量控制目标是指受控对象需要达到的绩效水平，通常可以分为定量目标和定性目标，又可以细化为产品控制目标、过程控制目标、质量管理体系控制目标等三类。设定质量控制目标应该遵循正当性、可测性、可达性、公平性等原则。设定质量控制标准，为组织发现和纠正质量偏差提供了衡量标准，也为组织为达到顾客的各种要求提供了客观依据。质量控制标准的表现形式多种多样，通常从业务内容、适用范围和适用领域等角度进行区分。质量控制标准的制定和完善一般包括拟定质量控制标准草案、形成质量控制标准文件、下发执行质量控制标准文件、质量控制标准修正与调整等主要环节。

　　随着质量管理理论和实践的发展，目前学术界和企业界相继开发了多种质量控制方法与工具，而"老七种"和"新七种"质量控制方法与工具目前依然在各类组织中广泛应用。

 进一步阅读文献

埃文斯 J R，林赛 W M. 2010. 质量管理与质量控制. 7 版. 焦叔斌，等译. 北京：中国人民大学出版社.
顾海洋. 2013. 质量管理与控制技术基础. 北京：北京理工大学出版社.
万军. 2016. 现代制造质量控制基础. 北京：机械工业出版社.
王光伟. 2008. 质量管理工作细化执行与模板. 北京：人民邮电出版社.
王景峰. 2012. 质量管理流程设计与工作标准. 2 版. 北京：人民邮电出版社.
尤建新，张伟翔. 2004. 质量控制环在上海大众 POLO 生产线上的应用. 上海管理科学，(1)：21-23.
张小海，龙盛蓉. 2019. 质量控制. 北京：机械工业出版社.

 思考题

1. 简述质量控制的内涵、一般过程和主要内容。
2. 什么是质量控制点？简述设置质量控制点的注意事项和一般过程。
3. 质量控制目标可以分为哪些类型？如何设定质量控制目标？
4. 质量控制标准的制定依据是什么？简述质量控制标准的区分依据及其关系？
5. 简述质量控制标准的制定和完善过程。
6. 简述常用的质量控制方法与工具的适用范围。

第8章

质 量 改 进

导读

质量改进是质量管理的一部分，致力于增强满足质量要求的能力。组织通常以项目的形式开展质量改进活动，改进的对象可以涉及产品、过程和质量管理体系等方面的薄弱环节。通过本章的学习，要求掌握质量改进的内涵、目标、原则、分类与途径，熟悉质量改进的环境要求与一般步骤，了解两类质量改进策略的优缺点、质量改进的组织与推进工作要点，熟悉质量改进的常用方法与工具。

8.1 质量改进概述

8.1.1 质量改进的基本内涵

ISO 9000：2015版对质量改进的定义为：质量管理的一部分，致力于增强满足质量要求的能力，这里的要求可以是有关任何方面的，如有效性、效率或可追溯性。有效性是指完成策划的活动和达到策划结果的程度。效率是指达到的结果与所使用的资源之间的关系。对于企业质量管理活动而言，有效性和效率之间的关系是密不可分的。离开效率，将付出高昂的代价换得有效性的结果；离开有效性，高效率的后果将是很可怕的。可追溯性是指追溯所考虑对象的历史、应用情况或所处场所的能力。当考虑的对象为产品时，可追溯性可涉及原材料和零部件的来源、加工过程的历史（如经过的工序和场所、使用过的设备、操作者等）、产品交付后的分布和场所等。为此，企业的质量管理活动必须追求持续的质量改进。

质量改进是质量管理活动的组成部分，质量改进的范围十分广泛、内容丰富，它贯穿于质量管理体系的所有的过程中（包括大过程及子过程），包括管理职责、资源管理、产品实现、测量分析过程的改进，也包括了产品、过程、体系的改进。质量改进就是通过采取各项有效措施提高产品、体系或过程满足质量要求的能力，使质量达到一个新的水平、新的高度。

质量改进与质量控制存在着紧密联系。组织的质量管理活动，按其对产品质量水平所起的作用不同，可分为两类：一类是质量"维持"，是为保持现有水平稳定的活动，通常通过质量控制来实现；另一类是质量"突破"，是根据用户需求和组织经营的需要对现有的质量水平在维持的基础上加以突破和提高，使产品质量水平上一个新的台阶的活动。

改进是贯彻 ISO 9000：2015标准的核心，是一个组织的永恒主题，有了持续改进，才会使顾客日益增长的要求和期望得到最终满足，才能使质量管理体系动态提高，以确保生产率的提高和产品质量的改善。

8.1.2 质量改进的目标与原则

质量改进必须有具体的目标做指引，以使组织及其成员产生合乎目的的具体的改进行动。质量改进的目标可以从以下三个方面来理解。

（1）从顾客价值的角度来看，质量改进应注重提高顾客满意度和过程的效果及效率，这也是质量改进的宗旨或总的目的。质量改进应以顾客价值为导向，顾客的满意就是质量，质量改进就是不断地使顾客在物质和精神两个方面满意。物质满意就是顾客在对组织提供的产品核心层的消费过程中所产生的满意程度，物质满意的影响因素是产品的使用价值，如功能、可靠性、设计包装等。精神满意是客户在对组织提供的产品形式层和外延层的消费过程中所产生的满意程度，精神满意的影响因素包括产品的外观、色彩、防护、装饰、品位和服务等。

（2）从组织绩效的角度来看，质量改进的核心是提高组织的整体素质和竞争力，质量改进应贯穿于组织的各个层面。所以，应将组织的总质量改进目标逐级分解，落实到各个部门、各个小组乃至各个成员，为他们分别确立相应的质量改进目标，使每项具体的质量改进活动都有具体的目标。这样，促使组织的各个层次的人员都能为了组织的生存和发展积极投身于质量改进活动中去，从而保证总质量改进目标的实现。

（3）从社会效益的角度来看，组织进行质量改进不仅是为了增加因顾客需求得到满足所获得的利润，而且要符合顾客和社会的长远利益。质量改进不仅要使顾客和组织成员满意，也要考虑到所进行的改进工作是建立在维护顾客利益的基础之上的，并确保社会效益有所保障。

有效的质量改进目标应具备以下特点。

（1）目标应具体，并且应是可考核的。空洞的、泛泛的目标不能产生明确而有效的指导作用；不可考核的目标难以指明或评价具体行动结果的强度或程度，从而降低目标对具体行动的指导作用。所以，目标应尽可能是量化的目标，以便能对目标实施的过程和活动的结果进行适当的测量和比较。

（2）目标应富有挑战性，同时通过努力是可以实现的。富有挑战性的目标可以增加质量改进的水平和程度，为顾客和组织增添更多的利益，还可能对活动者产生更大的激励作用，增强他们的个人成就感和改进的积极性。但过高的目标，由于实际可行性小，有可能带来相反的结果；而过低的目标，产生的作用不大或很小，甚至产生相反的不利作用。

（3）目标应明确易懂，为相应的员工所理解并取得共识。明确易懂的目标才能为成员正确地理解，并把握住目标的实质性内容。组织员工带着各自的不同目标和多重目标在组织中工作，只有当他们对组织的质量改进的目标达成共识时，才能使他们各自的行动和个人的目标在组织的共同目标下统一协调起来，产生一致性的行为。

为突破原有质量水平，实现新的质量水平目标，企业在研究与实施质量改进时，应充分考虑和遵循下列基本原则。

（1）顾客满意原则。一个组织输出的产品、服务或其他的质量，决定于顾客的满意程度及相应过程的效果和效率。顾客不仅存在于组织的外部，也存在于组织的内部。内部顾客（internal customer）是指企业内部结构中相互有业务交流的那些人，包括股东、经营者、员工；相对而言，外部顾客（external customer）是指组织外部接受产品或服务的组织和个人，包括最终消费者、使用者、受益者或采购方。因此，进行质量改进必须以内外部顾客的满意程度及追求更高的效果和效率为目标。

（2）系统改善原则。产品固有质量水平或符合性质量水平方面存在的系统性问题或缺陷，都涉及众多的因素，其质量突破的难度是很大的，它涉及对质量改进必要性、迫切性的认识，关键因素的寻找与确认，人们知识与技能的发挥，改进的组织、策划与实施过程等。所以，进行质量改进时，必须从企业实际需要与可能出发，实事求是地进行系统性的分析和研究，考虑系统性的改善措施，才能取得成功。

（3）突出重点原则。质量改进是一种以追求比过去更高的过程效果和效率为目标的持续活动，要突破产品固有质量水平或符合性质量水平所存在的问题或缺陷，必须从众多的影响因素中抓住"关键的少数"，集中力量打歼灭战，只有求得彻底的改善，才能取得总体改进的效果。

（4）水平适宜原则。进行产品质量改进，必须从客观实际需要出发，确定适宜的质量水平，防止产生质量"过剩"。对产品固有质量水平的突破，一定要从用户对产品质量的实际需求及质量标准、法规规定的约束条件出发，不能为上水平而上水平，增加不必要的功能或追求过剩的高质量。因为这种质量过剩，既不经济，又不实用，无助于提高产品的使用价值。对产品符合性质量的突破，也要从客观需要和企业的客观条件出发，讲究经济效益，尽可能地使用科学、简便的办法，求得产品符合性质量的突破性提高。

（5）项目制原则。质量改进活动是以项目的方式实施的，因此质量改进活动的整个过程应该是全面的，即不仅包括项目最终的质量，也包括项目服务质量和形成项目过程中的工作质量。以项目形式开展的质量改进应该是基于项目全过程，即项目整个生命周期的质量改进。

（6）持续改进原则。质量改进主要是解决生产过程中出现的深层次问题，它的改进对象是正在执行的质量标准。通过质量突破，制定新的过程控制标准；通过执行新的质量标准，实现质量提高。持续的质量改进，将会不断地提高产品质量和服务质量，不断减少质量损失，降低质量成本，增强组织竞争能力，获得更高的顾客满意程度与过程的效果和效率，从而为本组织和顾客提供更多的收益，同时为组织的发展创造机遇。

（7）主动改进原则。进行积极的、主动的质量改进，应是企业一种必要的主观态度和精神。改进是无穷的，因而改进的机会也是无穷的。抓住了改进的机会，改进才有可能发生。但是，机会不会自动进入"手"中。所以，质量改进工作应不断地寻求改进的机会，并抓住机会，促使改进的发生，而不是坐等机会的出现。改进的机会存在于企业内部各种活动之中，已出现的问题和尚未出现的潜在问题大量存在，尤其是后者。它们都是改进的机会所在。对于已出现的问题，要当即抓住分析，而不能忽视，否则就会错失良机；对于尚未出现的潜在问题，更要积极地去感受、发现，分析各种各样的微小变化和差异，从而发现一些问题的迹象、苗头和趋势，进而探索潜在问题的所在，发现或创造改进的机会。

（8）预防性改进原则。质量改进的重点在于预防问题的再发生，而不仅仅是事后的检查和补救。单纯的事后检查和补救，只可能使已产生的质量损失有所减少，但不能完全消除质量损失，更不能杜绝今后类似的质量损失的再发生。这种补救性质的改进，如返修、返工或调整既不能保证产品在原有的质量水平上的稳定，更不能保证产品在原有质量水平上的提高。质量改进的关键是要消除或减少使问题再发生的因素，即进行预防性的改进。消除或减少使问题再发生的因素，是永久性的、根本性的改进，唯此能使组织和顾客长期受益。已经导致质量损失的问题，是已存在的问题，需根据问题的性质，查明导致问题产生的原因，并采取纠正措施进行纠正，不仅仅要纠正过程中出现的不良结果，以尽可能地挽回损失，更重要的是消除或减少导致不良结果的因素，以防止其再发生，避免其造成的质量损失再出现。预防措施和纠正措施都是质量改进的重要手段，它们都是预防性的措施，能够实质性地改进组织的过程。

8.1.3 质量改进的分类与途径

组织的质量改进活动形式多样，下文从质量改进的对象、待改进的缺陷来源两个角度为例，阐述质量改进活动的类型。

按改进对象划分，质量改进可以分为产品改进、过程改进和质量管理体系改进三类。产品改进是一种工程技术改进，其结果可能使产品质量提高，使产品的成本下降，甚至可能促进产品的创新。过程改进可以是工程技术活动改进，也可以是管理活动改进。管理体系改进是指从最高管理者到基层管理者都应针对自己的管理对象来进行，它包括组织目标的调整、发展战略的更改、组织机构的变动、接口方式的改进、资源的重新分配、奖励制度的改变、产品的调整等，可以说涉及组织的方方面面。

按待改进的缺陷来源划分，质量改进活动可以分为管理者可控缺陷改进和操作者可控缺陷改进两类。管理者可控缺陷改进主要是针对管理方面造成的缺陷，是研究有关的技术和管理方法，其改进措施一般包括技术和管理方法的改进两个方面。操作者可控缺陷改进主要针对的是操作方面造成的缺陷，主要研究员工的操作方法，因此其改进措施通常包括改进操作方法和加工顺序，但有时也有技术上的改进。以上两种改进过程应采取不同的做法。在改进管理者可控缺陷时，通常是依靠少数领导和技术人员做出较大的努力；而在改进操作者可控缺陷时，通常要求多数员工做出努力。

根据质量改进项目课题的大小、难度，所涉及的范围及采用的方法不同，质量改进可分为过程改进、员工改进和组织改进三种途径。这三种途径的质量改进活动虽然各自的出发点不同，但其间具有紧密关系，是相辅相成的。

（1）过程改进。ISO 9000系列标准明确指出，组织的任何一项工作都是通过一个过程来完成的。任何一个过程都必须是增值的，否则应视为无效过程。过程改进的目的在于不断提高过程增值的幅度，为组织创造高的工作质量、高的工作效率和高的经济效益。过程改进是基于过程的要求而提出的。一是要提高过程的技术能力（使过程处于技术稳态），二是要提高过程的稳定性（使过程处于统计稳态）。

（2）员工改进。员工改进是指每一位员工根据自己身边存在的质量问题，通过自主管理活动或质量控制小组活动而开展的质量改进。改进项目大多是由系统因素作用而发生的异常质量波动的结果。员工改进开展的是否普遍，从一个侧面反映了组织"以人为本"的质量文化启动的程度。根据美国心理学家马斯洛的分析，人类均有自我实现的需要，这种需要能促使人们具有一定的目标导向。希望需求得到满足，就会使人们产生自主管理或参与质量控制小组活动的积极性，即员工改进。

（3）组织改进。组织改进是对整个组织所进行的质量改进活动，其针对的大多是由随机因素作用、质量水平达不到顾客要求或不理想，而必须采取系统改造措施解决的课题，往往会涉及质量管理体系运行的有效性、技术能力的先进性、组织内外部环境的相关性，甚至质量改进的基本概念涉及组织文化和员工队伍的素质等，大多属于宏观管理的改进项目。组织改进涉及范围大、难度大、课题大，需要组织的高层领导亲自主持、参与，并且需要在人力、物力、财力等方面有较大的投入，但其效果往往是非常显著的。

8.1.4 质量改进的环境要求

下文从管理者职责、价值观和行为规范、交流和合作、认可和奖励、教育和培训等方面就质量改进的环境要求做简要阐述。

（1）管理者职责。组织管理者积极参与并领导质量改进活动，是质量改进持续不断地进行并取得成效的关键。它应成为各级领导工作的质量方针，是质量管理体系有效运行的手段和途径，并应纳入领导的工作考核之中。不同层次的管理者在质量改进活动的职责各有侧重。组织高层管理者必须加强对质量改进的领导，负责并领导创造持续质量改进的环境，应以自身的行动、持久的努力和资源配置来体现对质量改进的重视，并承担必要的义务。主要包括：①传达质量改进的目的和目标，持续地改进自己的工作过程；②培育公开交流和互相合作的环境，并尊重每个人；③使组织中每个人都能改进自己的工作过程。组织基层管理者是落实质量改进活动的主要责任者，他们通常组织并亲自参与质量的改进工作。基层管理者要以身作则，持续地改进自己的工作过程，培育公开交流和互相合作的环境，尊重每个人员，提高他人的质量改进意识，使单位中的每个人都能改进自己的工作过程，并通过他们的工作过程来实现质量改进的目的和目标。基层管理者的关键任务是学会管理群体，并通过自己的行动来改变职工对质量问题的态度，使他们自觉参与质量改进，从而实现对质量改进的领导。

（2）价值观和行为规范。质量改进环境往往需要一套以满足顾客要求和以更强竞争目标为中心的新的共同的价值观和行为规范，主要包括：①重视并满足内部顾客和外部顾客的需要；②质量改进应贯穿于从供方到顾客的整个供应链；③表明管理者所承担的义务，领导并要求他们参与质量改进；④强调质量改进是每个人工作的一部分；⑤通过改进过程找到问题并加以解决；⑥持续不断地改进所有过程；⑦利用数据和信息进行公开交流；⑧促进个人之间的相互合作和尊重；⑨根据对定量和定性资料的分析进行决策。

（3）交流和合作。交流和合作能够有效消除组织和人员间影响整个工作过程效果、效率和持续改进的障碍，并促使和加快质量改进，应在包括供方和顾客在内的整个供应链上加强这种公开的交流和合作。

（4）认可和奖励。在鼓励组织中每个人参与质量改进、改进自己工作过程的同时，认可和奖励他们在质量改进中所做的贡献，这也体现了领导的态度和对每个人的尊重。认可过程要强调个人的发展和成长，并考虑到影响个人工作绩效的一些因素（如机会、组织、环境等）。此外，要强调集体绩效，培养集体的荣誉感。奖励认可应形成积极向上的奖励认可制度，鼓励每个人积极进取，不断改进自己的工作过程。

（5）教育和培训。对组织内全体成员，包括最高层管理者的教育和培训都是必需的，而且是一项长期的任务。教育和培训的目的在于强化员工的质量意识，掌握质量管理的原理和方法，及时推广新的技术和经验，不断更新员工的知识和技能。组织管理者要根据质量改进需要，切合实际地制定并实施教育和培训大纲，教育和培训的内容主要是质量原理和实践及在质量改进中采用的合适的方法，其中也包括质量改进工具技术的应用。此外，应对教育和培训大纲进行评审，并定期评估其实施效果。

8.2 质量改进的策略与步骤

8.2.1 质量改进的两种策略

组织开展质量改进活动可以采取如下两种策略：一种是渐进型质量改进策略，另一种是突破型质量改进策略，图8-1列示了上述两种策略基本差异。

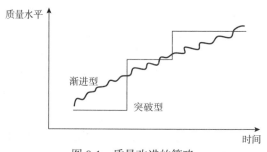

图 8-1 质量改进的策略

渐进型质量改进策略具有改进步伐小、改进频繁等特点。这种策略认为，最重要的是每天每月都要改进各方面的工作，即使改进的步子很微小，但也可以保证无止境地改进。渐进型质量改进的优点是，将质量改进列入日常的工作计划中去，保证改进工作不间断地进行。渐进型质量改进策略改进的目标不高，课题不受限制，所以具有广泛的群众基础。它的缺点是，缺乏计划性，力量分散，所以对重大的质量改进项目不适用。

突破型质量改进策略具有两次质量改进的时间间隔较长、改进目标值较高、每次改进均投入较大等特点。这种策略认为，当客观要求需要进行质量改进时，公司或组织的领导者就要做出重要的决定，集中最佳的人力、物力和时间来从事这一工作。该策略的优点是能够迈出相当大的步子，成效较大，但不具有"经常性"的特征，难以养成在日常工作中"不断改进"的观念。

质量改进的项目是广泛的，改进的目标值的要求相差又是很悬殊的，所以很难对上述两种策略进行绝对的评价。如果组织要在全体人员中树立"不断改进"的思想，使质量改进具有持久的群众性，则采取渐进型质量改进策略。而对于某些具有竞争性的重大质量改进项目，可采取突破型质量改进策略。

8.2.2 质量改进的一般步骤

质量改进是质量管理的一项十分重要的内容，贯穿于产品和服务形成的全过程，存在于任何过程和活动中，为了有效地实施各种形式的具体的质量改进并取得成效，质量改进工作应按以下步骤进行。

（1）选择改进项目。任何组织需要进行质量改进的项目均会很多，所涉及的方面可能会包括质量、成本、交货期、安全、环境及顾客满意度等。选择改进项目时，通常围绕降低不合格品率、降低成本、保证交货期、提高产品可靠性（降低失效率）、减少环境污染、改进工艺规程、减轻工人劳动强度、提高劳动生产率及提高顾客满意度等几个方面来选择。选择改进项目时，通常需要做好如下几项工作：①明确所要解决问题的必要性和重要性，这个问题为什么必须当前解决；②明确有关问题的背景，包括历史状况、目前状况、影响程度（危害性）等；③将不尽如人意的结果用具体的语言表达出来，并说明希望问题具体解决到什么程度；④选定课题和目标值，若有子题目也决定下来；⑤正式选定任务负责人，若成立改进团队，则应确定课题组组长及其成员；⑥如有必要，应对质量改进活动的经费做出预算；⑦拟定质量改进活动的时间表，初步制订改进计划。选择改进项目时，需要注意如下几个方面：①一般在组织内存在着大大小小数目众多的质量问题，为了确定主要质量问题，应最大限度地灵活运用现有的数据，应用排列图等统计方法进行排序，从诸多质量问题中选择最主要的问题作为质量改进课题，并说明理由；②必须向有关人员说明解决问题的必要性和重要性，否则可能会影响问题解决的有效性，甚至半途而废；③设定目标值必须有充分的依据，目标值应当具有经济上合理、技术上可行的特点，设定的目标值既要具有先进性，又要保证经过努力可以实现，以增强团队成员的信心，提高团队成员参与活动的积极性；④要制订质量改进计划，明确解决问题的期限，否则往往会被以后出来的"更重要、更紧急"的问题拖延。

（2）掌握现状。确定质量改进项目后，应进一步掌握有关课题的历史状况和目前状况等背景资料，且尽可能详尽。为了更好地把握待改进的质量项目的基本现状，需要做好如下几项工作：①掌握解决问题的突破口，必须抓住问题的特征，需要详细调查时间、地点、问题的类型等一系列特征；②针对要改进的质量问题，从影响质量的人、机、料、法、环（5M1E）等诸因素入手进行广泛、深入的调查；③最重要的是要到发生质量问题的现场去收集数据和相关信息。为更好地把握待改进项目的突破口，需要明确质量问题的内部特征，可以从时间、地点、种类、特征等四个方面进行深入调查分析。①从问题发生的时间上调查，如早晨、中午、晚上，不合格品率有何差异？一个星期中，每天的合格品率是否相同？从月份、季节、节假日等不同时间观察其结果有什么不同？②从导致产品不合格的部位出发，如从部件的上部、侧面或下部零件的不合格情况来考虑，从较长部件的前面、中央、后部不同部位去考虑，产品形状复杂，考虑不合格是发生在笔直的部位还是拐角部位等。③从问题种类的不同进行调查，如某一组织生产的不同产品，它们不合格品率有无差别；现在生产的产品与原过程生产的同类产品相比，不合格品率有无差异。种类还可从生产标准、等级、消费者、市场等不同角度进行考虑。④从问题的特征方面进行调查，如从产品不合格项的形状、部位和排列等考虑。以上四点是针对任何问题都必须调查的方面，但并不充分，还必须掌握结果波动的特征。一般来说，解决问题应尽量依据掌握的客观数据进行，其他信息如记忆、想象等，只能参考。但没有数据的情况下，应充分发挥其他信息的作用。

（3）分析问题原因。在上述现状调查中，收集到了大量待改进项目的质量问题的数据和信息，接下来是诊断分析产生质量问题的各种影响因素，进而确定出主要影响因素。在分析质量问题的原因时，可以通过建立假说与验证假说两个环节得以实现。在设立假说（即根据已收集材料选择可能的原因）过程中，需要根据收集的全部有关原因信息，包括所有认为可能有关的因素，画出因果图；根据前一阶段所掌握的现状信息，消去所有已明确认为无关的因素，然后用剩下的因素重新绘制因果图；在新绘出的因果图上，标出可能性较大的主要原因。在验证假说（用新收集的材料从已设定因素中找出主要原因）过程中，需要再次搜集新的数据或信息，综合全部调查到的信息，确定可能性较大的原因对问题有多大影响，并决定主要影响原因；如果条件允许，可以有意安排将问题再现一次，以确认对问题影响较大的原因。无论是假说还是验证，均应采用一系列科学方法。日本玉川大学著名质量管理专家谷津进教授曾将这几个阶段活动形象地用图表示出来，如图8-2所示。

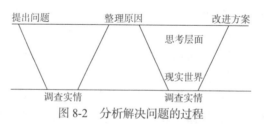

图 8-2　分析解决问题的过程

（4）拟定与实施改进方案。通过充分调查研究和分析，产生质量问题的主要原因明确了，就要针对主要原因拟定改进方案并加以实施。在拟定改进方案时，首先是要将现象的排除（应急对策）与原因的排除（永久对策）严格加以区分；其次尽可能防止某一项对策产生副作用（并发其他质量问题），若产生副作用，应同时考虑采取必要的措施消除副作用；最后是对策方案应准备若干个，根据各自的利弊，通过方案论证选择最有利于解决质量问题而且参加者都能接受的方案。在实施改进方案过程中，需要注意如下几项工作。首先是要正确处理应急方案与永久方案之间的关系问题。一般说来，通过返工、返修使不合格品转变为合格品，只能是应急方案，不能防止不合格的再次发生，要解决不合格品今后不再发生，必须采取消除产生质量问题的根本原因的永久方案。其次，要处理好在实施改进方案中可能会引起的其他质量问题（称之为副作用）。最后，要多听取有关人员的意见和想法，注重有关人员有效合作问题。这是因为方案实施过程中往往要对许多工作程序做调整。

（5）确认改进效果。质量改进方案的实施效果如何，直接关系质量改进活动成败，为此需要对质量改进的效果进行确认。在确认质量改进的效果时，可以采用与现状分析相同的方法，将改进方案实施前后的质量特性值、成本、交货期、顾客满意度等指标做成对比性图表加以观察、分析。若质量改进的目标是降低质量损失或降低成本，应将特性换算为货币形式表达，并与目标值相比较。对质量改进后取得的大大小小的效果应一一列举。在确认质量改进效果时，需要关注如下几个事项。首先，要确认在何种程度上防止了质量问题的再次发生。用于显示改进前后效果的对比性图表应前后一致，这样会更加直观，具有很强的可比性。其次，将质量改进的效果用货币的方式表达是非常必要的，这样会让经营管理者认识到该项工作的重要性。此外，当改进方案实施后，若发生没有达到预期的效果，应首先确认企业是否严格按照对策计划去实施，若确实是，则意味着所采取的方案有问题，应重新回到"掌握现状"阶段。若确认采取对策无误但没有达到预期效果，应考虑计划是否有问题。

（6）防止再发生和标准化。经过验证，对确实有效的措施进行标准化，纳入质量文件，防止同类质量问题再次发生。在对有效的改进措施标准化过程中，首先，要对有效的质量改进措施再次确认其人、机、料、法、环方面的内容，并将其标准化，制定成工作标准，然后准备、宣传和贯彻有关新标准的文件。其次，要建立保证严格执行新标准的质量经济责任制。最后，可以组织培训教育，要求所有相关人员对新标准正确理解和坚决执行。在对有效的改进措施标准化过程中，还需要注意如下几个问题。一是制定防止同类不合格或缺陷的纠正措施，纠正措施必须进行标准化并形成标准。二是导入新标准时，引起混乱的主要原因是标准没有充分地被准备和传达，如系统性很强的作业，一部分工作做了调整，另一部分未做相应调整，容易出现产品问题。三是导入新标准后，必须反复、充分地进行适宜的教育培训，使员工在作业中不再出现和以前同样的问题。

（7）总结。对改进效果不显著的措施及改进过程中发现的新问题，应进行全面的总结，为持续质量改进提供依据。在质量改进的总结阶段，需要重点做好如下几个方面。首先，应用对比性排列图等工具，找出本次循环的遗留问题，作为下一轮质量改进活动中需要解决的问题。其次，为解决这些问题，应考虑下一步怎样做。最后，总结本次循环中哪些问题得到顺利的解决，哪些问题解决的效果不理想或尚未得到解决。在质量改进的总结阶段，需要注意如下两个问题。首先不要就一个问题长期地没完没了地开展活动。应该在开始时定下期限，到期时总结完成情况，将经验和教训带入下一轮的质量改进活动中去。其次是应制订解决遗留问题的下一步行动方案和初步计划。

8.3 质量改进的常用方法

实施有效的质量改进，从项目确定到诊断、评价直至结果评审的全过程中，正确地运用有关的支持工具和技术提高质量改进的成效。在质量改进中，应根据不同的数据资料类型，运用数字数据的工具和非数字资料的工具分析处理数据资料，为质量改进决策提供依据。表8-1列出了常用的质量改进的方法与工具。

表 8-1   常用的质量改进方法与工具

序号	方法与工具	应用
1	检查表	系统地收集、记录数据资料并进行分析，以得到事实的清晰实况
2	分层图	将有关某一特定论题的大量观点、意见或想法分类汇总
3	水平对比法	将一个过程与公认的领先过程进行比较，以识别质量改进的机会
4	头脑风暴法	引导小组成员创造性地思考，产生和澄清大量观点、问题或议题，它用于识别可能的问题解决办法和潜在的质量改进机会
5	流程图	描述现存的过程，设计新的过程
6	树图	表示某个论题与其组成要素之间的关系
7	因果图	分析因果图解关系，根据症状分析原因，也包括分析解决问题的方法
8	直方图	显示波动的形态，直观地给出有关过程情况的信息，确定在何处进行改进工作
9	控制图	诊断：评估一个过程的稳定性 控制：决定某一过程和何时需要调整，何时需要保持原有状态 确认：确认某一过程的改进效果
10	排列图	按重要性顺序显示出每一项目对整体作用的贡献，排列改进机会
11	散布图	发现和显示两组相关数据之间的关系，确认两组相关数据之间预期的关系
12	力场分析	识别促进或阻碍正进行改进的力量
13	措施计划表	在对存在的问题进过分析后，制定有针对性的措施，便于检查和落实

组织中的全体人员都应该接受应用质量改进工具和技术方面的培训，以改进自己的工作过程。培训应根据各部门、个人的工作实际有针对性地进行，掌握相应的工具和技术，但切忌生搬硬套。质量管理部门应会同有关部门进行分析指导，根据使用部门的实际情况确定一种或几种方法或工具，用于对数据资料的分析和对工序进行监视控制，并对工具方法应用进行评价，以便评判工具方法使用的有效性。有条件的组织，应充分运用计算机辅助管理手段，简化计算，加快图表处理，以方便资料数据的保存和查阅，使质量改进的工具和技术应用更加有效。

8.3.1 PDCA 循环

PDCA 循环是质量体系活动应遵循的科学工作程序，是全面质量管理的基本活动方法，也是质量改进的基本原理和方法。PDCA循环的概念最早是由美国质量管理专家戴明博士提出的，故又称为"戴明环"。

（1）PDCA循环的内涵和适用范围。PDCA循环的模式可概括成四个阶段：P（plan，计划），指根据顾客的要求和组织的方针，为提供结果建立必要的目标和过程；D（do，实施），指实施改进过程；C（check，检查），指根据方针、目标和产品要求，对过程和产品进行监视和测量，并报告结果；A（action，处理），指采取措施，以持续改进过程业绩。PDCA循环理论存在于所有领域，既包括人们的专业工作，也包括日常生活，它被人们持续地正式或非正式地、有意识或无意识地使用于自己所做的每件事和每项活动。

（2）PDCA循环的主要步骤。为了解决和改进质量状况，通常把PDCA循环的四个阶段进一步具体划分为八个步骤：①分析现状，找出存在的质量问题；②分析产生质量问题的各种原因或影响因素；③找出影响质量的主要因素；④针对质量问题的主要因素，制定措施，提出行动计划，并预计效果（以上四个步骤就是"计划"（P）阶段的具体计划）；⑤按照既定的计划执行措施，即"实施"（D）阶段；⑥检查，根据活动计划的要求，检查实际执行的结果，看是否达到了预期的效果，即"检查"（C）阶段；⑦标准化，根据检查的结果进行总结，把成功的经验和失败的教训都纳入有关的标准制度和规定之中，巩固已取得的成绩，同时防止重蹈覆辙；⑧提出这一循环尚未解决的问题，把它们转到下一个PDCA循环中去。其中，⑦和⑧为"处理"（A）阶段。

（3）PDCA循环的特点。PDCA循环不停地运转，使得原有质量问题得到解决，但新的问题又会产生，需要继续进行循环，如此循环不止，这就是质量改进不断前进的过程。具体说来，PDCA循环有以下特点：①PDCA循环是大环套小环，相互推进。PDCA循环不仅适用于整个组织，而且适用于各个车间、部门、班组和个人。根据组织总的方针目标的要求，各级各部门都要有自己的目标和自己的PDCA循环，这样就形成了大循环套小循环，小循环里面又套更小循环的情况。整个组织就是一个大的PDCA循环，各部门又都有各自的PDCA循环，依次又有更小的PDCA循环，具体落实到每一个人。上一级的PDCA循环是下一级循环的依据，下一级PDCA循环又是上一级循环的贯彻落实和具体化。通过循环把组织各项工作有机地联系起来，彼此协调，相互促进，如图8-3所示。②PDCA循环是不断上升的循环。PDCA循环并不是简单的周而复始的循环，而是爬楼梯式的循环上升。每经过一次循环，都有新的内容和目标，或者每经过一次循环，都应解决一批质量问题，因而使工作质量、管理水平和产品质量不断提高，如图8-4所示。③A阶段是上下循环的结合点，A阶段是关键。A阶段的主要工作是总结。总结，就是总结经验，肯定成绩，纠正错误，提出新的问题转入下一循环，这是PDCA循环之所以能上升和前进的关键。如果只有前三个阶段，没有将成功经验纳入有关标准、制度和规定中，就不能巩固成绩；没有吸取经验教训，就不能防止同类问题的再度发生。因此，推动PDCA循环，一定要抓好总结这个阶段。

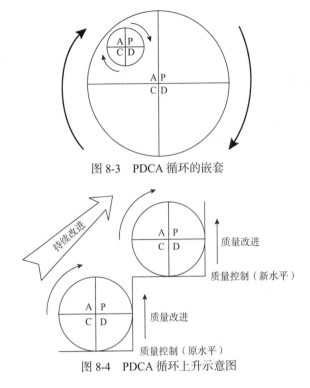

图 8-3　PDCA 循环的嵌套

图 8-4　PDCA 循环上升示意图

8.3.2　业务流程重组

业务流程重组是20世纪90年代由美国麻省理工学院教授 Michael Hammer 和 CSC 管理顾问公司董事长 James Champy 在他们联手合著的《公司重组——企业革命宣言》一书中首先提出的。书中对"业务流程重组"做了如下定义：业务流程重组是对企业的业务流程做根本性的思考和彻底重建，其目的是在成本、质量、服务和速度等方面取得显著的改善，使企业能最大限度地适应以顾客、竞争、变化为特征的现代企业经营环境。

业务流程重组的基本思想和方法，是为了更好满足顾客要求，为使作为现代企业业绩标志的成本、服务、速度、效益等得到显著的改进，在对现有机构与现有过程重新评估的基础上，应对企业的组织体系和职能结构进行重新设计并对生产要素重新配置，以充分发挥企业竞争优势的经营管理思想和方法。

自提出业务流程重组概念以后，人们已开发出许多实施方式如渐进型和激进型等，相应于不同的实施方式，也有各种不同的适用工具。渐进型的业务流程重组是哈林顿提出的，其采用的方法是将现有的过程模型化，分析找出改进的机会，模型化的技术有流程图、软件系统的事后记录、角色活动图等。然后用基于互联网下的运维管理及头脑风暴等方法确定改革措施。激进型业务流程重组是由哈默和坎比提出的，这种方式常用于迫切需要改进的情况。这是一种从上至下的推动方式，关键是去设想一种能使竞争能力获得突破的思想过程，经常采用角色扮演等方法来模拟新设想并大量使用信息技术等方式来实施必要的改进。

业务流程重组的特点主要体现在以下三个方面。①彻底改变了传统思维模式，过分强调专业化和工作细分妨碍了效率，也使机构臃肿、缺乏活力、丧失竞争力和创新力。业务流程重组强调的就是从根本上进行变革，进行彻底的再设计。为此，必须改变传统的思维模式。②以过程为中心进行系统改造，再造所取得的巨大成就主要是通过流程重组取得的。重组活动中，强调把分散在各职能部门的作业整合成单一的流程，打破组织各部门之间的界限，缩短满足顾客需要所需的时间。③创造性地应用信息技术，信息技术在业务流程重组活动中扮演着极为重要的角色，它使组织以完全不同的方式进行工作，帮助企业打破传统的制度并创建完全不同的业务流程模式。

■ 8.4　质量改进的组织与推进

8.4.1　质量改进的组织

质量改进的组织形式分为正式和非正式，这主要取决于项目的规模。质量改进的组织分为两个层次：一是能为质量改进项目调动资源的管理层；二是具体实施质量改进活动的实施层，一般称为质量改进小组或质量改进团队。质量改进的责任部门是组织的质量管理委员会。

质量管理委员会的主要职责是推动、协调质量改进工作并使其制度化。质量管理委员会通常由高级管理层的成员组成，他们亲自担任质量管理委员会的领导或成员时，委员会的工作效率最高。当组织规模较大时，除总公司设立质量管理委员会外，其下属分公司也可设立质量管理委员会。各委员会之间相互关联，上一级委员会的成员担任下一级委员会的领导，使其上下协调一致。

质量管理委员会的主要职责为：①制定质量改进的方针、策略和目标，明确指导思想，支持和协调组织内各单位、部门的质量改进活动；②组织跨部门质量改进的活动，确定其目标并配备所需资源以满足质量改进活动的需要；③识别过程中内外顾客的需要和期望，并转化为具体的顾客要求，寻找过程质量改进的机会；④组织质量管理小组（质量控制小组、质量改进团队）活动，实现质量改进目标；⑤鼓励组织内每个成员开展与本职工作有关的质量改进活动，并协调这些活动的开展；⑥评审和评估质量改进活动的进展情况，并予以公开认可，将工资及奖励制度与改进成绩挂钩。

质量管理小组不在公司的组织结构图中，是一个临时性组织。它的主要职责有：识别并策划本单位的质量改进活动，并持续开展；测量与跟踪质量损失减少情况，开发和保持一个使各员工有权力、有能力和有责任持续改进质量的环境。质量管理小组的基本结构包括组长和成员。

8.4.2　质量改进的障碍

质量改进按照严密的步骤实施，也取得了一些成果，但多数情况并不顺利。因此，在质量改进前，应先了解开展质量改进活动主要会有哪些障碍。

（1）对自身质量水平认识的局限性。有些组织的产品在国内已有较高知名度，自认为自己的产品质量已经不错，没有什么可改进的。即使有改进的地方，也认为投入产出比太小，没有必要；或现在产品已处于国内领先水平，暂时没必要改进等。但实际情况是，它们与世界上质量管理先进组织相比，无论是实物水平还是质量管理水平都有很大差距。这种错误认识，往往成了质量改进的最大障碍。

（2）对失败没有正确的认识。对质量的改进同其他事物的进步一样，失败为成功奠定基础。不是每次质量改进活动都能取得成功，但真正实施质量改进活动，就会为其他组织或今后的质量改进活动提供可借鉴的经验和教训。

（3）错误认为"高质量意味着高成本"。质量的改进不仅靠增强检验和提高产品特性，也可以靠减少长期的浪费，节省不必要工艺步骤等，且成本通常也会降低。事实上降低成本也是质量改进的主要内容，质量改进的根本目的是让顾客满意，让组织经营有效。

（4）管理者对权力下放的错误认识。在质量改进方面，部分组织的管理者对权力的下放力度不够适宜。有的组织管理者将自己的与质量管理相关的权力全部交给下属，以让自己有更多的时间来处理其他的工作；还有的组织管理者对下级或基层员工的能力不够信任，从而在质量改进的支持和资源保障方面缺乏力度，使质量改进活动难以正常进行。但成功的组织却并非如此，每一个管理者都负责改进的决策工作，亲自担负某些不能下放的职责，质量改进实施者负责其应承担的质量改进职责。

（5）员工的顾虑。质量改进会使组织原有的状况发生变化，对组织文化产生深远影响，如增添新工种，岗位责任中增添新的内容，组织管理中增添团队精神这一概念，质量重要性得到承认，部分其他工作的重要性相对降低，要求对改进的标准、规定进行培训等。这些变化对员工而言，有可能使他们的工作和地位受到威胁。员工对这类变化大部分是有顾虑的。但质量改进是保持竞争力的关键，组织的进步是维持组织生存的必要保证。因此，组织在质量改进的同时，要兼顾到员工的顾虑，积极沟通，使他们理解质量改进的必要性。

8.4.3　质量改进的推进

质量改进过程不是一次性工作，持续开展质量改进活动是质量管理体系的根本，也是组织获得成功的关键。必须持续推动组织的质量改进活动，这也是本组织员工获得长久利益的需要。

（1）质量改进制度化。主要应做到以下几点：首先，在公司年度计划内增加质量改进目标，使质量改进成为员工岗位职责的一部分；质量改进的进度和效果成为管理评审的内容之一；其次，在技术评定和工资制度中体现考核质量改进的绩效；最后，建立质量改进成果表彰制度。

（2）上层管理者必须履行不宜下放的职责。质量改进必须有上层管理者的参与，只参与意识教育、制定目标而把其余的工作留给下属是不合理的。上层管理者不宜下放的职责有以下四个：①参与质量管理委员会的工作，领导质量改进工作；②审批质量目标和质量方针；③为质量改进提供必要的资源，包括人力资源、设施设备、工作条件、环境等；④制定奖励制度，参与表彰活动。

（3）质量改进活动结果考核。组织管理者按计划定期考核质量改进活动成效。考核时，不应只注重进度和绩效，更应及时发现并解决问题。首先，要对不同类型的质量改进活动结果实行分类考核，尤其要重视关键的质量改进项目。其次，要核查改进小组提供的质量改进报告相关数据和资料的客观性及真实性。最后，要客观评估质量改进活动的成效。在成效评定时，必须将多个项目的成果考虑进来，对项目和质量改进参与人员同时进行评定，评定范围可扩大到主管和经理。

（4）及时表彰。根据评定的结果，及时表彰，使表彰对象知道自己的努力得到了承认和赞赏。

（5）对积极推动质量改进的员工计以报酬。质量改进是组织的一项职能，不是一种短期行为，它对公司保持其竞争力至关重要。因此，岗位职责考核中应加入质量改进指标，并反映到工资及奖励制度中去，使持续质量改进得到足够的重视。

（6）对新内容培训。通过培训增强员工的质量改进意识，提高他们自发、自主解决质量问题的能力。

■ 8.5 案例研讨：海尔集团 OEC 管理模式[①]

1984年，海尔集团创立于青岛，从一家资不抵债、濒临倒闭的集体小厂发展为年营业额为1631亿元（2012年）的跨国集团，在全球拥有5个研发中心、61个贸易公司、21个工业园及8万多名员工，用户遍布世界160多个国家和地区。据消费市场权威调查机构欧睿国际数据统计，2012年海尔连续四年蝉联全球大型家用电器第一品牌，并入选美国波士顿管理咨询公司发布的2012年度"全球最具创新力企业50强"，是唯一一进入前十的来自中国的企业。创业以来，海尔始终以用户为中心踏准时代节拍，在历经了名牌战略、多元化战略、国际化战略和全球化品牌战略之后，于2012年12月进入第五个战略——网络化战略阶段，通过打造网络化的企业应对网络化的市场。在这一战略指导下，海尔从大型企业转型为开放的平台型企业，以青岛海尔、海尔电器两家上市公司为主体打造两大平台。在短短的几十年里，海尔取得了巨大的成功，这是与其在质量改进中的不断实践密不可分的。

8.5.1 OEC 管理法概述

PDCA 循环在质量改进中的重要地位不言而喻，可以说，质量改进的过程就是一个又一个 PDCA 循环不断作用的过程。在将 PDCA 循环的管理方法运用于日常事务管理方面，海尔集团堪称是行业的领航者。

海尔集团纯熟地采用 PDCA 管理法来实施销售任务的计划、组织和控制。每年年终，集团商流及各产品部门根据本年度的销售额完成情况，结合各产品的发展趋势及竞争对手分析等信息，制订下一年度的销售计划，然后将这一计划分解至全国的销售事业部。

[①] 资料来源：牛琦彬（2009）、岳志春（2004）。

销售事业部长根据各工贸上年的完成情况、市场状况分析等信息再将销售额计划分解至其下属各工贸公司。工贸公司总经理将任务分解至各区域经理，由他们将任务下达至区域代表，区域代表将自己的销售额任务分解至其所管辖的营销网络。同时，海尔还从时间纬度上进行分解：年度计划分解至月度，月度计划分解至每日。这样，处于管理层的每位管理者都可以对下属每日的工作状况进行监督，并及时实施纠偏，最终控制每一个具体网点。海尔集团在新产品开发、新品上市等所有方面都遵循PDCA管理方法。1991年，海尔首创了基于PDCA循环的OEC管理法并推行至今，取得了巨大的成功，同时得到诸多企业的学习效仿。

8.5.2　OEC管理法的构成框架

海尔集团将PDCA管理法运用于每日的事务管理，就形成了独具海尔特色的OEC（overall every control and clear）管理法。OEC管理法可以表示为：日事日毕，日清日高。即每天的工作每天完成，每天工作要处理清并且每天有所提高。OEC管理法主要有企业目标系统、日清系统及激励机制组成。

（1）企业目标系统。企业目标系统指企业发展的方向和要达到的目的。海尔集团在实施企业目标管理时，将企业总目标分解为各部门目标，各部门再把它的目标细化为每个人的具体目标，目标细化既具体、定量，又分解至每个员工。比如，海尔集团把冰箱生产分解为156个工序、545个作业。作业标准和动作、个人责任和奖罚都被明确地规定在《质量价值手册》里。在海尔集团，从管理者到员工，每个人每天都事先清楚应该做什么，按什么样的标准执行，干到何种程度，领取多少报酬。海尔集团目标体系如图8-5所示。

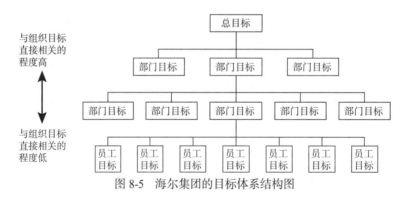

图8-5　海尔集团的目标体系结构图

（2）日清系统。日清系统的目的在于支持目标系统的实现。日清包括两个方面：一是"日事日毕"。即对当天发生的各种问题，当天调查原因，分清责任，及时采取措施进行处理，防止问题积累，保证目标得以实现。比如，员工每天填写"3E"（3E为everyday、everyone、everything）卡，每天工作结束后，从产量、质量、设备物耗、工艺、安全、文明生产、劳动纪律等七个方面进行自我总结，并计算当日工资填入"3E"卡，交给班长。最后员工清扫、整理自己的工作岗位后，下班回家。班长则每天核对员工"3E"卡并公开日薪。二是"日清日高"。对工作中的薄弱环节不断改善、不断提高。

要求职工工作的质与量每天提高1%，如此，70天后工作水平就可以提高一倍。日清系统中最关键的环节是复审。没有复审，工作只布置不检查，便不可能达到预期效果。在海尔集团每个车间都设有"车间日清栏"，每天的质量、劳动纪律、工艺、文明生产、设备物耗的情况在栏内一览无遗。质量状况则要求管理人员每天每两小时巡检一次，将发现的问题及处理措施填在"日清栏"。如果连续3次发现不了问题，就要提高目标值。

（3）激励机制。激励机制是日清控制系统正常运转的保证条件。海尔集团在激励政策方面坚持的原则有以下两个方面：一是公开、公平、公正；二是有合理的计算依据。在激励方面海尔集团更多采用即时激励的方式，如在质量管理上利用质量责任价值券，分为红券和黄券两种，管理者巡检生产线时，利用红、黄券可进行瞬间管理。红券表示正激励，黄券表示负激励。质量管理价值券的红券、黄券都是一式二联。一份交给被激励员工，一份交给劳资科。到月末，劳资科将员工的质量管理价值券汇总后移交给财务科。财务科再根据每个员工"3E"卡片及质量管理价值券，计算好工资发给每个员工。每个员工根据"3E"卡和质量管理价值券，核对自己当月的工资，如对当月工资有疑问，或感到不公平，可向上一级领导反映。当然，企业目标体系、日清体系及激励机制也存在着紧密的联系，三者的关系如图8-6所示。

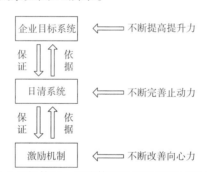

图 8-6 企业目标体系、日清体系及激励机制三者之间的关系

8.5.3 OEC 管理法的形式和内容

在上述 OEC 管理法的框架之下，海尔集团又设立了"三本账"和"三个表"。

"三本账"是指公司管理工作总账，分厂、职能处室的管理工作分类账和员工个人的管理工作明细账。管理工作总账，即公司年度方针目标展开实施对策表，它按工作的目标值、先进目标、现状及难点实施对策、完成期限、责任部门、工作标准、见证材料和审核办法的统一格式，将全公司的产量、质量、经济效益、生产率管理、市场产品和发展作为重点进行详细分析和分解，由总经理签发执行，按规定的标准和审核周期进行考核奖惩。管理工作分类账，即各部门、分厂年度方针目标展开实施对策表。它采用与公司相同的格式，按工作分工和总账中确定的主要责任进行分析和分解，由部门负责人或分厂厂长签发执行。管理工作明细账，即工作控制日清台账，其格式为项目、标准和指标（分先进水平、上期水平、本期目标）价值比率、责任人、每天的完成情况、见证性材料、考核结果、实得总额和考核人。此账按天进行动态控制，每天将控制的情况填入，以达到有效控制和纠偏的目的。

"三个表"是指日清栏、"3E"卡和现场管理日清表（也称 OEC 日清表）。日清栏由两部分组成：一部分是在每个生产作业现场设立的一级大表，将该作业现场的产量、质量、工艺、设备物耗、安全、文明生产和劳动纪律等七个方面的实际情况每两个小时由职能巡检人员登记填写一次，公布于众；另一部分是职能人员对上述七方面进行巡检时做的记录和每天的日清栏考评意见，它将每天日清栏的全部情况进行汇总和评价，存档备查。"3E"卡，指"3E 日清工作记录卡"（表8-2）。"3E"卡将每个员工每天工作的七个要素量化为价值，每天由员工自己计算日薪并填写、检查确认，车间主任及职能管理员抽查，月底汇总兑现计件工资。其计算公式为：岗位工资=点数×点值×产量+各种奖罚。这使每个人每天的工作有了一个明确定量的结果，体现了数据说话的公正性和权威性，保证了各项工作的有序运作。OEC 日清表，由各级管理人员在班后进行清理时填写，主要对例行管理的受控状况进行清理和分析，找出存在问题的原因、整改措施和责任人，不断提高受控率。表8-3为××部门 OEC 日清表。

表 8-2 "3E"日清工作记录卡

姓名：　　　　　　班组：　　　　　　班次：　　　　　　岗位：　　　　　　职工编号：

考核人：　　　　　　审核人：　　　　　　复审人：

计划			日期	27	28	29	30	31	1	...	26	小计	审核人
项目	型号	点数	单价	0									
	JZ-A	212	0.315	0									
	JA-A$_1$	257	0.042	0									
	JKZ-A	277	0.046	0									
	JZ-C D	200	0.033	1100									
产量计酬				36.30									
质量	价值券			0									
	质量			5									
	工艺			0									
	废品			0									
	材料			0									
设备奖罚				0									
安全奖罚				+1									
现场奖罚				0									
劳动纪律				0									
其他奖罚				0									
日应得工资（元）				42.30	...	...	...	...				1806.50	

续表

| 姓名： | | 班组： | | 班次： | | 岗位： | | 职工编号： | |
| 考核人： | | 审核人： | | 复审人： | | | | | |

班长考核									
个人签字									

表 8-3 ××部门 OEC 日清表

姓名：　　　　　部门：　　　　　日期：

项目		当日				月累计			
		计划数	实际数	完成率	差异	计划数	实际数	完成率	差异
主指标	项目 1								
	项目 2								
	差异分析	存在差异： 原因分析： 明日计划：							
辅指标	项目 1								
	项目 2								
	差异分析	存在差异： 原因分析： 明日计划：							
个人自评：				复审意见：					
A	B	C		A	B	C	领导签字：		

8.5.4　OEC 管理法的运行程序

海尔集团所提倡的 OEC 管理法的运行模型如图8-7所示。在 OEC 管理法运行过程中，主要包括"三个阶段、九个步骤"。其中：第一阶段为班前明确任务及要求、班中实施控制，包括第1～3步；第二阶段为班后清理，即按照组织体系进行纵向清理，包括第4～8步；第三阶段为整改建制，即第9步。OEC 管理法的实施步骤如下所述。

第1步：召开班前会，明确当天的目标及要求。

第2步：按照目标和标准工作。生产系统按七项日清要求进行生产，职能系统针对七项日清按"5W3H1S"（即 what、where、when、who、why、how many、how much cost、how、safety）的要求，从事瞬间控制。

第3步：填写日清栏。由车间主管、职能巡检员每两个小时公布一次巡视中发现的问题及处理意见。

第4步：自清。所有岗位的员工对当天的工作按日清的要求逐项清理，生产岗位填写"3E"卡交班组长，管理岗位填写日清工作记录交科长（处长）。

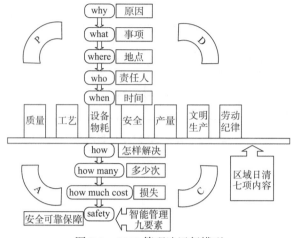

图 8-7　OEC 管理法运行模型

第5步：考核。由班组长根据一天对每人各方面情况的掌握进行考核确认，然后报车间主任。

第6步：审核。由车间主任根据当天对各班组情况的掌握，复核各班组的"3E"卡，确认后返回班组。本人填写"日清工作记录"报分厂厂长。

第7步：分厂厂长审核各车间的"日清工作记录"，登记分厂日清台账，并将每天分厂的运行情况汇总报公司经理助理。同时各职能部门负责人审核所属人员"日清工作记录"，并将当天职能分管工作出现的问题、解决的措施、遗留的问题、拟采取的办法汇总报公司副总经理。

第8步：公司副总经理复审后签署意见和建议，反馈给各管理者，并汇总报总经理。

第9步：由各职能部门会同有关部门、岗位根据"日清"中反映出的问题进行分类分析，在提出解决措施的基础上，制定和完善相应的管理制度，提高薄弱环节的目标水平，并作为下一循环的依据。

8.5.5　OEC 管理法的实施效果

从海尔集团下属各公司的实践看，OEC 的效果体现在四个方面。

（1）提高了管理精细化程度。不同企业管理的内容大体相当，但管理的精细化水平及其管理的整体水平差别很大。OEC 管理法以追求工作的零缺陷、高敏感度为目标，把管理问题控制在最小范围及在最短时间解决，使经济损失降到最低，逐步实现了管理的精细化。它消除了企业管理的所有死角，并将过去每月对结果的管理变为每日的检查和分析，对瞬间状态的控制，使人、事、时、空、物等因素不断优化和持续改进，为生产提供了优质保证，不良品率、材料消耗大幅下降，管理达到了及时、全面、有效的状态。

（2）增强了流程控制能力。主要表现在三个方面。①自控能力普遍提高。所有员工都以追求工作零缺陷和经济损失最低、收益水平最高为目标，苦练基本功，提高技术技能，在努力消灭不良产品的同时，自我把关，决不让不良产品流入下道工序。②互控能力普遍提高。即通过实行质量奖惩价值券，各道工序之间的质量互检工作得到了加强。③专控能力得到加强。在各生产环节上，各职能部门的巡检人员定时巡检，进行瞬间纠偏，使得各环节始终处于有效控制之中。通过 OEC 管理法，海尔集团的各项管理工作实现了由事后把关向全过程控制的转化。

（3）完善了企业激励机制。实行 OEC 管理法，使得海尔集团形成了对不同层次、不同侧面均有激励作用的激励机制。在分配上，推行了计点到位、绩效联酬的全额计点工资制；在用工上，实行优秀员工、合格员工和试用员工三工并存、动态转换，对人员的使用全部实行公开招聘、公开竞争、择优聘用。在这样的机制下，海尔集团有许多有理想、有作为的青年脱颖而出，二十多岁的处长、分厂厂长随处可见。在考核上，对员工按日进行七项日清考核，对干部按责任挂钩，对单位按年度兑现。在奖励上，对个人设有海尔奖（分金、银、铜）、希望奖（分一等、二等、三等）、合理化建议奖；对集体设有合格班组、信得过班组、免检班组、自主管理班组等集体荣誉奖。这极大调动了全体员工奋发向上、追求卓越的积极性。

（4）培育了高素质的队伍。这是海尔 OEC 管理法取得的最大效果，也是"日日清"工作得以全面落实的基础。OEC 管理法通过每天进行的整理、整顿、清扫和清理，使得全体员工养成了良好的工作习惯和工作作风，一支高素质的队伍也迅速成长起来。

研讨

通过阅读上述案例材料，请回答如下问题：

（1）OEC 管理法是海尔熟练使用 PDCA 循环而得到的一种独特的管理方法，试从 PDCA 循环的基本特征出发，简述 OEC 管理法的特点。

（2）OEC 管理法的核心归结为"日事日毕，日清日高"，你是如何理解这句话的？请结合实际，谈谈如何将 OEC 管理法运用到工作学习中去。

（3）OEC 管理法在操作中可能存在哪些问题？你认为这些问题应当如何解决？

➤ 本章小结

质量改进是质量管理的一部分，致力于增强满足质量要求的能力。提升顾客价值、组织绩效和社会效益是组织质量改进的目标之所在。有效的质量改进目标应具备以下特点：目标具体且可考核、挑战性与可达性兼备、表述易懂并有共识。开展质量改进活动时应该遵循顾客满意、系统改善、突出重点、水平适宜、项目制、持续改进、主动改进、预防性改进等原则，可以通过员工改进、过程改进和组织改进三种途径得以实现。

渐进型质量改进和突破型质量改进是质量改进两种基本策略，前者具有改进步伐小、改进频繁等特点，后者则具有两次质量改进的时间间隔较长、改进目标值较高、每次改进均投入较大等特点，两者各有所长，具有不同的适用条件和范围。组织开展质量改进工作通常应遵循选择改进项目、掌握现状、分析问题原因、拟定与实施改进方案、确认改进效果、防止再发生和标准化、总结和发现后续改进机会等基本步骤。

在质量改进中，应根据不同的数据资料类型，运用数字数据的工具和非数字资料的工具分析处理数据资料，为质量改进决策提供依据。本章简要地阐述了质量改进常用方法和工具的适用范围，举例介绍了 PDCA 循环和业务流程重组这两个质量改进方法的基本原理，其他质量改进方法在本书的其他章节将有详细介绍。此外，本章还阐述质量改进的组织和推进的相关知识，提供了海尔集团推行 OEC 管理法的案例。

 进一步阅读文献

洪涛. 2013. 质量分析与改进实验教程——基于 Minitab 和 Excel 软件. 北京：中国质检出版社.

牛琦彬. 2009. 海尔集团"OEC"管理模式的内涵及意义. 中国石油大学学报(社会科学版)，25(1)：29-31.

施托克曼 R. 2008. 非营利机构的评估与质量改进：效果导向质量管理之基础. 唐以志，景艳燕，等译. 北京：中国社会科学出版社.

王毓芳，肖诗唐. 2005. 质量改进的策划与实施. 北京：中国经济出版社.

岳志春. 2004. 海尔的 OEC 管理模式评析. 河北建筑科技学院学报(社科版)，(3)：107-109.

周文泳，钟灿涛，尤建新. 2012. 科学研究质量改进理论与方法. 北京：化学工业出版社.

思考题

1. 什么是质量改进？为什么要开展质量改进活动？

2. 质量改进的目标是如何形成的？一个有效的质量改进目标具有哪些特点？

3. 简述质量改进的分类。试论述过程改进、员工改进、组织改进这三条质量改进途径之间区别与联系。

4. 列表比较渐进型质量改进与突破型质量改进之间的优缺点，并试举一例说明两类质量改进活动之间适用范围。

5. 简述质量改进的一般步骤。

6. PDCA 循环的基本思想是什么？举例说明，如何将这一质量改进的方法应用到个人实际工作或生活之中。

7. 质量改进的阻力主要来自哪些方面?你认为应该如何预防和消除这些阻力呢？

8. 若你是一个组织的管理人员，你认为应怎样去寻求质量改进的机会？

第三篇　质量管理方法与工具

第9章

常用的几种简易质量管理工具

导读

在质量管理中，经常要用到一些方法和工具。本章介绍常用的几种简易工具，包括头脑风暴法、亲和图法、分层法、排列图法、因果图法、检查表法、直方图法和散布图法。

9.1 头脑风暴法

头脑风暴法是运用集体智慧激发出大量想法的方法。头脑风暴法的会议的参加人员一般是在3~12人，5或6个人是最佳的人员数量。会议组包括不同的人，但并不是所有的人都要是相应领域内的专门技术人员。

9.1.1 步骤

组织者将主题贴出，以方便所有成员都能看得到。

每个小组的成员要在一张纸上或卡片（每张卡片写一个想法）上准备关于这个主题的想法清单，所用时间不超过10分钟。组织者要提醒项目组成员要在头脑风暴会议之前在发给他们的清单上添加想法。

在圆桌会议的形式下，每个项目组成员从自己已写下的想法清单中，每次挑选一个看法发表。看法一发表出来，组织者就要记录下来并在移动挂图上写出来；或者是每个成员把他们的卡片在成员中间放成一堆，然后项目组成员轮流读完这些想法，并且项目组成员不重复发表其他卡片中写过的想法。

如果一个成员要表达的想法与前面发表过的想法重复，那么这个成员就直接发表他清单里的下一个想法。

在项目组成员的所有想法发表完后，组织者就让其他成员再思考新的想法。听取其他人的想法时可能会产生新的想法，这叫作"借力"（Piggybacking）。"借力"是头脑风暴法中很重要的步骤。没有"借力"就不能传递头脑风暴中产生的想法。组织者继续让成员轮流发表新想法直到没人能想出新想法为止。

每个成员自由地向其他人提出问题，不过必须要鼓励增加新东西。

如果小组陷入僵局了，那么组织者就问每个人的"最疯狂的答案"。一个疯狂的想法能有效地刺激人们想出有效的想法。

头脑风暴会议直到所有人通过才能结束。

9.1.2   规则

参加者要遵守以下的规则来保证会议不会被抑制。

（1）不要用语言和动作评论任何人的想法。

（2）不要在会议时讨论任何想法，除了澄清外。

（3）不要因为这个想法听起来很糟糕而犹豫是否发表。很多情况下，这种想法能使一个问题得到解决。

（4）不要让任何的项目组成员一次发表一个以上想法。

（5）不要让小组由一个或两个人所支配。

（6）不要让头脑风暴会议变成"抱怨"的会议。

9.2   亲和图法

亲和图法是将由事实、观点、直觉、经验组成的文字资料组织到一个自然组里，从中判断出所研究问题的内在结构。通常，亲和图的输入内容就是头脑风暴会议的结果。构建一个亲和图是从确认问题开始的。项目组的成员经常是参加头脑风暴会议且研究该问题的人和组织者。

一个项目组应该采取以下几步来构建亲和图。

（1）项目组的领导者把所有头脑风暴会议产生的想法写到卡片上，每张卡片写一个想法，并且把每个成员的卡片收集起来。

（2）项目组的领导者把所有卡片无序摊在一个平面上（桌子），所有的卡片要朝着一个方向。

（3）保持安静，所有成员一起把内容相近的卡片汇总，编成一组，也就是（在主题下）使他们的想法之间具有一定的关联。一个成员可能把一张卡片移到这组，而另一个成员有可能会把这张卡片移回到之前那一组。这样可能要花点时间，但最后卡片都能归纳到自己那组中。当成员都停止移卡后，归纳就结束了。如果归纳时间过长，可能组数留下的就太少了，因此会隐藏了潜在的问题结构。对无法归入任何一组的卡片，另编杂项组。

（4）在所有的成员都统一完成归纳后（一般会有3～15组产生），开始阅读每个组的卡片，在每一组内准备一张标题卡，标题卡能说明那组卡的主题。标题卡要简单包含该组卡片所代表的主题。比如，标题卡不能说"下部构建"，而应说"改进公司的基层和结构"。由项目组的领导者来准备标题卡。

（5）项目组的领导者把标题卡里和卡片里的信息转移到移动挂图上，或一张厚纸上，然后再把每个组圈起来。转移的信息可以重新写入或粘贴到移动挂图里的标题卡和所有组里的信息卡上。内容相关的组用线连接起来。项目组成员讨论每组与所研究问题的关系，然后对亲和图做出必要的改动。

问题的潜在结构，常常用标题卡的名称来代表，是用于理解所研究的产品、服务或过程的问题。

9.3　分层法

9.3.1　概念

分层法又称分类法，是质量管理中常用来分析影响质量因素的重要方法。分层法是一种分析程序，描述了对一组数据的系统分解。分层时，不能随意地分，而是根据分层的目的，按照一定的标准加以区分，把性质相同、在同一条件下收集的数据归在一起。分层时，应使同一层的数据波动幅度尽可能小，而不同层间的差别尽可能大，这是做好分层的关键。质量数据分层的标志多种多样，一般按以下原则分层。

（1）按不同的操作者分。例如，按新、老工人，男、女不同工龄，操作技术水平高低进行分类。

（2）按机器设备分。例如，按不同型号、新旧程度进行分类。

（3）按原材料分。例如，按不同供料单位、不同进料时间、不同生产环境等标志分类。

（4）按操作方法分。例如，按不同的切屑用量、温度、压力等工作条件进行分层。

（5）按不同的时间分。例如，按不同班次、不同日期进行分类。

（6）按不同的检验手段分。例如，按不同的测量仪器、测量者进行分层。

（7）按生产废品的缺陷项目分。例如，按铸件的裂纹、气孔等缺陷分层。

9.3.2　分层法的应用

分层法广泛应用于各行各业、各种生产类型的企业。分层法可以通过表格来表示，也可以通过图形来表示。

例9.1　表9-1列出了某轧钢厂某月份的废品分类。如果只知道甲乙丙班共轧钢6000吨钢材，其中扎废钢169吨，则无法对质量问题进行分析。如果对废品产生的原因等进行分类，则可看出甲班产生废品的主要原因是"尺寸超差"，乙班的主要原因是"轧废"，丙班是"耳子"。这样就可针对各自产生废品的原因采取相应的措施。

表 9-1   某轧钢厂某月份废品分类

单位：吨

废品项目	废品数量			合计
	班次			
	甲	乙	丙	
尺寸超差	30	20	15	65
轧废	10	23	10	43
耳子	5	10	20	35
压痕	8	4	8	20
其他	3	1	2	6
合计	56	58	55	169

9.4   排列图法

9.4.1   概念

排列图又称主次因素分析图或帕累托图。帕累托是意大利经济学家，他在调查分析社会财富分布状态时，发现少数人占有大量财富，绝大多数人处于贫苦状态，即呈"关键的少数"。后来，美国质量管理专家 Juran 把它引进质量管理中，因而得名。它是用来找出影响产品质量主要因素的一种有效工具。

排列图由两个纵坐标、一个横坐标、几个直方块和一条折线所构成（图9-1）。排列图的横坐标表示影响产品质量的因素或项目，按其影响程度大小，从左到右依次排列。排列图的左纵坐标表示频数（如件数、金额、工时、吨位等），右纵坐标表示频率（以

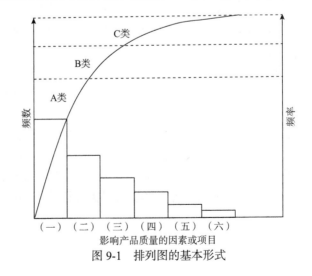

图 9-1   排列图的基本形式

百分比表示），直方块的高度表示某个因素影响大小，从高到低，从左到右，顺序排列。折线表示影响因素大小的累计百分数，是由左到右逐渐上升的，这条折线就称为帕累托曲线。一般地，可以把因素分成 A、B、C 三类：A 类，累计百分数在80%以下的因素；B 类，累计百分数在80%（含）～90%的因素；C 类，累计百分数在90%（含）～100%的因素。

9.4.2　制作排列图的步骤

第一步，确定所要调查的问题和收集数据。

（1）选题，确定所要调查的问题是哪一类问题，如不合格项目、损失金额、事故等。

（2）确定问题调查的期间，如自3月1日至4月30日止。

（3）确定哪些数据是必要的，以及如何将数据分类。例如，可以按不合格类型分，或按不合格发生的位置分，或按工序分，或按机器设备分，或按操作者分，或按作业方法分等。数据分类后，将不常出现的项目归到其他项目。

（4）确定收集数据的方法，以及在什么时候收集数据，通常采用检查表的形式收集数据。

第二步，设计一张数据记录表，将数据填入其中，并计算合计栏。

第三步，制作排列图数据表，表中列有各项不合格数据、累计不合格数、各项不合格所占百分比及累计百分比，如表9-2所示。

表 9-2　排列图数据表

不合格类型	不合格数/件	累计不合格数/件	比率	累计比率
断裂	104	104	52%	52%
擦伤	42	146	21%	73%
污染	20	166	10%	83%
弯曲	10	176	5%	88%
裂纹	6	182	3%	91%
砂眼	4	186	2%	93%
其他	14	200	7%	100%
合计	200	—	100%	—

表9-2中其他项的数据由许多数据很小的项目合并在一起，将其列在最后，而不必考虑其他项数据的大小。

第四步，画两根纵轴和一根横轴，左边纵轴，标上件数（频数）的刻度，最大刻度为总件数（总频数）；右边纵轴，标上比率（频率）的刻度，最大刻度为100%。左边总频数的刻度与右边总频率的刻度（100%）高度相等。横轴上将频数从大到小依次列出各项。

第五步，在横轴上按频数大小画出矩形，矩形的高度代表各不合格项频数大小。

第六步，在每个直方柱右侧上方，标上累计值（累计频数和累计百分数），描点，用实线连接，画累计比率折线（帕累托曲线）。根据以上数据制作出排列图（图9-2）。

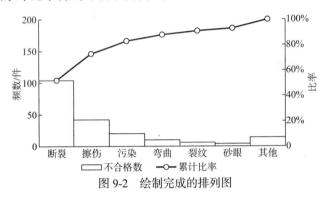

图 9-2　绘制完成的排列图

9.4.3　在 Excel 中制作排列图

利用 Microsoft Office 中的 Excel 软件，可以非常容易地绘制所需要的排列图，其具体步骤如下。

第一步，将数据输入 Excel 中，并使得不合格类型对应的不合格数按照从大到小排列，"其他"一项排最后，如图9-3所示。

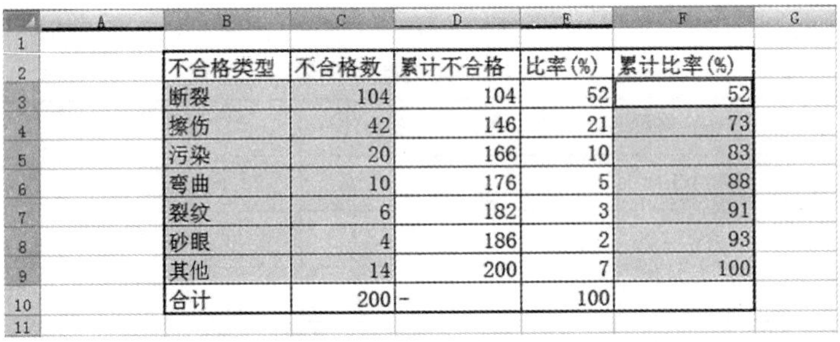

	A	B	C	D	E	F	G
1							
2		不合格类型	不合格数	累计不合格	比率(%)	累计比率(%)	
3		断裂	104	104	52	52	
4		擦伤	42	146	21	73	
5		污染	20	166	10	83	
6		弯曲	10	176	5	88	
7		裂纹	6	182	3	91	
8		砂眼	4	186	2	93	
9		其他	14	200	7	100	
10		合计	200	-	100		
11							

图 9-3　在 Excel 中输入数据并进行预处理

第二步，用鼠标选择"不合格类型"、"不合格数"和"累计比率（%）"三列数据，在 Excel 菜单中选择：插入→柱形图→簇状柱形图，如图9-4所示，形成初步的输出图形（图9-5）。

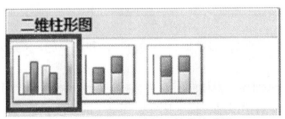

图 9-4　在 Excel 中插入簇状柱形图

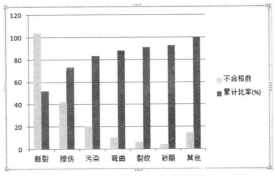

图 9-5　初步的输出图形

第三步，在输出图形中点击选择"累计比率（%）"，并点击鼠标右键，在弹出的菜单中选择"更改系列图表类型"，选择折线图，如图9-6所示。

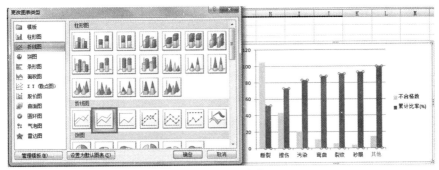

图 9-6　更改图表类型

第四步，在输出图表中选择"不合格数"柱状图，"设置数据系列格式"，将"系列选项"—"分类间距"调整为"0%"，如图9-7所示。

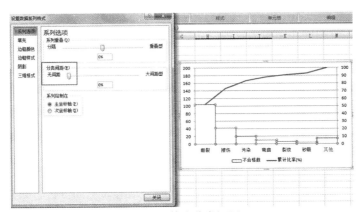

图 9-7　修改分类间距

第五步，在输出图形中点击选择"累计比率（%）"，并点击鼠标右键，选择"设置数据点格式"，并选择系列选项中的"次坐标轴"，如图9-8所示。这样就形成一个横坐标、两个纵坐标的输出图。

第六步，修改左侧主纵轴坐标最大显示为200（即不合格数的合计值），修改右侧次纵坐标最大显示为100（即合格率累计值为100%）。

图 9-8　修改坐标轴格式

第七步，调整输出图表中的折线图的线型、粗细，数据标记类型更改为圆圈，并设置相应的填充颜色为白色；将整个输出图表的图例移动到下方，最终得到如图9-2所示的图形。

9.4.4　制作排列图应注意的事项

（1）要做好因素的分类。在做排列图时，不仅是为了找出某项特定产品的质量问题，而且要在合理分类的基础上，分别找出各类的主要矛盾及其相关关系。

（2）主要因素不能过多。一般找出主要因素以两项为宜，最多不超过三项。当采取措施解决了这些主要因素之后，原先的次要因素则上升为主要因素，这时再通过做排列图来分析处理。

（3）数据要充足。为了找到影响产品质量因素的规律，必须收集充足的数据，以便从大量数据中找出统计规律来。当件数不多时，最好做全面分析，必要时也可采用随机抽样分析法。

（4）适当合并一般因素。不太重要的因素可以列出很多项，为简化作图，常将这些因素合并为其他项，放在横坐标的末端。

（5）合理选择计量单位。对于同一项质量问题，由于计量单位不同，主次因素的排列顺序也有所不同。哪一种计量单位能更好地反映质量问题的实质，便采用哪一种。

（6）在采取措施之后，为验证其实施效果，还要重新画排列图，以便进行比较。

9.4.5 排列图的适用范围

可以说，你想改进任何问题都可以使用排列图法。因为，排列图法可以指出改进工作的重点，并以图形的方式形象地展示出来。因此，它不仅适用于各行各业、各类型的工业企业的质量改进活动，而且适用于各种事业单位各个方面的工作改进活动，如效率问题、节约问题、安全问题、设备问题、设备故障问题、发病原因等方面。

9.5 因果图法

9.5.1 概念

因果图，有时也叫特性要因图或鱼骨图，因果图的数据通常是来自头脑风暴会议。它是寻找造成质量问题原因的一种简明有效的方法。

在进行质量分析时，如果想用直观方法找出属于同一层相关因素的主次关系，可以用排列图法对它进行分析。但是，若因素在层间还存在着纵向因果关系，这就要求有一种方法能同时整理出这两种关系。因果图便可以解决这个问题，它是整理和分析影响质量（结果）各因素之间关系的一种工具。因果图形象地表示了探讨问题的思维过程，利用它分析问题能取得顺藤摸瓜、步步深入的效果，即利用因果图可以首先找出影响质量问题的大原因，然后找到大原因背后的中原因，再从中原因找到小原因和更小的原因，最终查明主要直接原因。这样有条理地逐层分析，可以清楚地看出"原因—结果""手段—目标"的关系，使问题的脉络完全显示出来。因果图的基本形式由特性、原因和枝干三部分构成，如图9-9所示。

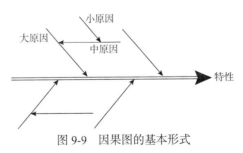

图 9-9 因果图的基本形式

9.5.2 因果图的作图步骤

第一步，确定分析对象。把要分析的质量特性问题，填入主干线箭头指向的方块中。

第二步，记录分析意见。把大家针对质量特性问题所提出的各种原因，用长短不等的箭线排列在主干线的两侧。属于大原因的，用较长的箭线指向主干线；属于某大原因内次一级的中原因，用略短的箭线指向该大原因的箭线；属于小原因的箭线指向与它关联的中原因的箭线。

第三步，检查有无遗漏。对所分析的种种原因检查一下，看有无遗漏，若有遗漏可及时补上。

第四步，记上必要事项。必要事项须注明绘图者、参加讨论分析人员、时间等可供参考事项。

例9.2   某企业铸出的某种产品表面有明显裂纹，其原因可能有四大类：浇铸温度、铸模、金属成分和铸模温度。每一类原因可能又是由若干个因素造成的。与每一因素有关的更深入的考虑因素还可以作为下一级分支。当所有可能的原因都找出来以后，就完成了第一步工作，下一步就是要从中找出主要原因（图9-10）。

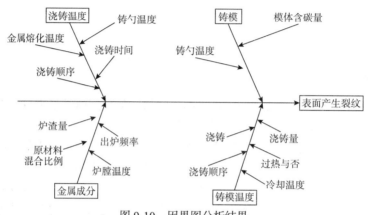

图 9-10   因果图分析结果

9.5.3   因果图作图注意事项

（1）所要分析的质量特性问题，应提得尽量具体、明确和有针对性。

（2）要集思广益。一般是以召开各种质量分析会形式，共同分析整理出因果图。

（3）原因的分析，应细到能采取具体措施为止。

（4）大原因不一定是主要原因。主要原因可用与会者投票表决的办法确定，一般可以确定3～5项。

（5）对关键因素采取措施后，可再用排列图等方法来检验其效果。

9.6   检查表法

检查表法是利用统计表来进行数据整理和粗略原因分析的一种方法，也叫统计分析法。常用的检查表有以下几种。

（1）缺陷位置检查表。这种检查表通过调查产品各部位的缺陷情况，可将其发生缺陷的位置标记在产品示意图或展开图上，不同缺陷采用不同的符号或颜色标出，见表9-3。

表 9-3 缺陷位置检查表

型号		检查部位	外表
工序		检查日	年 月 日
检查目的	喷漆缺陷	检查件数	500 台
缺陷位置图			

色斑 ·
流漆 X
尘粒 △

（2）不良项目检查表。为了调查生产中出现的各种不良品及各种不良品的比率有多大，以便在技术上和管理上采取改进措施并加以控制，可以采用这种检查表，见表9-4。

表 9-4 不良项目检查表

年 月 日		
品名	工厂名	
工序：最终检验	部门： 制造部	
不合格种类	检验员	
检查总数：2530	批号： 02－8－6	
备注：全数检验	合同号： 02－5－3	
不合格种类	检查结果	小计
表面缺陷	正正正正正正一	36
砂眼	正正正正	20
加工不合格	正正正正正正正正一	46
形状不合格	正	5
其他	正正	10
	总计	117

（3）不良原因检查表。要弄清楚各种不良品发生的原因，就需要按设备、操作者、时间等标志进行分层调查，填写不良原因检查表。

9.7 直方图法

9.7.1 概念

直方图法是从总体中随机抽取样本，将从样本中获得的数据进行整理，从而找出数据变化的规律，以便测量工序质量的好坏。直方图是常用的质量控制工具。

9.7.2　直方图的作图步骤

第一步，收集数据。数据个数一般为50个以上，最少不少于30个。

第二步，求极差 R。在原始数据中找出最大值和最小值，二者的差就是极差，即 $R=X_{max}-X_{min}$。

第三步，确定分组的组数。一批数据究竟分多少组，通常根据数据个数的多少来定。可参考表9-5。

表 9-5　直方图分组数表

数据个数	分组数（K）
50～100	6～10
100～250	7～12
250 以上	10～20

需要注意的是：如果组数太多，每组里出现的数据个数就会很少，甚至为零，做出的直方图就会过于分散或呈现锯齿状；若组数太少，则数据会集中在少数组内，而掩盖了数据的差异。分组数 K 确定以后，组距 h 也就确定了，$h=（R+1$测量单位）$/K$。

第四步，确定组距和各组界限。先取测量单位的1/2。例如，测量单位为0.001毫米，组界的末位数应取0.001/2=0.0005（毫米）。第一组的下限值为最小值减去测量单位的1/2，第一组的上限值为下限值加上组距。第一组的上限值就是第二组的下限值，第二组的下限值加上组距就是第二组的上限值，也就是第三组的下限值，依次类推，可定出各组的组界，并且可知最后一组的上限值为（$X_{max}+1/2$测量单位）。为了计算的需要，往往要决定各组的中心值。每组的上下界限相加除以2，所得数据即为组中心值。组中心值为各组数据的代表值。

第五步，制作频数分布表。将测得的原始数据分别归入相应的组中，统计各组的数据个数，即频数 f_i，各组频数填好以后检查一下总数是否与数据总数相符，避免重复或遗漏。下面给出一个例子。

例9.3　某螺栓外径尺寸按规格要求为 $\phi 3$ 毫米，现在从生产的批量中抽取100个样品的尺寸，见表9-6。

表 9-6　螺栓外径数据表

序号	外径/毫米	序号	外径/毫米
1	3.68	8	3.50
2	3.52	9	3.54
3	3.56	10	3.44
4	3.54	11	3.46
5	3.51	12	3.51
6	3.58	13	3.57
7	3.49	14	3.55

续表

序号	外径/毫米	序号	外径/毫米
15	3.57	52	3.63
16	3.46	53	3.50
17	3.62	54	3.65
18	3.53	55	3.52
19	3.53	56	3.51
20	3.49	57	3.50
21	3.43	58	3.53
22	3.50	59	3.61
23	3.53	60	3.53
24	3.53	61	3.45
25	3.54	62	3.64
26	3.50	63	3.45
27	3.53	64	3.49
28	3.49	65	3.54
29	3.54	66	3.46
30	3.46	67	3.56
31	3.54	68	3.49
32	3.52	69	3.52
33	3.46	70	3.58
34	3.54	71	3.48
35	3.50	72	3.49
36	3.49	73	3.49
37	3.46	74	3.58
38	3.52	75	3.60
39	3.53	76	3.46
40	3.59	77	3.60
41	3.54	78	3.51
42	3.51	79	3.57
43	3.61	80	3.47
44	3.48	81	3.51
45	3.54	82	3.45
46	3.47	83	3.60
47	3.54	84	3.57
48	3.53	85	3.59
49	3.60	86	3.53
50	3.58	87	3.48
51	3.47	88	3.54

续表

序号	外径/毫米	序号	外径/毫米
89	3.51	95	3.50
90	3.51	96	3.52
91	3.53	97	3.58
92	3.58	98	3.51
93	3.48	99	3.39
94	3.47	100	3.54

本例中 X_{max}=3.68，X_{min}=3.39，选取组数 K=10，则 $h=\dfrac{3.68-3.39+0.01}{10}=0.03$。按上述方法可计算出频数分布表（表9-7）。

表 9-7　频数分布表

组号	组界	组中心值	频数（f_i）
1	3.385～3.415	3.40	1
2	3.415～3.445	3.43	2
3	3.445～3.475	3.46	14
4	3.475～3.505	3.49	19
5	3.505～3.535	3.52	26
6	3.535～3.565	3.55	15
7	3.565～3.595	3.58	12
8	3.595～3.625	3.61	7
9	3.625～3.655	3.64	3
10	3.655～3.685	3.67	1
合计			100

第六步，画直方图。以横坐标表示质量特性（如表9-7中的组中心值），纵坐标为频数，在横轴上标明各组组界，以组距为底，频数为高，画出一系列直方柱，就成了直方图（图9-11）。

第七步，在直方图的空白区域，记上有关的数据资料，如样本数、平均值等，如图9-11所示。

9.7.3　利用 Excel 绘制直方图

利用 Microsoft Office 中的 Excel 软件，可以非常容易地绘制所需要的直方图，其具体步骤如下。

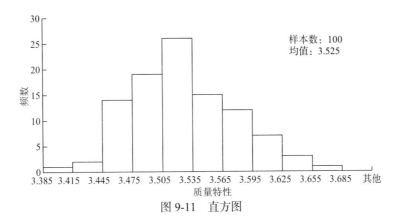

图 9-11　直方图

第一步，在 Excel 中加载绘制直方图的工具。

加载分析工具库

（1）单击"Office 按钮"，然后单击"Excel 选项"。

（2）单击"加载项"。

（3）在"管理"框中，单击"Excel 加载项"，然后单击"转到"。

（4）在"可用加载宏"框中，执行以下操作：要加载分析工具库，请选择"分析工具库"复选框，然后单击"确定"。要令分析工具库包括 Visual Basic for Applications（应用程序用 VB 语言，VBA）功能，请选中"分析工具库-VBA"复选框，再单击"确定"，如图9-12所示。

（5）如果显示一条消息指示您的计算机上当前未安装分析工具库，请单击"是"进行安装。

加载分析工具库之后，可从"数据"选项卡的"分析"组中使用"数据分析"命令。

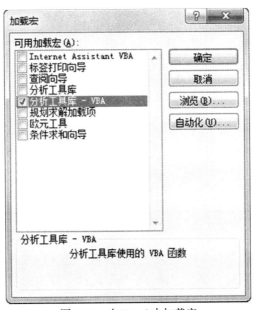

图 9-12　在 Excel 中加载宏

第二步，将要分析的数据输入 Excel 中，如图9-13所示。

	A	B	C	D	E	F	G	H	I	J	K	L
1												
2												
3		3.68	3.46	3.43	3.54	3.54	3.47	3.45	3.48	3.51	3.53	
4		3.52	3.51	3.5	3.52	3.51	3.63	3.64	3.49	3.45	3.58	
5		3.56	3.57	3.53	3.46	3.61	3.5	3.45	3.49	3.6	3.48	
6		3.54	3.55	3.53	3.54	3.48	3.65	3.49	3.58	3.57	3.47	
7		3.51	3.57	3.54	3.5	3.54	3.52	3.54	3.6	3.59	3.5	
8		3.58	3.46	3.5	3.49	3.47	3.51	3.46	3.46	3.53	3.52	
9		3.49	3.62	3.53	3.46	3.54	3.5	3.56	3.6	3.48	3.58	
10		3.5	3.53	3.49	3.52	3.53	3.53	3.49	3.51	3.54	3.51	
11		3.54	3.53	3.54	3.53	3.6	3.61	3.52	3.57	3.51	3.39	
12		3.44	3.49	3.46	3.59	3.58	3.53	3.58	3.47	3.51	3.54	
13												

图 9-13   在 Excel 中输入数据

第三步，利用 Excel 提供的函数，计算该组数据的最大值、最小值；数据测量单位为0.01，因此计算得到 $h=0.03$；由此，第一组下限值为"最小值"减去测量单位0.01的1/2；第一组上限值为第一组下限值加 h。这样利用 Excel，就可以得到如图9-14所示的数据。

最大值	3.68
最小值	3.39
测量单位	0.01
h	0.03
第一组下限值	3.385
第一组上限值	3.415
组中心值	3.40

组号	组下限	组上限	组中心值	频数
1	3.385	3.415	3.40	
2	3.415	3.445	3.43	
3	3.445	3.475	3.46	
4	3.475	3.505	3.49	
5	3.505	3.535	3.52	
6	3.535	3.565	3.55	
7	3.565	3.595	3.58	
8	3.595	3.625	3.61	
9	3.625	3.655	3.64	
10	3.655	3.685	3.67	

图 9-14   完成组上下限和中心值的计算

第四步，点击 Excel 菜单中的数据→数据分析，选择直方图。在直方图对话框中，"输入区域"选择原始数据表格，"接收区域"选择计算出的组上限，"输出区域"可以任意点选空白区域，并选择"图表输出"，如图9-15所示。完成后点击"确定"，得到初步的输出图表如图9-16所示。

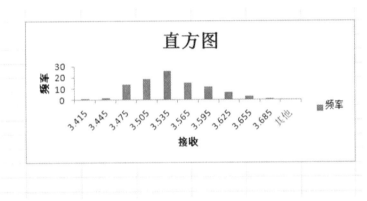

图 9-15　设置图表输出

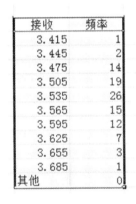

图 9-16　初步的输出结果

　　第五步，采用绘制排列图一样的美化图形方法，对初步的输出图形进行格式修改，最终绘制的直方图如图9-11所示。

9.7.4　直方图常见类型

　　（1）标准型（对称型）。数据的平均值与最大和最小值的中间值相同或接近，平均值附近的数据频数最多，频数从中间向两边缓慢下降，并且以平均值左右对称。这种形状最为常见。

　　（2）锯齿型。做频数分布表时，如分组过多，会出现此种形状。另外，当测量方法有问题或读错测量数据时，也会出现这种形状。

　　（3）偏态型。数据的平均值位于中间值的左侧（或右侧），从左至右（或从右至左），数据分布的频数增加后突然减少，形状不对称。

　　（4）平顶型。当几种平均值分布混在一起，或某种要素缓慢变化时，常出现这种形状。

（5）双峰型。靠近直方图中间值的频数较少，两侧各有一个"峰"。当有两种不同的相差大的平均值的分布混在一起时，常出现这种形状。

（6）孤岛型。在标准型的直方图的一侧有一个"小岛"。出现这种情况是夹杂了其他分布的少量数据，如工序异常、测量错误或混有另一分布的少量数据。

图9-17给出了直方图各种类型的形状。

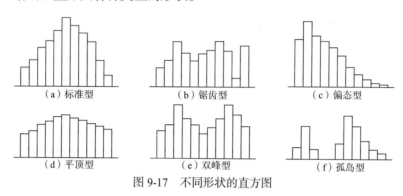

图 9-17　不同形状的直方图

9.8　散布图法

9.8.1　概念

散布图是通过分析研究两种因素的数据关系，来控制影响产品质量相关因素的一种有效方法。

在实际生产中，往往是一些变量共处于一个统一体中，它们相互联系、相互制约。有些变量之间既存在密切关系，但又不能由一个（或几个）变量的数值精确地求出另一个变量的数值，这类变量的关系为相关关系。这种相关关系一般可为：原因与结果的关系，如加工工艺对质量特性的影响；结果与结果的关系，即特性与特性之间的关系，如钢材的强度与硬度的关系；原因与原因的关系，即形成某种质量特性的两个原因之间的关系，如影响某零件装配的该零件尺寸和光洁度之间的关系。这种关系可用散布图来描述。

9.8.2　散布图的作图步骤

第一步，确定研究对象。研究对象的选定，可以是质量特性值与因素之间的关系，也可以是质量特性值之间的关系或因素与因素之间的关系。这里，通过分析研究合成纤维的强度（y）与拉伸倍数（x）的关系来研究散布图的做法。

第二步，收集数据。一般需要收集成对数据30组以上，同时要记录收集数据的日期、取样方法、测定方法等有关事项。数据排列见表9-8。

第三步，画出横坐标 x 与纵坐标 y，添上特性值标度。一般横坐标表示原因特性，纵坐标表示结果特性。进行坐标轴的标度时，应先求出数据 x 与 y 的各自最大值与最小

表 9-8　纤维的拉伸倍数与强度的关系

编号	x	y	$x \times x$	$y \times y$	$x \times y$
1	1.9	1.4	3.61	1.96	2.66
2	2	1.3	4	1.69	2.6
3	2.1	1.8	4.41	3.24	3.78
4	2.5	2.5	6.25	6.25	6.25
5	2.7	2.8	7.29	7.84	7.56
6	2.7	2.5	7.29	6.25	6.75
7	3.5	3	12.25	9	10.5
8	3.5	2.7	12.25	7.29	9.45
9	4	4	16	16	16
10	4	3.5	16	12.25	14
11	4.5	4.2	20.25	17.64	18.9
12	4.6	3.5	21.16	12.25	16.1
13	5	5.5	25	30.25	27.5
14	5.2	5	27.04	25	26
15	6	5.5	36	30.25	33
16	6.3	6.4	39.69	40.96	40.32
17	6.5	6	42.25	36	39
18	7.1	5.3	50.41	28.09	37.63
19	8	6.5	64	42.25	52
20	8	7	64	49	56
21	8.9	8.5	79.21	72.25	75.65
22	9	8	81	64	72
23	9.5	8.1	90.25	65.61	76.95
24	10	8.1	100	65.61	81

值。划分间距的原则是：应使 x 最小值至最大值的距离，大致等于 y 最小值至最大值的距离。其目的是避免散布图作法不合适而导致的判断错误。

第四步，根据数据画出坐标点。按 x 与 y 数据分别在横、纵坐标上取对应值，然后分别引出平行于 y 轴与 x 轴的平行线，其交点即为所求的坐标点。如图9-18所示。

9.8.3　散布图作图注意事项

（1）做散布图时，要注意对数据进行正确的分层，否则可能做出错误的判断。

（2）对明显偏离群体的数据点，要查明原因，对被确定为异常的数据点要剔除。

（3）当收集的数据较多时，难免出现重复数据。在作图时，为了表示这种情况，通常在数据点的右上方标明重复次数。

（4）由相关分析所得的结论，仅适用于试验的取值范围内，不能随意扩大适用范围。在取值范围不同时，须重新做相应的试验与分析。

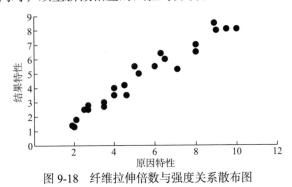

图 9-18　纤维拉伸倍数与强度关系散布图

9.8.4　相关系数

当散布图上的点散布在一条直线附近时，我们可以用一个统计量去刻画其接近的程度。这个统计量便是样本相关系数。

设质量特性向量的观察值为（x，y），…，（x_i，y_i），则相关系数 r 的定义为

$$r = \frac{\sum(x_i - \overline{x})(y_i - \overline{y})}{\sqrt{\sum(x_i - \overline{x})^2 \sum(y_i - \overline{y})^2}}$$

如果记：

$$L_{xx} = \sum(x_i - \overline{x})^2 = \sum x_i^2 - (\sum x_i)^2 / n$$
$$L_{yy} = \sum(y_i - \overline{y})^2 = \sum y_i^2 - (\sum y_i)^2 / n$$
$$L_{xy} = \sum(x_i - \overline{x})(y_i - \overline{y}) = \sum x_i y_i - (\sum x_i)(\sum y_i) / n$$

则

$$r = \frac{L_{xy}}{\sqrt{L_{xx} L_{yy}}}$$

相关系数 r 在 -1 和 1 之间取值（即 $|r| \leqslant 1$）。在 x 增加 y 也随之增加时，$r>0$，此时称正相关；在 x 增加 y 随之减少时，$r<0$，此时是负相关。r 的绝对值越接近于 1，表明 x 与 y 越接近线性关系。如果 r 接近或等于 0，可认为 x 与 y 之间没有线性关系。根据表9-8，可以计算出 $r=0.976$，可知 x 与 y 为接近线性的正相关。

■ 9.9　案例研讨

9.9.1　企业简介

中冶南方工程技术有限公司（简称中冶南方）是由中国冶金科工股份有限公司控股

的高新企业，注册资本32.7亿元，主要从事钢铁、环保、市政、建筑工程咨询、设计和工程总承包；硅钢、机械、电器、热工产品制造；清洁能源、节能环保、工业气体项目的投资、建设、运营等①。

中冶南方有多年研发、工程咨询、工程设计、项目管理的经验和完善的服务体系，始终与世界先进技术同步，并通过自主创新实现技术和装备的国产化，建有"国家钢铁生产能效优化工程技术研究中心"和国家认定的企业技术中心，设有博士后工作站，拥有中试、制造基地，获得国家、省部级优秀工程设计奖、发明奖、科技进步奖500余项，完成国家重大科研课题10余项，拥有千余项专有技术、专利技术。在全国勘察设计企业综合实力百强评选和全国勘察设计企业营业收入排序中，一直位居前列。

中冶南方汇聚了一大批专业技术人才，拥有国家工程勘察设计大师2人，高级职称技术人员占35%以上，分别为工艺、设备、自动化、能源动力、规划、土建、经济等24个专业的技术专家；设有7个专业设计室、11个事业部（所）、1个技术研究院等，主办国家核心科技期刊《炼铁》。

截至2012年，中冶南方以创建国际一流工程公司为目标，承担并完成了数百项国家重点工程设计、设备成套和工程总承包项目，能够为冶金、环保、城建等领域的客户提供专业、增值的服务，获得国家科学技术进步奖一等奖的鞍钢1780毫米大型宽带钢冷轧生产线工艺装备技术国内自主集成与创新，获得国家科学技术进步奖二等奖的降低薄带钢生产消耗的关键技术，获得全国优秀工程设计"金奖"的宝钢1550毫米冷轧工程、武汉钢铁集团公司第二硅钢片厂工程、马钢股份公司"十一五"技术改造和结构调整500万吨/年钢铁联合工程，获得全国优秀工程总承包项目"金钥匙"奖的涟钢2200立方米高炉总承包工程、马钢冷轧带钢后工序加工工程等为代表的一大批项目建成投产，成为冶金、环保领域最重要的工程承包商和技术服务商。

中冶南方在质量管理实践中，充分利用各种质量管理工具，帮助企业实现有效的质量管理，下面以中冶南方管理实践中的排列图与因果图在设计变更管理中的综合应用为例，说明企业如何将质量管理工具应用到企业实践。

9.9.2 质量管理工具在设计变更管理中的应用②

设计变更是指设计文件确认后由于种种原因对原设计内容进行的修改。一般以设计变更通知单的形式发出。变更的原因有多方面，如业主要求对原设计调整、设计错误或遗漏、使用材料改变等。设计变更的出现对工程的进度、费用、质量的控制都会造成一定影响。因此，十分有必要对设计变更的原因进行分析，找出薄弱环节，采取针对性措施，减少工程项目的变更量。质量改进是质量管理的一部分，致力于增强满足质量要求的能力，从而不断提高顾客满意度，有常用新老七种工具与技术。针对上述的变更问题，质量改进中常用的定量和定性的工具与技术，通过数据统计分析、识别症状、分析原因，能够很好地找出问题发生的主要原因，从而寻找措施来促进问题的解决。

下面用排列图与因果图相结合对设计变更进行统计和原因分析。

1. 排列图分析

按照排列图的制作步骤，数据选取10个完工的项目，统计总图质量和变更通知单数量，如表9-9。统计10个项目的各变更原因类型的数量，并按数量从大到小进行排序，统计累计份数和累计比例，按变更单产生原因类型分类（表9-10）。

根据表9-10的数据，按标准排列图作图步骤可得出变更单产生原因排列图，如图9-19所示。

表 9-9　各项目变更单数量

序号	项目名称	总图质量（A1）	变更通知单数量/份	变更单发生率
1	JG 冷轧分项中厚板工程	4 693.505	84	1.79 份/100 A1
2	YC 新钢铁二期棒材生产线工程	4 117.4	63	1.53 份/100 A1
3	SG 二炼钢 3#转炉连铸工程总承包	2 819.65	38	1.35 份/100 A1
4	ZY 冷轧新材料技术有限公司总承包	13 616.75	28	0.21 份/100 A1
5	YC 新钢铁有限公司 1 号 1250 立方米高炉工程	3 893.125	20	0.51 份/100 A1
6	TG 冷轧板有限公司冷轧无取向硅钢工程	13 063.63	14	0.11 份/100 A1
7	SG1 号高炉大修改造工程	2 171.005	10	0.46 份/100 A1
8	HL 板材横切及热处理工程	2 496.025	9	0.36 份/100 A1
9	LG 新建 2#3000 米³/小时氧气站工程	808.375	6	0.74 份/100 A1
10	YC 二期公辅设施	786.25	6	0.76 份/100 A1
	合计	48 465.72	278	0.57 份/100 A1

注：A1 表示总图质量

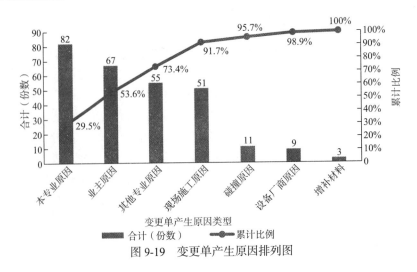

图 9-19　变更单产生原因排列图

表 9-10　变更原因统计

序号	变更单产生原因类型	合计（份数）	累计（份数）	比例	累计比例
1	本专业原因	82	82	29.5%	29.5%
2	业主原因	67	149	24.1%	53.6%
3	其他专业原因	55	204	19.8%	73.4%
4	现场施工原因	51	255	18.3%	91.7%
5	碰撞原因	11	266	4.0%	95.7%
6	设备厂商原因	9	275	3.2%	98.9%
7	增补材料	3	278	1.1%	100%
	合计	278		100%	

各项原因合计分数从高到低排列，如图9-19所示。根据排列图关注"关键的少数"的原理，把累计比例为0～80%的因素记为 A 类因素，也即主要因素；在80%～90%的因素记为 B 类因素，也即次要因素；在90%～100%的因素记为 C 类因素，也即一般因素。由图9-20可以看出，本专业原因、业主原因、其他专业原因为 A 类因素。从大类上看，A 类因素为变更单产生的主要原因，需重点关注。

2．因果图分析

根据上述分析，使用排列图产生设计变更的"关键的少数"原因为：本专业原因、业主原因、其他专业原因。对本专业原因，采用因果图分析方法进行因果分析。按设计人、设计方法、设计过程控制、设计接口四个层次进行分析。由图9-20可以看出，对于设计人有马虎大意、专业技能欠缺两个原因；对于设计方法有设计工具落后、设计理念欠缺原因；对于设计过程控制有设计输入控制不到位、设计评审不到位、设计验证不到位原因；对于设计接口有未进行会审会签和上下游任务传递不畅原因。从而得出末端原因有惩罚措施不到位、专业培训不够、三维设计运用不足、检查不到位等原因。

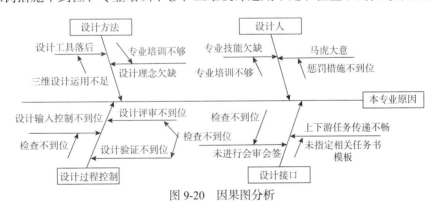

图 9-20　因果图分析

9.9.3　结论

本案例应用排列图方法对选取的10个项目进行了统计分析，得出引起变更的主要原因从大类上主要有本专业原因、业主原因、其他专业原因等。针对本专业原因采用因果图方法得出末端原因有：惩罚措施不到位、专业培训不够、三维设计运用不足、检查不到位等原因。相关部门可从分析出的原因着手，积极采取针对性的措施，制定相应惩罚措施、加强专业培训，积极采用三维设计，加大检查力度，同时加强对变更过程的审批和实施的管理，从而控制变更，提升设计质量和水平，最终提升企业管理和效益水平。

 研讨

（1）结合中冶南方的案例，思考排列图和因果图的适用时机和适用范围。

（2）结合中冶南方的案例，试利用因果图分析导致"业主原因"的各种可能影响因素是什么。

> **本章小结**

本章介绍的简易质量管理工具包括头脑风暴法、亲和图法、分层法、排列图法、因果图法、检查表法、直方图法和散布图法。

头脑风暴法是一种在短时间内，让项目组成员想出大量想法，项目组成员运用集体智慧来激发新的任何可能想法产生的方法。

亲和图是用来组织和巩固散乱、大量的关于某一问题的语言、图形和视频等资料。这些资料一般会包括事实、意见、直觉和经验等。亲和图的输入资料经常就是头脑风暴会议的输出内容。

分层法是一种流程，用于对过程内资料的系统分层，再获得对过程结构的详细了解。分层法用于分解问题，找出主要原因，着手制订合理的行动方案或者对策。

排列图的主要原则是将至关重要的少数几类从许多琐碎的分类中区分出来，把主要精力集中于关键的类别。排列图提升了关注的优先顺序，它不鼓励过细地管理。

因果图是用来分析产生问题的所有可能原因，并选出最可能的原因，再验证主要原因和研究问题的因果关系，以采取合理的行动来解决问题（结果）。因果图的数据通常来自头脑风暴会议。

检查表法是以逻辑的形式收集数据。收集来的数据可以用于构建控制图、排列图或柱状图。

直方图法是从总体中随机抽取样本，将从样本中获得的数据进行整理，从而找出数据变化的规律，以便确定工序质量的好坏。

散布图法是一种通过分析两种因素的数据关系，来控制影响产品质量相关因素的方法。

📖 **进一步阅读文献**

陈炳权，王世芳. 1995. 质量管理学. 上海：上海科学技术文献出版社.

福斯特 S T. 2006. 质量管理—集成的方法. 2 版. 何桢译. 北京：中国人民大学出版社.

罗春龙. 2013. 质量改进工具在设计变更分析中的应用. 价值工程，32(16)：80.

欧阳明德. 1997. 质量管理——理论、标准与案例. 武汉：华中理工大学出版社.

张公绪. 1998. 新编质量管理学. 北京：高等教育出版社.

张公绪，孙静. 2005. 质量工程师手册. 北京：企业管理出版社.

钟朝嵩. 2008. 应用 Excel 的统计品管与解析. 广州：广东经济出版社.

周纪芗，茆诗松. 1999. 质量管理统计方法. 北京：中国统计出版社.

朱兰 J M. 1986. 质量管理. 北京：企业管理出版社.

Feigenbaum A V. 1983. Total Quality Control. New York：McGraw-Hill Book Company.

 思考题

1. 什么是排列图和因果图？它们有何用途？

2. 下面的数据是某钢铁厂轧钢车间的钢板厚度的测量值：

5.77	6.01	5.71	6.19	6.42	5.92	5.87	5.89	5.96	5.95
6.27	6.04	5.75	6.11	6.13	5.92	5.63	5.91	6.05	5.94
5.93	5.98	5.96	5.74	5.71	5.75	5.80	6.00	6.25	6.07
6.08	5.92	6.19	5.96	5.96	6.05	6.12	6.21	5.89	6.02

作直方图，并分析其形状。

3. 下面记录了36块产生质量问题的钢板原因：

线性伤痕	折　痕	皱　纹	线性伤痕	线性伤痕	线性伤痕
折　痕	皱　纹	轧压划痕	划　痕	重　皮	线性伤痕
重　皮	折　痕	线性伤痕	折　痕	线性伤痕	皱　纹
折　痕	线性伤痕	轧压划痕	耳　子	线性伤痕	皱　纹
折　痕	线性伤痕	皱　纹	折　痕	折　痕	线性伤痕
皱　纹	划　痕	线性伤痕	线性伤痕	轧压划痕	折　痕

作排列图，并指出产生质量问题的主要因素。

第 *10* 章

统计过程控制与诊断

导读

　　统计过程控制与诊断是质量管理的重要内容。统计过程控制可以判断过程的异常，及时发出警告。统计过程诊断是对过程进行监控与诊断。本章重点介绍了统计过程控制和统计过程诊断中的重要方法控制图及控制图的判稳准则和判异准则。此外，还介绍了过程能力（process capability）和过程能力指数（process capability index）。

　　为了保证预防原则的实现，20世纪20年代美国休哈特首创过程控制（process control）理论及监控过程的工具——控制图（control chart），现今统称之为统计过程控制（statistical process control，SPC）。而统计过程诊断（statistical process diagnosis，SPD）是利用统计技术对过程中的各个阶段进行监控与诊断，从而达到缩短诊断异常的时间，以便迅速采取纠正措施、减少损失、降低成本、保证产品质量的目的。统计过程诊断是统计过程控制的进一步发展。

10.1　产品质量的统计规律

　　产品质量具有波动性，产品质量的波动具有统计规律性，这是现代质量管理的基本观点之一。

　　产品质量具有波动性这一特点是人们经过不断实践才认识到的。人们一开始误认为：现在由机器来进行生产，生产的产品应该是一样的。随着测量理论与测量工具的进步，人类才终于认识到：尽管是机器生产，但产品质量特性值仍然具有波动性，公差制度的建立就是承认这点的一个标志。

　　根据来源的不同，质量因素可分为人、机、料、法、环五个方面。但从对产品质量的影响大小来分，质量因素可分为随机因素（random cause，也称偶然因素，简称偶因）

与异常因素（简称异因，也称为可查明因素（assignable cause）或系统因素（systematic cause））两类。偶因是过程固有的，始终存在，对质量的影响微小，但难以除去，如机床开动时的轻微振动等。异因则非过程固有，有时存在，有时不存在，对质量影响大，但不难除去，如车刀磨损等。

偶因引起质量的偶然波动（简称偶波），异因引起质量的异常波动（简称异波）。偶波是不可避免的，但对质量的影响微小，故可把它看作背景噪声而忽略。异波则不然，它对质量的影响大，且采取措施能够消除，故在过程中异波及异波的异因是我们注意的对象。一旦发生，就应该尽快找出，采取措施加以消除，并纳入标准化，保证它不再出现。

产品质量的波动也具有规律性，但它不是通常确定性现象的确定规律，而是具有随机现象的统计规律。对于随机现象通常应用分布来描述，从分布中可以知道波动的范围，以及出现大波动的可能性（概率）有多大，这就是统计规律。对于计量特性值，如长度、重量、时间、强度、纯度、成分等连续性数据，最常见的是正态分布（normal distribution），如图10-1所示。对于计件特性值，如特性测量的结果只有合格与不合格两种情形的离散性数据，最常见的是二项分布（binomial distribution）。对于计点特性值，如铸件的砂眼数、布匹上的疵点数、电视机的焊接不合格数等离散性数据，最常见的是泊松分布（Poisson distribution）。

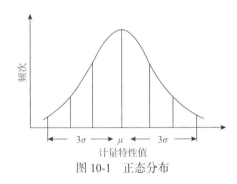

图 10-1 正态分布

10.2 控制图

10.2.1 控制图的基本概念

控制图又叫管理图。它是判断和预报生产过程中质量状况是否发生异常波动的一种有效的方法。控制图是在1924年由美国的休哈特首创。因为它用法简单、效果良好、便于掌握，逐渐成为质量管理中一种重要的工具。

过程质量特性值为X，通常为计量值数据，服从正态分布，即$X \sim N(\mu, \sigma^2)$。假设过程受控，μ、σ^2不随时间变化或基本上不随时间变化。对正态分布有

$$p[(\mu-3\sigma)<X<(\mu+3\sigma)]=0.9973$$

因此，可用3σ原则确定控制图的控制线（control lines）。若记中心线（central line）为 CL，上控制限（upper control limit）为 UCL，下控制限（lower control limit）为 LCL。则有

$$CL=\mu$$

$$UCL=\mu+3\sigma$$

$$LCL=\mu-3\sigma$$

图10-2便是一张控制图的示意图。

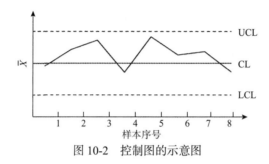

图 10-2　控制图的示意图

根据过程质量特性的数据统计特征，控制图可分为计量值控制图和计数值控制图两大类。根据国家标准 GB/T 17989.2—2020，常用的控制图类型如表10-1所示。

表 10-1　控制图类型

数据类型	分布	控制图名称	控制量	中心线	上下控制限	备注
计量	正态分布	均值—极差控制图	$\bar{X}$ R	$\bar{\bar{X}}$ $\bar{R}$	$\bar{\bar{X}}\pm A_2\bar{R}$ $D_4\bar{R},D_3\bar{R}$	估值得到的控制限
		均值—标准差控制图	$\bar{X}$ s	$\bar{\bar{X}}$ $\bar{s}$	$\bar{\bar{X}}\pm A_3\bar{s}$ $B_4\bar{s},B_3\bar{s}$	
		单值—移动极差控制图	X R_m	$\bar{X}$ $\bar{R}_m$	$\bar{X}\pm2.660\bar{R}_m$ $3.267\bar{R}_m,0$	
		中位数—极差控制图	$\tilde{X}$ R	$\bar{\tilde{X}}$ $\bar{R}$	$\bar{\tilde{X}}\pm A_4\bar{R}$ $D_4\bar{R},D_3\bar{R}$	
计件	二项分布	不合格品率控制图	p	$\bar{p}$	$\bar{p}\pm3\sqrt{\bar{p}(1-\bar{p})/n}$	标准值未给定
		不合格品数控制图	np	$n\bar{p}$	$n\bar{p}\pm\sqrt{n\bar{p}(1-\bar{p})}$	
计点	泊松分布	缺陷数控制图	c	$\bar{c}$	$\bar{c}\pm3\sqrt{\bar{c}}$	
		单位缺陷数控制图	u	$\bar{u}$	$\bar{u}\pm3\sqrt{\bar{u}/n}$	

10.2.2　$\bar{X}$—s 图

均值控制图主要用于判断生产过程中的均值是否处于或保持在所要求的统计控制状态，标准差控制图主要用于判断生产过程的标准差是否处于或保持在所要求的统计控制状态。这两张图通常一起用，因此称为均值—标准差控制图，记为 $\bar{X}$—s 图。

控制图的设计过程有以下步骤。

（1）收集数据。根据选定的特性值，按一定的时间间隔，抽取一个容量为 n 的样本，共取 k 个样本，一般要求 $k \geqslant 25, n=4,5$。

（2）计算每一个样本的均值与标准差。以 x_{ij} 表示第 i 个样本的第 j 个观察值，用 $\bar{X}_i$ 与 s_i 分别表示第 i 个样本的均值与标准差，即

$$\bar{X}_i = \frac{1}{n}\sum_{j=1}^{n} x_{ij}$$

$$s_i = \sqrt{\frac{1}{n-1}\sum_{j=1}^{n}(x_{ij} - \bar{x}_i)^2}$$

$$i=1,2,\cdots,k$$

（3）计算 k 个样本均值的均值与标准差的均值。这两个均值分别记为 $\bar{\bar{X}}$ 与 $\bar{s}$，即有

$$\bar{\bar{X}} = \sum_{i=1}^{k} \bar{X}_i / k$$

$$\bar{s} = \sum_{i=1}^{k} s_i / k$$

（4）计算 $\bar{X}$ 图与 s 图的上、下控制限。为了计算上、下控制限需要给出样本均值的标准差与标准差的标准差。根据 3σ 原则，$\bar{X}$ 图的上、下控制限为 $\bar{\bar{X}} \pm 3\sigma_{\bar{X}}$；根据正态分布理论，若 $\bar{X} \sim N(\mu, \sigma^2)$，则有 $\bar{X} \sim N(\mu, \sigma^2/n)$，故 $\sigma_{\bar{X}} = \sigma / \sqrt{n}$，由于 σ 未知，用其无偏估计 $\bar{s}/C_2^*$ 代替，C_2^* 由表10-2给出，则有 $\bar{X}$ 图的上下控制限为

$$\bar{\bar{X}} \pm 3\bar{s}/(C_2^*\sqrt{n}) = \bar{\bar{X}} \pm A_3\bar{s}$$

其中，$A_3 = \dfrac{3}{C_2^*\sqrt{n}}$。

s 图的上、下控制限为 $\bar{s} \pm 3\sigma_s$，经过计算得

$$\mathrm{Var}(s) = \sigma^2(1-(C_2^*)^2)$$

故

$$\sigma_s = \sigma\sqrt{1-(C_2^*)^2}$$

同样 σ 用其无偏估计 $\bar{s}/C_2^*$ 代替,则有

$$\bar{s} \pm 3\bar{s}\sqrt{1-(C_2^*)^2}/C_2^* = (1 \pm \frac{3\sqrt{1-(C_2^*)^2}}{C_2^*})\bar{s}$$

记 $B_3 = 1 - \frac{3\sqrt{1-(C_2^*)^2}}{C_2^*}$, $B_4 = 1 + \frac{3\sqrt{1-(C_2^*)^2}}{C_2^*}$, 则 s 图的上控制限为 $B_4\bar{s}$,下控制限为 $B_3\bar{s}$。若 $B_3<0$ 则用0代替。

以上 A_3、B_3、B_4 都是与样本容量 n 有关的常数,具体数值见表10-2。

表 10-2 $\bar{X}-s$ 图的系数表

样本大小	A_3	C_2^*	B_3	B_4
2	2.659	0.798	—	3.267
3	1.954	0.886	—	2.568
4	1.628	0.921	—	2.266
5	1.427	0.940	—	2.089
6	1.287	0.952	0.029	1.970
7	1.182	0.959	0.113	1.882
8	1.099	0.965	0.179	1.815
9	1.032	0.969	0.232	1.761
10	0.975	0.973	0.276	1.716
11	0.927	0.975	0.313	1.679
12	0.886	0.978	0.346	1.646
13	0.850	0.979	0.374	1.618
14	0.817	0.981	0.399	1.594
15	0.789	0.982	0.421	1.572

例10.1   某车间生产一种电阻,每隔一小时随机抽四个电阻测定其阻值(单位为千欧姆),这就得到一个样本,共抽取了25个样本(表10-3)。

表 10-3   原始数据表、均值和标准差

i	x_{i1}	x_{i2}	x_{i3}	x_{i4}	$\bar{X}_i$	s_i
1	81.86	81.61	82.98	81.33	81.945	0.723
2	82.09	81.06	80.48	80.07	80.925	0.876
3	81.21	82.77	79.95	80.72	81.163	1.191
4	81.23	80.61	81.68	82.13	81.413	0.649
5	83.20	82.50	82.37	80.54	82.153	1.135
6	82.68	82.48	82.96	82.12	82.560	0.353
7	80.17	81.83	81.12	81.41	81.133	0.705

续表

i	x_{i1}	x_{i2}	x_{i3}	x_{i4}	$\bar{X}_i$	s_i
8	80.40	81.60	85.00	83.80	82.700	2.082
9	80.69	80.49	82.16	84.29	81.908	1.754
10	82.72	82.12	81.77	81.60	82.053	0.495
11	80.98	81.33	81.60	80.70	81.153	0.394
12	80.42	82.20	80.13	80.24	80.748	0.976
13	82.11	82.13	83.22	82.17	82.408	0.542
14	82.40	81.41	82.93	83.13	82.468	0.769
15	81.55	80.91	81.31	82.43	81.550	0.643
16	81.32	80.12	81.23	80.38	80.763	0.602
17	81.39	80.85	80.60	80.93	80.943	0.330
18	81.37	83.12	80.39	81.81	81.673	1.133
19	82.62	82.06	81.49	80.92	81.773	0.732
20	79.76	81.17	81.24	79.54	80.428	0.903
21	81.06	82.06	82.76	82.46	82.085	0.741
22	82.55	83.53	82.94	81.89	82.728	0.688
23	83.33	80.33	80.36	80.67	81.173	1.447
24	81.17	81.33	82.57	80.87	81.485	0.748
25	81.60	79.88	81.69	81.79	81.240	0.910

在这个例子中，$n=4$，由表10-2可查得 $A_3=1.628$，$B_4=2.266$，B_3 为"—"，则 B_3 用0代替。由此可得下列数据（表10-4）。

表 10-4　$\bar{X}-s$ 图中心线和上下控制限的计算结果

指标	$\bar{X}$ 图	s 图
中心线	81.623	0.861
上控制限	$81.623+1.628\times0.861=83.025$	$2.266\times0.861=1.951$
下控制限	$81.623-1.628\times0.861=80.221$	0

在坐标纸上分别作 $\bar{X}$ 图与 s 图，$\bar{X}$ 图在上，s 图在下，纵坐标分别为 $\bar{X}$ 与 s，横坐标为样本序号，用实线表示 CL，用虚线表示上控制限（UCL）与下控制限（LCL）（图10-3）。然后把各个样本的 $\bar{X}_i$ 与 s_i 的值分别依次点在 $\bar{X}$ 图与 s 图上。

也可以利用 Microsoft Office 中的 Excel 软件绘制 $\bar{X}-s$ 图，步骤如下。

第一步：将原始数据输入 Excel 中，并利用软件提供的计算均值函数"AVERAGE"

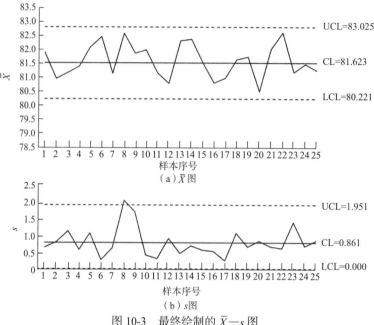

图 10-3　最终绘制的 $\bar{X}$—s 图

和计算标准差函数 "STDEV" 分别计算得到每组原始数据的均值和标准差，结果如表10-3所示。

　　第二步：利用公式计算得到 $\bar{X}$ 图和 s 图的中心线，上下控制限值，结果如表10-4所示。

　　第三步：将计算得到的数据以图10-4所示的样式输入 Excel 中。

	i	x_{i1}	x_{i2}	x_{i3}	x_{i4}	$\bar{X}_i$	s_i	$\bar{X}$图	CL	UCL	LCL	s图	CL	UCL	LCL	
1	1	81.860	81.610	82.980	81.330	81.945	0.723		81.623	83.025	80.221		0.861	1.951	0.000	
2	2	82.090	81.060	80.480	80.070	80.925	0.876		81.623	83.025	80.221		0.861	1.951	0.000	
3	3	81.210	82.770	79.950	80.720	81.163	1.191		81.623	83.025	80.221		0.861	1.951	0.000	
4	4	81.230	80.610	81.680	82.130	81.413	0.649		81.623	83.025	80.221		0.861	1.951	0.000	
5	5	83.200	82.500	82.370	80.540	82.153	1.135		81.623	83.025	80.221		0.861	1.951	0.000	
6	6	82.680	82.480	82.960	82.120	82.560	0.353		81.623	83.025	80.221		0.861	1.951	0.000	
7	7	80.170	81.830	81.120	81.410	81.133	0.705		81.623	83.025	80.221		0.861	1.951	0.000	
8	8	80.400	81.600	85.000	83.800	82.700	2.082		81.623	83.025	80.221		0.861	1.951	0.000	
9	9	80.690	80.490	82.160	84.290	81.908	1.754		81.623	83.025	80.221		0.861	1.951	0.000	
10	10	82.720	82.120	81.770	81.600	82.053	0.495		81.623	83.025	80.221		0.861	1.951	0.000	
11	11	80.980	81.330	81.600	80.700	81.153	0.394		81.623	83.025	80.221		0.861	1.951	0.000	
12	12	80.420	82.200	80.240	80.240	80.748	0.976		81.623	83.025	80.221		0.861	1.951	0.000	
13	13	82.110	82.130	83.220	82.170	82.408	0.542		81.623	83.025	80.221		0.861	1.951	0.000	
14	14	82.400	81.410	82.930	83.130	82.468	0.769		81.623	83.025	80.221		0.861	1.951	0.000	
15	15	81.550	80.910	81.310	82.430	81.550	0.643		81.623	83.025	80.221		0.861	1.951	0.000	
16	16	81.320	80.120	81.230	80.380	80.763	0.602		81.623	83.025	80.221		0.861	1.951	0.000	
17	17	81.390	80.850	80.600	80.930	80.943	0.330		81.623	83.025	80.221		0.861	1.951	0.000	
18	18	81.370	83.120	80.390	81.810	81.673	1.133		81.623	83.025	80.221		0.861	1.951	0.000	
19	19	82.620	82.060	81.490	80.920	81.773	0.732		81.623	83.025	80.221		0.861	1.951	0.000	
20	20	79.760	81.170	81.240	79.540	80.428	0.903		81.623	83.025	80.221		0.861	1.951	0.000	
21	21	81.060	82.060	82.760	82.460	82.085	0.741		81.623	83.025	80.221		0.861	1.951	0.000	
22	22	82.550	83.530	82.940	81.890	82.728	0.688		81.623	83.025	80.221		0.861	1.951	0.000	
23	23	83.330	80.330	80.360	80.670	81.173	1.447		81.623	83.025	80.221		0.861	1.951	0.000	
24	24	81.170	81.330	82.570	80.870	81.485	0.748		81.623	83.025	80.221		0.861	1.951	0.000	
25	25	81.600	79.880	81.690	81.790	81.240	0.910		81.623	83.025	80.221		0.861	1.951	0.000	

Sheet1　(+)

图 10-4　在 Excel 中输入原始数据

　　第四步：绘制 $\bar{X}$ 图控制图时，同时选择 $\bar{X}_i$、CL、UCL、LCL 四列数据，在菜单中选择插入折线图，得到如图10-5所示的结果。

　　第五步：对获得的图形进行格式修改后，可以得到图10-6所示的图形。

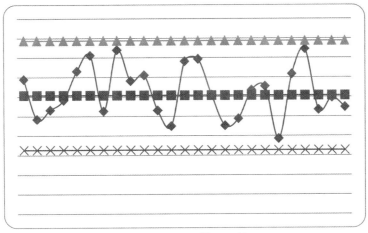

图 10-5　初步的 $\bar{X}$ 图控制图

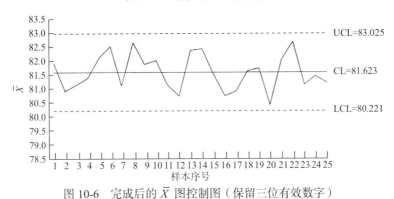

图 10-6　完成后的 $\bar{X}$ 图控制图（保留三位有效数字）

运用同样的方法可以得到 s 图控制图。

10.2.3　$\bar{X}$—R 图

将 $\bar{X}$—s 图中的 s 图用极差控制图（R 图）代替，即得 $\bar{X}$—R 图（均值—极差控制图），这里用极差控制图来判断生产过程的波动是否处于或保持在所要的统计控制状态，把 $\bar{X}$ 图与 R 图一起用，就称为 $\bar{X}$—R 图。

$\bar{X}$—R 图的设计过程如下。

（1）收集数据同 $\bar{X}$—s 图。

（2）计算每一个样本的均值与极差。以 x_{ij} 表示第 i 个样本第 j 个观察值，用 $\bar{X}_i$ 与 R_i 分别表示第 i 个样本的均值与极差。

（3）计算 k 个样本的均值与极差的均值这两个均值，分别记为 $\bar{\bar{X}}$ 与 $\bar{R}$，即

$$\bar{\bar{X}} = \sum_{i=1}^{k} \bar{X}_i / k$$

$$\overline{R} = \sum_{i=1}^{k} R_i / k$$

（4）计算 $\overline{X}$ 图与 R 图的上、下控制限。根据正态分布的性质，可知：

$$\text{Var}(\overline{X}) = \sigma^2 / n$$

$$\text{Var}(R) = \sigma^2 \upsilon_n^2$$

又由于 $E(R) = d_2 \sigma$，可知 $\overline{R} / d_2$ 是 σ 的无偏估计，可以用 $\overline{R} / d_2$ 来代替 σ，这里 d_2 与 υ_n 都是通过数值积分求出的与 n 有关的常数，则有

$$\hat{\sigma}_{\overline{X}} = \frac{\overline{R}}{d_2 \sqrt{n}}$$

$$\hat{\sigma}_{R} = \frac{\overline{R} \upsilon_n}{d_2}$$

由 3σ 原则，有

$$\overline{\overline{X}} \pm 3\hat{\sigma}_{\overline{X}} = \overline{\overline{X}} \pm 3\frac{\overline{R}}{d_2 \sqrt{n}} = \overline{\overline{X}} \pm A_2 \overline{R}$$

$$\overline{R} \pm 3\hat{\sigma}_{R} = \overline{R} \pm 3\frac{\overline{R}\upsilon_n}{d_2} = (1 \pm 3\frac{\upsilon_n}{d_2})\overline{R}$$

综上所述，可得表10-5。

表 10-5　$\overline{X}$ — R 图计算

指标	$\overline{X}$ 图	R 图
中心线	$\overline{\overline{X}}$	$\overline{R}$
上控制限	$\overline{\overline{X}} + A_2 \overline{R}$	$D_4 \overline{R}$
下控制限	$\overline{\overline{X}} - A_2 \overline{R}$	$D_3 \overline{R}$

其中，$A_2 = \dfrac{3}{d_2 \sqrt{n}}$，$D_3 = 1 - \dfrac{3\upsilon_n}{d_2}$，$D_4 = 1 + \dfrac{3\upsilon_n}{d_2}$。它们都是与样本容量 n 有关的常数，见表 10-6。

表 10-6　$\overline{X}$ — R 图的系数表

样本大小	A_2	d_2	D_3	D_4
2	1.880	1.128	—	3.267
3	1.023	1.693	—	2.575

续表

样本大小	A_2	d_2	D_3	D_4
4	0.729	2.059	—	2.282
5	0.579	2.326	—	2.115
6	0.483	2.534	—	2.004
7	0.419	2.704	0.076	1.924
8	0.373	2.847	0.136	1.864
9	0.337	2.970	0.184	1.816
10	0.308	3.038	0.223	1.777

例10.2 某工序在过程能力充足条件下,测得数据见表10-7,要求设计$\bar{X}$—R图的控制限。

表 10-7 原始数据表、均值和极差

序号	x_{i1}	x_{i2}	x_{i3}	x_{i4}	x_{i5}	$\bar{X}$	R
1	13.2	13.3	12.7	13.4	12.1	12.94	1.3
2	13.5	12.8	13	12.8	12.4	12.90	1.1
3	13.9	12.4	13.3	13.1	13.2	13.18	1.5
4	13	13	12.1	12.2	13.3	12.72	1.2
5	13.7	12	12.5	12.4	12.4	12.60	1.7
6	13.9	12.1	12.7	13.4	13	13.02	1.8
7	13.4	13.6	13	12.4	13.5	13.18	1.2
8	14.4	12.4	12.2	12.4	12.5	12.78	2.2
9	13.3	12.4	12.6	12.9	12.8	12.80	0.9
10	13.3	12.8	13	13	13.1	13.04	0.5
11	13.6	12.5	13.3	13.5	12.8	13.14	1.1
12	13.4	13.3	12	13	13.1	12.96	1.4
13	13.9	13.1	13.5	12.6	12.6	13.14	1.3
14	14.2	12.7	12.9	12.9	12.5	13.04	1.7
15	13.6	12.6	12.4	12.5	12.2	12.66	1.4
16	14	13.2	12.4	13	13	13.12	1.6
17	13.1	12.9	13.5	12.3	12.8	12.92	1.2
18	14.6	13.7	13.4	12.2	12.5	13.28	2.4
19	13.9	13	13	13.2	12.6	13.14	1.3
20	13.3	12.7	12.6	12.8	12.7	12.82	0.7

从表10-6查得，当 $n=5$ 时，$A_2=0.579$，$D_4=2.115$，D_3 为 "—"，则 D_3 用0代替。由此可得下列数据（表10-8）。

表 10-8　$\bar{X} — R$ 控制图中心线和上、下控制限的计算结果

指标	$\bar{X}$ 图	R 图
中心线	12.97	1.375
上控制限	$12.97+0.579 \times 1.375=13.766$	$2.115 \times 1.375=2.908$
下控制限	$12.97-0.579 \times 1.375=12.174$	0

10.2.4　$\tilde{X} — R$ 图

用 $\tilde{X}$ 表示样本组的中位数。在 $\tilde{X}—R$ 图中，以 $\tilde{X}$ 代替 $\bar{X}$ 就得到 $\tilde{X}—R$ 图。对正态分布总体均值 μ 而言，$\bar{X}$ 或 $\tilde{X}$ 皆是 μ 的无偏估计，但 $\sigma_{\tilde{X}} > \sigma_{\bar{X}}$，故用中位数估计总体时，精确度降低。若要达到同样精度，用中位数就要有较大的样本量。可是，中位数易得，不必进行任何计算。加之，中位数不受样本两端异常数值的影响而较稳定。故 $\tilde{X}$ 在一些企业的工序控制上得到广泛应用。

（1）收集数据。方法同 $\bar{X}—R$ 图，以 x_{ij} 表示第 i 个样本的第 j 个观察值，$i=1,2,\cdots,k$，$j=1,2,\cdots,n$，通常要求 $k \geq 25$。

（2）计算 k 个样本的中位数的均值与极差的均值，分别记为 $\bar{\tilde{X}}$ 与 $\bar{R}$，即

$$\bar{\tilde{X}} = \frac{1}{k} \sum_{i=1}^{k} \tilde{X}_i$$

$$\bar{R} = \frac{1}{k} \sum_{i=1}^{k} R_i$$

这便是控制图的中心线。

（3）计算 $\tilde{X}$ 图与 R 图的上、下控制限，在正态分布场合，有

$$E(\tilde{X}) = \mu, \qquad \mathrm{Var}(\tilde{X}) = m_n^2 \sigma^2 / n$$

$$E(R) = d_2 \sigma, \qquad \mathrm{Var}(R) = \sigma^2 \upsilon_n^2$$

由于 σ 通常是未知的，所以用其无偏估计 $\bar{R} / d_2$ 代替。这样就得到 $\tilde{X}$ 与 R 的标准差估计：

$$\hat{\sigma}_{\tilde{X}} = \frac{m_n \bar{R}}{d_2 \sqrt{n}}$$

$$\hat{\sigma}_R = \frac{\bar{R} \upsilon_n}{d_2}$$

因而有

$$\bar{\bar{X}} \pm 3\hat{\sigma}_{\bar{X}} = \bar{\bar{X}} \pm 3\frac{m_n \bar{R}}{d_2 \sqrt{n}} = \bar{\bar{X}} \pm A_4 \bar{R}$$

$$\bar{R} \pm 3\hat{\sigma}_R = \bar{R} \pm 3\frac{\bar{R}\upsilon_n}{d_2} = (1 \pm \frac{3\upsilon_n}{d_2})\bar{R}$$

其中，$A_4 = \dfrac{3m_n}{d_2\sqrt{n}}$。

综上所述可得表10-9。

表 10-9 $\tilde{X} - R$ 图中心线和上下控制限的计算

指标	$\tilde{X}$ 图	R 图
中心线	$\bar{\tilde{X}}$	$\bar{R}$
上控制限	$\bar{\tilde{X}} + A_4\bar{R}$	$D_4\bar{R}$
下控制限	$\bar{\tilde{X}} - A_4\bar{R}$	$D_3\bar{R}$

A_4、d_2、D_3、D_4 可由表10-10查出。

表 10-10 $\tilde{X} - R$ 图的系数表

样本大小	A_4	d_2	D_3	D_4
2	1.880	1.128	—	3.267
3	1.187	1.693	—	2.575
4	0.796	2.059	—	2.282
5	0.691	2.326	—	2.115
6	0.549	2.534	—	2.004
7	0.509	2.704	0.076	1.924
8	0.432	2.847	0.136	1.864
9	0.412	2.970	0.184	1.816
10	0.363	3.038	0.223	1.777

10.2.5 $X - R_m$ 图

X 图，只有一个测量值，适用于单件加工时间较长的工序，也适用于在一较长的抽样间隔内只能获得一个观察值的情形，如生产成本、生产效率等，或当生产过程质量均匀的场合，如液体的浓度等，每次只需测一个值时，这里的单值是指每次所得的一个测量值，R_m 是指相邻两次观察值差的绝对值，也即两个数据的极差。

控制图的设计过程包括以下几点。

（1）收集数据。现在的数据仅为：$x_1, x_2, \cdots, x_k$，通常要求 $k \geq 25$，记移动极差为 $R_{mi} = |x_i - x_{i-1}|$，$i = 2, 3, \cdots, k$。

（2）计算 k 个样本的均值与移动极差的均值：

$$\bar{X} = \frac{1}{k}\sum_{i=1}^{k} x_i$$

$$\bar{R}_m = \frac{1}{k-1}\sum_{i=2}^{k} R_{mi}$$

（3）计算 X 图和 R_m 图的上下控制限。现在的 R_m 是样本容量为2的极差，所以，$E(R_m) = d_2\sigma$，$d_2 = 1.128$，$\mathrm{Var}(R_m) = \upsilon_2^2 \sigma^2$，$\upsilon_2 = 0.853$，故有

$$E(R_m) = 1.128\sigma, \quad \mathrm{Var}(X) = \sigma^2, \quad \mathrm{Var}(R_m) = 0.853^2 \times \sigma^2$$

所以 σ 可以用下式估计：

$$\hat{\sigma} = \bar{R}_m / 1.128 = 0.8865\bar{R}_m$$

$$\hat{\sigma}_X = \hat{\sigma} = 0.8865\bar{R}_m, \quad \hat{\sigma}_{R_m} = 0.853\hat{\sigma} = 0.853 \times 0.8865\bar{R}_m = 0.756\bar{R}_m$$

综上所述 X—R_m 图的控制限如表10-11所示。

表 10-11　X — R_m 图中心线和上下控制限的计算

指标	X 图	R_m 图
中心线	$\bar{X}$	$\bar{R}_m$
上控制限	$\bar{X} + 2.660\bar{R}_m$	$3.267\bar{R}_m$
下控制限	$\bar{X} - 2.660\bar{R}_m$	不考虑

10.3　计件控制图

有些过程质量特性只能区分合格与不合格，如外形、色泽、缺陷等；或者虽然是计量值数据，但由于经济性和检测效率的原因，常常按合格与不合格处理，因此必须用计件值控制图。这种图的优点在于无须专门收集数据，仅用质量记录、统计报表提供的信息，就可以节省大量费用和时间。

10.3.1　p 图

p 图用于判断生产过程中的不合格品率是否处于或保持在所要求的水平，记为 p 图。

p 图的设计过程如下。

（1）收集数据。按事先规定的抽样间隔，抽取 k 个样本，每一个样本的容量可以相同，但一般要求 $k \geqslant 25$，每一个样本的容量通常在100以上。

（2）计算每一个样本的不合格率。以 n 表示样本的容量，以 d_i 表示第 i 个样本的不合格品数，由此计算第 i 个样本的不合格品率。

$$p_i = d_i / n , \quad i=1,2,\cdots,k$$

（3）计算 k 个样本的总不合格品率 $\bar{p}$，得

$$\bar{p} = \frac{\sum_{i=1}^{k} d_i}{kn}$$

这便是 p 图的中心线。

（4）计算 p 图的上、下控制限。通常用 $\bar{p}$ 估计 p，这样得到的 p 图的中心线及上下控制限如表10-12所示。

表 10-12　p 图中心线和上下控制限的计算

中心线	$\bar{p}$
上控制限	$\bar{p}+3\sqrt{\bar{p}(1-\bar{p})/n}$
下控制限	$\bar{p}-3\sqrt{\bar{p}(1-\bar{p})/n}$

当样本容量不同时控制界限将不同。以 n_i 表示第 i 个样本的容量，其控制限如表 10-13 所示。

表 10-13　样本容量不同时 p 图中心线和上下控制限的近似计算

中心线	$\bar{p}$
上控制限	$\bar{p}+3\sqrt{\bar{p}(1-\bar{p})/\bar{n_i}}$
下控制限	$\bar{p}-3\sqrt{\bar{p}(1-\bar{p})/\bar{n_i}}$

10.3.2　不合格品数控制图（np 控制图）

这是通常在子样本大小 n 固定的情况下，通过控制不合格品数，来控制工序的一种情形。假设每一样本容量相等，均为 n，从而不合格品数的估计为

$$\bar{d} = \frac{1}{k}\sum_{i=1}^{k} d_i = n\bar{p}$$

控制限如表10-14所示。

表 10-14 np 图中心线和上下控制限的计算

中心线	$n\bar{p}$
上控制限	$n\bar{p} + \sqrt{n\bar{p}(1-\bar{p})}$
下控制限	$n\bar{p} - \sqrt{n\bar{p}(1-\bar{p})}$

例10.3 某电镀件25批产品中的外观质量不合格的件数如表10-15所示,试设计 p 图。

表 10-15 原始数据表

序号	样本容量	不合格数	序号	样本容量	不合格数	序号	样本容量	不合格数
1	741	48	10	741	52	19	741	29
2	741	83	11	741	47	20	741	49
3	741	70	12	741	50	21	741	61
4	741	85	13	741	47	22	741	39
5	741	45	14	741	57	23	741	50
6	741	56	15	741	51	24	741	58
7	741	48	16	741	71	25	741	61
8	741	67	17	741	53			
9	741	37	18	741	33			

由表10-15可计算 p 图的控制限。样本容量 n=741,因此可计算 $\bar{p}$:

$$\bar{p} = \frac{\sum_{i=1}^{k} d_i}{kn} = \frac{1347}{18525} = 7.27\%$$

则得下列数据(表10-16)。

表 10-16 p 图中心线和上下控制限的计算结果

中心线	7.27%
上控制限	$0.0727 + 3\sqrt{0.0727 \times (1-0.0727)/741} = 10.13\%$
下控制限	$0.0727 - 3\sqrt{0.0727 \times (1-0.0727)/741} = 4.41\%$

例10.4 已知某零件的不合格品数的统计资料如表10-17所示,根据以往的统计资料,确定样本容量为100。试作出 np 图。

表 10-17 某零件的不合格品数的统计资料

序号	不合格品数	序号	不合格品数
1	3	3	0
2	4	4	4

续表

序号	不合格品数	序号	不合格品数
5	3	16	3
6	3	17	0
7	2	18	6
8	2	19	0
9	2	20	4
10	5	21	4
11	4	22	1
12	1	23	0
13	1	24	6
14	2	25	5
15	0		

计算 $n\bar{p}$:

$n\bar{p} = \sum_{i=1}^{k} d_i / k = 65 / 25 = 2.6$ ，得下列数据（表10-18）。

表 10-18　np 图中心线和上下控制限的计算结果

中心线	2.6
上控制限	$2.6 + \sqrt{2.6(1-0.026)} = 2.6 + 1.6 = 4.2$
下控制限	$2.6 - \sqrt{2.6(1-0.026)} = 2.6 - 1.6 = 1$

10.4　缺陷数控制图和单位缺陷数控制图

缺陷数属计点数据，如布匹上的疵点、铸件表面的氧化坑、喷漆表面上的色斑、一定长度的导线在规定电压试验后被击穿的点数等。

计点数据在实际生产过程中，由于出现缺陷的机会面较大，但每次出现的概率却很小。因此，记点数据一般遵循泊松分布，假设缺陷数为 X，则有

$$p(X = k) = \frac{\lambda^k \mathrm{e}^{-\lambda}}{k!}, \quad k = 0, 1, 2, \cdots$$

其期望与方差都是 λ。由于生产过程中的 λ 通常是未知的，缺陷数控制图的实际控制限的确定过程如下。

（1）收集数据。按事先规定的抽样间隔，抽取 k 个样本，一般要求 $k \geqslant 25$。以 n 表示样本的容量，以 c_i 表示第 i 个样本的缺陷数。

（2）计算平均缺陷数 $\bar{c} = \dfrac{\sum\limits_{i=1}^{k} c_i}{k}$。

（3）确定控制限。令 $\hat{\lambda} = \bar{c}$ ，对于缺陷数控制图见表10-19。

表 10-19　缺陷数控制图中心线和上下控制限的计算

中心线	$\bar{c}$
上控制限	$\bar{c} + 3\sqrt{\bar{c}}$
下控制限	$\bar{c} - 3\sqrt{\bar{c}}$

单位缺陷数控制图的设计过程如下。

（1）收集数据。同缺陷数控制图。

（2）计算每一个样本的单位缺陷数，即

$$u_i = c_i / n , \quad i=1,2,\cdots,k$$

（3）计算 k 个样本的总的单位缺陷数 （即总平均缺陷数），得

$$\bar{u} = \sum_{i=1}^{k} u_i / k$$

（4）确定控制限，见表10-20。

表 10-20　单位缺陷数控制图中心线和上下控制限的计算

中心线	$\bar{u}$
上控制限	$\bar{u} + 3\sqrt{\bar{u} / n}$
下控制限	$\bar{u} - 3\sqrt{\bar{u} / n}$

当样本容量不同时控制界限将不同。以 n_i 表示第 i 个样本的容量，其控制限如表 10-21 所示。

表 10-21　单位缺陷数控制图中心线和上下控制限的近似计算

中心线	$\bar{u}$
上控制限	$\bar{u} + 3\sqrt{\bar{u} / \bar{n}_i}$
下控制限	$\bar{u} - 3\sqrt{\bar{u} / \bar{n}_i}$

10.5　过程能力和过程能力指数

10.5.1　过程能力

过程能力是指过程在一定时间处于控制状态（稳定状态）下的实际加工能力。它是

过程固有的能力，或者说它是过程满足质量要求的能力。这里所指的过程，是指操作者、机器、原材料、工艺方法和环境等五个基本质量因素综合作用的过程，也就是产品质量的生产过程。这种能力可用过程质量特性值的波动范围来衡量。若过程质量特性值的标准差为 σ，则过程能力 $B = 6\sigma$。由正态分布理论知，$P\,(\,x \in \mu \pm 3\sigma\,)$ =99.73%，故6σ近似于过程质量特性值的全部波动范围。显然，B 越小，过程能力就越强。

过程能力未必能够始终保持稳定，根据对过程控制的好坏，可以有某种程度的稳定性，但不是绝对的。例如，设备各个部分的自然磨损、刀具的磨耗都会引起过程能力的变化。因而，有必要区分短期过程能力与长期过程能力的概念。短期过程能力或固有过程能力（inherent process capability）是指仅由偶因所引起的这部分变异所形成的过程能力，它反映了短期变异（short-term variation）。短期变异用 σ_{ST} 表示。长期过程能力是指由偶因和异因之和所引起的总变异，它实际上反映了长期变异（long-term variation）。长期变异用 σ_{LT} 表示。

10.5.2　过程能力指数

过程能力指数是表示过程能力满足过程质量标准要求程度的量值。它用过程质量要求的范围（公差）和过程能力的比值表示，记为 C_p。 即

$$C_p = \frac{T}{6\sigma}$$

其中，T 为过程公差；σ 为总体标准差。

由上式可见，过程能力指数 C_p 与过程能力6σ 是不同的。过程能力在一定过程条件下是一个相对稳定的数值，而过程能力指数则是一个相对的概念。对于过程能力相同的两个过程，若过程质量要求范围不同，则会有不同的过程能力指数。计算过程能力指数是假设过程质量特性值服从正态分布，即 $x \sim N\,(\,\mu\,,\,\sigma^2\,)$ 和过程处于受控状态下进行的。

1. 短期过程能力指数

（1）无偏时双向公差短期过程能力指数计算。设过程公差为 T，公差上限和下限分别为 T_U 和 T_L，公差中心为 T_m。若过程总体均值或过程分布中心与公差中心重合，即 $\bar{x} = T_m$，则这种状态称为过程无偏。此时，$C_p = \dfrac{T}{6\sigma} \approx \dfrac{T_U - T_L}{6\hat{\sigma}_{\mathrm{ST}}}$。$\sigma$ 为过程特性分布的总体标准差，可用 $\hat{\sigma}_{\mathrm{ST}} = \bar{R} / d_2$ 或 $\hat{\sigma}_{\mathrm{ST}} = \bar{s} / c_4$ 来估计。这里，R 为样本极差，$\bar{R}$ 为其平均值；s 为样本标准差，$\bar{s}$ 为其平均值；d_2、c_4 为系数。C_p 反映了过程加工质量满足产品规范要求的程度，也即企业产品的控制范围满足客户要求的程度。

（2）单向公差短期过程能力指数计算。某些过程只要求控制单向公差，如清洁度、噪声、杂质含量，仅需控制公差上限，其下限为零。而材料的强度、零件的寿命则要求控制公差下限，上限可认为是无限大。

当只要求公差上限时，则

$$C_{pU} = \frac{T_U - \mu}{3\sigma} \approx \frac{T_U - \overline{x}}{3\hat{\sigma}_{ST}}$$

若只要求公差下限，则

$$C_{pL} = \frac{\mu - T_L}{3\sigma} \approx \frac{\overline{x} - T_L}{3\hat{\sigma}_{ST}}$$

（3）过程有偏时双向公差短期过程能力指数计算。当 $\overline{x} \neq T_m$，称为过程有偏。有偏表明过程分布中心与公差中心不重合而产生了偏移，此时，过程能力指数用 C_{pk} 表示。引用偏移量 ε 和偏移系数 k：

$$\varepsilon = |T_m - \overline{x}| \qquad k = \frac{\varepsilon}{T/2} = \frac{2|T_m - \overline{x}|}{T}$$

则有

$$C_{pk} = (1-k)C_p \approx (1-k)\frac{T}{6\hat{\sigma}_{ST}}$$

（4）过程能力指数的判断与处置。过程的质量水平按 C_p 值可划分为五个等级，按其等级的高低，在管理上可以做出相应的判断和处置。通常采用如表10-22所示的过程能力指数判别标准。表10-22的判别标准，对 C_{pk}、C_{pL}、C_{pU} 同样适用，但未说明偏移系数 k 的影响，表10-23列出了存在 k 时的判断准则。

表 10-22　过程能力指数的判别标准

过程能力等级	过程能力指数	过程能力判断
特级	$C_p > 1.67$	过剩
一级	$1.67 \geqslant C_p > 1.33$	充足
二级	$1.33 \geqslant C_p > 1.00$	正常
三级	$1.00 \geqslant C_p > 0.67$	不足
四级	$C_p \leqslant 0.67$	严重不足

表 10-23　存在 k 时的判断准则

偏移系数（k）	过程能力指数	采取措施
$0 < k \leqslant 0.25$	$C_p > 1.33$	不必调整均值
$0.25 < k < 0.50$	$C_p > 1.33$	要注意均值的变化
$0 < k \leqslant 0.25$	$1.00 < C_p \leqslant 1.33$	密切观察均值
$0.25 < k < 0.50$	$1.00 < C_p \leqslant 1.33$	采取必要的调整措施

（5）C_p 和 C_{pk} 的比较。无偏移情况的 C_p 表示过程加工的一致性，即"质量能力"。

C_p 越大，则质量特性值的分布越"苗条"，质量能力越强；而有偏移情况的 C_{pk} 表示过程中心与规范中心偏移情况下的过程能力指数，C_{pk} 越大，则二者偏离越小，也即过程分布中心对规范中心越"瞄准"，是过程的"质量能力"与"管理能力"二者综合的结果。故 C_p 和 C_{pk} 二者的着重点不同，需要同时考虑。

2. 长期过程能力指数

美国三大汽车公司联合制定了 QS 9000 标准，对于统计方法的应用提出更高的要求，QS 9000 标准的认证是以通过 ISO 9000 的认证为前提的。在 QS 9000 中提出 P_p、P_{pk} 的新概念，称之为 performance index，可以翻译成"实绩指数"。相关术语如下：C_p——无偏移短期过程能力指数（或无偏移固有过程能力指数）；C_{pU}——无偏移上单侧短期过程能力指数（或无偏移上单侧短期固有过程能力指数）；C_{pL}——无偏移下单侧短期过程能力指数（或无偏移下单侧短期固有过程能力指数）；C_{pk}——有偏移短期过程能力指数（或有偏移固有过程能力指数）。这里 $\hat{\sigma}_{ST} = \bar{R}/d_2$ 或 $\hat{\sigma}_{ST} = \bar{s}/c_4$，且必须在稳态下计算。$P_p$——无偏移长期过程能力指数（或无偏移实绩过程能力指数）；P_{pU}——无偏移上单侧长期过程能力指数（或无偏移上单侧长期实绩过程能力指数）；P_{pL}——无偏移下单侧长期过程能力指数（或无偏移下单侧长期实绩过程能力指数）；P_{pk}——有偏移长期过程能力指数（或有偏移实绩过程能力指数）。这里 $\hat{\sigma}_{LT} = s = \sqrt{\dfrac{1}{n-1}\sum_{i=1}^{n}(X_i - \bar{X})^2}$。

■ 10.6　控制图的判断准则

10.6.1　分析用控制图与控制用控制图

控制图是过程的窗口，从控制图可以看出过程处于什么状态。一道工序开始应用控制图时，几乎总不会恰巧处于稳态，也就是总存在异因。如果就以这种非稳态状态下的参数来建立控制图，控制图界限之间的间隔一定较宽，以这样的控制图来控制质量，将导致错误的结论。因此，一开始需要将非稳态的过程调整到稳态，这就是分析用控制图的阶段。只有等过程调整到稳态后，才能延长控制图的控制限作为控制用控制图，这就是控制用控制图的阶段。故日本有句质量管理的名言："始于控制图，终于控制图。""始于控制图"是指对过程的分析从应用控制图对过程的分析开始，"终于控制图"是指对过程的分析结束，最终建立了控制用控制图。

分析用控制图主要分析以下两点。

（1）所分析的过程是否处于统计控制状态，或称统计稳态？

（2）该过程的过程能力指数是否满足要求？

当过程达到了我们所确定的状态后，才能将分析用控制图的控制限作为控制用控制图。后者相当于生产中的立法，故由前者转为后者时应有正式的交接手续。这里要用到判断稳态的准则（简称判稳准则），在稳定之前还要用到判断异常的准则（简称判异准则）。

10.6.2 控制图的设计思想

控制图的设计思想是先定 α，再看 β。按照 3σ 方式确定了上控制限、中心线、下控制限就等于确定了 $\alpha = 0.27\%$。通常采用 $\alpha = 1\%$、5%、10% 三级，但休哈特为了增加使用者的信心，把控制图的 α 取得特别小（若想把控制图的 α 取为零是不可能的。事实上，若 α 取为零，则上控制限与下控制限间隔将为无穷大，从而 β 为 1，必然漏报），这样 β 就大，需要增加第二类判异准则。

控制图的设计并未从使用两种错误造成的总损失最小这一点出发来进行。20世纪80年代，出现经济质量控制学派，这个学派的特点就是从两种错误造成的总损失最小这一点出发来设计控制图与抽样方案的。其学术带头人为德国维尔茨堡大学经济质量控制中心主任 Elart von Collani 教授。

10.6.3 判稳准则

1. 判稳准则的思路

对于判异来说"点出界就判异"虽不百发百中，也是千发九九七中，很可靠。但在控制图上如打一个点子未出界，可否判稳？打一个点未出界有两种可能性：过程本来稳定，或是漏报（这里由于 α 小，所以 β 大），故打一个点子未出界不能立即判稳。但若连打 m 个点子都未出界，则情况大不相同，这时整个点子系列的 $\beta_{\text{总}} = \beta^m$ 要比个别点子的 β 小得多，可以忽略不计，于是只剩下一种可能，即过程稳定。如果连接在控制界的点子更多，则即使有个别点子偶然出界，过程仍可看作稳态。这就是判稳准则的思路。

2. 判别准则

如果点子是随机排列，且处于下列情况之一，则可认为过程处于稳定状态。

（1）连续25个点子在控制界限内。

（2）连续35个点子，仅有一个点子超出控制界限。

（3）连续100个点子，仅有两个点子超出控制界限。

判稳准则也是对随机现象加以判定，故可能发生两种错误。我们以上述判稳准则（1）为例分析该准则的 α，即 α_1，记 d 为界外点数，假设过程是稳态的，于是

$$P(\text{连续 } 25 \text{ 点}, \ d=0) = C_{25}^0 (0.997\,35)^{25} = 0.935\,815$$

故

$$P(\text{连续 } 25 \text{ 点}, \ d>0) = 1 - P(\text{连续 } 25 \text{ 点}, \ d=0) = 1 - 0.935\,815 = 0.064\,185 = \alpha_1$$

上式表示，在过程正常的情况下，连续25点出现 $d>0$ 是小概率事件，在一次试验中它实际上不大可能发生，若发生则可判断过程不稳。类似地有

$$\alpha_1 = 0.0654, \alpha_2 = 0.0041, \alpha_3 = 0.0026$$

根据上述的 α 的数值，可见它们依次递减，也即这三条判稳准则判断的可靠性依次递增。另外，三条判稳准则所需要的样品个数依次递增，也即成本越来越高。故进行判稳时，应从判稳准则（1）开始，若不判稳，则根据准则（2）进行判断，若仍不能判稳，则接着进行准则（3），若准则（3）依旧不能判稳，则不能继续再应用判稳准则，而应该对该过程尽力找出异因。

10.6.4 判异准则

1. 判异准则的类型

统计过程控制的基准是稳态，若过程显著偏离稳态就称为异常。故异常可以有异常好与异常坏两类。初学者很容易产生误会，以为判异就一定是异常坏。判异准则有两类，第一类是点出界就判异，第二类是界内点排列不随机判异。由于对点子的数目未加限制，上述第二种模式原则上可以有无穷多种，在控制图的判断中要注意对这些模式加以识别。

2. 判别准则

（1）1点超出控制界限（点子在控制界限上，按超出界限处理）。此准则由休哈特在1931年所提出，在许多应用中，它甚至是唯一的判异准则。准则（1）可对参数 μ 的变化或参数 σ 的变化给出信号，变化越大，则给出信号越快。准则（1）还可对过程中的单个失控做出反应，如计算错误、测量错误、原材料不合格、设备故障等。若过程正常，则准则（1）犯第一种错误的概率，或显著水平为 $\alpha_0 = 0.0027$。

（2）连续9点落在中心线同一侧。此准则通常是为了补充准则（1）而设计的，以便改进控制图的灵敏度。选择9点是为了使其犯第一种错误的概率 α 与准则（1）的 α（0.0027）大体相仿，同时使得本准则采用的点数不致过多于美国 Gran 和 Levenworth 在1980年提出的7点链判异的准则。在控制中心一侧连续出现的点称为链，其中包含的点子数目称为链长。若链长大于等于9则判异。若过程正常，则出现下列点数的链的 α 分别为

$$P(\text{中心线一侧出现长为7的链}) = 2\left(\frac{0.9973}{2}\right)^7 = 0.0153 = \alpha_7$$

$$P(\text{中心线一侧出现长为8的链}) = 2\left(\frac{0.9973}{2}\right)^8 = 0.0076 = \alpha_8$$

$$P(\text{中心线一侧出现长为9的链}) = 2\left(\frac{0.9973}{2}\right)^9 = 0.0038 = \alpha_9$$

$$P(\text{中心线一侧出现长为10的链}) = 2\left(\frac{0.9973}{2}\right)^{10} = 0.0019 = \alpha_{10}$$

（3）连续6点递增或递减。此准则是针对过程平均值的趋势进行设计的，它判定过

程平均值的较小趋势比准则（2）更为灵敏。产生趋势的原因可能是工具逐渐磨损、维修水平逐渐降低、操作人员技能的逐渐提高等，从而使得参数μ随着时间变化。若过程正常，则

$$P(n\text{ 点趋势}) = \frac{2}{n!}(0.9973)^n$$

于是

$$P(5\text{点趋势}) = 0.016\,44 = \alpha_5$$
$$P(6\text{点趋势}) = 0.002\,73 = \alpha_6$$
$$P(7\text{点趋势}) = 0.000\,39 = \alpha_7$$

显然，6点趋势的α_6最接近准则（1）的$\alpha_0 = 0.0027$，故6点趋势判异是合适的。

（4）连续14点中相邻点上下交替。出现本准则的现象是轮流使用两台设备或由两位操作人员轮流进行操作而引起的系统效应。在采用多头秤加快包装速度的场合也有类似的情况。实际上，这就是一个数据分层不够的问题。选择14点是通过统计模拟试验而得出的，以使其α大体与准则（1）的$\alpha = 0.0027$相当。

（5）连续3点中有2点落在中心线的同一侧的$2\sigma \sim 3\sigma$范围之内。过程平均值的变化通常可由本准则判定，它对于变异的增加也较灵敏。需要指出的是：3点中的2点可以是任何2点，第3点可以在任何处，甚至不存在。现在计算一下本准则的α。若过程正常，则点子落在中心线一侧2σ界限与3σ界限之间的概率为

$$\Phi(3) - \Phi(2) = 0.998\,650 - 0.977\,250 = 0.0214$$

3点中2个点子在中心线同一侧的$2\sigma \sim 3\sigma$，另一个点子落在控制界限的任何处。这表明参数μ发生了变化。发生这种情况的概率为

$$2 \times C_3^2 \times 0.0214^2 \times (0.9973 - 0.0214) = 0.002\,68$$

这与$\alpha = 0.0027$接近。

（6）连续5点中有4点落在中心线同一侧的1σ以外，与准则（5）类似，这第5点可在任何处。本准则对于过程平均值的偏移也是灵敏的。出现本准则的现象是由于参数μ发生了变化。若过程正常，则在控制图中点子落在$1\sigma \sim 3\sigma$的概率为

$$\Phi(3) - \Phi(1) = 0.998\,650 - 0.841\,345 = 0.157\,305$$

故发生这种情况的概率为

$$2 \times C_5^1 \times 0.157\,305^4 \times (0.5 - 0.001\,35 - 0.157\,305) = 0.0021$$

这与$\alpha = 0.0027$接近。

（7）连续15点在中心线正负1σ之间。出现本准则的现象是由于参数σ变小。对于

本准则不要被它良好的"外貌"所迷惑，而应该注意到它的非随机性。造成本准则现象的原因可能有数据虚假或数据分层不够等。

只有排除了上述两种可能性之后，才能总结现场减少标准差 σ 的先进经验。现在计算下列各种点子集中在中心线附近的 α。若过程正常，则

连续14个点子集中在中心线附近的 α 为

$$\alpha_{14} = 0.682\,68^{14} = 0.004\,78$$

连续15个点子集中在中心线附近的 α 为

$$\alpha_{15} = 0.682\,68^{15} = 0.003\,26$$

连续16个点子集中在中心线附近的 α 为

$$\alpha_{16} = 0.682\,68^{16} = 0.002\,23$$

其中，$\alpha_{15} = 0.003\,26$，比较接近准则（1）的 $\alpha_0 = 0.0027$，故有准则（7）。这里，从表面上看，其中，$\alpha_{16} = 0.002\,23$ 与 $\alpha_0 = 0.0027$ 更稍微接近一点，但连续16点要比连续15点多一个点子，应用起来不如15点方便。故仍选取连续15点集中在中心线附近的判异准则。

（8）连续8点在中心线两侧，但无一在中心线正负1σ 之间。造成本准则现象的主要原因是数据分层不够，本准则即为此而设计的。现在计算本准则的 α，若过程正常，则点子落在1σ 与3σ 之间的概率为

$$\varPhi（3）- \varPhi（1）= 0.998\,650 - 0.841\,345 = 0.157\,305$$

于是本准则的

$$\alpha_8 = 2 \times [C_8^1 + C_8^2 + C_8^3 + C_8^4 + C_8^5 + C_8^6 + C_8^7 + C_8^8] \times 0.157\,305^8 = 0.0002$$

类似地，可求出：

$$\alpha_7 = 2 \times 127 \times 0.15731^7 = 0.0006$$
$$\alpha_6 = 2 \times 63 \times 0.15731^6 = 0.0019$$
$$\alpha_5 = 2 \times 31 \times 0.15731^5 = 0.0060$$

根据上述计算，张公绪和孙静（2005）建议将准则（8）改为：连续6点在中心线两侧，但无一在中心线正负1σ 之间。

10.7　案例研讨

当今工业生产中的很多问题都涉及大规模复杂数据的分析及由此所带来的动态质量控制与改进，因此对传统的统计过程控制的灵活性与有效性提出了更大的挑战。

为了实现企业"国内一流，国际先进"的要求，上海烟草集团有限责任公司从2000年开始引入统计过程控制方法，并于2003年率先在上海卷烟厂开始实施卷烟[①]制造流程西格玛水平测评和六西格玛管理改进。近几年来，企业通过对统计过程控制应用的深化与创新，结合先进的信息化技术，实现了制造过程的自动数据分析及智能报警、提示调整等功能，形成了对制造过程的智能化控制，并根据生产与管理的不同需求，建立了具有不同层级的立体化结构的生产过程管理模式。[②]

统计过程控制的本质是运用随机事件的统计规律来判断过程输出中的变异是由必然因素还是由偶然因素引起的，为过程的稳定状态提供分析的依据。因此，从本质上说，统计过程控制方法不但适用于所有的制造过程，同时适用于服务型、管理型过程。

10.7.1　实践统计过程控制的主要过程

1. 确立强有力的组织保障，优化资源配置

在实施统计过程控制方法初期即确立由分管质量的副总经理和副厂长担任统计过程控制方法推进的第一责任人，并由质量管理部门负责协调相关的日常工作，组织发动各车间应用统计过程控制方法，通过设立有效的组织机构，充分体现领导重视，并为有效调动工厂相关资源提供组织保障。

2. 注重氛围的营造，分层普及理论知识

首先，在统计过程控制方法导入的初期阶段，即针对基层干部、质量管理员、生产条线中层管理干部开展统计过程控制方法基础概念的普及培训，以增强员工参与意识，消除各种顾虑。同时，通过培训来提高各级员工对统计过程控制原理、运用方法、诊断技术等知识的掌握程度。其次，在深化应用阶段，为了实现生产现场过程的智能化控制，工厂分层再次开展了针对统计过程控制方法的培训，其中针对操作人员主要开展了统计过程控制基础概念培训，针对核心统计过程控制推进人员开展的培训强调熟悉工艺流程与控制原理，并以掌握统计过程控制原理、概率计算、统计软件应用为主。

3. 以项目为载体，实现分步推进

为了实现统计过程控制图的深化应用，公司进行了统计过程控制项目的立项申报，明确统计过程控制方法的应用范围及具体实施目标、周期和分阶段推进计划。项目的实施中，通过识别与确认卷烟制造过程（制丝、卷包、滤棒成型）关键质量特性，计算参数的控制限，制定运行规则，建立异常反应计划，并结合信息化手段，实现制造过程的自动数据采集与分析、智能报警、提示调整等功能的开发应用，并最终形成了质量监控系统（图10-7）。通过持续提高统计过程控制的应用水平，逐步实现制造过程全方位的智能化控制和立体化管理。

---

① 吸烟有害人体健康，应远离烟草。
② 资料来源：上海烟草集团有限责任公司（2013）。

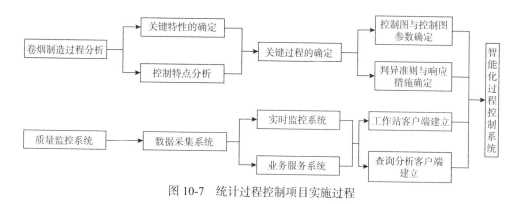

图 10-7 统计过程控制项目实施过程

上海卷烟厂通过对统计过程控制的相关实施过程的归纳与总结，建立了相关的厂级的实施导则与实施指南，进一步规范了统计过程控制在卷烟制造行业的实施方法，并逐步在整个公司的层面进行推广。

10.7.2 实施统计过程控制的主要成果

上海卷烟厂通过不断的研究与实践，在整个生产流程中实施和推广统计过程控制的应用。自2010年底开始，在制丝、卷包及成型等生产现场陆续安装了统计过程控制系统，使生产各环节的过程能力获得稳定提高。

上海卷烟厂还通过自主研发，建立了一套完整的制造过程统计过程控制系统，并将系统运用至卷烟制造过程的各个过程中。工作人员在中控室及现场都能方便使用统计过程控制系统，实时、同步、清晰掌握各个过程的实际情况，使整个生产过程透明化、清晰化。

统计过程控制系统可以根据不同的制造过程，进行不同过程的控制图的切换，其中左侧部分为过程的关键质量特性控制图，右侧为关键过程特性控制图。实际制造过程中可以同时对这两组关键控制特性进行监控，而且出现异常时，能够及时判断质量特性的异常是由何种过程特性的异常造成的，实现对制造过程的实时监控。

当控制图上有异常出现时，系统自动进行判异，出现异常的点会在对应的控制图中使用红色进行标识。同时，自动报警、自动提示与记录，如表10-24所示。

表 10-24 系统报警结果

发生时间	工段	质量点/工艺参数	异常类型	描述
2011-02-18 08:13	切烘丝	热风温度	违反判异准则（2）（连续9点落在中心线同一侧）	时间：2011-02-18 08:13:11 值：119.729
2011-02-18 08:23	切烘丝	热风温度	违反判异准则（2）（连续9点落在中心线同一侧）	时间：2011-02-18 08:23:36 值：119.765
2011-02-18 08:23	切烘丝	叶丝干燥含水率	违反判异准则（2）（连续9点落在中心线同一侧）	时间：2011-02-18 08:23:57 值：13.185
2011-02-18 08:24	切烘丝	热风温度	违反判异准则（3）（连续6点阶梯状渐进变化）	时间：2011-02-18 08:24:48 值：119.814

续表

发生时间	工段	质量点/工艺参数	异常类型	描述
2011-02-18 08:29	切烘丝	热风温度	违反判异准则（3）（连续6点阶梯状渐进变化）	时间：2011-02-18 08:29:39 值：11.105
2011-02-18 08:32	切烘丝	热风温度	违反判异准则（3）（连续6点阶梯状渐进变化）	时间：2011-02-18 08:32:04 值：119.6

在异常提示与记录区域中，详细记录了异常发生时间、工段、关键控制参数点、异常类型及异常数据值等信息。例如，在2011年2月18日8时13分，切烘丝工段的热风温度出现异常，其违反了判异准则（2），即出现了连续9点落在中心线同一侧现象，其第一个异常点的值为119.729。详细的数据记录为现场原因的分析提供了充足的参考和依据。系统还提供了历史数据的查询功能，能反映出关键指标较长时间跨度上的变化情况，帮助发现长期趋势性的变化趋势。

统计过程控制系统提供的动态信息，不但能及时发现异常，触发异常报警，还可提供现场故障原因的辅助诊断。

通过统计过程控制的运用，尤其是在各牌号卷烟生产过程中的推广，上海卷烟厂的整个生产水平获得了长足的提高和进步，各牌号均获得较高的过程能力，并能够保持过程具有良好的稳定性。

上海卷烟厂通过统计过程控制方法的创新应用，实现了卷烟制造过程的智能化控制，通过生产现场的及时预警，提供辅助原因诊断，快速纠偏，促进了过程能力提升，对工厂提升产品质量、降低生产成本起到了举足轻重的作用，也对企业的管理方式和理念产生了深远影响。

一是实现了两个转变。转变一是实现了生产过程产品质量特性的人工调整，由以调节干预为主的操作模式向设备自动调节为主，控制图监控设备自动调节能力为辅的设备操作模式的转变。随着工厂新一轮技改项目的实施，工厂所配备的设备具备了对部分产品关键质量特性的在线检测与自动调节功能，设备制造的精度与原先相比有了大幅度的提升。以往单纯依靠人工检测调整的操作习惯与模式已经与之不相适应，因此实现这一转变对生产过程的稳定受控具有十分重要的现实意义。转变二是将原先以控制点为单位的过程质量数据监控、分析、应用模式转变为控制点、控制流程及控制系统三层次复合联动的过程质量数据监控、分析、应用模式。此种转变就是将原先工厂相对孤立的质量数据分析模式通过多层次控制图的建立与应用，为管理层提供更为全面的、指导性更强的质量数据支持。因此，此种转变将对工厂数据应用分析能力与管理水平的提升起到切实有效的推动作用。

二是应用效果上取得突破。早在2000年，上海卷烟厂已在对稳定生产过程、提升产品质量相关工作进行深入思考与审视的基础上，开始尝试将统计过程控制统计技术运用于生产实践。在多年统计过程控制统计工具的应用过程中，针对制丝、卷接工序中的部分关键指标、质量特性值，虽然都设计并使用相关控制图，但由于种种原因这些控制图仅仅停留于过程指标的趋势监控，并没有发挥统计过程控制方法的控制作用，相应的应用效果也无法与过程评价紧密联系。近年来，通过统计过程控制方法的深入应用，工厂将现场用控制图应用效果与相关质量特性过程能力及制造过程西格玛水平的提升结合建立指标联动评价机制，从而使控制图实际应用的效果能从过程能力与西格玛水平指标上得到切实的反映与体现。

三是注重标准化转化。随着统计过程控制方法创新应用的深入探索，企业更清晰地认识到统计过程控制方法应用工作对于企业整体来说是一项系统工程。该工程既涉及控制图的定制、判异准则、异常处理方法的建立等方面工作，更涉及为配套统计过程控制方法应用所带来的操作规程、维修模式及数据分析应用评价等一系列方式、方法的调整与重建，因此与之配套的标准化工作的层层推进对控制图切实应用起到至关重要的作用。在统计过程控制方法的实施过程中，需要注重成果的标准化转化工作，经过归纳与总结，公司建立了厂级的《卷烟制造过程统计过程控制实施导则》与《卷烟制造过程统计过程控制实施指南》，进一步规范了统计过程控制在卷烟制造行业的实施方法，也为进一步深入推广运用奠定了基础。

10.7.3 统计过程控制推广展望

ISO/TS 16949的统计过程控制手册在谈到统计过程控制的作用时，特别提到，过程控制系统可以作为一个一次性的评估工具，但是过程控制系统的真正的好处只有在把它作为一个持续学习的工具而不是符合性判断的工具（好／坏、稳定／不稳定、有能力／没有能力等）使用时才能实现。过程是动态的并且会变化，必须监控过程的性能，因此要采取有效的措施来防止发生不希望的变化。对于目前不断向高速化和自动化发展的制造业，统计过程控制的运用必须与企业的信息化系统相结合才能更好地发挥其"防患于未然"的作用。

研讨

（1）上海卷烟厂在应用统计过程控制方法前都做了哪些准备，你认为做这些准备的意义何在？

（2）试从质量管理七原则的角度分析上海卷烟厂实施统计过程控制成功的关键因素有哪些。

（3）上海卷烟厂统计过程控制应用的主要功能有哪些？你认为统计过程控制方法在企业中还可以被应用到哪些方面？

➢ 本章小结

在这一章中，讨论了计量值控制图和计数值控制图，介绍了短期过程能力指数和长期过程能力指数的定义。计量型控制图包括 $\bar{X}$—s 图、$\tilde{X}$—R 图和 X—R_m 图等。计数值控制图包括计件控制图和计点控制图。在本章的最后介绍了控制图的判断准则，给出了判稳准则和判异准则。关于抽样检验的内容可以阅读本书的第二版和相关文献，本书不再赘述。

进一步阅读文献

陈炳权，王世芳. 1995. 质量管理学. 上海：上海科学技术文献出版社.

刘广第. 1996. 质量管理学. 北京：清华大学出版社.

欧阳明德. 1997. 质量管理——理论、标准与案例. 武汉：华中理工大学出版社.

上海烟草集团有限责任公司. 2013. 统计过程控制(SPC)管理的应用实践——上海烟草集团有限责任公司案例. 上海质量，(1)：52-54.

尤建新，杜学美，张建同. 2008. 质量管理学. 2版. 北京：科学出版社.

张公绪. 1998. 新编质量管理学. 北京：高等教育出版社.

张公绪，孙静. 2005. 质量工程师手册. 北京：企业管理出版社.

周纪芗，茆诗松. 1999. 质量管理统计方法. 北京：中国统计出版社.

朱兰 J M. 1986. 质量管理. 北京：企业管理出版社.

Feigenbaum A V. 1983. Total Quality Control. New York: McGraw-Hill Book Company.

思考题

1. 什么是过程能力？怎样调查和测定过程能力。

2. 什么是过程能力指数？它有几种表达方式？

3. 车床加工机轴，机轴的技术为 $\varphi 30^{\pm 0.05}$，在一定的工序生产条件下随机抽样100件，测得 $\overline{X} = 50$，$s=0.014$，试求过程能力指数并估计工序不合格率。

4. 某种绝缘材料的击穿电压的标准差下限规定为1.2千伏。抽样150件测得 $\overline{X} = 4.5$ 千伏，$s=1.2$ 千伏，试求过程能力指数并估计工序不合格率。

5. 某工序测得的125个数据如下表，设计 $\overline{X}—s$ 图、$\overline{X}—R$ 图和 $\tilde{X}—R$ 图。

样本号	x_{i1}	x_{i2}	x_{i3}	x_{i4}	x_{i5}
1	47	32	44	35	20
2	19	37	31	25	34
3	19	11	16	11	44
4	29	29	42	59	38
5	28	12	45	36	25
6	40	35	11	33	33
7	15	30	12	11	26
8	35	44	32	20	38
9	27	37	26	37	35
10	23	45	26	31	32
11	23	44	40	32	18
12	31	25	24	47	22
13	22	37	19	38	14
14	37	32	12	50	30
15	25	40	24	13	19

样本号	x_{i1}	x_{i2}	x_{i3}	x_{i4}	x_{i5}
16	7	31	23	40	32
17	38	0	41	48	37
18	35	12	29	24	20
19	31	20	35	40	47
20	12	27	33	24	31
21	52	42	52	40	25
22	20	31	15	24	28
23	29	47	41	3	22
24	23	27	22	32	54
25	42	34	15	20	32

第11章

质量功能展开

导读

　　质量功能展开是质量管理理论中的一项重要工具，无论是在全面质量管理中还是在六西格玛管理中，它都是一种将顾客需求与质量特性的实现措施紧密结合的有效工具。本章介绍了质量功能展开的发展和应用方法，并在最后以某医院运用质量功能展开改进服务质量的过程和效果为案例，帮助读者更好地理解质量功能展开方法。

　　"质量功能展开"是 quality functional deployment 的译名，也有国内的专家译为"质量机能展开""质量功能配置""质量机能配置"等。这是当今质量管理界经常提到的一个方法，于20世纪60年代后期在日本形成的一种系统分析方法，经过日本各行各业的企业数十年的推广应用，在著名质量专家赤尾洋二等的努力下，建立起了质量功能展开的理论框架和方法体系，在质量管理方面尤其在产品设计工作中具有相当不错的效果。随后质量功能展开被引入美国，在汽车、飞机制造等行业取得成功，被证明具有广泛的应用价值，引起世界其他国家和地区的注意及重视，随后被推广至全世界。随着全面质量管理理论的成熟和方法的完善，质量功能展开成为其质量工具中重要的一项。而目前风靡全球的六西格玛管理也将质量功能展开引入其工具箱中，成为项目策划的得力技术方法。

■ 11.1　质量功能展开概述

　　质量功能展开是一种建立在推理演绎基础上的设计方法，近年来被广泛用作一种有效的新产品开发方法；它以团队合作的方式，聆听顾客之声（voice of customer，VOC），正确了解顾客的需求，采用逻辑方法以决定如何运用可用资源，以最佳的方法来满足顾客的需求，并根据顾客之声来设计新产品或服务，持续不断探查市场对新产品或服务设计的反应，再反馈到系统中。换句话说，质量功能展开是将顾客满意因素与设计过程耦合起来的一种有效工具。

11.1.1 质量功能展开发展历史

质量功能展开这一概念是由日本学者赤尾洋二于1966年首次提出，它作为一种产品设计方法于1972年在日本三菱重工的神户造船厂成功地应用于船舶设计与制造中。20世纪70年代中期，质量功能展开相继被日本其他公司所采用。丰田公司于20世纪70年代后期使用质量功能展开，获得了巨大的经济效益，新产品开发启动成本下降了61%，产品开发周期缩短了1/3，而质量也得到了改进。

20世纪80年代中期，质量功能展开技术通过日本设在美国的公司传入美国，后又传入欧洲，迅速引起了学术界和工业界的研究及得到应用。美国最早运用质量功能展开的公司为福特和 Rank Xerox，其他如 AT&T、Bell 实验室等公司也先后成为该技术的成功尝试者。美国的两家非营利性培训组织 GOAL/QPC（Growth Opportunity Alliance of Lawrence / Quality productivity Center，劳伦斯成长机会联盟/质量与生产力中心）及 ASI（American Supplier Institute，美国供应商协会）为美国的公司培训了大量的质量功能展开技术人员，使质量功能展开技术成为美国企业产品开发的一个强有力的工具，质量功能展开方法有助于企业提高产品质量，缩短产品开发周期，降低产品成本，增加顾客满意程度，提高产品在市场上的竞争能力。美国许多制造业与服务业的公司通过开展质量功能展开活动，通常可以降低50%的成本，甚至有的公司在降低了1/3项目时间的同时生产率提高了200%。

直到20世纪90年代初，国内才开始出现相关的质量功能展开理论介绍。1995年，国家"863计划"在 CIMS（computer integrated manufacturing systems，计算机集成制造系统）主题下资助了质量功能展开有关项目研究，推动了国内对质量功能展开理论的研究，同时开始了质量功能展开的应用尝试。

多年来，质量功能展开的应用范围和领域不断扩大，已被制造企业所广泛接受。一些世界著名的公司，如丰田公司、福特公司、通用汽车公司、克莱斯勒公司、惠普公司、麦道公司、施乐公司、电报电话公司、国际数字设备公司、加拿大通用汽车公司等都相继采用了质量功能展开方法，在汽车、家用电器、电子仪器、服装、集成电路、合成橡胶、建筑设备、农业机械、船舶、自动购货系统、软件开发等领域中都有成功应用质量功能展开的报道。质量功能展开不仅应用于制造业中，也应用于服务业、建筑业、计算机软件业、教育界及企业的战略规划等领域中。与此同时，国内外的学者对质量功能展开模型、质量功能展开自动化实现技术进行了广泛的研究。

国外发表的质量功能展开应用案例表明，正确地应用质量功能展开可以获得以下几个方面的利益。

（1）有形的利益：显著缩短产品开发周期；有效地减少产品开发过程中的设计更改次数；在早期进行低成本的设计；显著提高设计可靠性；降低公司的管理费用；增加市场份额。

（2）无形的利益：显著提高顾客满意程度；完善公司质量保证体系；质量功能展开数据库，这些数据库可以应用于其他一系列类似的产品上，同时积累了产品开发和生产过程中的各种技能及诀窍。

（3）累积的价值：强化了当前的产品开发过程；改进了公司部门之间的协同和联系；使公司资源得到合理、有效的配置；提供顾客真正需要的产品或服务；增强公司的竞争力。

11.1.2 质量功能展开的基本原理

运用质量功能展开的过程可以回答以下三个问题。

（1）顾客所要求的质量是什么？（什么样的产品或服务是必不可少和必须考虑到的）。

（2）该产品必须拥有什么样的功能及如何利用它来提供相关的服务？

（3）根据现有掌握资源的情况，如何尽可能地满足顾客的需求？

所以说，质量功能展开体现了开发产品应以顾客为导向，以顾客的需求为唯一依据的指导思想，把产品的功能放在产品开发的中心地位，对产品性能进行定量描述，实现对功能的量化评价，质量功能展开是根据顾客需求开发出综合质量高的产品的有效手段。

赤尾洋二将质量功能展开定义为"针对满足顾客需求而去发展设计品质的一种方法，然后经由生产接口将顾客需求转换成设计目标与主要的质量保证"。

Bicknell B. A. 和 Bicknell K. D. 简单地将质量功能展开定义为：一种使用矩阵及其他定量和定性的技术，以系统化方法将顾客需求结合成可定义的并可测量的产品和步骤的过程。整体而言，质量功能展开不仅考虑顾客，也需考虑组织过程。

Meddux 和 Amos 认为质量功能展开的基本目标就是：①确定顾客；②决定什么是顾客想要的；③考虑如何满足顾客的需求。

一般地，现在认为质量功能展开是一个总体的概念，提供一种将顾客的需求转化为对应于产品开发和生产的每一阶段（即市场战略、策划、产品设计与工程设计、原型生产、生产工艺开发、生产和销售）的适当的技术要求的途径。显然，质量功能展开是在开发设计阶段就对产品适用性实施全过程、全方位质量保证的一种系统方法。其实质就是从市场要求的情报出发，把顾客的语言转换为工程设计人员的语言（voice of engineers），既而纵向经过部件、零件展开至工序展开；横向进行质量展开、技术展开、成本展开和可靠性展开。形式上以大量的系统展开表和矩阵图为特征，尽量将生产中可能出现的问题提前揭示，以达到多元设计、多元改善和多元保证的目的。

当今被广泛实践的质量功能展开可以精确地分为两部分：质量展开和狭义的质量功能展开（图11-1）。质量展开是指"把用户需求转换为质量特性，确定产品的设计质量，进而将其系统展开到每一个元件、零件和过程要素及他们的关系"。狭义的质量功能展开是指把构成质量的操作和功能系统地、逐步地展开到具体的部分，从广义来讲，不局限在完成某项活动的能力，包含机理、功能、职能等多方面含义，而质量功能展开正是按照质量形成的机理进行展开的，即调查用户需求，将其变换成指标体系，对质量特性、功能、零部件、工序、成本和可靠性进行展开，并展开各项质量职能，从而保证质量使顾客满意。也就是从在设计质量开始，就将顾客所要求的真实质量特性转化为可衡量的代用特性，以便确定每个项目的质量要求，可衡量的代用质量特性进而转化为制造过程和检验过程中的各个检查点的焦点。

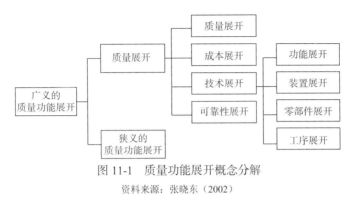

图 11-1　质量功能展开概念分解

资料来源：张晓东（2002）

11.2　质量屋及应用方法

质量功能展开方法主要是围绕建立质量屋的过程而展开，寻找满足顾客需求的各种方法和途径，使得产品/服务达到顾客要求甚至超出顾客期望。就像建立一座满足用户需求的建筑，使用户可以在质量大厦的庇护下，满意地享用他们所需要的产品或服务。质量屋的运用相对灵活，但其基本框架和要素如图11-2所示。

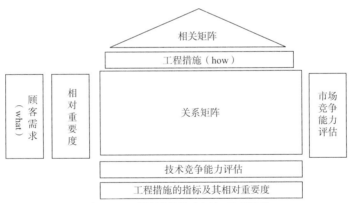

图 11-2　质量屋的基本框架要素结构

从形式上讲，质量屋主要包括以下七个要素：左墙——顾客需求及其相对重要度；天花板——工程措施（设计要求）；房间——关系矩阵；地板——工程措施的指标及其相对重要度；屋顶——相关矩阵；右墙——市场竞争能力评估；地下室——技术竞争能力评估。

每部分必须以相对固定的方法去建构，总的来说就是首先要对用户需求进行评估，给出重要度系数；其次建立用户需求与工程项目两者之间的相互关系（关系矩阵），最后经加权评分，得出每项工程措施的重要度数据。这样就定量地对工程措施的作用做了评估和排序，从而确定了关键措施。其主要步骤如下。

步骤1：确认顾客需求并进行顾客需求重要性评估。首先识别出顾客需求，包括主要需求、详细内容和各服务项目属性；然后管理者必须在相对平等条件下将顾客需求量化，来表示其重要程度，并放置在质量屋的左墙。

步骤2：进行同行竞争者的标杆评价。针对主要竞争者A、竞争者B做比较分析，得到市场竞争能力评价，以此作为右墙。

步骤3：挖掘工程措施（探索服务设计/管理需求）。质量屋的天花板是工程措施（how），在此步骤中，管理者必须从组织运作的角度出发，运用各种方法挖掘出各种行之有效的与所有相关功能单位有关的工程措施。

步骤4：评估关系矩阵，定量表示工程措施在满足顾客需求方面的有效性。质量屋的中心是关系矩阵，用以表示顾客需求和服务设计/管理需求的关联程度，也就是说管理者请专家根据已有的经验和数据评估步骤3各项服务设计/管理需求符合步骤1所列出的特定顾客需求的贡献程度。

步骤5：设定工程措施的指标及其相对重要度。根据顾客需求决定各项工程措施的相对权重。关键措施的重要度应明显高于一般工程措施的重要度。例如，可将重要度高于所有工程措施的平均重要度1.25倍以上的工程措施列为关键措施。

步骤6：将各项工程措施的竞争能力评价作为技术竞争能力的差异比较。管理者可以通过与已有的运用于任何行业的相关措施进行标杆比较，得到一个相对全面的评价。

步骤7：决定各工程措施之间的相互关系，评估其相关矩阵，作为质量屋的屋顶，完成整个品质屋的建构。

从质量屋的构建步骤来看，首先需要对顾客需求的重要度 K_i（$i=1,2,\cdots,m$）进行评估，其次确定工程措施与顾客需求之间的关系度 r_{ij}（$i=1,2,\cdots,m; j=1,2,\cdots,n$），以及工程措施两两之间的相关度（正相关、强正相关、负相关、强负相关），最后进行加权评分以确定工程措施的重要度 h_j；同时可对产品的市场竞争能力和技术竞争能力进行评价，并计算综合竞争能力。显然，事先制定一套合理的评分准则是打造质量屋的重要前提。

（1）顾客需求的重要度：K。重要度 K_i（$i=1,2,\cdots,m$）可取日本人最初的衡量表1、3、9来衡量，也可以使用1至9或者1至5的衡量表。在所有的衡量表上1代表最不重要的，而5或者高的数字代表更重要的。在任何情况下，都建议使用整数。例如，目前多流行1至5的衡量表，因为它使顾客在评定分值时更有选择性，具体可定义为：1——不重要；2——一般重要；3——重要；4——比较重要；5——非常重要。

（2）关系矩阵：关系度 r_{ij}。建议采用1、3、5、7、9等关系度等级：1——微弱关系；3——有一定影响；5——关系较密切；7——关系密切；9——关系非常密切。空白即为0，表示不存在关系。

有时，也可只采用1、3、9三个关系度等级，此时，可用符号●表示9，○表示3，△表示1。

（3）相关矩阵：相关度。通常用下列符号表示相关度。正相关（○）：表示该交点所对应的两项工程措施间存在互相加强、互相叠加的交互作用。强正相关（◎）：

表示该交点所对应的两项工程措施间存在很强的互相叠加的交互作用。负相关(×):表示该交点所对应的两项工程措施间存在互相减弱、互相抵消的作用。强负相关(#):表示该交点所对应的两项工程措施间的作用强烈排斥,有很大矛盾。空白表示该交点所对应的两项工程措施间不存在交互作用。

(4)市场竞争能力:M_i。M_i($i=1,2,\cdots,m$)可取下列5个数值:1——无竞争能力可言,产品积压,无销路;2——竞争能力低下,市场占有份额递减;3——可以进入市场,但并不拥有优势;4——在国内市场竞争中拥有优势;5——在国内市场竞争中拥有较大优势,可以参与国际市场竞争,占有一定的国际市场份额。

(5)加权后工程措施的重要度:h_j。

$$h_j = \sum K_i r_{ij}, \quad i=1,2,\cdots,m$$

如果第j项工程措施与多项用户需求均有关(i可取几个值),并且这些用户需求较重要(K_i较大),则h_j取值就较大,即该项工程措施就较重要。

(6)技术竞争能力:T_j。技术竞争能力T_j($j=1,2,\cdots,n$)为第j项工程措施的技术水平。技术水平包括指标本身的水平、本企业的设计水平、工艺水平、制造水平、测试水平等,可取下列5个数值,分别代表:1——技术水平低下;2——技术水平一般;3——技术水平达行业先进水平;4——技术水平达国内先进水平;5——技术水平达国际先进水平。

(7)市场竞争能力指数:M。对市场竞争能力M_i($i=1,2,\cdots,m$)进行综合后,获得产品的市场竞争能力指数M:

$$M = \sum K_i M_i / 5\sum K_i, \quad i=1,2,\cdots,m$$

M值越大越好。

(8)技术竞争能力指数:T。对技术竞争能力T_j($j=1,2,\cdots,n$)进行综合后,获得产品的技术竞争能力指数T:

$$T = \sum h_j T_j / 5\sum h_j, \quad j=1,2,\cdots,n$$

T值越大越好。

(9)综合竞争能力指数:C。综合竞争能力指数是市场竞争能力指数与技术竞争能力指数的乘积:$C=MT$,C值越大越好。

质量功能展开方法通过加权评分来量化确定工程措施的重要程度,以便明确重点,集中力量实现关键的工程措施,把钢用在刀刃上,最大限度地发挥人力、物力的作用。运用质量屋不但直观易懂,具有吸引力,而且所处理和分析的信息量比质量管理老七种工具中的因果图要大得多,在处理的深入程度和量化程度上也要好得多。

11.3 应用模式

目前，通过日本、美国等国对质量功能展开的深入研究和发展，形成了三种比较常见的质量功能展开模式，即综合的质量功能展开模式、ASI 的四阶段模式和 GOAL/QPC 的矩阵模式。第一种模式是由赤尾洋二定义的，而后两种是在质量功能展开传入美国后，由美国的两家非营利性培训组织 ASI 和 GOAL/QPC 结合美国的实践，简化和发展出来的。由于 GOAL/QPC 模式相对比较复杂，模式包括30个矩阵，涉及产品开发过程诸方面的信息，本书在此不做详细介绍。

11.3.1 综合的质量功能展开模式

在产品开发过程中，质量只是其中一个方面，还有为了实现质量所必需的技术和成本，要综合平衡这些因素。综合质量功能展开模式是把功能、成本、可靠性等要素单独展开，进行全面的分析，作为顾客需求（或工程措施），以质量特性等要素为工程措施（或顾客需求），借助质量屋进行重要度评估、关系度分析、相关指标设定等工作。顾客需求可与其他任何维组合展开，而其他各维两两之间很多情况下也可组合展开，具体如图11-3所示。

该模式中最重要的三个部分如下。

技术展开：旨在尽可能早地发现可能的关键问题和研究出打破瓶颈的技术，如现有的技术不能实现目标时，可能延误开发进程或者需要变更方案。

成本展开：旨在体现工程措施的重要性与其成本一致性，在质量实现与成本分摊中实现平衡。

可靠性展开：旨在预测可能产生的障碍类型并设计预防方法，可以将可能的主要功能故障模式表与顾客需求表、功能展开表、特性展开表相结合，分别加以分析，辨别其影响关系，采取对应的预防措施。

具体工作流程可以参照图11-3中箭头方向。

11.3.2 ASI 的四阶段模式

ASI 的四个阶段是将质量功能展开方法贯穿产品设计到生产的整个循环过程，包括设计、零部件、工艺和生产。这四个阶段有助于把来自顾客对产品的要求传送到设计小组及生产操作者等所有参与人员中。根据下一道工序就是上一道工序的"用户"的原则，通过层层分解，最终设计出完整的产品/服务质量控制体系。各阶段的质量功能展开均可采用质量屋的形式，其中，顾客需求的识别（左墙——what 构造）和质量特性的挖掘（天花板——how 的构造）是两大核心要素，是质量屋是否可以有效建立的关键。除了左墙

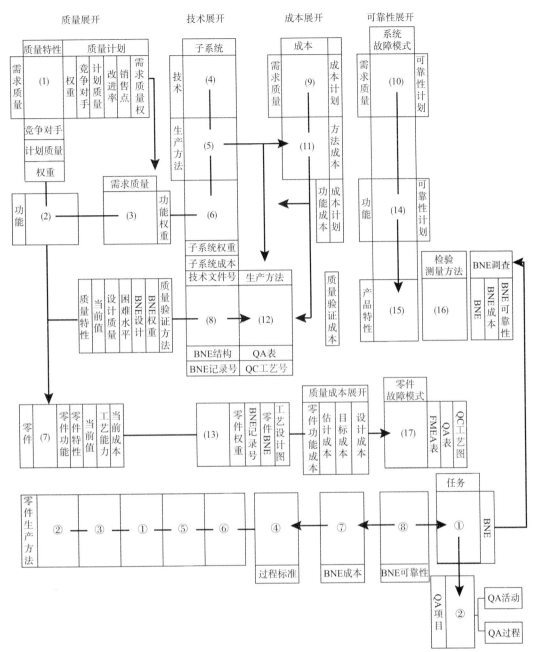

图 11-3 综合质量功能展开模式

图中 BNE 为瓶颈工程；QA 为质量保证；QC 为质量控制；FMEA 为故障模式与影响分析

和天花板的内容有区别外，质量屋的其他要素都通用，如图 11-4 所示。

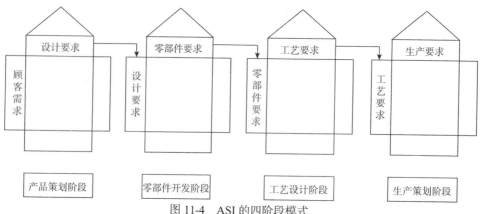

图 11-4 ASI 的四阶段模式

前一个阶段的"how"往往是下一个阶段的"what"，如产品策划阶段质量屋的左墙（顾客需求）应是零部件开发阶段质量屋中关键的工程措施（设计要求）及其技术指标，天花板是为实现设计要求而提出的产品规范（零部件要求）。以此类推，工艺设计阶段质量屋的左墙应为产品规范（零部件要求），天花板是工艺要求；生产策划阶段质量屋的左墙应为工艺要求，天花板是工序控制（或者说生产要求）。

根据质量功能展开工作对象的复杂程度，可以根据下列原则对质量功能展开的四个阶段进行剪裁或扩充。

（1）每一阶段质量屋的工程措施应足够具体和详细，适于作为下一个阶段质量功能展开质量屋的顾客需求（左墙）。例如，若产品策划阶段质量屋中关键的工程措施不够具体和详细，则可能需要在零部件开发阶段前增加一个质量功能展开阶段。反之，若产品策划阶段工程措施对于工艺设计阶段已足够详细，则可省略零部件开发阶段。

（2）质量屋的规模不宜过大，即顾客需求和工程措施的数量不宜过多，以便于操作。一般用户需求不应多于20项，工程措施不应多于60项。质量功能展开四个阶段的质量屋应按照并行工程（concurrent engineering）的原理在产品设计方案论证阶段同步完成，以便同步地规划产品在整个开发过程中应该进行的所有工作，确保产品开发一次成功。

Stuart F.I 和 Stephen S.T.将质量功能展开运用在服务设计上时，根据服务行业特点，做出些改变，将质量功能展开的过程简化为三个质量屋（图11-5）。

第一阶段，服务概念设计。这一阶段的质量屋用于定义服务的概念，即服务应包含的内容或"服务系列"。它通过了基本的顾客要求并将这些要求和基本的关键时刻（即与顾客接触的时刻）联系起来。

第二阶段，服务传递开发。开发这一阶段的质量屋时，选取一个特定的关键时刻，定义使顾客对该关键时刻感到满意的服务过程要素。

第三阶段，服务过程控制。这一阶段将服务过程要素与服务质量控制连接起来，同时为了确保关键时刻的顾客满意度，必须对这些步骤进行控制。

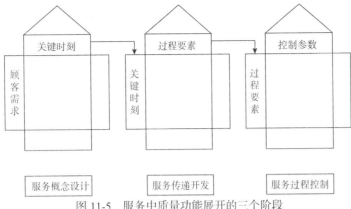

图 11-5　服务中质量功能展开的三个阶段

11.4　案例研讨

××肿瘤医院（简称 F 医院）是集医疗、教学、科研、预防为一体的三级甲等医院。F 医院的院训是"关爱、团结、求实、开拓"，即要关爱病人，团结同仁，以求实的精神开拓预防及治疗癌症的新途径。

F 医院以临床基础及临床研究为主，尤其重视肿瘤的早期发现、早期诊断、早期治疗，并以多学科综合治疗为特色，充分利用手术、放疗、化疗、中医中药、介入治疗及生物治疗等手段，制订治疗方案，特别强调肿瘤首次治疗的重要性。医院在提高疗效，改善患者生活质量，控制恶性肿瘤的复发与转移方面均取得了良好成效，使各种肿瘤远期疗效处于国内领先地位，部分达到国际先进水平，医院中长期的发展目标是"至2010年，建设成为亚洲一流的肿瘤诊疗中心"。

在运用质量功能展开方法改善目前 F 医院的医疗服务质量时，需要建立相关的质量屋，而其首要步骤就是识别顾客需求（包括主要需求、详细内容和各服务项目属性），并放置在质量屋的左墙。

11.4.1　调查并确立顾客需求

1. 数据收集

通过抽样调查，本节确定了一个包括四项主要需求的框架，每项主因素又包含了与其相关的子内容，然后设计了一份"顾客需求重要性程度调查表"（表11-1）。为了更有效地区分顾客对每项需要的迫切程度，我们采用7级利克特量表，用7～1分别代表极其重要、非常重要、很重要、重要、一般、不太重要和不重要。

表 11-1　医院服务工作的顾客需求结构表（顾客需求重要性程度调查表）

医院服务工作的顾客需求																	
Ⅰ服务效率				Ⅱ医疗服务质量				Ⅲ服务环境和便利性					Ⅳ服务态度和沟通				
1 减少挂号、候诊时间	2 简化门诊、住院、出院手续	3 医疗服务及时完成	4 及时向病人反馈投诉的处理意见	5 治疗方案的适用性	6 操作规范，技术娴熟	7 保证医院提供药品的质量	8 医疗设备安全、可靠	9 医院提供就医的指南或标识	10 就诊环境清洁、布局合理	11 就诊秩序好	12 提供必要的候诊、就诊辅助设备	13 保证住院病人的营养伙食质量	14 医生主动与病人沟通病情	15 征求病人治疗方案意见，告知风险	16 医务人员主动热情、举止文明得体	17 医务人员尊重病人个人隐私	18 医务人员及时回应病人要求

【7 级利克特量表】

　　本次抽样调查的对象是就诊患者（包括门诊和病房）和医院工作人员，采用问卷调查的方式，有效样本为203份，其中就诊患者114份、医院工作人员89份。取其平均数得到18个因素的重要性权重没有显著差别（最大的三项为"保证医院提供药品的质量"——6.1、"医疗设备安全、可靠"——6.1、"操作规范，技术娴熟"——6.0，最小的两项为"提供必要的候诊、就诊辅助设备"——5.0、"就诊环境清洁、布局合理"——5.1），因此各因素之间的差异不明显。较多的顾客需求因素会使得质量屋矩阵变得非常庞大，增加了权重分析的工作。同时，多个可观测指标都不同程度反映了医院服务工作质量这一不可观测指标，这些指标之间呈现出一定的相关性。所以，有必要对其进行提炼，找出合适的替代性因素。

　　2. 因子分析

　　应用因子分析法，运用 SPSS 统计软件对收集的直接数据进行因子分析，提炼出主因子，同时得到的各因子的贡献率也就是其重要程度。这样既可避免信息量重复，又在很大程度上克服了权重确定的主观性。经过方差最大旋转，选取特征值大于1的因子，最后得到七个主因子。

　　方差比率有明显的区别，显示了很好的差异性，同时七个主因子累计方差比率达到了82.38%，基本集中体现了顾客需求的焦点。根据因子代表不同的因素的内容，对各因子进行重新的命名，如表11-2所示。

表 11-2 主因子归类命名列表

医院服务工作的顾客需求主因子构成						
1. 服务态度和沟通	2. 服务环境和便利性	3. 医疗服务质量	4. 各种医疗服务及时完成（包括投诉处理）	5. 减少挂号、候诊时间(流程上考虑)	6. 简化门诊、住院、出院手续	7. 保证住院病人的营养伙食质量
17.25%	17.15%	17.09%	9.75%	7.97%	6.73%	6.44%

表11-2中的百分数代表了各因子的相对权重，经过归一化，分别得到七项因素的重要性权重为20.94%、20.82%、20.74%、11.84%、9.67%、8.17%、7.82%。

这样，就得到了一组顾客需求因素，他们是18个原始顾客需求因素的体现，同时简明精确地表达了服务改进中应该注意的顾客需求热点，为服务改进设计的顺利进行奠定了基础。

11.4.2 调查并分析运作要求

根据质量功能展开方法的应用模式，针对以 F 医院为核心的供应链组织的特点，以下从四个层次开展运作要求分析。层次之间有递进关系，因此也可以跨层次来进行具体分析。

1. 第一层次：战略规划表

根据现状调查，F 医院在科研发展上有比较明确并且领先的战略规划。为了扩大医院的国内、国际影响，占据更有利的竞争优势，F 医院已经开始在筹建医疗集团方面努力和洽谈，试图运用一体化的运作方式来实现"高顾客满意度/忠诚度，低运作成本"的盈利能力。因此，以 F 医院为核心的医疗集团已经具有实施医疗服务供应链管理的环境和条件。只有供应链管理的这样具有战略性和富于逻辑性的框架，才能够把质量改进与更广泛的商业和高层管理者需求——更低的成本、不断完善的盈利能力、日益提高的市场份额联系起来。否则，F 医院和其供应商已经开展的面向顾客满意管理的质量项目将和医疗集团运作的管理决策的主流方向发生偏离，这样就很难使 F 医院和其供应商取得持续发展的效果。

通过调研分析，在顾客满意管理方面，以 F 医院为核心的医疗服务供应链的总体战略就是"提供优质服务，实现卓越绩效"，其中又可以在下一个层次重点体现在如表11-3所示的七个方面。

表 11-3 以 F 医院为核心的医疗服务供应链战略分解

供应链战略		重要度
提供优质服务，实现卓越绩效	实现全程信息化运作和管理	4
	优化业务流程	5
	规范人才选拔和培训	3
	完善考核体系、激励机制	3

续表

供应链战略		重要度
提供优质服务，实现卓越绩效	内部伙伴关系（质量合作）	4
	强化财务管理，科学分析	4
	服务质量全过程监控	5

2. 第二层次：合作伙伴内部分析

F 医院对于供应商的评价选择，质量是首要标准，但当同一种医疗用品的供应商满足基本条件，具备生产企业许可证、经营企业许可证、产品注册证、卫生许可证、准销证时，就认为其所提供产品的质量是同质的，那么这时价格就是重要因素了。

针对以 F 医院为核心的医疗服务供应链的具体实际情况，本层次的案例研究主要分为医疗器械供应商和 F 医院两部分。由于 F 医院的核心地位，对医疗器械供应商的选择权处于优势地位，对于供应商和医院的合作更具有影响力，所以在医疗器械供应商部分，本节主要将医院对医疗器械供应商的具体要求（主要部分）作为选择依据，具体如表11-4所示。

表 11-4　医院对医疗器械供应商的具体要求（主要部分）

指标	具体要求	重要度
医疗器械供应商应该具备能力	医疗器械注册证	5
	医疗器械经营企业许可证	5
	卫生许可证（分级考查）	5
	较好的信用和信誉及相关认证	3
	供货反应能力（订货提前期）	4
	供货质量保证（到货合格品率）	5
	供应商管理库存能力	3
	柔性生产能力	3
	产品性价比	3

当管理能力提高到比较高的水平，对于供应商的选择，也应该尝试着考虑医疗器械的作用对象——患者的相关要求。国外一些医院，已经在选择供应商的过程中邀请患者代表参与其中，无形之中增加了过程的透明度，减少了患者对这方面问题的抱怨。

3. 第三层次：服务规范设计

就诊流程中，病人需求不同、流量变化大、分布不均匀使得患者就诊过程面临很多问题，主要包括导医护士服务难度大、患者等候时间长、医生数量相对不足等。本节仅把解决导医护士服务难度大问题做详细说明。面对这样的问题，服务规范化就是一个有效的途径，这样可以使得导医护士获得针对性的培训以较好的解决这些问题。

导医服务作为就诊流程中的一个重要环节，是病人入院接受的第一项面对面服务，对患者心理感知有很大的影响。根据医院服务的需要及服务流程上下游衔接服务的需要，F 医院进行如表11-5所示的规范要求。

表 11-5　导医服务规范设计

服务要求（举例）		重要度
导医服务措施	准时上岗、不离岗	5
	不闲谈、不干私活	4
	佩戴工号牌	3
	态度和蔼，语言亲切	4
	仪表端正、服饰整洁规范	3
	热情主动、微笑服务、站立服务	4
	熟悉各科室就诊时间及专家门诊安排	5
	热心解答患者提问	4
	主动指示就诊科室位置	4
	对病情危急患者直接与医生联系，并护送至急诊室（或相关科室）	5
	主动为老、弱、病重等患者提供服务（如搀扶、担架、轮椅等）	3
	主动帮助特殊病人挂号，送至各相关科室后，与科室护士做好交接	4

由于涉及具体的要求，根据不同要求的重要度的差异，此规范设计还可以作为绩效考核各指标重要度差异的依据。

4. 第四层次：服务质量控制

由于 F 医院从全员参与出发，面向服务过程开展服务质量管理工作，并且积极按照 ISO 9000 族标准来规范服务过程和管理工作，所以服务质量控制就是典型的外部规范和内部运作同时影响下的优化机会。

F 医院主要采取"以我为主"方针，根据相关方（包括顾客、法规、行业等）的要求，从实际出发，采取三层次的医院内部服务审核方案，从质量系统、流程审核、服务环境维护三个层次详细设计审核内容和方式。如表11-6所示，根据第二层规范要求设计具体的审核方案，包括审核人员组成和培训、审核方式和程序、审核并行工作等。

表 11-6　三层次的医院服务质量内部审核要求

内部审核		重要度
第一层规范要求	第二层规范要求	
质量系统	机构设置及各部门责任	3

续表

内部审核		重要度
第一层规范要求	第二层规范要求	
质量系统	资源管理	3
	服务实现	5
流程审核	导医过程符合规范	4
	门诊过程符合规范	5
	医疗技术部门符合规范	5
	护理部门符合规范	5
	财务部门符合规范	3
	行政部门符合规范	3
	对病人抱怨的跟踪反馈	4
	对新医疗项目/技术变化的监控	3
	观察并审核新的工作人员	3
服务环境维护	工作场所是否清洁	4
	工作场所有无没法识别的东西（药品、器械、材料）	3
	所有工具、材料、器械是否在适当的位置	4
	衣帽、器具符合卫生标准	4

当然，不同的医院可以采取适合自身的方式来进行服务质量控制方式的设计。可以采取其他通用认证标准或者将不同的几种认证标准一体化，也可以借鉴其他行业的认证标准来设计服务质量控制方式。

11.4.3　质量屋的建立

质量屋的构建过程，既是一个针对具体问题的过程，也是一个相对灵活的过程。满足患者需求是医疗服务供应链的最终需求，同时，在四个层次中，前一个层次的各种要求也可以作为下一个层次的内部需求。同时，也可以跨层次进行质量屋的建立。比如，在公司员工拥有一个共同目标或者愿景的前提下，医院内部流程要求可以直接面对患者需求进行质量屋的建立，实施有针对性的改进；医院服务质量内部审核要求中的质量体系部分也可以以供应链战略中的相关目标为内部需求进行质量屋的构建。

为此，F 医院建立了一个以最终顾客需求为左墙，过程改进措施为天花板的质量屋来说明实际运用过程中质量屋建立的具体方法。

通过专家打分得到相关矩阵——目前服务绩效表现、竞争者 A 和竞争者 B 的服务表现，这是医院领导者对目前医院现状及与竞争者比较的认识，同时设定自己医院改进的目标。这些均通过10分制尺度来衡量。接下来，医院管理层也可根据经验针对各个需求属性，设定其营销重点，也就是衡量一些可直接影响营销的特性，使用1.5、1.2、1这三个基准点作为评分尺度，分别代表较强的竞争优势、有竞争优势和几乎没有竞争优势。通过以下两个算式：

$$改善比例 = 绩效目标分值 \div 服务绩效分值$$

$$初始权重值 = 顾客需求相对重要度 \times 改善比例 \times 营销重点$$

可以得到考虑竞争者状况的需求因素相对重要度。这样考虑的因素就更加全面，有更高的可信度。

这样就可以按照固定的计算方法得到各个措施的相对重要度，为确定改进措施提供重要依据。

但因医院方的要求，相关数据及计算结果涉及医院重要内容，在此不予显示。

11.4.4 确定优化目标、优化机会点

质量屋得到的流程改进措施重要度，反映了其改进的轻重缓急。在资源相对紧张的情况下，应该先执行重要度较高的措施及其关联度高的措施。F 医院根据以上分析及目前的实际状态，采用了以下五项重要改进措施。

1. 增加护理咨询门诊（康复指导）

免费为肿瘤病人提供疾病护理、生理及心理康复、饮食、用药、功能锻炼、复查等方面的咨询，主要是为术前、术中、术后的护理提供咨询。例如，放射治疗后、化疗后应该吃些什么，营养如何搭配，生活习惯要注意什么，妇科手术后的女性特别注意的问题及对心理、私密性问题提供专业的咨询服务。这样可以为住院时间短的患者提供全面、有效、及时的护理方面的信息，帮助他们更好地尽快恢复健康，提高康复成功率。

2. 增加药品咨询门诊

向患者说明如何用药、药品的副作用、配伍禁忌、不良反应，以及康复期的肿瘤患者应该如何合理用药等问题。这样可以有效解决"花费了大量的钱财却不能得到很好的治疗甚至产生不良的副作用"的顾虑，同时可以为患者详细说明用药的选择和剂量，停药、换药时机的选择等相关信息。

3. 提高护理服务质量

及时了解肿瘤治疗护理新进展，加强有关出院后护理服务内容知识的培训，以适应工作需要，如电话随访中涉及的复查指导及心理、社会、文化等知识，因此有必要提升护理工作的知识含量。

4. 电话咨询服务

在建立就诊患者数据库的基础上，各病区开展电话咨询工作，运用电话与出院病人继续保持快捷而及时的联系并进行康复教育，解除部分病人的后顾之忧，体现护理服务的延伸。

5. 建立患者数据库，并提供查询

注重护患沟通，建立病人出院后的护理服务需求登记制并发放出院联系卡，随时了解需求，有针对性地提供服务。

从流程改进措施重要度柱状图可以发现，第五项措施的重要度并不高，但是建立患者数据库是进行第四项措施的一个重要保障，所以两者应该捆绑进行。

这样，原有的流程就发生了变化。在原有服务的基础上，患者可以有选择地接受优化后的新的服务流程，如图11-6所示。

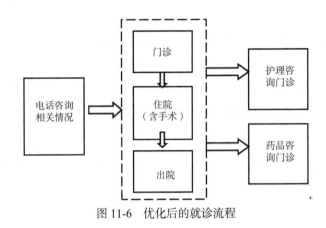

图 11-6 优化后的就诊流程

在新的服务流程中，患者可以享受更加专业、细致的护理服务。同时，原有过程向两端延伸，可以以更加主动的姿态为患者潜在的需要提供服务，有利于整体竞争力的提升。

研讨

（1）在计算顾客需求的重要性程度时，有哪些可以运用的方法？

（2）在运用多阶段质量屋过程中，针对服务业和制造业有哪些区别？

（3）根据本案例讨论，质量功能开展可以适用哪些管理过程？

➤ 本章小结

质量功能展开方法是分析顾客需求的科学方法，是将市场目标与工程要求联系起来的最好纽带。质量功能展开方法既适用于新产品的开发，也适用于老产品的改进；既适用于一般产品，也适用于大型复杂产品，如飞机制造；既适用于硬件产品，也适用于软件产品、服务、管理等方面；并且既适用于全过程管理、产品开发或服务提供，也适用于战略管理。因此，具有广泛的适用性。

同时，在方法上，质量功能展开还可以与其他方法结合使用：可以与新老质量管理七种工具结合，可以与价值工程结合，可以与田口方法结合，可以与可靠性工作结合，可以与发明问题解决理论结合，可以与稳健设计结合，可以与并行工程结合，等等。

质量功能展开方法理论上的突破来源于实践的探索，也给实践的应用带来良好的效果，只有在实践应用中才能更多地体会质量功能展开方法的优点，同时用更科学的方法来使之更加完善。

进一步阅读文献

李跃生，邵家骏，苗宇涛. 2011. 质量功能展开技术. 北京：国防工业出版社.

马万里. 2019. 质量功能展开：应用与实践. 北京：经济科学出版社.

熊伟. 2016. 质量功能展开——理论与方法. 北京：科学出版社.

张晓东. 2002. 从 QFD 的中文译名谈起. 中国质量，(8)：41-43.

Yoji A. 1990. Quality Function Deployment: Integrating Customer Requirements into Product Design. Cambridge：Productivity Press.

思考题

1. 质量功能展开方法为什么可以在质量管理中起到显著的作用？

2. 举例说明，在应用 ASI 四阶段的质量功能展开方法中是如何在各阶段体现以顾客需求为本，实现顾客需求的？

第 *12* 章

故障模式及影响分析

导读

故障模式与影响分析（failure mode and effects analysis，FMEA）在国外非常受重视。美国三大汽车公司将 FMEA 作为产品设计的基本输入条件，要求不论是新产品设计还是产品改进都要有 FMEA 作指导。日本更是将 FMEA 视为企业至宝。麦肯锡公司的调查结果显示，日本汽车及零部件制造企业应用 FMEA 的比例达到100%。我国在20世纪80年代初期，可靠性技术在工程中逐渐应用，使 FMEA 的概念和方法也逐渐被接受，并得到广泛的应用。本章介绍了 FMEA 的起源、基本概念和实施流程，最后通过对企业业务外包风险评估案例的分析，帮助读者更好地理解 FMEA。

■ 12.1 本章引例

12.1.1 FMEA 与泰坦尼克号[①]

美国导演詹姆斯·卡梅隆的《泰坦尼克号》影片以1912年泰坦尼克号邮轮在其处女航时触礁冰山而沉没的事件为背景，描述了一段感人的爱情故事。然而从质量管理的角度去思考，除了对于爱情故事的感怀，从泰坦尼克号事件，还可以结合 FMEA 方法，看到企业的质量责任。

白星航运公司经理布鲁斯伊斯梅为了让泰坦尼克号创造横跨大西洋的最快纪录，没有把游客的安全放在第一位，要求船长史密斯提高船速。而史密斯为了名垂史册，带着荣誉退休，欣然答应了他的要求。这是泰坦尼克号项目组犯下的第一个错误。结合质量管理工具 FMEA 来看，只要涉及产品使用者安全的，严重度（severity）一律评定为10分或9分，必须是最优先级考虑的问题，要采取多重措施去保障产品及服务的安全性。

---

① 《由泰坦尼克号引发的企业 FMEA 管理培训思考》，http://www.cw-sz.com/article/show_article.php?id=511[2020-11-27]。

而当时是泰坦尼克号的第一次航行，尤其要有相应的对策，限速应该是当时应采取的措施之一。

泰坦尼克号在全速行驶的夜晚，海面出奇的平静，瞭望台在发现正前方的冰山后立刻通知了驾驶舱和大副，此时惯性极大的轮船已来不及躲避，船身右侧被冰山割裂，六个舱室进水，一幕悲剧开始上演。这是泰坦尼克号项目组犯下的又一个错误。在FMEA 的可探测度（detection）评估中，操作人员通过视觉/触觉/听觉对故障模式探测的评分为7分，也就是说问题的可探测度非常低，需要重点关注并采取措施。其实泰坦尼克号项目组当时完全可以按航海的《航海员手册》中的一系列措施来提高探测度和降低问题的发生频率，如采用引航船、通过监测航线表层水温的变化来预测冰山，降低航行速度等。

号称永不沉没的泰坦尼克号将在两小时内沉没，漆黑的海洋和天空连成一片，泰坦尼克号项目组此处再一次犯下了致命的错误：他们为了船身的美观，将船上的救生艇减得只够一半乘客使用。用 FMEA 中的述语来说，他们对高风险指标项目的建议措施只实施了一半。在事故发生后也就只能任凭大海无情地吞噬着另一半乘客的生命。

或许在沉船的那一刻史密斯船长心中后悔不已，早知道就减缓泰坦尼克号的行驶速度，早知道就及时关注前方冰山状态，早知道就装满救生艇……

但世上毕竟没有后悔药，泰坦尼克号的悲剧已经酿成。那么在企业的运营和管理中如何才能少吃后悔药？大家带着这样的问题来学习本章 FMEA 的内容。

12.1.2 FMEA 与 ICU 护理质量管理[①]

新疆生产建设兵团医院（石河子大学医学院第二附属医院）邹建文和许新平探讨了FMEA 这种前瞻性的质量管理工具在 ICU（intensive care unit，重症监护治疗病房）护理质量管理模式中规避风险、降低护理缺陷、提高护理质量、提高对护士满意度等多方面所发挥的作用，并推广 FMEA 工具在护理质量管理及医疗活动领域中的使用。将已开展多年的连续性排班模式及责任制护理模式以 ICU 作为研究对象，用回顾性方法将未使用FMEA 的2013年 ICU 护理质量管理作为对照组，将使用 FMEA 的2014年 ICU 护理质量管理作为实验组，并对2组在不良事件发生率，护理质量考核结果，患者、医生及护士自身对护士的满意度三个程度，16次指标进行对比，从中得出结果并对结果进行讨论分析，最终得出结论。

使用 FMEA 管理工具后，科室不良事件发生率降低，护理质量、患者/医生及护士自身对护士的满意度均有所提高。

FMEA 作为一种前瞻性的管理工具在护理质量管理模式中科学地加以应用，能有效规避风险、降低不良事件发生率、提高护理质量、提高社会对护理的满意度，同时增强护士自信心及对工作的积极性，是一种值得推广使用的科学管理工具。

---

① 资料来源：邹建文和许新平（2015）。

■ 12.2 FMEA 的发展与概念

12.2.1 FMEA 的发展历史

FMEA 的起源及正式应用可以追溯到20世纪50年代初，美国格鲁曼公司第一次将 FMEA 应用于战斗机操作系统的设计分析并取得了良好的效果。到20世纪60年代中期，FMEA 技术正式应用于航天工业（阿波罗登月计划）。20世纪70年代，美国的海军和国防部相继应用推广这项技术，并制定了有关的标准。20世纪70年代后期 FMEA 被美国汽车工业界所引用，作为设计评审的一种工具。1988年，美国联邦航空管理局发布咨询通报，要求所有航空系统的设计及分析都必须使用 FMEA。1991年，ISO 9000推荐使用 FMEA 提高产品和过程的设计。1993年，美国三大汽车公司联合编写了 FMEA 手册，2001 年发布了第三版。1994年，美国汽车工程师学会发布了 SAE J1739 – 潜在失效模式及后果分析标准。同年，FMEA 成为 QS 9000①的认证要求。2001年，美国医疗机构评审联合委员会要求医院实行 FMEA，以期在医疗风险事件发生之前对其进行评估，并采取相应的措施，从而有效降低医疗风险事件的发生。目前，FMEA 已在工程实践中形成了一套完整的分析方法，并被广泛应用于各个行业，如医疗、食品、电子、化工、能源与信息技术等行业。

12.2.2 FMEA 的基本概念

FMEA 是一种前瞻性的可靠性分析方法。关于 FMEA，不少协会组织及专家从不同角度进行了定义。美国医疗保障促进协会认为 FMEA 是一种分析系统中故障发生的位置和原因，确定不同故障模式的影响程度，从而识别系统中最需要改进的环节并采取相应改进措施的、系统的事前方法。通用电气公司认为 FMEA 是一种运用现代工程技术来识别和消除产品工艺过程中潜在的故障模式的分析方法。QS 9000则认为 FMEA 是一种系统化的活动，其目的是发现、评价产品/过程中潜在的故障及其后果，找到能够避免或减少这些潜在故障发生的措施。

由美国汽车工业行动集团和德国汽车工业联合会共同推出的《FMEA 手册》明确 FMEA 是一个以小组为导向的、系统的、定性的分析方法，主要针对技术风险、综合财务风险、时间风险、战略风险等，评估产品或者过程的潜在失效风险，分析这些失效的原因和影响，记录预防和探测的手段，提出建议措施以降低风险。

综上，FMEA 是一种通过 FMEA 小组成员的集体讨论研究，使用系统分析方法对产品（包括硬件、软件和服务）的设计、开发、生产等过程进行有效的分析，找出系统中所有可能产生的故障模式及其对系统造成的所有可能影响，并按每一个故障模式的严重程度、发生频度及检测难易程度予以分类的归纳分析方法。执行 FMEA 的目的是在故障

---

① 由美国克莱斯勒、通用、福特汽车公司的供方质量要求特别工作组制定。

发生前及时采取有效的预防措施，以避免或减少这些故障模式的发生，从而有效降低系统风险事件的发生。简单地说，FMEA 就是按照预定的标准程序对分析对象的各种故障模式、影响、原因及相应的防治措施进行分析以减少和消除故障。

FMEA 强调的是"事前预防"，而非"事后纠正"，这样，就可以避免消耗大量的人力、物力于质量问题发生后的处理工作，使得在提高产品质量的同时，降低生产和开发成本，最大限度地避免和减少损失，提高效率。此外，FMEA 也是一个持续改进、逐步提高的过程。

12.2.3 FMEA 的分类

质量是设计出来的，也是制造出来的，所以在产品实现的各个过程，如产品设计过程、制造过程、服务过程等，都可以应用 FMEA 技术进行分析和控制，因此 FMEA 又可细分为系统 FMEA、设计 FMEA、过程 FMEA 和服务 FMEA、使用 FMEA 等类型。其中设计 FMEA 和过程 FMEA 最为常用，而且发展也最为成熟。在产品生命周期的各个阶段虽然有不同形式的 FMEA，但其根本目的只有一个，即从产品策划、设计（功能设计、硬件设计、软件设计）、生产（生产可行性分析、工艺设计、生产设备设计与使用）和产品使用角度发现各种缺陷与薄弱环节，从而提高产品的可靠性水平。

系统 FMEA —— 对产品开发、过程策划的评估，通过系统、子系统不同层次展开，自上而下逐级分析，更注重整体性、逻辑性。

设计 FMEA —— 对产品设计的评估，识别和消除产品及每一零部件的设计缺陷。

过程 FMEA —— 对工艺流程的评估，识别和消除制造过程中每一环节的潜在隐患。过程 FMEA 的专有技术保护，供应商与客户之间的知识产权共享受供应商与客户之间的法律协议约束。

服务 FMEA —— 对服务产品设计/服务过程的评估，识别和消除服务中的潜在隐患，提供顾客满意的服务。

设备 FMEA ——主要是分析、考虑设备可能造成的产品品质问题及可靠度问题等，采取预防措施消除不良因素；现有设备、特定的一种设备在运行中出现的设备故障等均可采用 FMEA 进行改善，以确保设备的正常运转。

物流 FMEA ——分析的目的涉及产品物流、包装和信息流。这些潜在失效的后果涉及产品制造商、开发商和工业物流服务部门。

以上各种不同的 FMEA 类型，往往是企业专有的管理方案的一个组成部分，应属于专有技术保护的一部分，同时与相关的供应商和客户产生约束或者协同关系，供应商与客户之间的知识产权共享受供应商与客户之间的法律协议约束。当制定 FMEA 时，必须从法律角度遵守以下规定。

（1）明确的，即潜在故障和措施评估的描述是合理的。

（2）真实的，可能的故障不能被故意弱化。

（3）完整的，即检测到的潜在失效不能被故意隐藏。

12.2.4 FMEA 的目的

如前所述，FMEA 强调的是"事前预防"，而非"事后纠正"，是一个持续改进、逐步提高的过程。

FMEA 可以描述为一组系统化的活动，其目的如下。

（1）提高评估产品/过程的质量、可靠性和安全性。

（2）减少产品重新开发的时间和成本。

（3）记录和跟踪为降低风险而采取的行动。

（4）有助于制订健全的控制计划。

（5）有助于制订健全的设计验证计划。

（6）帮助确定优先次序，并将重点放在消除/减少产品和过程问题，或帮助预防问题发生上。

（7）提高客户/消费者满意度。

12.3　FMEA 实施流程

12.3.1　FMEA 的基本思想

FMEA 作为一项由系统的跨功能小组进行的事先预防活动，是一种结构化的、自下而上的归纳分析方法，如图12-1所示。它是按照一定原则将要分析的系统划分为不同的约定层次，并从最低约定层次各产品开始着手，逐层分析系统程序方法。目的就是及早发现潜在故障模式，探讨其故障原因，以及分析在故障发生后，该故障对上一层子系统和系统所造成的影响，并采取适当的行动措施和改善对策，以提高产品和系统的可靠性。

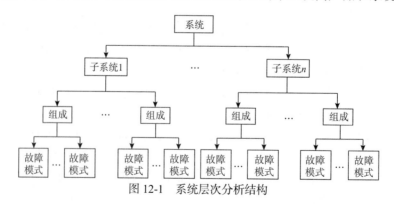

图 12-1　系统层次分析结构

当分析某一系统时，FMEA 是一组系列化的活动，包括找出系统中潜在的故障模式；评估故障模式造成的影响及其严重程度；分析故障发生的原因及其发生度；评估故障发生时的检测度；计算风险优先数（risk priority number，RPN）的值，根据 RPN 综合分析，确定应重点预防、控制的项目，制定预防、改进措施，明确措施实施的相关职责，并跟踪、验证。RPN 是严重度、发生度和检测度三个风险因子的乘积，即

$$RPN=S\times O\times D$$

其中，S 为潜在的故障发生严重性；O 为故障发生的频度；D 为故障发生时，根据现有的控制手段及方法检测出的可能性。这三个评价指标的取值范围为 1～10，其评价准则见表 12-1～表 12-3。RPN 的取值在 1～1000，是某一潜在的故障模式发生的风险性及危害的综合性评价指标，RPN 值高的故障模式应作为预防的控制重点。

表 12-1　发生度评价准则

发生度	发生的可能性	故障发生率
10	很高：故障几乎不可避免	≥1/2
9		1/3
8	高：故障重复发生	1/8
7		1/20
6	中等：故障偶尔发生	1/80
5		1/400
4	低：故障相对很少发生	1/2 000
3		1/15 000
2		1/150 000
1	极低：故障不太可能发生	1/1 500 000

表 12-2　严重度评价准则

严重度	后果	评价准则
10	无警告的严重危害	在无警告的情况下故障对人身安全造成伤害不符合政府法规
9	有警告的严重危害	在有警告的情况下故障对人身安全造成伤害不符合政府法规
8	很高	系统丧失基本功能，无法运行
7	高	系统能够运行，但性能下降。顾客很不满意
6	中等	系统能够运行，但舒适/方便性方面失效。顾客不满意
5	低	系统能够运行，但舒适/方便性方面性能下降。顾客有些不满意
4	很低	系统最终产品不符合要求，大多数顾客能发现缺陷（>75%）
3	轻微	系统最终产品不符合要求，50%的顾客能发现缺陷
2	很轻微	系统最终产品不符合要求，有辨识能力的顾客能发现缺陷（<25%）
1	无	对系统没有影响

表 12-3　检测度评价准则

检测度	检出的可能性	评价准则
10	几乎不可能	当前的控制措施不能检测到故障或根本没有控制措施
9	极低	当前的控制措施检测到故障模式的可能性极低
8	非常低	当前的控制措施检测到故障模式的可能性非常低
7	很低	当前的控制措施监测到故障模式的可能性很低

续表

检测度	检出的可能性	评价准则
6	低	当前的控制措施检测到故障模式的可能性低
5	中等	当前的控制措施检测到故障模式的可能性为中等
4	中上	当前的控制措施检测到故障模式的可能性为中上
3	高	当前的控制措施检测到故障模式的可能性高
2	很高	当前的控制措施检测到故障模式的可能性很高
1	几乎一定	当前的控制措施几乎一定能检测到故障

12.3.2　FMEA 的基本流程

根据 FMEA 的基本原理，FMEA 的实施是一个反复评估、改进和更新的过程（图12-2）。一般情况下，FMEA 的分析按以下流程进行。

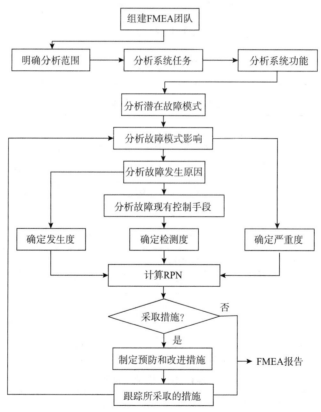

图 12-2　FMEA 分析流程

（1）组建 FMEA 团队。进行 FMEA 分析是团队行为，团队成员要涉及各个部门和各类专家。

（2）明确分析范围。根据系统的复杂程度、重要程度、技术成熟性，分析工作的进度、费用、约束等，确定系统中进行 FMEA 的范围。

（3）分析系统任务。描述系统的任务要求及系统在完成各种任务时所处的环境条件。

（4）分析系统功能。分析明确系统中的产品在完成不同的任务时所应具备的功能、工作方式及工作时间等。在进行系统功能分析时，一般应先制作系统的可靠性框图，然后根据可靠性框图进行更详细的分析。

（5）分析潜在故障模式。在 FMEA 分析中，找出潜在故障模式的精确完备与否，直接关系到分析结果的精确程度，进而影响到改善效果的好坏。

（6）分析故障模式影响，确定严重度。在分析时不仅应考虑故障对系统本身的影响，还应考虑故障模式对使用者安全、操作环境、适应环境、经济性等的综合影响。

（7）分析故障发生原因，确定发生度。在缺乏定量的统计资料时，也可用定性的方法评估发生度。

（8）分析故障模式现有的控制手段及检测方法，确定检测度。

（9）计算 RPN。

（10）制定预防和改进措施。针对关键故障模式，即由前面所述的严重度、发生度和检测度计算得到的 RPN 数值，来决定进行改进的优先次序，并按照结果制定纠正和预防措施。纠正和预防措施一般分为以下两类。①预防性措施：能够避免故障的发生。②补偿性措施：一旦发生故障，能够尽量减少故障造成的损失。

（11）实施改善措施后的评估。制定措施后，一定要付诸实施。针对实施后故障模式的改善或管理控制措施，评估是否克服了潜在故障问题，消除了对系统的影响。

（12）FMEA 综合报告与结论。完成上述各综合程序后，工作小组人员除了将分析结论填入 FMEA 报告表，如表12-4所示，同时应提出综合报告及建议事项，以作为持续改善的依据。

表 12-4　FMEA 报告表

项目名称：				FMEA 编号：						第 页 共 页				
负责部门：				编号：						校对：				
FMEA 团队：				审核：						批准：				
系统：				填表日期：						修订日期：				
目前状况										措施结果				
过程／功能	潜在故障模式	潜在故障影响	潜在故障原因	当前控制措施	严重度（S）	发生度（O）	检测度（D）	风险优先数（RPN）	建议措施	责任人／单位和完成日期	采取措施	S	O	D	RPN	备注

12.4 FMEA 实施的注意事项

FMEA 是一种预防分析技术，它可以识别并消除风险。需要注意的是，FMEA 是一种长期的、细致的、系统的工作。要想成功地进行 FMEA 分析，在实施 FMEA 的过程中，应注意以下问题。

（1）在确定某产品、过程可能发生的故障模式时，应召集相关人员，召开会议，采用头脑风暴法，鼓励大家尽可能将潜在的故障模式一一找出。也应参考以往类似产品、过程的记录及经验。在应用 FMEA 时，可根据自身产品、过程的特点，制定合适的参数（如严重度、发生度、检测度等）为评定标准，本章给出的评定标准只供参考。

（2）一般应将 RPN 高的故障模式作为控制重点，但在实践中，不管 RPN 大小如何，当某种故障模式严重度很高时（取值9、10），就应该特别注意，预防其发生。制定预防和改进措施的目标是尽最大可能降低 RPN 的值，也就是说减小发生度、严重度或检测度中的任何一个或全部。

（3）FMEA 是一个连续的、动态的过程，当系统采取完所有的改进措施后，团队应该重新评估结果的严重度、发生度和检测度，计算新的 RPN 并对故障分等级排序，反复进行这些过程，直到 FMEA 团队确认已经覆盖了所有的相关信息，所有的 RPN 都小于规定的界限值为止。

（4）FMEA 团队成员要涉及各个部门和各类专家，以确保每个环节得到充分考虑。更重要的是，这些专家必须有公正客观的态度，包括客观评价与自己有关的故障，分析故障的原因；而一旦分析出原因，就要迅速果断地采取措施，使 FMEA 分析的成果落到实处，而不是流于形式。

（5）FMEA 分析中应加强规范化工作，以保证产品 FMEA 的分析结果具有可比性。开始分析复杂系统前，应统一制定 FMEA 的规范要求，结合系统特点，对 FMEA 中的分析约定层次、故障判据、严重度、发生度与检测度定义、分析表格、故障率数据源和分析报告要求等均应做统一规定及必要说明。

（6）在进行 FMEA 分析及制定措施过程中，应注意故障模式、故障原因、故障后果之间的逻辑关系及建议措施与采取措施之间的关系，它们并不是完全的一一对应关系，可能存在一对多或多对一的关系，如一个故障原因可能产生几个后果，一个后果也可能由几个原因产生，同样建议措施在采取措施过程中也可能由于成本、进度等原因没有被采纳；再就是应辩证地处理故障模式、故障后果的关系，在低级分析中出现的潜在故障后果，相对高一级而言可能是其一种故障模式或原因。当然在后续的文件如产品图样、控制计划、作业指导书等制定中应随时考虑对这些后果、原因的控制，并将其控制方法、手段纳入文件中。

（7）建立的 FMEA 信息资料库，应充分应用现代化的计算机管理手段进行管理，以方便企业其他工作对 FMEA 数据库中数据、经验、技术进行应用，充分发挥 FMEA

数据库的作用以给企业在质量、成本与进度方面带来良好效果，由于FMEA信息数据库中包含着企业一些先进的产品/过程设计、制造经验，因此企业还有必要对其内容的访问和扩散采取严格的保密性措施，当顾客要求提供时应做必要的技术处理。

12.5 案例研讨：企业业务外包风险评估

企业在做出业务外包决策之后，必须对外包风险进行评估和管控，以避免或降低外包风险带来的损失。本案例尝试应用FMEA技术进行业务外包风险评估，在构建失效（即故障）模块层次结构的基础上以合同履行失效模块为例，从质量、数量、时间三个维度识别失效模式，研讨确定失效的严重度、发生度和检测度的评价准则。最后通过案例验证基于FMEA的企业业务外包风险评估的可行性和有效性。

12.5.1 构建失效模块层次结构

为了使业务外包风险分析更为全面，企业通常会组织或聘请专家团队并运用专业的分析工具来查找潜在的失效模式。本案例结合既有的外包风险评估研究和供应商综合绩效评估研究，采用层次分析法（analytic hierarchy process，AHP）对业务外包供应商的失效模块进行分析，建立了层次结构模型（表12-5）。该模块共分为三层：第一层为目标层，即供应商业务外包风险评估；第二层为分析视角，从合同风险、管理风险和财务风险三个角度来分析潜在的失效模块；第三层则为各视角下的潜在失效模块。

表 12-5 业务外包供应商失效模块结构层次

第一层	第二层	第三层
供应商业务外包风险评估	合同风险	合同履行
		合同欺诈
		合同漏洞
	管理风险	信息不对称
		决策失误
		技术与创新
		响应与调整
		文化差异
	财务风险	成本
		供应商财务状况

由于每一个失效模块又能细分出不同的失效模式，各模式对应的失效原因、后果、改进和预防措施均各不相同。因此，在实际操作中所有列举的失效模式都必须仔细分析。同时，用于计算RPN的风险因子评价准则也应当针对不同失效模块和失效模式做出相应

调整。可以说，每一项失效模式模块都有针对自己的"个性化"的FMEA分析过程。在此，本案例选取表12-5中合同风险视角下的合同履行模块进行实例分析，其余各项可参照类似方法。

12.5.2　失效模式识别

外包业务需要外包合同进行保障。合同中包含了各项指标与规范，供需双方的责任分担也必须在合同中清楚表述。理论上讲，业务外包供应商应当将合同中的一些指标作为业务完成的唯一标准，如产品的规格、数量、交货期限等。供应商能否完成这些指标是企业评价供应商绩效的直观标准。因此，企业对于外包供应商在合同履行度上的失效模式评估是至关重要的。

外包业务的核心即外包的产品或服务，在合同履行这一失效模块下，主要有三个模式必须明确分析，即标的质量、标的数量和合同时间。

1. 标的质量

标的质量即合同中标明的产品质量要求，内容可包含尺寸、材料、精度、颜色等。若交货时产品质量不合格，则会影响到企业最终产品的质量，如易损坏、装配尺寸不契合、有损美观等。从合同本身的角度来说，标的质量失效导致的结果就是产品质量差和合格产品数量不足、交货时间推迟甚至整批次重做，更为严重的后果即合作取消、企业声誉下滑等。由于产品质量涉及的内容较多，全员达标需供应商全力以赴。通常造成质量不达标的原因有以下几种：偷工减料、设备老旧、员工技术能力不足、供应商监管不力等。这些需要要求业务外包供应商采取有效手段对质量进行控制，如使用检查表等质量管理工具。

2. 标的数量

标的数量指的是产品交易量，若涉及分期则也可以是每批次的交货量。此失效模式相对更容易观测，负责人员只需准确地统计产品数量即可。若企业不能收到产品额定数量，则可能影响后续的成品产量，致使库存缺货、交易量下滑等。而业务外包供应商若要弥补这一问题则会导致交货时间推迟、增加额外人力物力成本，同时面临支付违约金等问题。造成交货量不达标一般归咎于业务外包供应商效率欠佳、不能按计划进行生产或者是统计不准确。为能有效监管业务外包供应商效率，企业可以通过检查表不断核对、提醒，甚至警示业务流程，以确保生产产品的数目能够达到预期。

3. 合同时间

合同时间即外包业务完成的交货时间或每个阶段的节点。业务外包供应商若不能按期交货、完成外包业务，则无法保证企业其他配套流程的连续性，严重的情况下会致使企业前后环节脱节，影响整个供应链体系。导致合同时间失效的原因大多归咎于人为因素，如员工效率低、供应商缺乏明确的时间规划、管理松散等。因此，较规范的企业往往会借助甘特图、检查表等专业工具来规划、管理业务流程，确保业务基本按照计划进行。

事实上，上述三种失效模式产生的后果是交叉影响的。因此，在企业预防外包失效的时候必须同时考虑多方面的因素，不能单一分析某个失效模式而忽略了其他因素。在业务外包供应商的合同履行模块中，企业应凭借专业知识和经验识别可能产生的失效，并分析对应的失效后果、原因及过程控制方法。对于标的质量、标的数量及合同时间的失效模式分析总结如表12-6所示。

表 12-6 合同履行 FMEA 表

失效模块	失效模式	失效后果	失效原因	过程控制
合同履行	标的质量	产品易损坏、无法装配、影响美观等	偷工减料、设备老旧、员工技术能力不足、供应商监管不力等	检查表等质量管理工具
	标的数量	企业库存缺货、降低企业产量、交易量下滑等	业务外包供应商效率欠佳、统计不准确等	检查表等
	合同时间	破坏企业其他配套流程的连续性、供应链前后环节脱节等	员工效率低、管理松散、供应商缺乏明确的时间规划等	甘特图、检查表等

12.5.3 制定风险因子评价准则

根据 FMEA 分析流程，企业在识别失效模式的同时还要分别评价各失效的严重度、发生度和检测度。由于其评分范围为1～10分，因此评分描述应当较为详细，相邻分数间的区别应当较为明确，避免评分产生较大误差。表12-7、表12-8、表12-9是针对合同履行模块制定的评价准则，其他失效模块的评价准则应当根据特性做相应调整。

表 12-7 严重度评价准则

评价准则	严重度
影响企业正常运营，取消外包合作	10
影响企业正常运营，影响后续环节，修复成本占外包成本 80%以上，损失巨大	9
影响企业正常运营，影响后续环节，修复成本占外包成本 60%～80%，损失较大	8
影响明显，影响后续环节，修复成本占外包成本 30%～60%	7
影响明显，难调整，影响外包进程，修复成本占外包成本 10%～30%	6
影响适中，需明显调整，影响外包进程，产生额外修复成本（≤10%）	5
影响适中，较易调整，但影响外包进程，产生额外修复成本（≤5%）	4
影响适中，易调整，但影响外包进程，产生额外修复成本（≤3%）	3
影响轻微，及时调整即可，不影响外包进程	2
没有影响	1

表 12-8　发生度评价准则

评价准则	发生度
必然发生	10
发生率极高（≥95%）	9
发生率很高（≥70%）	8
发生率高（≥50%）	7
发生率较高（≥40%）	6
发生率中等（30%～40%）	5
发生率较低（≤30%）	4
发生率低（≤20%）	3
发生率很低（≤10%）	2
不发生或发生率极低（≤5%）	1

表 12-9　检测度评价准则

评价准则	检测度
无法识别，到交货时间才能发现	10
极难识别，导致严重后果后才能发现	9
很难识别，产生连带失效后才能发现	8
难识别，需要严格监管，很难预防	7
较难识别，需要严格监管，可修复	6
可识别，需要过程控制，易修复	5
可识别，需要过程控制，可预防	4
较易识别，易修复，但无法预防	3
易识别，随时发现，随时修复	2
极易识别，随时可预防发生	1

12.5.4　计算 RPN 值

在制定评价准则之后，企业可以对每个失效模式的严重度、发生度和检测度进行打分，然后计算出各失效模式的 RPN，并以该数值的高低来排序。企业可以找出风险度较高的失效模式进行优先处理，包括提前采取预防措施、制订弥补方案等。本案例假设合同履行的失效模式，即标的质量、标的数量和合同时间的失效严重度、发生度和检测度的评价如表12-10所示，并由此算出各失效模式的 RPN 值，由高到低排序。

表 12-10 风险评价及 RPN 计算

失效模式	严重度	发生度	检测度	RPN
标的质量	8	4	5	160
合同时间	4	3	5	60
标的数量	4	4	1	16

12.5.5 FMEA 分析

根据表12-10的排序，可以看出在这三个失效模式中，标的质量失效产生的风险损失最大，其次是合同时间，最后是标的数量。企业需针对不同的失效模式制定对应的预防及改进措施，并且 RPN 值较大的失效模式应当优先得到预防及改善。若某一模块中有若干个失效模式，则可以运用 ABC 分类法对计算结果进行归类，划出 RPN 值明显较高的失效模式优先处理。针对各失效模式采取的应对手段应当对应失效原因，将此分析结果填入表格，即成为完整的 FMEA 分析表，如表12-11所示。

表 12-11 FMEA 分析表

失效模块	失效模式	失效后果	严重度	失效原因	发生度	过程控制	检测度	RPN	预防和改进措施
合同履行	标的质量	产品易损坏、无法装配、影响美观等	8	偷工减料、设备老旧、员工技术能力不足、供应商监管不力等	4	检查表等质量管理工具	5	160	对材料、设备质量严加监管，提高员工技术掌握度
	合同时间	破坏企业其他配套流程的连续性、供应链前后环节脱节等	4	员工效率低、管理松散、供应商缺乏明确的时间规划等	3	甘特图、检查表等	5	60	进行员工培训、制订明确的阶段计划、不断检查阶段成果
	标的数量	企业库存缺货、降低企业产量、交易量下滑等	4	业务外包供应商效率欠佳、统计不准确等	4	检查表等	1	16	多次统计产品数量以确保准确、不断检查阶段成果

通过上述步骤，本案例对业务外包供应商的失效模块，即合同履行，进行了 FMEA 分析。根据 RPN 数值的高低辨别了各失效模式的风险大小，并给出了相应的预防和改进措施。从表12-11中可看出，企业的监督与管理在合同完成度中扮演了重要角色，而运用有效的、专业的工具和方法能够辅助企业对整个业务外包流程进行管理和控制。为确保能够按时、按量、保质地完成外包业务，企业与业务外包供应商双方都应当时刻了解外包进程，及早发现可能产生失效的环节并加以修正，避免到后期造成严重损失及后果。

研讨

（1）请结合本章学习的内容进一步挖掘和阅读相关文献，对案例流程进行归纳，提出流程中的难点问题，并阐述理由。

（2）不同的应用场景或对象，FMEA 的应用效果会有什么变化，请举例说明。

➤ 本章小结

　　FMEA 是一种前瞻性的可靠性分析方法。根据不同产品故障产生机理，FMEA 与设计、制造、使用、供应商及服务等整个产品生命周期联系起来。作为一项由跨功能小组进行的事先预防活动，FMEA 是一种结构化的、自下而上的归纳分析方法，同时是一个反复评估、改进和更新的动态过程。近半个世纪以来，随着可靠性技术在工程中的应用，FMEA 的概念和方法得到了广泛的应用。本章通过将 FMEA 应用于企业业务外包风险评估研究中，对其实施过程进行阐述，并验证了基于 FMEA 的企业业务外包风险评估的可行性和有效性。

进一步阅读文献

尤建新，刘虎沉. 2016. 质量工程与管理. 北京：科学出版社.

尤筱玥，黄志明. 2014. 基于 FMEA 的业务外包风险评估研究. 上海管理科学，36(5)：45-49.

邹建文，许新平. 2015. FMEA 在 ICU 护理质量管理中的应用研究. 中国实用护理杂志，(s2)：220-221.

Huang J, You J X, Liu H C, et al. 2020. Failure mode and effect analysis improvement: a systematic literature review and future research agenda. Reliability Engineering & System Safety，199：106885.

Liu H C. 2016. FMEA Using Uncertainty Theories and MCDM Methods. Singapore：Springer.

Liu H C. 2019. Improved FMEA Methods for Proactive Healthcare Risk Analysis. Singapore：Springer.

Liu H C，Chen X Q，Duan C Y，et al. 2019. Failure mode and effect analysis using multi-criteria decision making methods：a systematic literature review. Computers & Industrial Engineering，135：881-897.

 思考题

1. 什么样的质量问题适合应用 FMEA 方法？

2. FMEA 分析流程中可以增加哪些其他的质量管理方法，以提升 FMEA 的效率或有效性？为什么？

第四篇　卓越质量管理

第 *13* 章

卓越质量与质量奖

导读

　　伴随着经济全球化的迅猛发展，以质量为焦点的市场竞争日益激烈。随着质量内涵和质量管理范畴的不断拓展，追求卓越的质量经营及其产生的卓越绩效已经成为处于当今激烈竞争中的组织的发展趋势。先进组织的管理者的眼光和思考主题已经提升到关注全球市场趋向、关注持续经营、关注与所有相关方共同发展、关注社会影响与不断进步等战略高度。为了激励和引导组织追求卓越的质量经营模式，帮助组织提高竞争力，更好地满足顾客的需求和期望，很多国家和地区设立了质量奖。

　　为了适应经济全球化和国际贸易发展趋势的需要，很多国家和地区都设立了质量奖。比较著名的有美国波多里奇国家质量奖、欧洲质量奖、英国质量奖、瑞典质量奖、新西兰国家质量奖、印度拉吉夫·甘地国家质量奖、新加坡质量奖、加拿大经营卓越奖、日本戴明奖。我国自2001年起，也在不断探索全国范围内的质量奖评审工作，至今已形成代表我国质量类奖项最高殊荣的全国质量奖及其相应的卓越绩效评价准则。国内外获质量奖的企业基本代表了所在国家或地区质量管理的领先水平，他们的卓越质量经营模式值得其他企业学习和推广。对于我国企业而言，经济全球化的深入使得竞争已经从地区、国家扩展到全球性的竞争，企业只有努力追求卓越，向世界先进企业学习，才能在日益激烈的国际竞争中立于不败之地，其中最重要的一方面，就是学习他们的卓越质量经营模式。

13.1　卓越质量经营模式

13.1.1　卓越质量经营模式的内涵

　　在全球范围内，质量管理的理论与实践，已经突破了产品质量和企业内部管理的范畴，正在向质量经营发展。质量经营发源于日本，它是在全面质量管理的基础上发展起来的一种现代经营理念和管理战略。质量经营，是指在市场经济的环境下，企业在经营管理活动中以质量为核心，以创造相关方（顾客、员工、投资方、供方和社会等）价值最大化为目标的经营模式。质量经营实际上突出强调了质量是企业各项经营工作的中心，并通过不断改进质量来达到相关方满意和企业整体经营效率的提高。

至今国际上已有60多个国家和地区实行了质量奖制度，以此来激励和引导企业追求卓越的质量经营模式。最具有代表性的奖项是美国波多里奇国家质量奖、欧洲质量奖和日本戴明奖。在这三大质量奖中，影响最大的当属美国波多里奇国家质量奖，不少国家和地区的质量奖都不同程度参考了波多里奇国家质量奖的标准和评分方法。

源自美国波多里奇国家质量奖评审标准的"卓越质量经营模式"以顾客为导向，追求卓越绩效管理理念，其核心是强化组织的顾客满意意识和创新活动，追求卓越的经营绩效。它不仅包含了战略层面的安排，也包括促成其落实的一整套质量管理体系与方法。自20世纪80年代首先在美国提出以后，"卓越质量经营模式"同时得到了美国企业界和管理界的认可。世界各国许多企业和组织纷纷引入并实施，其中施乐公司、通用公司、微软公司、摩托罗拉公司等世界级企业都是运用"卓越质量经营模式"取得出色经营结果的典范。

各个国家和地区的质量奖所提出的卓越质量经营模式具有基本相同的价值观和框架，都突出强调了以下几个方面。

（1）注重领导作用的发挥和企业的战略管理。

（2）树立以顾客为中心的经营理念，要求建立顾客满意度评价系统，以不断改进来提升顾客忠诚度。

（3）基于事实的管理，要求企业建立信息管理系统，通过数据和信息的收集、分析和传递，作用于企业经营决策，有效控制和改进质量，保证企业目标高效率的实现。

（4）关注过程管理，包括产品（服务）实现过程和支持过程，注重过程方法的实施和统计技术的采用。

（5）通过建立企业绩效监测系统，评价企业经营绩效；不仅关注企业自身利润等财务指标，而且关注企业相关方的利益，并将评价结果用于改进。

13.1.2 卓越质量经营模式与企业绩效

当企业的实际经营绩效低于目标绩效时，"卓越质量经营模式"就提供了一个提升企业绩效水平的有效手段，而且如果该模式与一些绩效评价方法相结合，也会拓展企业经营绩效的内涵，引导企业走出"见木不见林"，或是"头痛医头、脚痛医脚"等绩效管理局部化和短期化的误区，致力于追求经营绩效的可持续提升。具体而言，"卓越质量经营模式"对于企业绩效的改善作用体现在以下几个方面。

（1）引导企业追求相关方利益平衡。企业绩效评价的关键在于经营结果，但不仅局限于企业自身的销售额和利润等财务指标，而是应该考虑与企业相关的各方的利益平衡，包括顾客、员工、股东、供应商和合作伙伴的利益及公众社会价值。因此，涵盖了顾客满意度、产品和服务质量、财务绩效和市场占有率、供应商发展、员工满意度及社会责任等多个方面内涵的"卓越质量经营模式"能够引导企业追求为利益相关方创造价值，建立起相互的诚信关系，保证企业经营绩效持续增长。

（2）引导企业在绩效评价时与竞争对手进行比较。"卓越质量经营模式"非常强调引导企业把自己放在竞争的环境中制定战略、评价经营绩效的好坏。对经营绩效的评价分析，不仅要和企业制定的目标比、和原有的水平比，更重要的是与竞争对手比，与标杆企业的最佳水平比，明确自己在竞争环境中的能力和水平。通过比较找出差距并进行改进，从而提升企业在市场中的竞争能力。

（3）引导企业树立市场的前瞻意识，保持企业在市场竞争中的领先水平。"卓越质量经营模式"不仅关注对企业当期的经营绩效评价，而且注重对经营结果的发展趋势进行评价。例如，旨在推动我国企业确立"卓越质量经营模式"的全国质量奖评审就要求企业提供三年以上的经营绩效数据，以分析企业对市场变化的应变能力。通过对多方面的数据和信息的分析，策划、采取积极的措施，保持企业在市场竞争中的领先水平。

（4）引导企业建设追求可持续经营绩效的企业文化。"卓越质量经营模式"的核心是强化组织的顾客满意意识和创新活动，强调规范的管理制度和科学的行为方式，其实践贯穿于日常管理活动中，从而在这些企业中逐渐培育出一种卓越的质量文化，这种文化就是以顾客为关注焦点、主动思考、规范科学、不断创新、追求卓越的企业文化。

纵观各届各类荣获质量奖的企业，可以发现他们具有很多共同的特点：注重建立培育企业的核心价值观，树立以顾客为中心的经营理念；努力创新；形成竞争优势；注重企业战略管理和领导作用的发挥；强化市场意识，坚持顾客至上；加强与顾客、供应商、批发商的联系，建立战略合作伙伴关系；适应市场变化，实施快速反应机制；严格日常管理，扎实做好基础工作；努力营造学习型组织，重视人力资源的开发和管理；建立信息管理系统，提高工作效率，实现资源共享；注重经营效果，取得突出绩效。

在经济全球化的背景下，一方面我国的企业要走向国际市场，另一方面本来竞争日益激烈的国内市场也面临着国外众多企业的抢夺和竞争。所有的企业，特别是谋求国际市场发展的企业，应该迅速从追求产量增加的道路上转移到追求质量的持续改进上来。质量奖所倡导的"卓越质量经营模式"提供了一个可持续发展的模式，它对于那些有志于追求长期发展的企业来讲具有重要的意义。

13.2 美国波多里奇国家质量奖

13.2.1 波多里奇国家质量奖的起源

20世纪80年代，由于日本企业在全球大获成功，全面质量管理迅速在世界各国得到普及和推广。与此同时，美国企业界和政府领导人认识到，美国企业的生产力在下降，美国的产品在国际市场上缺乏竞争力，但美国企业并不了解全面质量管理，不知从何入手来提升产品质量，质量在美国企业中的重要性日益凸显。在这一背景下，美国政府和企业界的人士建议，美国应该设立一个类似日本戴明奖那样的国家质量奖，以帮助企业开展全面质量管理活动，提高产品质量、劳动生产率和市场竞争力。

1987年8月，美国总统里根签署了国会通过的以商务部部长马尔科姆·波多里奇的名字命名的《马尔科姆·波多里奇国家质量改进法》。马尔卡姆·波多里奇在1981～1987年出任美国商务部部长，他在任职期间极力倡导加强企业质量管理，指出这是使美国长期保持繁荣和辉煌的关键。他长期致力于推进美国质量管理工作，并在促进美国国家质量管理的改进和提高上做出了突出的贡献，为此，美国国会建立了以他的名字命名的国家质量奖。此奖于1988年开始正式的评选，旨在奖励那些在质量和绩效方面取得卓著成就的美国企业，并以此强调质量和卓越经营作为竞争力要素的重要性，以及提高公众对质量和绩效卓越的认知。

波多里奇国家质量奖并不授予某项特定的产品（服务），最初是针对制造型企业、服务型企业、小型企业的，每个类别最多只能有三个获奖者。1999年，该奖增加了教育组织和健康卫生组织类别（包括营利性和非营利性）。2004年10月美国总统布什签署新的法案，将波多里奇国家质量奖的评审范围扩展至所有非营利企业和政府公共组织。该奖项的申请者限于总部设在美国的公司和外国公司在美国的子公司。在共计20多届的获奖者名单中，包括了摩托罗拉公司、施乐公司、IBM等企业。波多里奇国家质量奖由美国总统颁发给获奖企业，其标准已经被美国许多州的质量奖项及更多的组织内部评审所借鉴、采纳。

波多里奇国家质量奖的影响：2011年，由 Albert N. Link 和 John T. Scott 针对2007～2010年273家申请波多里奇国家质量奖的申请组织的经济性所进行的评估表明，参与该奖的投入成本与所获收益之比为1∶820。波多里奇国家质量奖的两次获奖者的收益增长的中值为92.5%。可见，依照波多里奇国家质量奖所倡导的卓越绩效理念进行持续改进的企业可以获得非常好的企业绩效提升。

13.2.2　波多里奇国家质量奖的评审标准

波多里奇国家质量奖的申请者知道他们参与该奖的申请并不仅仅是为了获得最终由总统颁发的波多里奇国家质量奖，更重要的是参与评奖过程可以使得他们有机会获得该领域专家关于组织所处位置和他们需要的进一步行动的反馈和指导，波多里奇国家质量奖的评审就是一个可以检查组织各种管理模式、改进流程的工具。

参与波多里奇国家质量奖评审，可以从有效性、持续发展、创新、世界级的结果、集成的过程、组织学习和一个全国性的支持及支撑组织发展的网络等方面有所收获。

波多里奇国家质量奖的评奖标准是任何组织都可以采用的一组框架，以2013～2014年商业和非营利性组织的评奖标准为例，该奖涵盖了七大项目。

（1）领导作用：检查组织高级管理者及其治理体系如何引导和持续发展其组织。

（2）战略规划：检查组织如何制定战略目标和行动计划并执行它们，当环境变化时如何改进目标和计划，以及如何测量改进的效果。

（3）以顾客为关注焦点：检查组织如何将顾客与组织长期的成功紧密联系起来，包括组织如何倾听顾客的声音、如何构建与顾客的关系、如何利用顾客信息识别改进的机会和提高创新能力。

（4）测量、分析和知识管理：检查组织如何为绩效测量、分析以支持组织计划和绩效评估的审查进行数据的选择和使用；组织如何建立和管理知识资产，如何在通常状况下或紧急状况下保证数据、信息、软件和硬件的质量及可得性。

（5）以全体员工为关注焦点：检查组织管理员工绩效和发展员工的能力，鼓励员工更有效和最大限度地为组织做出贡献；检查针对关键产品和关键流程的管理，检查其是否为顾客创造价值并使组织获得持续成功。

（6）运营的有效性：检查组织为获得安全的工作环境和为顾客创造价值的运营的有效性如何。

（7）经营成果：检查组织在所有关键领域的绩效和改进结果，包括产品和过程的结果、以顾客为中心的结果、以员工为本结果、领导和治理的结果、财务和市场的结果。

上述七大类评价项目构成了如图13-1所示的波多里奇国家质量奖的评价框架。

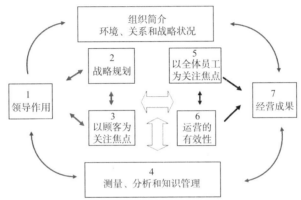

图 13-1 波多里奇国家质量奖的评价框架

波多里奇国家质量奖的评审标准每年都会做一些细节上的修订，2013～2014年度版标准的各项项目和条款的分值设置情况（以商业和非营利性组织为例），如表13-1所示。每一次修订都强调经营绩效的比重最大，这也是波多里奇国家质量奖所提倡的追求卓越的质量经营理念。

表 13-1 2013～2014 年度波多里奇国家质量奖评审项目和条款

评审项目和条款	条款评分	项目评分
1 领导作用		120
1.1 高层领导	70	
1.2 治理和社会责任	50	
2 战略规划		85
2.1 战略的制定	45	
2.2 战略的实施	40	
3 以顾客为关注焦点		85
3.1 顾客的声音	40	
3.2 顾客契合	45	

续表

评审项目和条款	条款评分	项目评分
4 测量、分析和知识管理		90
4.1 组织绩效的测量、分析和改进	45	
4.2 知识管理、信息和信息技术	45	
5 以全体员工为关注焦点		85
5.1 工作环境	40	
5.2 员工契合	45	
6 运营的有效性		85
6.1 工作流程	45	
6.2 以运营为关注焦点	40	
7 经营成果		450
7.1 产品和过程的结果	120	
7.2 以顾客为关注焦点的结果	80	
7.3 以员工为本结果	80	
7.4 领导和治理的结果	80	
7.5 财务和市场的结果	90	
总分		1000

13.2.3 波多里奇国家质量奖的实施

波多里奇国家质量奖的评价工作和奖励由美国商务部负责，具体的规划和管理机构为美国国家标准和技术研究院（National Institute of Standards and Technology，NIST）。美国质量协会作为协助机构，帮助 NIST 进行申请者的评审、奖项相关文件和具体政策的准备及各类信息的发布等。

波多里奇国家质量奖的评审过程是非常严格的。首先，各类组织可以根据公开发布的标准进行自评。完成自评工作之后，如果组织希望获得该奖项，可以向 NIST 提出申请，接受评审委员会的严格审查。在经历几个阶段的评审后，NIST 根据评审委员会的推荐来确定获奖者名单。同时，每个申请者都会收到书面的反馈报告，该报告有对该组织实力水平的评价及对需改进的领域的建议。

波多里奇国家质量奖在众多组织中形成了一种业务成功模式，无论是制造业还是服务业，无论是大公司还是小公司。很多组织通过对照奖项标准进行自评，建立并实施了质量标准，注意与供应商、合作伙伴沟通，注重教育培训、获得更高的生产率和顾客满意度，即使他们的初衷并不是为了赢取质量奖。这表明，波多里奇国家质量奖其实是一种帮助组织实现自我改进的手段和工具，而不仅仅是一项荣誉或宣传。

13.3　欧洲质量奖

13.3.1　欧洲质量奖的起源

1988年，欧洲14个主要组织发起成立了欧洲质量管理基金会（European Foundation for Quality Management，EFQM），其中包括英国电信，菲亚特汽车公司、荷兰航空公司、飞利浦公司、雷诺汽车、大众汽车等欧洲大型企业。EFQM 是一个不以营利为目的的成员组织，该组织成立的目的是推动欧洲企业的卓越化进程和促进欧洲组织在世界舞台上的竞争力。

1990年，在欧洲质量组织和欧盟委员会的支持下，EFQM 开始策划欧洲质量奖。1991年10月在法国巴黎召开的 EFQM 年度论坛上，欧盟委员会副主席马丁·本格曼正式提出设立欧洲质量奖。1992年，由西班牙国王首次向获奖者颁发了欧洲质量奖。自1992年起，每年颁发一次。

欧洲质量奖是 EFQM 对企业卓越化经营模式的最高水平奖励，肩负着两项使命：一是激励和帮助欧洲的企业，改进其经营活动，最终使顾客和雇员满意，达到社会效益和企业效益的卓越化；二是支持欧洲企业的管理人员加速实施全面质量管理这一在全球市场竞争中获得优势的决定性因素的进程。

13.3.2　欧洲质量奖的类别与卓越模式

欧洲质量奖着重评价企业的卓越性，奖项分为质量奖、单项奖、入围奖和提名奖。

（1）质量奖授予在各方面被认定为卓越的企业。获奖企业的各类质量方法和经营结果是欧洲或世界的楷模，获奖企业可以在信签、名片、广告等载体上面使用欧洲质量奖获奖者标识。

（2）单项奖授予在卓越化模式的一些基本要素中表现优秀的企业。例如，2003年，欧洲质量奖在领导作用、顾客对产品评价、社会效益评价、人力资源效果评价和员工投入、经营结果等领域内颁发了这一奖项。单项奖确认并表彰企业在某一方面的模范表现，也使得一般的管理者和媒体更容易理解。德国西门子 PTD 公司、英国 TNT 邮政集团信息系统等公司正是凭借单项指标突出而获得欧洲质量奖。

（3）入围奖意味着企业在持续改进其质量管理的基本原则方面达到了较高的水准。获入围奖的企业将在每年的欧洲质量奖论坛上得到认可，这一论坛每年有来自欧洲不同国家和地区的700多名企业管理者出席。

（4）提名奖说明企业已经达到欧洲质量奖卓越化模式的中等水平。获提名奖将有助于鼓励企业更好地进行质量管理。

在欧洲质量奖中，"卓越"的内涵包括以下几个方面内容。

（1）结果导向：卓越是提供使组织所有相关方都满意的结果。

（2）以顾客为关注焦点：卓越是创造可持续的顾客价值。

（3）领导作用和持久的目标：卓越是富有远见和激发灵感的领导作用，并具有持久的目标。

（4）基于过程和事实的管理：卓越是通过一整套相互依赖相互作用的系统、过程和事实来管理组织。

（5）人员发展和参与：卓越是通过员工的发展与参与而使其对组织的贡献最大化。

（6）持续学习、创新和改进：卓越是利用学习来激发创新和改进机会，以此来挑战现状、引起变化。

（7）合作伙伴发展：卓越是开发并维持能够增值的合作伙伴。

（8）社会责任：卓越是超出组织运作所限定的范畴，致力于理解社会各相关方的期望并设法满足。

欧洲质量奖的卓越质量经营模式可用图13-2来描述。该模式所涉及的九项要素是组织达到卓越的评审标准。其中，领导作用、人员、方针和战略、合作伙伴与资源、过程这五项是"手段"部分；人员结果、顾客结果、社会结果和经营绩效结果这四个部分是"结果"部分。"手段"标准指明组织做了什么，而"结果"标准揭示了组织能够获得什么。结果来源于手段，而手段通过结果的反馈而得到改进。图13-2中的箭头强调了模型的动态性，表明创新和学习能够改进手段，进而改进结果。

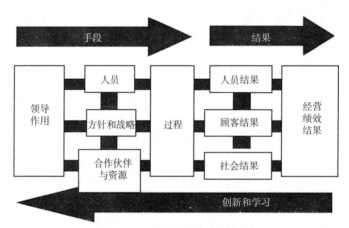

图 13-2 欧洲质量奖卓越模式

欧洲质量奖的总分为1000分，其中"手段"占500分，即领导作用为100分、人员为90分、方针和战略为80分、合作伙伴与资源为90分、过程为140分；"结果"占500分，即人员结果为90分、顾客结果为200分、社会结果为60分、经营绩效结果为150分。与美国波多里奇国家质量奖相比，欧洲质量奖更注重社会责任，因为它更强调在整个社会的总体上了解组织和组织在生活质量、环境、资源保护等方面的措施。

13.3.3 欧洲质量奖的评审过程

欧洲质量奖授予欧洲全面质量管理最杰出的代表，但只有营利性企业才可以申请，非营利性组织被排除在外。它对公司所有权的类型和所有者的国籍并无明确要求，但公司用以申请的质量管理活动必须在欧洲发生。申请欧洲质量奖的企业可以是组织整体，也可以是其中的一部分。申请者首先根据 EFQM 卓越模式自我评估，完成所需的申请文件，并在每年2月或3月递交。评审委员会的专家评审小组将会对申请者的申请文件进行审查。由他们选出入围者，并接受现场考核。现场考核是评审组专家对申请文件内容和不确切的地方进行现场验证。这对申请者来说，是学习卓越化模式的好机会。在专家现场考察的基础上，选定欧洲质量奖单项奖的获奖者，这意味着这些组织已经在卓越化经营中取得了明显的成绩。然后，在这些获奖者中产生最终欧洲质量奖的获奖者。

每年8月，申请者将接到评审小组给出的反馈报告。报告包括了对申请者的一般评价、每一要素的得分情况及该项目与其他申请者得分平均数的比较。对于每一个低于EFQM模式平均标准的项目，报告都会列举出需要改进的领域和程度。这份报告对于申请者的重要意义不亚于是否得奖本身。

总之，作为全面质量管理的欧洲模式，欧洲质量奖是欧洲最权威和最具信誉的组织卓越奖。它向每一个表现良好的欧洲组织开放，强调对组织卓越的认可，并向所有申请组织提供详细和独立的反馈，帮助他们持续变得卓越。

13.4　日本戴明奖

13.4.1　戴明奖概述

世界范围内影响较大的质量奖中，日本戴明奖是创立最早的一个。1951年，为感谢戴明博士为日本质量管理的发展所做出的重要贡献，日本科学技术联盟设立了戴明奖，其目的是通过认可以统计控制技术为基础的全公司质量控制或全面质量控制的成功实施所带来的绩效改进来传播质量理念。戴明奖每年评选一次，申请者可以是全球范围内任何类型的组织，包括以下三个种类。

（1）戴明个人奖。戴明个人奖主要颁发给在全面质量管理的研究、统计方法，在全面质量管理中的应用及全面质量管理理念的传播等方面做出杰出贡献的个人或组织。

（2）戴明应用奖。戴明应用奖颁发给在规定年限内通过实施全面质量管理而取得显著绩效改进的组织或部门。

（3）运营单位质量控制奖。运营单位质量控制奖颁发给在追求全面质量管理的过程中通过质量控制（管理）的应用而取得显著绩效改进的（某个组织的）运营单位。

后两个奖项的区别在于：戴明应用奖是为整个组织（公司）或组织的部门而设立的，而运营单位质量控制奖是为无资格申请戴明应用奖的独立的运营单位设立的。运营单位的领导必须承担经费的管理责任，同时，该运营单位必须在其内部建立起质量管理的相关权利与责任，具有与总部和其他相关部门之间明确定义的关系。当然，该运营单位并非必须具有与质量管理和质量保证有关的所有职能。

戴明奖每个年度的获奖者数目不限，只需符合评奖标准即可。例如，2018年度戴明应用奖的得主包括了来自日本、中国、印度尼西亚和印度的企业。

13.4.2　戴明奖的评审标准

通常所理解的戴明奖即戴明应用奖，其基本事项评价项目和对应的分值如表13-2所示，各项目的相关关系如图13-3所示。

表 13-2　戴明奖基本事项评价项目和相应的分值

评价项目		分值
1. 与品质管理相关的经营方针及展开	1.1 在为适应行业种类、现状、规模和经营环境而制定的明确的经营方针的基础上，是否规划了积极的重视品质、服务顾客的经营目标及战略	10 分
	1.2 经营方针是否在组织内部有效展开，做到全组织团结一致地实施	10 分
2. 新产品的开发或业务的改革	2.1 是否积极地实施了新产品（制品、服务）的开发或业务的改革	10 分
	2.2 新产品是否满足了顾客的需求；业务的改革是否对提高经营效率做出了巨大贡献	10 分
3. 对产品品质和业务品质的管理及改善	3.1 日常管理：标准化和教育训练是否使日常的业务基本不出现问题，各个部门的工作可以平稳进行	10 分
	3.2 持续改进：品质及其他相关改进工作是否有计划地、持续地进行，市场或后工序的抱怨及不良率是否正在减少；市场或后工序的抱怨及不良率是否保持在很低的水平；顾客满意度是否正在提高	10 分
4. 品质、产量、交货期、成本、安全、环境等方面的管理体系是否完备，上述的管理体系中，受审企业所必要的管理体系是否都建立完备、有效		10 分
5. 品质信息的收集、分析和信息技术的灵活运用情况，市场和组织内部的品质信息是否得到了系统的收集，是否运用了统计的方法和信息技术，在产品开发、改进及业务品质管理、改进方面得到有效的灵活运用		15 分
6. 人力资源开发，是否有计划地培养人才和开发人员能力，是否对提高产品质量和改进业务品质管理起到积极作用		15 分
合计		100 分

与美国波多里奇国家质量奖和欧洲质量奖相比，日本戴明奖的不同之处如下。

（1）戴明奖并没有建立在任何联系概念、行动、过程和结果的内在框架之上。甚至，它也没有什么内部的因果关系的设定。它只是简单提供了一份卓越质量导向的管理行动的清单。戴明奖实际上也具有欧美质量奖所提出的价值观，但是它是以检查清单而非内在框架的形式提出的。从其所推荐的工具、技术和实践来看（譬如质量循环、标准化、质量控制等），戴明奖是规范性奖项。

（2）戴明奖认为最终的质量是一系列活动、要素和过程的必然结果，因此它没有采用类似于欧美质量奖的做法去明确考核经营绩效项目。

（3）戴明奖更注重奖励质量管理活动中的创新，将那些具有创新性、独具特色且适于推广至其他企业的质量管理方法称为"闪光物"。

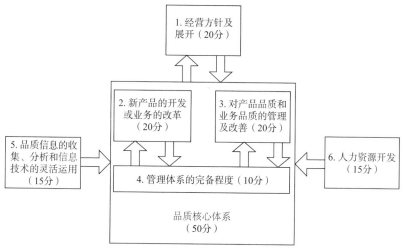

图 13-3　戴明奖评奖事项及其相互关系

（4）戴明奖的授奖目的是"授奖于那些确认为成功应用了以统计质量控制为基础的全员质量控制并可能在以后继续保持应用的公司"。因此，戴明奖的多数材料都强调统计技术的应用。

（5）戴明奖中存在"相关者考查（reference examination）"这一程序，即评委会与申请者的供应商、销售商及客户进行讨论，以获取与评估有关的独立信息。

（6）戴明奖不是竞争性奖项，凡是达到要求的企业都可以在同一年内得奖。但这并不说明戴明奖容易获得，事实上戴明奖每年的获奖者非常少，不过申请程序中没有"失败者"。如果申请者未能达到标准，评审程序会自动延长为每三年对申请者继续评审两次，直到申请者符合标准。

企业通过申请戴明奖，把全面质量管理作为企业参与市场竞争的武器纳入企业经营战略中，而且使经营战略得到贯彻实施，同时建立和完善企业综合管理体系，推进企业的标准化活动，增强全员积极参与全面质量管理活动和质量改进的积极性，提高产品质量、劳动生产率和企业的凝聚力，使质量改进和标准化活动成为企业的自觉行动。多年来，获奖企业的全面质量管理方法被扩散到许多其他企业，有效地推动了这些企业的质量改进。日本企业以申请戴明奖作为动力和桥梁，积极推动全面质量管理活动，经过几十年的努力，在市场上逐渐形成了竞争力，取得了令人瞩目的成绩。

■ 13.5　中国的全国质量奖

13.5.1　全国质量奖概述

在国家质检总局的指导下，中国质量协会于2001年成功地启动了全国质量奖的评审工作。全国质量奖是我国对应用卓越绩效管理模式，并在各方面取得显著绩效的组织所授予的在经营质量方面的最高荣誉。

2018年重新修订后的《全国质量奖评审管理办法》明确，全国质量奖评审工作为贯彻落实《中华人民共和国产品质量法》和《质量发展纲要（2011—2020年）》，引导和激励组织追求卓越的经营质量，增强组织综合竞争能力，提升我国经济发展的质量和效益而开展。

全国质量奖评审坚持"高标准、少而精、树标杆"的原则，由组织类、项目类（卓越项目奖）、团队类（全国优秀质量管理小组）和个人类四类奖项组成，其中组织奖项面向大、中型企业，小企业，服务业，教育，医疗卫生，军工行业等各类组织，项目奖是针对在国内外有重大影响的国家级或省市级优质重点工程、重大高科技项目等设置的奖项，其特点如下。

（1）项目质量在国内相关领域是领先的典范。

（2）在国民经济、国家安全和科学技术等方面做出重大贡献。

（3）在国内外相关领域有重大影响并占有重要地位。

（4）项目实施过程中贯彻先进质量管理理念，并具备独创性。

13.5.2　全国质量奖的评审标准

全国质量奖的评审标准，是组织进行自我评价、评审专家对申报组织进行评价、给申请者出具反馈报告的基础。全国质量奖自2001年启动伊始，便由当时的工作委员会办公室组织质量专家组，起草了全国质量奖的评审标准。为使全国质量奖的评审工作与国际接轨，经多方面征求意见，2003年对评审标准进行了修订，基本以美国波多里奇国家质量奖标准为主，结合我国的实际情况，对评审标准做了适当的调整。

2004年9月，我国《卓越绩效评价准则》国家标准正式发布，该标准适应了经济全球化和国际竞争的需要，融合了当今国际上卓越企业成功经验（包括领导，战略，顾客与市场，资源，过程管理，测量、分析与改进，结果等），是引导企业实现卓越绩效的经营管理模式。该标准的发布，体现了全面质量管理思想和技术的最新发展与未来趋势，也是我国在绩效管理、追求卓越和自我评定等方面取得重要进展的标志。经全国质量奖工作委员会讨论，审定委员会审议决定：2005年起全国质量奖评审标准采用 GB/T 19580—2004《卓越绩效评价准则》国家标准，2012年该标准进行了修订，更加完善。

该标准具有如下特点。

（1）卓越绩效评价标准为组织改进提供了基础，鼓励组织实施创新和灵活的方法，与组织的整体经营需求协调一致。

（2）标准注重一般性要求，而非具体的程序、管理工具和技术。其他改进方法（如 ISO 质量管理体系、六西格玛或合格鉴定）可以整合到组织的绩效管理体系中去，成为满足标准要求的一个部分。

（3）标准具有适用性，可用于大企业、小企业、服务业，以及政府和非营利组织等。

《卓越绩效评价准则》的框架如图13-4所示。

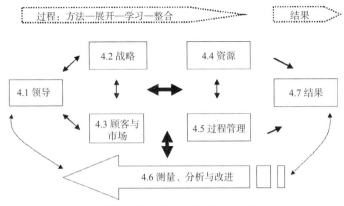

图 13-4 《卓越绩效评价准则》框架图（GB/T 19580—2012）

全国质量奖评审标准从领导，战略，顾客与市场，资源，过程管理，测量、分析与改进及结果七个方面明确了对组织的评价要求。

13.5.3 全国质量奖的评审过程

申报全国质量奖的组织必须是中华人民共和国境内合法注册及经营的企业，并具备以下基本条件。

（1）重视质量经营，认真践行卓越绩效模式，对照评审标准开展自我评价与改进，并取得显著成效。

（2）实施并保持质量管理体系，已获认证注册；对有强制性要求的产品已获认证注册；提供的产品或服务符合相关标准要求。

（3）近三年无重大质量、安全和环境事故（按行业规定）及重大用户投诉。

（4）依法诚信经营，近三年无严重违法违规行为。

全国质量奖的评审程序如下。

（1）自愿申报。凡符合条件的项目，根据自愿的原则，填写《全国质量奖申报表》，按照评审标准和填报要求，对项目质量管理业绩进行自我评价和说明。将申报表、自我评价报告及必要的证实性材料一并寄送至全国质量奖评审活动领导小组办公室（简称领导小组办公室）。

（2）资格审查。领导小组办公室对申报项目的基本条件、推荐意见和材料的完整性进行资格审查。

（3）资料评审。领导小组办公室组织评审专家对资格审查合格的项目进行资料评审。评审委员会根据资料评审结果，按照优中选优的原则确定现场考察项目名单。

（4）现场评审。领导小组办公室组织评审专家组对评审委员会确定的项目进行现场考察，并提出评价意见。

（5）综合评价。评审委员会根据现场考察结果，确定推荐获奖项目名单。

（6）公示。领导小组办公室将推荐获奖组织名单向社会公示，广泛征求社会意见，公示期为7天。

（7）审定。审定委员会听取评审工作报告，审定获奖项目。

每个申请组织都将收到一份综合反馈报告和一份逐条反馈报告，这是申请者最有价值的收益，因为这份报告是由具有丰富的理论和实践经验的评审专家团队，根据组织的申请报告及现场（如果进入现场评审阶段）评审、分析结果，概括、总结出的组织的优势和需要改进之处。

获奖组织如发生下列情况时，应在一个月内书面报告中国质量协会。

（1）发生重大质量、安全和环境事故。

（2）国家、行业、地区监督抽查产品或服务质量不合格。

（3）用户对质量问题反映强烈，有顾客、员工、供应商、股东、社会等相关方的重大投诉。

13.6　案例研讨

13.6.1　2018年美国波多里奇国家质量奖得主：玛丽·格里利医疗中心[①]

玛丽·格里利医疗中心成立于1916年，2019年拥有220张床位，位于埃姆斯市，为艾奥瓦州中部14个县的居民提供服务。玛丽·格里利医疗中心两次获得了艾奥瓦州绩效卓越金奖。每一天，玛丽·格里利医疗中心都提供可信赖的高质量、安全和富有同情心的护理。其使命、愿景和价值观促使医院不断寻求创新方法，以提高关怀质量和患者体验。玛丽·格里利医疗中心致力于为患者提供最好的关怀，努力达到并超越国家质量和患者安全标准，医院的护理和质量活动也获得了大量奖项、认证和认可。

1. 使命、愿景、价值观

使命：通过专业护理和个性化关怀以促进康复。

愿景：做到最好。

价值观：为患者、客户和家庭提供高质量的护理服务。

院训：以人为本、尊敬、创新、奉献、有效。

2. 做正确的事情

"因为这是正确的事情"。在玛丽·格里利医疗中心常常能听到这句话。为患者"做正确的事"体现在很多方面。

（1）支持住院和门诊患者的持续护理服务，包括手术、癌症护理、心脏护理、糖尿病和营养护理、整形外科、妇产科、胃肠病学、心理健康服务、舒减治疗、家庭保健、临终关怀护理、康复等。

（2）拥有超过190名的专业医务人员，拥有50个科目及分科。

（3）员工包括1300多名护士、护理技师、治疗师及其他临床及非临床职工。

（4）舒适和方便的医疗环境，包括新建的六层楼的宽敞病房，以及新生儿产科、产前、分娩、恢复和产后家庭病房。

---

① 资料来源：王为人（2019）。

（5）先进的技术，包括高端真光刀直线加速器、达芬奇手术机器人、先进的核磁共振成像机器等。

（6）州和国家对护理质量的认可，包括患者安全的"A"评级。

（7）拥有有助于提升整体患者和客户体验的辅助设施，包括提供24小时服务的自助餐厅、代客泊车服务、礼品店、咖啡店、艺术展览。

（8）与本地区所有主要医师诊所建立合作伙伴关系，包括多专科诊所、妇科、产科诊所、眼部护理诊所、艾奥瓦州心脏病中心，以及为可能没有保险或保险不足的居民提供服务的初级卫生保健诊所。

3. 伦理道德

玛丽·格里利医疗中心医学伦理委员会帮助患者和家人做出困难的决定，这些决定在面临健康危机时有时是必要的。该委员会包括护士、社会工作者、医生、神职人员、律师和社区代表。客户可根据面临的具体问题选择哪些成员参与评估。在客户需要帮助时，首先可以咨询护理单元临床主管，接下来流程如下。

（1）医学伦理委员会成员将在24小时内进行评估，并确定是否需要整个委员会参与。

（2）如果医学伦理委员会开会，则将研究各种选项并将之与患者、医生和治疗团队沟通。

（3）根据医学伦理委员会提供的信息，患者或其代表、医生和治疗团队将做出决定。

医学伦理委员不会代替患者做决定，而是提供道德选择，并根据具体情况帮助其分析。需要考虑的因素包括患者的愿望，法律责任，书面或口头自我声明、要求或原则，以及是否达成共识，以使各方对结果感到满意。

4. 患者和家庭咨询委员会

如果患者或客户对医疗经历和体验不满或希望改进，最有效的途径之一是加入患者和家庭咨询委员会。其成员是医疗中心消费者的典型代表，实践证明，其反馈的信息对医疗中心的改进非常有效。患者和家庭咨询委员会每季度召开一次两小时的会议，对成员的要求是：①开放的心态和积极的态度；②愿意发表意见；③能够听到许多不同的观点；④有很好的聆听技巧；⑤帮助找到解决方案；⑥能够以建设性的方式分享积极和消极的经历；⑦能够与不同背景、经历和风格的人合作；⑧尊重他人的意见；⑨决策独立性和保密性；⑩支持玛丽·格里利医疗中心的使命和价值观。

不一定是本医院的患者，在任何医院接受过护理的患者或亲友，都能申请加入患者和家庭咨询委员会。

患者和家庭咨询委员会任务聚焦于：①确定整个医疗保健服务系统中患者关注的核心问题；②成为将医院文化转变为以患者为中心的护理的催化剂；③从患者的角度为项目和政策提供建议；④确定影响患者护理的系统层级问题；⑤提高客户满意度和忠诚度；⑥建立玛丽·格里利医疗中心与更广泛社区之间的联系。

5. 专业护理实践模型和护理服务系统

专业实践模型描述了护理活动如何支持玛丽·格里利医疗中心的战略规划，并与医院的使命、愿景和价值观保持一致。护理服务系统以患者为中心，护士在提供以患者为中心的护理方面发挥了多种作用，如保护者、治疗师、指引者、教师、合作者和领导者等。专业实践模型包括以下几个方面。

（1）关注：关注患者的质量和安全。

（2）同情：关心患者、同事和社区。

（3）服务社区：多种举措扩大社区影响力。

（4）职业发展：积极寻求参加学习活动的机会，以培养满足日益增长的患者、客户和社区需求的能力。

（5）团队合作：展示对团队所有成员的信任、尊重、支持和沟通。

（6）创新：使用研究、循证实践和创新想法来改善结果及成本效益。

（7）领导力：发挥内外部专家、专业组织和其他医疗保健组织的作用。

（8）共同决策：积极参与制定护理实践标准、质量改进、专业发展和专业形象的决策。

6. 可持续发展

玛丽·格里利医疗中心致力于将环境、经济和社会可持续发展纳入其所有业务实践和社区关系中。可持续发展原则体现在医院的建筑管理、订单和运输流程、废弃物处理和水利用及客户和社区关系中，具体表现如下。

（1）使用更高效的照明设备及使用运动和感应传感器来自动关闭设施等。

（2）使用自动和低流量水槽、厕所和淋浴及采用无水清洁方法，种植原生草和植物，大大减少用水量。

（3）医疗和药品再利用项目，采取适当的回收措施及提供可重复使用的银制器皿以管理、减少废弃物。

（4）重复使用碳粉盒、亚麻布、磨砂膏、毛巾和围裙，再制造和重复使用手术设备，无纸订购和回收退役技术设备以减少购买和订购的费用并回馈社区。

（5）关注所有清洁用品和户外维修活动的影响，始终选择最环保和安全的项目。

（6）利用慈善活动志愿服务来特别关注患者和社区。

医院获得了 LEED（leadership in energy and environment design，能源与环境设计先锋）绿色建筑认证，展示了对环境保护的奉献精神。优质的护理和环境、经济及社会可持续性是玛丽·格里利医疗中心使命的关键组成部分。

7. 非歧视和无障碍

玛丽·格里利医疗中心将歧视认定是违法的。遵守所有联邦民权法律，不因年龄、种族、民族、宗教、文化、语言、身体或精神残疾、社会经济地位、性别、性取向或性别认同或表达不同而受到歧视、排斥或区别对待，具体表现如下。

（1）为残障人士提供免费帮助和服务，以便有效沟通。例如，合格的手语翻译；其他格式的书面信息（大字体、音频、可访问的电子格式及其他格式）。

（2）为母语不是英语的人提供免费语言服务。例如，合格的口译员；用其他语言撰写的信息。

13.6.2　2018年欧洲质量奖得主:蒙克洛亚大学医院[①]

西班牙的蒙克洛亚大学医院是 HLA（Health Association，医疗联合会）集团中最大的医疗机构，为所有患者提供最高质量的多学科医疗保健服务。医院实现了其主要目标:在马德里社区提供最高水平的医疗及护理，成为医疗卫生行业质量卓越的学习标杆。

蒙克洛亚大学医院提供先进的设施，使所有员工都以最高质量的医疗护理满足客户和患者的健康需求。医院大楼共有6层，有230间病房、12个带休息室的套房、13个术后病房、14个手术室、2个产房、39个专业护理医疗单位等。蒙克洛亚大学医院有510名员工、300名医生。员工是蒙克洛亚大学医院最重要的财产。2001年，蒙克洛亚大学医院决定在管理中采用 EFQM 模式，并作为质量政策的直接方法。在蒙克洛亚大学医院，卓越成为一种生活方式。无论是在临床服务、患者护理、客户关系、人力资源开发、社会责任还是财务增长等各领域，组织的各层面都在努力实现持续改进。

1. 愿景

其愿景是成为世界一流的医院，拥有最好的技术设备、创新的管理和不间断的持续改进结果；成为医学院学生和后期医生培训的最佳质量中心，成为西班牙最重要的研究中心之一。

2. 使命

作为医疗卫生组织，实现卓越的承诺，提升患者及相关方的医疗卫生水平，提供最高质量及最高价值的安全和有效护理，为改善全社会健康水平做出贡献，是蒙克洛亚大学使命所在。

3. 价值观

（1）患者导向：患者是所有绩效的中心。

（2）质量：最好的结果——卓越。

（3）效率：更合理地使用资源。

（4）尊重：对人、环境。

（5）共同承诺：团队合作以实现目标。

（6）全员沟通和参与。

（7）职业发展。

蒙克洛亚大学医院制定了明确而稳健的战略，其战略全力支持董事会制定的愿景和使命。战略基于五条路线。

（1）优化财务状况。

（2）扩展开放医院模式。

（3）提高有效性和效率。

（4）大学医院的作用。

（5）发展能力和竞争优势，以维护患者关系和增加新患者。

---

① 资料来源：吴晓君和王为人（2019）。

最先进的技术是实现蒙克洛亚大学医院成为卓越医疗卫生中心的愿景基础，并有助于实现其2015～2018年战略计划。医院的最新医疗设备，如被管理团队称为"皇冠珠宝"的达芬奇机器人，以及 IT 系统"绿色立方体"为医院提供了竞争优势。通过全面的数据集成，使其得以实现有效、高效、灵活的管理。

蒙克洛亚大学医院在20年前制定路线图时就选择了 EFQM 模式，从那时起每两年进行1次外部评估。2006年，已经达到了"500+"的水平，从那以后一直在改进工作并且取得更高得分。蒙克洛亚大学医院最重要的目标是努力达到卓越。实现这一目标的关键因素之一是必须倾听患者、员工和利益相关者的声音和意见，致力于不断进行并支持变革，变革不仅是针对患者的改变，而且是针对整个工作方式的变革。

4. 对组织未来的影响

医院必须面对未来巨大的挑战，蒙克洛亚大学医院以敏捷的姿态面对变革，站在变革的最前沿。传统的医院设施正在消亡，医疗服务的提供者更多地投资于门诊诊所、门诊手术中心、独立急诊室和很少病床的微型医院。传统医院正在转向大数据和预测分析科学，以改善对最严重患者的护理。通过远程医疗投资，可使患者获得高级专家服务，医院系统正在减少对大型医院的依赖和需求。远程技术使处于服务中心的医生可以监视距离较远区域患者的诊断、检查。

自2000年以来，蒙克洛亚大学医院构建了管理体系并开发了大量的管理工具。从开始推行并一直坚持使用的 EFQM 模型，成为医院管理的基础，也是战略计划的主要来源，是维持和增强蒙克洛亚大学医院卓越的质量承诺。

医院从开始就致力于成为一所医学院，培育未来的医疗者和护理者。它为医疗和护理毕业生提供了最好的学习条件，提升了其胜任能力，将研究需要与日常医疗基本活动相结合，并致力于医学成果的转化。为此，该院创建了研究和创新部门，以协调、管理和鼓励医院专业人员的研究工作。一方面，它允许涵盖从基础研究到临床实践的整个过程；另一方面，它有利于临床与生物技术企业合作开发诊断和治疗产品。

5. 以患者为中心

以 EFQM 模式为基准进行评估，重点是以患者为中心并专注于评估护理流程。目标不仅是评估组织，而且还提供教育和"良好实践"的指南，帮助员工持续改进，不断提高组织绩效。

医疗护理的安全和质量相互关联。多年来，蒙克洛亚大学医院建立了一个质量框架，将患者安全纳入质量维度、卓越标准、绩效衡量，以改善医院的决策体系。整个医院的结构、流程、成果和服务都完全融入这个全面的框架，以引导实现卓越的安全和质量。EFQM 模式使蒙克洛亚大学医院能够踏上追求卓越的持续旅程，并专注于为患者、客户、家庭、护理人员和社区提供安全、高质量的护理和服务。

良好的临床实践与科学知识的联系已被证明是必不可少的。此外，良好的临床实践还要上升到卓越实践，不仅包括科学知识和经验水平，还包括组织和运营，在不同的专业人员之间组织流程和活动，以不断改善患者的治疗效果。

临床实践正在发展，目前出现的主要挑战有以下几个方面：①协助参与患者诊断和治疗的各方之间达成共识、协调与合作，以便通过流程和医疗方式管理每个人的责任及承诺；②通过协调所有设备和护理资源来整合护理，而不留下护理真空的缝隙，最大程度实现可协作性和可操作性；③构建患者自我护理环境，避免消耗不必要的医疗护理资源；④提升诊断能力，提升治疗效率，为患者就诊提供最大价值；⑤开发信息系统，为临床实践带来可操作性和安全性；⑥通过准确衡量医疗服务指标，以及护理流程的可操作性、临床有效性、患者和组织满意度及效率水平，推行以结果为导向的管理。

13.6.3　2018年中国质量奖得主：首都医科大学宣武医院[①]

宣武医院创建于1958年，是一所以神经科学和老年医学的临床及研究为重点，承担医疗、教育、科研、预防、保健和康复任务的大型三级甲等综合医院，也是首都医科大学第一临床医学院，是首都医科大学神经病学系、老年医学系等四个学系的牵头单位。

宣武医院经历了60多年发展与积淀，在医疗、教学、科研、人才建设等方面均有一定的成果，但同时面临机遇与挑战，医院未来将以稳扎稳打的实干和不断创新的拼搏实现学院型医院和现代级医学中心的发展目标。

医院始终贯彻党委领导下的院长负责制，党政协同，坚持和完善党政共同议事制度，建立健全党政工作协同促进机制，在中层干部的选用、培养上推进交叉任职机制和岗位互换机制，不断提升各级干部对党政工作认知的全面性和统一性。

宣武医院的办院宗旨是扶伤济世，精勤修业；愿景是创建国内一流、国际知名、人民满意的学院型医院和现代化医学中心；使命是医患携手，勇于担当，守护生命，促进健康；核心价值观是患者为先、履行承诺、挑战极限、团结友爱。

医院一直秉承医政协同的理念，从质量管理体系、质量管理模式、质量管理制度等方面共同提升全院质量管理水平。医疗质量和患者安全永远是医院运行和发展的重要目标，也是衡量医疗服务提供是否安全、有效的重要指标。宣武医院经过多年探索，形成了以更新管理观念、提高重视程度、加强执行力为路径的质量管理体系，运用管理工具和信息化手段，从实现精细化管理、注重医疗安全、提高医疗效率、加强医政间协同四个方面提升医院质量管理水平，形成了"结构—过程—结果"质量安全管理体系模式（图13-5）。

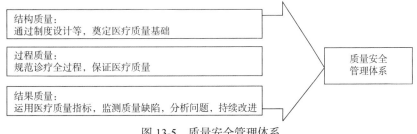

图 13-5　质量安全管理体系

除此之外，医院不断建立健全管理机构为医疗质量与安全提供组织保障，明确院

① 资料来源：宋林子等（2019）；武力勇等（2019）。

长是医院质量管理的第一责任人，成立医院质量与安全管理委员会，并在医院质量与
安全管理委员会下设11个质量管理委员会。制度是医院文化的载体，医疗质量与安全
要用制度加以规范。根据国家卫生和计划生育委员会下发的《医疗质量管理办法》和
国家卫生健康委员会下发的《关于印发医疗质量安全核心制度要点的通知》要求，制
定医院医疗核心制度，保证每年修订临床诊疗指南、临床技术操作规范等核心制度。
多层次、多角度进行医疗安全培训，运用不定期抽查、定期检查、质量管理小组进行
多维度监督，规范诊疗全过程，保证医疗质量。

宣武医院在神经内科率先提出了"问题导向、全员协作、全程控制、持续改进"
（problem，all，control，transform，P-ACT）的规范化质量管理模式，建立了多学科、
多维度协作诊疗体系。对关键环节强化接口管理、风险点识别，实现从末梢到顶端的
医护全过程质量管控。此外，该科从"文化—人才—制度—技术—服务"
（culture-elite-regulation-technology-service，CERTS）五要素入手，丰富管理内涵，规
范医疗行为，全面提升医疗质量（图13-6）。

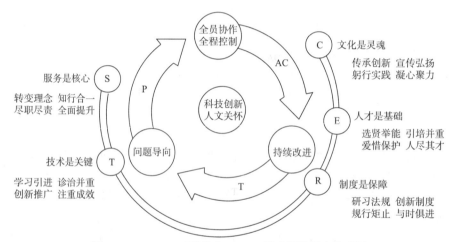

图 13-6   CERTS 五要素为 P-ACT 模式提供保障模式图

2016年中国国际神经科学研究所在宣武医院落成，2017国家老年疾病临床医学研究
中心在宣武医院揭牌。在这两大国家顶级平台上，来自国际和国内的顶尖学者及医务人
员将在此共同开展神经系统和老年医学的疑难危重症救治，运用多组学、干细胞治疗、
影像智能决策、远程医疗、穿戴设备、脑机接口等技术，推动医学研究、新技术研发、
成果转化，用医疗科技创新缔造人类健康的未来。2018年2月，作为类脑智能中心首个国
际水准项目，"重拾行走计划"率先在宣武医院启动。注重科学研究和成果转化，努力
打造国际领先的类脑智能临床转化研究平台。医学本身就需要不断创新，只有创新才能
实现医学技术的发展和突破，才能有学科实力的持续提升。

宣武医院"十三五"规划中清晰勾勒出了医院的未来：以"患者为中心、职工为中
心"为己任，通过打造"最强大脑"、打造最安全医院、打造创新型医院、打造智慧型
医院、打造一流大学医院、打造卓越管理医院、打造人文型医院，实现"创建国内一流、
国际知名、人民满意的学院型医院和现代化医学中心"的愿景。提升医院学科发展水平，

医教协同是重要的方法与途径。

医院始终抓住"人才"这个"牛鼻子"，广泛开展汇智工程，加大高层次、高素质人才的引进力度，建立了有利于优秀人才脱颖而出的培养机制、使用机制和竞争机制，细化各层次人才的评选条件和资助力度，为人才提供和谐的学术环境、有力的科研创新平台和宽容的人文环境。同时，医院持之以恒地开展学科建设评估，不遗余力地加强科研平台建设，支持科研成果转化，促进创新团队建设，推动多学科合作诊疗模式，实现资源整合，走出了"守正创新，知行合一"的学科管理之路，不断向着"学科建设有实力，患者安全有保障，员工幸福有提升"的"三有"目标迈进。

研讨

（1）对照美国、欧洲和中国质量奖的原则及标准，探讨不同医院实现卓越质量目标的路径异同。

（2）思考一下，如果把医院换成学校，会有怎么样的改变？

➤ 本章小结

目前很多国家和地区实行了质量奖制度，以此来激励和引导组织追求卓越质量经营模式。最具有代表性的奖项是美国波多里奇国家质量奖、欧洲质量奖和日本戴明奖。在这三大质量奖中，影响最大的当属美国波多里奇国家质量奖，其倡导的"卓越质量经营模式"，以顾客为导向，追求卓越绩效管理理念，强调组织的顾客满意意识和创新活动，追求卓越的经营绩效。这一模式不仅包含了战略层面的安排，也包括促成其落实的一整套质量管理体系与方法。"卓越质量经营模式"对于企业绩效的改善具有重要作用。

美国波多里奇国家质量奖、欧洲质量奖和日本戴明奖都是建立在一系列价值观的基础上，并拥有一整套评奖标准、评分系统和评审程序。通过向申请者反馈评审报告的方式，这些质量奖已经被视为帮助组织实现自我改进的手段和工具。

我国的全国质量奖也是我国对实施卓越质量管理并取得显著质量、经济、社会效益的组织授予的在质量方面的最高奖励。2005年起全国质量奖评审标准采用GB/T 19580—2004《卓越绩效评价准则》国家标准，2012年修订后的GB/T 19580—2012《卓越绩效评价准则》成为最新的评价标准。该标准也是在融合各类质量奖与卓越企业成功经验的基础上所形成的旨在引导企业实现卓越绩效的经营管理模式。

进一步阅读文献

北京市质量技术监督局，中国矿业大学(北京). 2016. 政府质量奖导读. 北京：中国质检出版社.

刘源张，陈志田. 2005.《卓越绩效评价准则》解析与实施安全案例. 北京：中国计量出版社.

深圳市卓越质量管理研究院. 2012. 质量奖与卓越绩效模式：在中国的最佳实践. 深圳：海天出版社.

宋林子，杨敏，李小莹，等. 2019. 首都医科大学宣武医院以协同创新引领医院质量管理水平全方位提升. 中国医院，23(10): 4-6.

王为人. 2019. 2018年波多里奇美国国家质量奖获奖组织：玛丽·格里利医疗中心. 中国卫生质量管理，26(5): 144-146.

吴晓君，王为人. 2019. 2018欧洲质量奖：蒙克洛亚大学医院. 中国卫生质量管理，26(6): 141-143.

武力勇，常红，宋海庆，等. 2019. 问题导向、全员协作、全程控制、持续改进：首都医科大学宣武医
　　院神经内科质量改进路径.中国卫生质量管理，26(4)：34-37.
中国质量协会. 2018. 美国波多里奇国家质量奖案例研究. 北京：中国社会出版社.
中国质量协会卓越国际质量科学研究院. 2012. 卓越绩效评价准则实务. 2 版. 北京：中国标准出版社.

 思考题

1. 什么是卓越质量经营模式？
2. 卓越质量经营模式对于企业绩效具有怎样的作用？
3. 美国的波多里奇国家质量奖与 ISO 9000标准有什么不同？
4. 寻找一个获质量奖企业的实例，分析质量奖对于企业的质量管理和绩效水平有何
作用。

第 *14* 章

质量成本管理

导读

　　质量成本是测量质量优劣的指示器，开展质量成本管理有助于提高质量管理的效率和有效性。本章从质量成本概念出发，陈述了企业质量成本管理的组织与职责、质量成本的归集问题，并对质量成本的核算和质量损失成本分析的方法进行了探讨。为规范企业质量成本管理活动，本章最后还给出了企业质量成本管理手册和程序文件框架建议。

　　质量成本的概念是由美国质量管理专家 A. V. Feigenbaum 在20世纪50年代初最早提出，他第一次将企业中质量预防和鉴定活动的费用与产品质量不合要求所引起的损失一起考虑，并形成质量成本报告，成为企业高层管理者了解质量问题对企业经济效益影响及与中低层管理者之间沟通的桥梁，是进行质量决策的重要依据。此后，质量成本的概念在美国很快便得到了企业界的广泛重视，被许多企业采用，并在实践中得到不断发展和完善。继 A. V. Feigenbaum 之后，美国质量管理专家 Juran 等提出了"矿中黄金"的概念。"矿中黄金"，指的是"质量上可减免成本的总额"。Juran 认为，企业在废次品上发生的成本好似一座金矿，人们完全可以对它进行有利的开采。从此，关于质量成本的概念有了很大发展，对推动企业有效开展质量管理工作、促进质量管理论研究和实践的进一步完善产生了重大影响。

■ 14.1　质量成本概述

14.1.1　质量成本概念

　　企业运行中的质量成本由两部分组成，一部分是为确保和保证满意的质量而发生的费用，即预防和鉴定成本，一般将这部分质量成本看作投入；另一部分是由于没有达到质量要求所造成的损失，即内部和外部损失成本，有时统称为质量损失成本。具体地可以将这些费用归纳如下。

（1）预防成本（prevention cost）：为避免或减少不合格（如质量故障、不能满足质量要求或无效工作等）而投入的费用。

（2）鉴定成本（appraisal cost）：为了评定是否存在不合格而投入的费用，诸如试验、检验、检查和评判的费用。

（3）内部损失成本（internal failure cost）：出现的不合格品在交货前被检出而构成的损失，诸如为消除不合格而重新提供服务、重新加工、返工、重新鉴定或报废等。

（4）外部损失成本（external failure cost）：出现的不合格品在交货后被检出而构成的损失，诸如保修、退货、折扣处理、货物回收、责任赔偿等。

关于质量成本的性质，由质量成本的概念可知：质量成本 = 质量保证费用+质量损失成本。这就告诉我们，质量成本有一个最佳值，即适宜的质量成本水平。实际上这个最佳值是多少呢？这个最佳值又有什么特征呢？由于企业的生产类型、产品结构等条件千差万别，其质量成本最佳值是有差异的。随着时间的推移、新技术的不断出现和采用，各产品、各时期的最佳值也是有变化的。因此，企业应该通过自己的实践，不断积累数据，建立自己的定量模型，不断探索并向最佳区域探求预防成本、鉴定成本、内部损失成本、外部损失成本之间适合的比例关系，如图14-1所示。

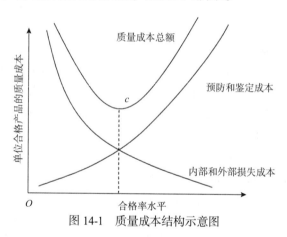

图 14-1　质量成本结构示意图

尽管在不同行业、不同企业、不同产品之间，预防成本、鉴定成本、内部损失成本、外部损失成本四大项目构成的比例关系及其变化会有很大差别，但通过与标准（基数）的比较，仍可揭示出降低质量成本的关键所在。各项项目之间存在着相互影响、相互作用的关系，如预防成本、鉴定成本的增加，会导致质量损失成本的减少。质量成本特性曲线显示了质量成本最佳值的概念及其对应的适宜质量水平的概念。这两个概念，对探求质量改进的机会和方向很有指导意义。将表示质量成本的曲线 c 上的最低点附近的区域加以放大，见图14-2。将此区域划分为三个活动区域，可以通过质量成本项目构成的比例来说明各活动区域的特点及在质量管理方面应采取的对策建议。

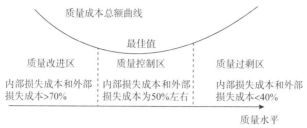

图 14-2 质量成本最佳区域图

（1）质量改进区。内外部损失成本占主导地位，说明生产工艺过程很不稳定，预防性措施实施不力，在这种情况下，应加强质量管理，采取突破性措施予以改进，以降低质量总成本。

（2）质量控制区。损失成本为50%左右，预防成本大于10%。这种情况说明生产过程比较稳定，不易找到更大的潜力，应将质量管理活动的重点转向控制。

（3）质量过剩区。鉴定成本大于内外部损失成本，鉴定成本占主导地位。说明有许多鉴定检验措施失去了经济意义，应该重新审查各项鉴定检验活动的有效性，减少不必要的检验和鉴定活动，使鉴定成本降下来。

企业质量成本管理的目的在于找到最适宜的质量成本水平，并通过质量改进活动将质量成本控制在最适宜的范围之内。

应该看到，如何来理解质量成本的这些概念对于企业实施质量成本管理有着很大影响，并且起着指导的作用。与此同时，必须充分认识到质量成本是客观存在的，并且与"不合格"有着密切联系；只要存在着不合格及企业在为避免或减少不合格而做出努力，就会有质量成本。因此，企业开展质量成本管理就是为了揭示企业中存在的不合格问题，即质量问题及其关键的影响因素，寻找质量改进的机会，检查质量改进的效果，最终实现企业经济效益的提高。

14.1.2　企业开展质量成本管理的作用和主要任务

随着企业国际化进程的加快，在实现企业发展目标的过程中，对于风险、成本和利益的质量最佳化要求，将迫使企业在开展质量管理工作时着手于质量成本管理活动。

1. 质量成本管理的作用

企业开展质量成本管理各有其因，归纳起来主要有以下三方面的作用。

（1）在产品质量标准一定的情况下，质量成本的高或低不反映每个合格产品的质量水平，而是显示了可能的合理化潜力和改进机会。

（2）质量成本数据是企业产品的质量缺陷和质量管理体系薄弱环节"不合格"的重要指示器，开展质量成本管理就意味着为质量改进活动和提高企业收益寻求突破口。

（3）质量成本管理采用货币形式而使得质量管理工作与企业领导有了共同语言，有助于企业领导很快明确质量要求和支持实施质量改进措施。

2. 质量成本管理的主要任务

揭示企业质量管理体系运行中的不合格（无效）工作和不合格（有缺陷）产品，为企业质量改进活动和整体管理水平的提高指明了方向，是企业实施质量成本管理的主要任务。具体的任务内容有三个方面。

（1）建立识别不合格的工具，包括设置质量成本的财务账户、原始凭证、记录和建立核算制度、报告形式等。

（2）制定质量成本差异分析和趋势分析程序，寻找造成不合格的原因和影响因素。

（3）支持管理决策，即有效地进行管理方案的综合评价，追求高效益、低成本、可操作的统一。

本章重点阐述企业主要职能部门的质量成本管理职责、企业中的质量成本源问题及质量成本的核算、质量损失成本分析方法及对企业质量成本管理手册和程序文件框架的建议等。关于企业质量成本管理的一般模式请参见进一步阅读文献。

14.2 企业质量成本管理的组织与职责

企业质量成本管理工作涉及企业内所有与质量职能有关的部门和人员，因而在工作中需要这些相关的部门和人员的共同努力及通力合作。实践中，企业通过建立质量成本管理体系来组织和协调质量成本管理的工作，其方针、内容等由质量管理部门和财务部门负责拟订，其牵头单位一般为质量管理部门。企业中所有部门都与质量有关，都应具有质量成本管理的职责。

14.2.1 质量管理部门的职责

质量管理部门在企业质量成本管理中扮演着极其重要的角色。质量成本较好地反映了企业质量管理工作的绩效，并且是与企业领导达成满足质量要求、支持质量改进和全面实施质量管理共识的重要工具。这样，企业的质量管理部门就有很重要的质量成本管理任务。因此，作为牵头单位的质量管理部门在企业质量成本管理体系中至少应具有下述职责：①协助企业领导组织和推动质量成本管理工作，组织相关的培训；②编写、修订企业质量成本管理文件，研究、提出和推动实施质量成本管理程序及方法；③与财务部门一起研究和设置质量成本科目，并确定相应的责任人或部门；④与财务部门一起研究和设计相关的原始凭证，要求便于记录、汇总和核算；⑤制订、组织落实企业质量成本计划，监督和考核质量成本计划的实施；⑥负责企业质量成本的综合分析，撰写质量成本报告，并制订和组织落实对应的质量改进计划；⑦负责处理企业质量成本管理体系运作中的紧急情况；⑧对有争议的质量成本责任做出仲裁。

14.2.2 财务部门的职责

企业质量成本管理是一项持久性的工作，需要有大量的与质量有关的财务数据的支持。因此，无论是不是牵头单位，缺少了财务部门的支持，企业质量成本管理工作的基本信息来源就得不到充分的保障，并且还可能导致质量成本的统计分析结果缺乏权威性或存在失实性，难以取得预期的效果。作为重要支持单位的财务部门在企业质量成本管理体系中至少应具有下述职责：①配合质量管理部门研究和设置企业质量成本科目，力求与企业的会计科目相协调，以便更好地发挥财务支持作用；②配合质量管理部门研究和设计相关的原始凭证，在企业实施质量成本管理活动中提供质量成本的原始凭证和数据；③进行质量成本核算，并按照企业质量成本管理程序的要求进行财务数据分析，为质量管理部门进行质量成本综合分析提供依据；④为质量管理部门监督和考核企业质量成本计划的实施情况提供财务支持；⑤审核质量成本报告，认定有关数据的真实性，并证实企业质量改进方案实施后的经济效果。

14.2.3 人事部门的职责

人事部门在企业质量成本管理中，是提供人力资源保证的重要因素。统一对质量成本管理的认识、掌握开展质量成本管理的方法、规范质量成本管理活动都有人事部门的贡献。为此，作为重要支持单位的人事部门，在企业质量成本管理体系中至少应具有下述职责：①组织质量成本管理方面的培训；②明确各部门质量成本管理的职责；③明确各部门、各过程中的质量成本源；④提供相关人事工资等数据；⑤实施质量成本管理的考核工作。

14.2.4 其他各部门的职责

除了质量管理部门、财务部门和人事部门之外，企业中的其他部门在质量成本管理中也扮演着重要角色，这不仅因为这些部门承担着企业质量成本中的大部分责任，而且因为其在质量成本管理活动中也有着许多艰巨的任务。归纳起来，企业中的这些部门在质量成本管理工作中主要有三方面的职责：①积极组织参加质量成本管理的培训；②确认本部门的质量成本责任，分析本部门质量成本发生的原因，制定纠正和预防措施；③实施纠正和预防措施，并协助企业质量管理部门和财务部门检查实施效果，避免质量问题再次发生。

■ 14.3 企业质量成本的归集问题

企业中各部门和各岗位的工作失误都会导致质量成本的发生，为此必须尽快找到发生源，制定纠正和预防措施，以减少损失和避免问题的重复发生。所以，对质量成本源进行研究，是一件非常重要的工作。

值得一提的是，企业的领导对于质量成本问题造成的损失都应负有重要的责任。比如，企业的领导质量意识淡薄，没有按质量管理的七项基本原则开展全面质量管理，没能为质量管理体系的有效运作提供足够的资源支持。因此，对于企业的所有质量损失成本而言，企业领导都负有不可推卸的领导责任，本章中不再专门对此展开讨论。

14.3.1　质量管理部门中的质量成本问题

质量管理部门在企业质量成本管理体系中担负着主要职责,本章将其定为牵头部门,也就是质量管理部门是代表企业领导负责企业质量成本管理的主管部门。但是,"不合格"问题发生后,企业质量管理部门不能只想着从别的部门或岗位找质量成本源,还要多从自身考虑,追究一下自己在事件中是否也有不合格的问题,有什么可以进一步改进的地方。

通常,企业质量管理部门在其工作中,可能会由下述原因引发质量成本:①对质量因素的识别不充分;②外部沟通工作有缺陷,信息系统的支持力量较弱;③质量评审工作有缺陷;④质量管理方案陈旧或可操作性差;⑤质量教育不够完善;⑥质量管理体系文件有缺陷,体系运作不正常,体系审核不规范;⑦质量问题应急准备不够;⑧纠正和预防措施不力。

显然,企业质量管理部门在开展质量成本管理的工作中,一定会发现自身工作有许多需要改进的地方,这是企业质量成本管理工作中一个很重要的方面。

14.3.2　其他主要责任部门中的质量成本问题

1. 采购部门中的质量成本问题

企业采购部门在采购原材料、零部件或器具的过程中,会由于其工作失误而导致质量成本的发生。企业采购部门承担质量成本责任的情况主要有:进货检验查出缺陷,由此引起一系列的筛选、修复、运输等费用支出,甚至因时间紧迫而降级使用、放宽使用等造成经济损失;进货缺陷在验收时未被查出,导致后续工序的一系列经济损失;供货商未能及时供货而引发的一系列问题和经济损失等。

企业采购部门发生的质量成本问题可归集为三个方面:①企业采购部门在选择供货商时未能很好地执行相应的工作程序,所选定的供货商没有能力履行采购合同;②企业采购部门在采购合同的签署过程、合同内容的确定及合同管理等方面未能很好地执行相应的工作程序,采购合同存在缺陷,不能保证满足生产和经营过程的要求;③企业采购部门的工作程序文件不全或程序文件管理不善,采购程序文件存在缺陷或版本未及时更新等。

2. 开发与设计部门中的质量成本问题

企业开发与设计部门是质量管理体系中的一个重要环节,也是发生质量成本问题较多的一个重要责任部门。比如,开发与设计中的技术缺陷将导致产品质量形成过程中的"先天不足"(如产品质量设计的"先天不足"或生产技术设计导致的质量问题),造成巨大的质量成本发生;开发与设计中的技术缺陷还会导致大量异常的售后服务,产生严重的外部损失成本和使企业信誉、形象受损;开发与设计中的工作缺陷(如提供技术文件出错),还将导致一系列的生产技术准备不符合要求,延误生产计划的实施进度,造成严重的经济损失等。

企业开发与设计部门中发生的质量成本可归集为五个方面:①企业开发与设计部门在产品开发过程中,未能很好地执行相应的工作程序,没有充分、全面地了解顾客的要求和市场供需状况，或未能准确地传达顾客的要求；②企业开发与设计部门在产品技术设计过程中，未能很好地执行相关的工作程序，没有正确地理解和体现顾客的要求；③企业开发与设计部门未能在开发与设计工作中有效地实施设计评审，设计输出存在技术性缺陷而引起质量问题，包括未能考虑为生产和经营过程预防质量问题提供方便；④企业开发与设计部门的工作存在非技术性缺陷，即未能执行相关的工作程序引发了质量问题，如错误提供技术文件等；⑤企业开发与设计部门的工作程序文件不全或程序文件管理不善，开发或设计程序文件存在缺陷或版本未及时更新等。

3. 生产技术与制造部门中的质量成本问题

企业生产技术制造部门的任务包括了生产技术准备和生产制造两大部分，是企业质量问题、质量成本较多的环节，因而这是企业质量成本的主要发生部门。比如，生产技术工装等技术准备工作存在缺陷，导致生产制造过程出现严重质量问题，造成经济损失；未经开发与设计部门允许而变更工艺方案，引起一系列的质量问题和纠纷；因生产工人违反工艺规程的要求而造成的现场质量问题；零部件或器皿遗失导致的经济损失等。

企业生产技术与制造部门中发生的质量成本可归集为三方面：①企业生产技术与制造部门在生产技术准备或生产制造过程中没有很好地执行规定的工作程序，出现了生产技术准备和生产资料准备不及时、有缺陷等不符合程序要求的情况，以及工艺方案变更的随意性导致生产过程系统的不协调等问题；②企业生产技术与制造部门的工作过失造成质量不合格问题，包括人、机、料、法、环（4M1E）等方面质量控制的缺陷；③企业生产技术与制造部门的工作程序文件不合格或程序文件管理不善，生产技术与制造程序文件中存在缺陷或版本未及时更新等。

4. 物流管理部门中的质量成本问题

物流管理方面的质量问题及造成的质量成本给企业构成了很大的危害。比如，对生产制造现场的供配货出现差错，会导致生产制造过程频繁出现质量问题或停产；对待检、已检或待处理等货物的管理不规范，包括没有实施标识等，会导致物流差错而影响生产制造的正常进行；储运管理不规范，会导致货物在仓库储存或搬运过程中发生损坏或有差错，这些都会给企业造成巨额的经济损失。

物流管理部门中的质量成本可归集为三方面：①企业物流管理部门在物流操作过程中未能很好地执行相应的工作程序，导致供配货、搬运、仓储和车间内货物控制中出现质量问题；②企业物流管理部门没有制定快速反应程序，在紧急情况下出现物流失控，引发争议性的质量问题；③企业物流管理部门的工作程序文件不全或程序文件管理不善，物流管理程序文件中存在缺陷或版本未及时更新等。

5. 销售及售后服务部门中的质量成本问题

企业销售及售后服务部门在质量成本管理活动中是最容易被忽视的，因为企业在开展质量成本管理时一般都比较关注生产制造过程中的质量成本问题，而事实上，企业的销售及售后服务部门的工作对于质量成本的影响是很大的。比如，产品售后安装调试时未能提供专用工具，会导致安装调试中出现质量问题或时间延误，给企业造成经济损失；

销售时，未能及时向顾客提供产品使用说明书，会导致顾客使用中的一连串质量问题而引起经济损失；售后服务的后勤保障出现质量问题，导致售后服务工作不能正常开展而造成经济损失等。

售后服务部门中的质量成本可归集为六方面：①企业销售及售后服务部门在产品销售时没有向顾客提供安装调试的指导文件，或没有特别指出不允许和不合理的安装调试方法；②企业销售及售后服务部门在产品销售后的安装调试及使用过程中未向顾客提供规定的搬运及维修所需的专用工具或设备，或虽然提供了专用工具，但没有设计图样，也没有经过检验；③企业销售及售后服务部门在产品销售后提供的安装和试验用的设备及仪器，没有按规定程序实施控制；④企业销售及售后服务部门在产品销售时，没有向顾客提供产品使用说明书，或使用说明书没有经过适用性验证；⑤企业销售及售后服务部门没有按规定程序很好地提供产品售后服务所需的后勤保证；⑥企业销售及售后服务部门的工作程序文件不全或程序文件管理不完善，销售及售后服务程序文件中存在缺陷或服务未及时更新等。

总之，企业中的质量管理部门，以及采购部门、开发与设计部门、生产技术与制造部门、物流管理部门、销售及售后服务部门等，都是主要的质量成本源，都是质量成本归集的主要对象。

14.3.3　对企业建立质量成本源归集程序的讨论

讨论企业质量成本源归集问题不是为了在出现质量问题以后去追究谁的责任，而是为了更有效地找出导致质量问题发生的原因，从而帮助有关责任部门尽可能地预防质量问题的发生，或一旦出现问题时能尽快予以消除和避免再次发生。

质量成本源分析应该考虑：每一个企业、组织、机构都有责任为提高产品质量，防止质量损失的发生而做出自己的努力和承担必要的责任义务，所以在企业质量成本源分析过程中，不但要把成本源定义为直接的责任部门和责任人，而且应该进一步考察相关的责任部门和责任人，这些相关责任部门的职责可能是辅助主要责任部门和责任人，也可能是为主要责任部门和人员提供原料、设备、进行技术支持和信息支持等。

通常内部损失成本发生在生产第一线，如具体的生产车间、产品的包装第一线、产品的运输过程中等，这样的质量损失特点是具体明确，容易找到相关的损失来源和确定成本源，从管理层次来看是发生在企业的操作层和中低管理层。

外部损失成本与顾客相关，对于由于质量问题而发生的质量索赔等，在企业实际中通常有详尽的记录，这方面的成本确定比较简单，进而容易找到成本来源。

企业在质量管理工作过程中，为了预防（鉴定）内部损失和外部损失的发生，为了使质量管理工作能够正常的进行，会在预防和鉴定上支出部分质量管理成本，从成本角度来看就是预防成本和鉴定成本，在进行成本源分析时，把其发生的来源称为质量预防成本源和质量鉴定成本源。

质量成本是发生于质量成本源的。对企业的整个运作进行分析，进行成本源的归集，对于分析质量成本和进行质量成本核算是必要的。

为了能够有效地解决企业质量成本源的归集问题，应该在企业的质量管理体系中逐步丰富和完善质量成本管理要素的内容，建立质量成本源归集程序。

1. 企业质量成本源归集明细表

为了便于讨论企业质量成本源归集程序，并有效支持企业对质量成本源的归集和分析，我们整理列出了企业质量成本源归集明细表的建议内容，如表14-1所示。

表 14-1　企业质量成本源归集明细表的建议内容

质量成本源	质量成本的问题原因	可能有关的责任部门
质量管理部门	1. 建立和运作质量管理体系时，未对质量因素有充分的识别	企业高层领导（管理评审）
	2. 未有效地获取企业环境的质量要求	企业的法律顾问（政策及法律、法规）；企业高层管理者（投资者要求）
	3. 质量评审工作的缺陷	
	4. 质量管理方案的缺陷	
	5. 质量教育的缺陷	人事部门、企业高层领导
	6. 未借助信息系统的支持	信息管理部门
	7. 质量管理体系的缺陷	
	8. 质量问题应急准备的缺陷	企业高层领导（管理评审）
	9. 纠正和预防措施效果不佳	
	10. 内部质量审核不规范	
	11. 质量管理体系文件的缺陷	
采购部门	12. 选择供方时的缺陷	销售及售后服务部门
	13. 签署采购合同时的缺陷	
	14. 采购程序文件的缺陷	质量管理部门
开发与设计部门	15. 产品开发过程的缺陷	
	16. 产品技术设计过程的缺陷	
	17. 设计评审的缺陷	质量管理部门、企业高层领导
	18. 提供开发与设计文件中的缺陷	
	19. 开发与设计程序文件的缺陷	质量管理部门
生产技术与制造部门	20. 生产技术准备或生产制造过程未很好执行程序	
	21. 生产技术准备或生产制造过程中质量控制的缺陷	质量管理部门
	22. 生产技术准备与制造程序文件的缺陷	质量管理部门
物流管理部门	23. 未按程序进行物流管理	
	24. 物流管理程序文件的缺陷	质量管理部门
销售及售后服务部门	25. 产品销售过程的缺陷	
	26. 产品销售后服务过程的缺陷	
	27. 销售及售后服务程序文件的缺陷	质量管理部门

表14-1是对企业建立质量成本源归集明细表的建议，供企业进行质量成本源归集时参考。企业在实际工作中可以根据实际情况来建立其质量成本源的归集明细表，其原则是有助于企业找到质量成本源和促进企业有效预防质量问题，以及一旦出现质量问题能迅速采取纠正措施并防止其再次发生。

2. 企业归集质量成本的工作程序

企业应建立归集质量成本的工作程序，以使质量成本源归集、分析等工作能迅速、顺利、有效地开展，并有助于企业制订质量改进方案和进行质量成本管理方案的决策。图14-3是对企业建立事先进行质量成本源归集的程序建议。

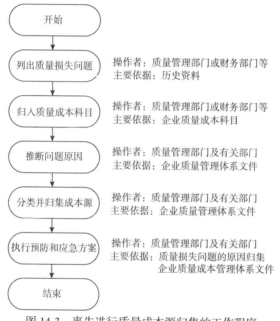

图 14-3 事先进行质量成本源归集的工作程序

事先进行质量成本源归集的目的有两个：一是在企业质量成本管理体系文件中补充或完善企业质量成本源归集明细表，并在此表的基础上有效开展预防和减少质量损失成本活动；二是一旦企业发生了质量成本，就可以通过该明细表有效地支持质量管理部门尽快确认质量成本源和进行归集，并帮助拟订纠正措施和预防措施（防止再发生）。

图14-4是对企业发生质量成本后实行质量成本源归集的程序建议。企业在发生质量成本后实行质量成本源归集，是为了尽快明确质量成本源部门，以便在尽可能短的时间内找到解决质量问题的途径，迅速而有效地采取纠正措施和预防措施，防止质量成本的继续扩大和质量问题的再次发生。如果企业已经做好了充分的准备工作，制定了企业质量成本源归集明细表和相关的工作程序，那么在发生质量问题后，企业就能有效地进行质量成本源归集，并采取纠正、预防及降低质量成本的对策。

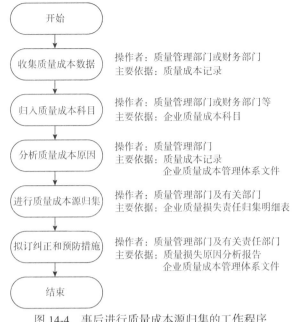

图 14-4 事后进行质量成本源归集的工作程序

操作者：质量管理部门或财务部门
主要依据：质量成本记录

操作者：质量管理部门或财务部门等
主要依据：企业质量成本科目

操作者：质量管理部门
主要依据：质量成本记录
        企业质量成本管理体系文件

操作者：质量管理部门及有关部门
主要依据：企业质量损失责任归集明细表

操作者：质量管理部门及有关责任部门
主要依据：质量损失原因分析报告
        企业质量成本管理体系文件

14.4 企业质量成本核算的研究

企业质量成本核算是开展质量成本分析、撰写质量成本报告、制订质量成本计划、实施质量成本控制及反映企业质量管理工作绩效的依据，是企业质量成本管理中一个很重要的环节。企业对于质量成本概念的认识会影响其质量成本核算的定义范围、影响企业有否建立起质量成本的核算体制及工作程序、影响其质量成本核算的有效性和工作效率。

14.4.1 充分认识企业质量成本核算的必要性

在进行企业调查时发现，改善企业质量成本核算工作的首要问题是解决认识问题，即对质量成本核算必要性的认识，它关系到企业进行质量成本管理及直接从事质量成本核算人员的工作目标和他们的工作热情，以及为质量成本核算工作提供各种支持的人员的协作态度。如何认识企业质量成本核算的必要性呢？笔者曾在《世界标准化与质量管理》（1997年第10期）上撰文指出，企业质量成本核算的目的是用货币形式来综合反映企业质量管理活动的状况和成效，为企业质量改进提供依据，从而提高企业质量管理工作的科学性和可操作性。企业质量成本核算具有揭示质量问题，提供质量改进的依据；提供可靠数据，保证质量成本管理的成效；探求合理关系，提高质量管理的经济性；满足顾客要求，提供质量管理证据等四个方面的重要作用。

14.4.2　准确理解企业的质量成本问题

在走访企业中遇到的另一个问题是，不少企业认为：进行质量成本核算解决不了问题，既不能免除质量成本，又划不清其界限，而且操作起来又很困难。为什么会有这样的问题呢？这是因为企业中有很多人对质量成本不理解，其中包括企业质量管理部门的人员。因此，企业必须首先组织有关质量成本的培训，让企业领导及有关人员对质量成本有准确的理解，在此基础上结合企业的特点设置合适的质量成本科目，建立一套有效的核算程序。只有具备了这些条件后，企业才可以着手进行质量成本的核算。

根据前面对质量成本概念的讨论，企业在培训中应该让有关领导及质量管理部门的人员从以下三个方面来理解企业质量成本问题：①质量成本问题是客观存在的；②质量成本与质量要求相关；③质量成本核算的目的是为设计质量改进方案提供依据。

1. 质量成本问题是客观存在的

在企业的生产与经营过程中，各阶段的产品或工作是很难做到100%符合质量要求的，因而必然存在由"不合格"（即不符合要求）问题引起的损失和为减少这种损失而进行预防所产生的费用。所以，质量成本在企业的实际生产与经营过程中一直都在发生着，或者说，这是客观存在的问题。

2. 质量成本与质量要求相关

企业质量成本是生产与经营过程中的那些与"不合格"问题有着密切联系的费用。比如，预防成本的投入是为了避免或减少不合格问题；鉴定成本的投入是为了避免或减少不合格问题的损失进一步扩大；质量内外部损失成本是因为出现了不合格问题而发生的。由于"合格"或"不合格"的依据是合同中顾客提出并且得到企业认可的质量要求，因此顾客的质量要求与企业发生的质量成本是密切关联的。但是，并非为满足顾客质量要求所做的努力都计入质量成本。比如，针对企业合同中顾客的质量要求而进行的产品和（或）服务质量改进设计导致的费用支出不能计入质量成本，正常生产状态下的工人工资及福利费、材料费、能源费等，都不计入质量成本。必须注意的是，企业只有在明确了顾客的质量要求而制定出相关的质量标准和规范后，才能确定质量成本的核算基准。理解这一观点将有助于企业在开展质量成本管理活动时能更好理解质量成本的概念，并使有关的工作程序更具有操作性。

3. 质量成本核算的目的是为设计质量改进方案提供依据

企业进行质量成本核算的目的并非只是为了了解质量成本发生了多少，是谁的责任，而是要对质量成本进行分析、比较及在此基础上进行质量成本改进方案的决策，从而最终达到提高质量、降低成本、增加企业经济效益的目的。如果企业中所有的部门和人员都能这样来理解质量成本及其核算工作，就会在质量成本核算工作中积极予以配合，使质量成本核算工作得以顺利有效地进行。

14.4.3　设置适当的质量成本科目

正确地理解质量成本只是企业进行质量成本核算的基础，为了便于企业实施质量成本核算，还必须把质量成本的概念进一步具体化，根据企业的实际情况设置适当的质量成本科目。正如前面已经指出的，企业的规模、生产方式及所处的行业不尽相同，因此各企业所设置的质量成本科目没有必要追求完全一致。企业在设置其质量成本科目时必须考虑以下六项原则：①便于企业进行质量成本的核算、分析、计划、控制和考核；②依据国际或国内的有关标准；③与会计核算制度相适应；④与企业内各责任部门相联系；⑤结合企业的实际情况；⑥明确企业质量成本科目设置的概念和范围。

14.4.4 建立有效的质量成本核算体制

企业在设置了适当的质量成本科目以后，紧接着的一项重要工作就是建立有效的质量成本核算体制，以保证企业质量成本核算工作的正常运作。下文对于核算体制的问题做一些具体的讨论。

1. 质量成本的会计核算体制

从近几年对企业进行的质量管理调查情况来看，目前我国企业中只有极个别企业的质量成本核算工作得到财务部门的支持。但从长远发展来看，企业质量成本核算最终仍将走会计核算的道路，而且越早获得财务部门的支持、越充分利用财务部门的支持，企业的质量成本核算就会越有成效，对企业质量管理工作的贡献也就越大。

企业实行质量成本的会计核算体制，第一步工作是设置一个质量成本一级科目，下面分设预防成本、鉴定成本、内部损失成本和外部损失成本四个二级科目。此外，建议再设置一个"质量成本调整"二级科目来结算质量成本中的隐含成本。然后，在每个二级科目下再分设三级科目。第二步工作是设置对应的总分类台账和明细分类账，依据会计原则利用这些账户来归集和核算质量成本。第三步工作是在会计核算期末再对质量成本进行分配、还原，转入有关费用项目，如管理费用、制造费用、生产成本等。

建立质量成本的会计核算体制，将有助于企业质量成本核算工作的规范化、系统化和持续进行，促进企业质量管理工作的有效开展。与质量成本的统计核算体制相比，质量成本的会计核算体制还可以减少企业质量成本核算与会计成本核算之间的重复性工作，有助于质量管理工作获得财务部门的支持，进而推动企业整体管理效益的提高。同时，在建立企业质量成本会计核算体制时还必须注意两点：①质量成本的会计核算体制属管理会计体制范畴，不能纳入企业一般的财务会计核算体制中，以避免影响企业原来的会计体制的正常运作；②个别质量成本科目的数据在原会计科目中是无法提取的，也不能还原到会计科目中去。比如，产品降级损失、产品折价损失等，没有在会计账户中出现现金进出，这类隐含损失必须在管理会计体制中进行核算。

2. 质量成本的统计核算体制

许多企业在建立质量成本的会计核算体制之前，一般都是实施质量成本的统计核算体制。目前这些企业中多数还不愿变更它们的核算体制。

在统计核算体制下，企业怎么才能尽可能做好质量成本核算工作呢？要知道，不可能等哪天改变了企业的质量成本的核算体制后再开展质量成本管理。所以，在质量成本的统计核算体制下，企业要做好以下几项工作。

（1）按照质量成本核算的要求，结合企业的具体情况，建立质量成本的统计核算点。质量成本的统计核算，就是由企业的这些核算点，根据真实可靠的原始凭证和原始记录，在统一规定的质量成本统计表中，按时序填写有关质量成本数据并做数据统计的过程。核算点的建立，应由质量管理部门会同财务部门共同确定，要充分考虑企业规模的大小和管理现状，要保证数据资料的及时性和全面性，要注意数据的收集既不遗漏也不重复。

（2）按照设置的质量成本科目，建立适用的质量成本统计表。

（3）按照工作程序，并根据审核无误的原始凭证或原始凭证汇总表，由各质量成本统计核算点填写质量成本调查表，按月上报企业质量管理部门审核。经质量管理部门审核后，按质量成本科目进行统计汇总。

3. 会计科目的调整

企业质量成本管理的立脚点应在管理会计核算体制上。管理会计的科目不能照搬一般会计科目来运作，应在借鉴二、三级会计科目的同时做一些调整，使得显见质量成本的数据能够从会计账户中直接得到，充分发挥财务对质量成本管理的支持作用。比如：①在"管理费用"科目下设置子科目"办公费—质量管理部门"和"办公费—质量检验部门"来核算质量管理部门及质量检验部门的办公费用；②在"管理费用"科目下设置子科目"折旧费—质量管理部门"和"折旧费—质量检验部门"，以核算归入质量预防成本和鉴定成本的各种固定资产折旧；③在"管理费用"科目下设置子科目"维修费—质量管理部门"和"折旧费—质量维修部门"，以核算归入质量预防成本和鉴定成本的维修费用；④在"管理费用"科目下设置子科目"低值易耗品摊销—质量管理部门"和"低值易耗品摊销—质量检验部门"，分别归入质量预防成本和鉴定成本；⑤在"管理费用"科目下设置子科目"员工教育经费—质量培训"，以核算有关质量培训的费用；⑥在"管理费用"科目下设置子科目"索赔费—质量诉讼"，以核算由质量原因导致的诉讼费用；⑦在"生产成本—基本生产成本—某产品废品损失"科目下设置子科目"不可修复的废品损失"和"返修损失"，不可修复的废品损失是指不可修复的不合格品报废后其生产成本扣除回收的废料价值后的净损失，返修损失是指可修复的不合格品修复时花费的费用，这两者均计入内部损失成本科目之中；⑧在"制造费用"科目下设置子科目"试验检验费用"，计算单位产品的试验检验费用，这样既便于试验检验费用的分配、归集，又便于返修后试验检验和退换货试验检验的费用核算，前者计入鉴定成本，后两者分别计入内部损失成本和外部损失成本；⑨在"应付工资"科目下设置子科目"质量管理部门"和"质量检验部门"，分别核算"质量管理人员工资和福利"及"质量检验人员工资和福利"；⑩在"营业外支出"科目下设置子科目"非正常停工损失"，以核算一切非正常停工导致的直接损失，主观质量原因的归入内部损失成本。

4. 企业质量成本核算总分类账与明细分类账

根据企业质量成本三级科目设置，企业应建立相应的总分类账和明细分类账，即质量成本总分类账及各质量成本科目明细分类账。

14.5 企业质量损失成本分析的方法研究

为实施质量管理而建立的企业质量管理体系，其有效性直接影响着企业的盈利或亏损。因此，保持和提高企业质量管理体系的有效性是质量管理的一项中心工作。又因为企业的内、外环境经常会发生变化，因而它又是一项需要经常予以关心、不断做出修改的、持久的中心工作。质量成本管理正是企业实现上述目的的一个重要手段。本章侧重阐述企业质量损失成本总额及其相关指标的分析、企业质量损失成本的差异分析、企业质量损失成本分析与支持决策的工作程序的建立，为企业开展质量损失成本分析提供有效的工具。

14.5.1 企业质量损失成本总额及其相关指标分析

企业质量损失成本主要可细分为11项内容：废品损失、返工损失、停工损失、质量故障分析处理费用、产值和销售额损失、质量降级损失、索赔损失、退换货损失、保修费用、诉讼费用和折价损失。

对于质量损失成本按上述内容做统计和比较分析，可了解企业中各种不合格或质量缺陷项目引起的损失内容和严重性。

造成质量损失成本问题的原因是多方面的，涉及企业的各个部门。要进行企业质量损失成本分析，必须首先掌握企业中各责任部门的质量损失成本报表，统计计算出计划期内质量损失成本总额及计划年度内累计总额，并与目标比较求出增减值及增减率。此外，还要进行相关指标分析，这些指标包括质量损失成本各构成项目所占的比重、内部损失成本占总成本的比重、外部损失成本占总成本的比重。

14.5.2 企业质量损失成本差异分析

在企业生产经营活动中，种种原因，使实际发生的质量损失成本额与预定的计划指标发生差异，这就需要进行核算、比较，找出差异，并及时分析产生差异的原因。若企业质量损失成本的计划控制值小于其实际发生值，则称为不利差异；若企业质量损失成本计划控制值大于其实际发生值，则称为有利差异。很明显，质量损失成本差异是一项很重要的质量信息，它不仅反映了企业中各部门的工作质量和效果，还揭示了在制品、半成品和成品的质量状况。企业的经济活动是极其复杂的，质量损失成本的不利差异与有利差异只是计划控制值与实际发生值的初步比较后的表面现象，因而必须深入地进行分析研究，找出差异产生的最根本原因，并以此作为企业改进质量管理活动的依据。

由于引起企业质量损失成本的原因是多方面的，涉及企业各个部门和环节，并且质量损失成本的各构成项目对企业的收益和成本有着综合的、系统的影响，可采用以下两种方法对企业的质量损失成本展开差异分析。

1. 责任质量损失成本差异分析

开展企业责任质量损失成本差异的分析，对于企业质量管理体系的持续改善有重要作用。但是在实际中这项工作却很难开展，因为造成质量损失成本差异的原因往往是多方面的，发生质量损失成本的场所不一定就是质量损失成本源。在这种情况下，可采取如下步骤进行分析。

（1）质量损失成本按产品分类进行汇总统计，然后根据计算结果作排列图进行 ABC 分类分析，举例如图14-5所示。

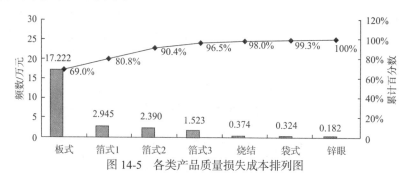

图 14-5　各类产品质量损失成本排列图

（2）对 A 类产品进行质量损失成本源分析，目的在于发现和确定质量管理工作的薄弱环节，确定质量损失成本源的方法可采用矩阵数据分析法，举例如图14-6所示。

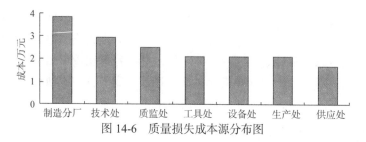

图 14-6　质量损失成本源分布图

2. 归属质量损失成本差异分析

企业的生产经营活动始终受到内、外环境因素的影响，各种因素的变化会对企业整个系统带来（连锁）影响，导致质量损失额的差异。这种情况下，可以利用拉格朗日乘数对质量损失的构成进行系统的分析，有利于明示环境因素的变化带来的实际质量损失差异。具体方法参见尤建新所著的《质量观念与质量成本管理方法创新》。

14.5.3　建立企业质量损失成本分析与支持决策的工作程序

企业进行质量损失成本分析的任务是为了支持质量改进决策，因而必须建立起有效的工作程序，使质量损失成本分析工作规范化、程序化、易于操作，更好地为决策工作服务。根据前面的讨论，可将企业质量损失成本分析工作程序归纳如下。

1. 明确工作目标

企业质量损失成本分析的工作目标有：①了解质量损失成本各项目的发生额、总额及趋势；②了解质量损失成本占质量成本、总成本、产值或销售额、利润等的比重；③掌握质量损失成本各项计划控制目标的完成情况；④了解存在质量损失成本差异的原因、影响因素和主要问题；⑤提出质量改进建议并预计建议实施的效果。

2. 汇总和整理数据

对有关的数据进行核对，并利用已设计好的各种表格对数据进行归类、汇总和整理，以供分析时使用。

3. 进行质量损失成本分析

（1）质量损失成本项目构成分析：①对质量损失成本的11个项目进行统计，做 ABC 分类分析确立 A 类质量损失成本项目；②对 A 类质量损失成本项目进行影响原因分析，找到不合格或缺陷项目，并分析其影响程度；③确认关键的不合格及缺陷项目的责任部门。

（2）质量损失成本总额及相关指标分析：①计划期质量损失成本总额及时间序列分析；②计划年度内质量损失成本累计总额及时间序列分析；③质量损失成本占质量成本、总成本、产值或销售额、利润等的比例指标分析。

（3）质量损失成本差异分析：①质量损失成本计划控制目标与实际发生额的比较；②责任质量损失成本差异分析；③归属质量损失成本差异分析。

（4）提出质量改进建议：①对于成功的措施，提出巩固、制度化和持续改进等建议，供决策过程参考；②对于薄弱或不合格环节，提出改进措施建议，供决策过程考虑。

（5）实施审核和改进：①审核质量损失成本分析工作文件；②审核质量损失成本分析工作活动；③撰写质量损失成本分析工作审核报告，提出改进建议；④改进质量损失成本分析工作。

14.6 企业质量成本管理手册和程序文件框架建议

为了便于企业实施质量成本管理，我们在青建集团股份公司（简称青建）、上海纺织（集团）有限公司、厦门 ABB 低压电器设备有限公司等企业的实践基础上，提出了企业质量成本管理手册和程序文件的框架建议，可作为企业进行质量成本管理的参考。

14.6.1 对企业质量成本管理手册的框架建议

企业开展质量成本管理活动必须有文件指导，因而必须首先建立企业质量成本管理手册。这是阐明企业质量成本管理工作方针、目标及企业质量成本管理总体框架的文件。建议企业质量成本管理手册分如下12项内容。

1. 目次

企业质量成本管理手册中的目次除标明每章的名称及所在页数外，一般还应列出"修改标记"和日期。因为质量成本管理手册在执行过程中，如发现其中有不适应的就应及时予以修改。在手册的目次中应反映出修改的位置，以便手册的使用者通过目次就能了解该手册是否为最新版本、手册的哪些内容有修改，以便在执行过程中加以注意。

2. 批准页

质量成本管理手册的批准页应说明企业质量成本管理手册的编写、审核、批准人的姓名及质量成本管理手册第一版的制订、再版和实施日期。同时，企业领导要表明执行质量成本管理手册的各项规定的态度。

3. 前言

质量成本管理手册的前言部分要说明企业开展质量成本管理活动的意义、概况及手册的主题内容、适用范围和适用方法等，另外还可以简述标识、分发和控制本手册的程序等。

4. 方针目标

质量成本管理手册的方针目标应阐述企业质量成本管理活动的目标及对实现该目标的承诺，包括管理职责、资源管理、方案实施等的保证内容及核算、分析和改进等的活动要求。

5. 编制依据

质量成本管理手册的编制依据应阐述编制企业质量成本管理手册依据的资料，可以包括国际标准、国外标准、国内标准及其他的有关文献资料。

6. 定义与编写

凡在质量成本管理手册中提到的容易混淆的概念，应在这章中明确定义，以免执行时造成误解。手册中的术语应符合有关标准，增加或修改的术语应做定义。

凡在质量成本管理手册中出现的缩写、代号等，应在此章中集中列出，明确其全称，以便阅读时查找。

7. 组织与职责

质量成本管理手册中的"组织与职责"一章应明确企业开展质量成本管理工作的牵头部门，以及各有关部门的职责。通常我们建议由企业的质量管理部门负责企业的质量成本管理工作。

8. 质量成本预测和计划

质量成本管理手册中的"质量成本预测和计划"一章在概述企业质量成本预测和计划工作的作用后，应分别阐述企业质量成本预测和企业质量成本计划的内容。

9. 质量成本核算

质量成本管理手册中"质量成本核算"一章应强调企业质量成本核算的任务，明确企业质量成本核算的方法。

10. 质量成本分析

质量成本管理手册中的"质量成本分析"一章应明确企业质量成本分析的任务，阐述企业质量成本分析的内容和方法。

11. 质量成本报告

质量成本管理手册中的"质量成本报告"一章应明确报告的任务，阐述报告要求、内容等。

12. 质量成本控制和考核

质量成本管理手册中的"质量成本控制和考核"一章应明确企业质量成本控制和考核的任务，阐述企业质量成本控制和考核的内容、方法。

14.6.2　对企业质量成本管理程序文件的框架建议

企业质量成本管理的程序文件是企业质量成本管理手册的支持性文件，是企业各有关部门为落实质量成本管理手册的要求而规定的实施细则。

根据企业质量成本管理手册的内容要求，企业至少须建立包括质量成本预测和计划、质量成本核算、质量成本分析、质量成本报告、质量成本控制和考核等五个程序文件。每个程序文件的内容都应包括：文件编号和标题、更改记录、目的和适用范围、职责、工作程序、相关文件、附录（操作工具）等。

（1）文件编号和标题。编号根据活动的顺序进行编排，也可按企业质量成本管理手册内容编号来编排，以便于识别。标题应明确标示活动的内容。

（2）更改记录。程序文件中的内容更改应在更改的记录表中反映，以便使用者能一目了然，及时知道程序文件的更改位置及内容，实施有效的更改控制。

（3）目的和适用范围。此项内容记明企业为什么要开展这项活动，涉及的方面及禁止的事项。

（4）职责。此项内容明确由哪个部门或哪个岗位实施此项程序及他们的责权和相互关系。

（5）工作程序。此项内容列出此项活动的细节、内容，以及要达到的要求，需形成记录和报告的应尽可能在附录中给出样式。

（6）相关文件。此项活动需引用的有关文件。

（7）附录。附录即需要进一步说明的内容，或归纳说明的内容，或提供操作使用的表式、文件格式等。

企业建立质量成本管理手册和程序文件用以指导企业的质量成本管理活动，但企业之间存在着明显的差异，因而在文件内容方面不可能完全一致。因此，这里给出了一个文件框架，企业在实际应用中可按本部门的实际情况，做必要的修改和补充，提高其实用性和便于实际操作。

企业质量成本管理仅仅是企业质量管理的一个活动要素，质量成本管理体系是企业质量管理体系的子系统，因而建议质量成本管理手册能纳入企业总的质量手册，质量成本管理程序文件能纳入企业质量管理体系的程序文件之中，从而使质量成本管理作为企业质量管理体系的重要组成部分得以顺利运作。千万不能另搞一个体系、另建一套文件来开展质量成本管理活动。

■ 14.7　质量成本管理的实施条件

对于质量成本管理的作用和具体操作方法已经在前面进行了详细的阐述，本部分需要进一步讨论质量成本管理实施的条件及其适用范围。从中国质量管理实践的角度看，能够成功实施质量成本管理的企业并不多，其原因很多，有企业管理者缺乏对质量成本管理的认识方面的原因，也有实施过程中遇到困难半途而废的原因。一个好的管理思想和方法是否在任何企业获得成功是要依赖于很多前提条件的，如企业的文化、信息化水平、员工的知识水平、所处的行业等。总的来说，质量成本管理在企业内的成功实施依赖于以下几点。

1. 企业高层管理者的重视

高层管理者的重视无疑是至关重要的因素，缺少其支持，任何管理活动都不可能成功。

2. 企业拥有清晰的管理和运营流程

清晰的管理和运营流程为质量成本管理中的数据收集、质量成本源认定、预防措施的制定等提供了必要的条件。

3. 企业具有一定的信息化水平

虽然管理会计为质量成本数据的收集提供了基础数据，但更加细化的质量成本管理科目和数据需要借助于企业信息化系统来完成归集。一个完全依赖于手工收集的质量成本管理系统是很难长期运作下去的。

4. 企业拥有空间或可行性

企业实施质量成本管理的前提条件还包括实施的可行性和迫切性，质量成本管理仅是诸多质量管理工具之一，如果一家企业的质量管理体系已经可以很好地实现质量改进、绩效提升的目标，或者说其质量水平已经非常高，从削减质量成本的角度来说，已经不具有经济性，那么该企业实施质量成本管理失败的概率会很高。

对于那些生产运作过程中，质量损失发生额巨大、质量损失影响巨大的企业来说，实施质量成本管理才是迫切的选择，如建筑施工企业、经常发生设计或需要改变的制造型企业、质量缺陷率高的企业等。

■ 14.8　案例研讨

14.8.1　质量成本管理在青建001工程公司的应用

1. 企业介绍

青建集团是一家集建筑安装工程总承包、房地产开发、路桥施工、装饰装潢、设计科研、实业投资、国际经济技术合作、工程咨询于一体的大型综合跨国企业集团，为山东省首家获得房屋建筑施工总承包特级资质企业[①]。

青建集团十分重视企业管理体系的建立和运营，并将其作为提升企业管理水平的重要工作之一。质量、环境及安全健康管理体系健全，注重现场安全文明施工，大力推行国际标准认证工作，是青岛市首家通过 ISO 9001、ISO 14001和 OHSAS 18001标准认证的建筑业企业。2012年青建在新的战略框架下重构建立国清控股集团有限公司。

近年来，集团凭借管理、技术和人才等方面的优势，连续多年荣列中国企业500强，被评为中国建筑业企业18强之一，先后获得"全国优秀施工企业""全国用户满意企业"等荣誉；2005年获得"全国质量管理奖"；2006年被评为 ENR（engineering news-record，工程新闻纪录）全球最大225强国际承包商第129名，并因连续三年获得"全国质量效益型企业"而被授予"全国实施卓越绩效模式先进企业特别奖"。本章摘选了2001年左右青建集团001工程公司实施质量成本管理的部分内容（尤建新等，2003）。

2. 质量成本管理的实施

2001年，青建集团001工程公司在原有质量管理体系基础上，开始实施质量成本管理，其核心内容是建立一套有效的质量成本核算体系。公司质量成本核算体系运作的程序所包括的内容如表14-2所示。

表 14-2 青建集团的质量成本科目

质量成本明细科目		对应财务会计明细科目对应设置
预防成本（QC 1）	质量管理人员人工费用（QC 1.1）	应付工资——质量管理人员
		应付福利费——质量管理人员
		应付社会保障费用——质量管理人员
		应付劳动保险费用——质量管理人员
	质量宣传费用（QC 1.2）	管理费用——宣传费——项目部
	质量评审费用（QC 1.3）	管理费用——办公费——质量管理部门
		管理费用——差旅费——质量管理部门
		管理费用——公关费——质量管理部门
		管理费用——资料费——质量管理部门
	质量信誉费用（QC 1.4）	管理费用——交通费——顾客服务中心
		管理费用——餐费——顾客服务中心
	质量培训费用（QC 1.5）	管理费用——教育费——质量管理人员培训
	质量奖励费用（QC 1.6）	管理费用——奖励费——质量奖励
	质量改进费用（QC 1.7）	管理费用——研发部门开发费用——质量改进
	供方质量保证费用（QC 1.8）	管理费用——差旅费——质量保证

[①] 资料来源：中国青建网站（http://www.cnqc.com/）；青岛博海建设集团网站（http://www.qd001.com/）。

质量成本明细科目		对应财务会计明细科目对应设置
鉴定成本（QC 2）	检验人员人工费用（QC 2.1）	应付工资——质量检验人员
		应付福利费——质量检验人员
		应付社会保障费用——质量检验人员
		应付劳动保险费用——质量检验人员
	质量检验部门办公费用（QC 2.2）	管理费用——办公费——质量检验部门
	试验检验费用（QC 2.3）	管理费用——差旅费——质量检验
		管理费用——消耗材料——质量检验
	检测设备维修、校验和折旧等费用（QC 2.4）	管理费用——修理、校验费——质量检验
		管理费用——折旧费——质量检验
内部损失成本（QC 3）	内部返修损失（QC 3.1）	原始凭证（内部返修单）
	内部返工损失（QC 3.2）	原始凭证（内部返工单）
	内部停工损失（QC 3.3）	原始凭证（内部停工单）
	质量故障分析处理费用（QC 3.4）	营业外支出——处理费——质量原因造成
	材料降级损失（QC 3.5）	原始凭证（材料降级处理报告单）
	加固成本（QC 3.6）	工程施工——人工费——项目部
		工程施工——材料费——项目部
外部损失成本（QC 4）	外部返修损失（QC 4.1）	原始凭证（外部返修单）
	外部返工损失（QC 4.2）	原始凭证（外部返工单）
	外部停工损失（QC 4.3）	原始凭证（外部停工单）
	保修费用（QC 4.4）	营业外支出——保修费用
	索赔费用（QC 4.5）	营业外支出——索赔费用
	质量罚金（QC 4.6）	营业外支出——质量罚金

　　建筑产品生命周期长，质量影响因素多，无论是纵向的损失成本源历史分析还是横向的损失成本源责任关系分析，都十分复杂。抓住主要矛盾，把握矛盾的主要方面，是进行这项复杂分析的主要思想——"二一一"模式的各组成部分都是依据这一思想来制定的。在真正将这项工程付诸实践后，会发现这样已排除了非重要因素的干扰，将现实工作中的质量损失责任清晰化、明确化，更有助于质量的持续改进。

　　具体的分析框架是建立在两张对照分析明细表、一组分析原则与一幅组织关系对应图的架构之上。质量损失类型与损失成本源分析表、施工质量损失成本源分析明细表是从施工企业系统的不同层面出发，即公司层面、项目层面，分别在公司全局质量问题与施工质量问题上加以展开。前者纲要性强，是系统全面的统筹，后者则十分详备，便于具体操作。分析原则既是对施工质量损失成本源分析明细表的全局原则把握，也是将两张表有机结合的重要桥梁。

两张对照分析明细表、一组分析原则与一幅组织关系对应图，即组成"二一一"模式，勾勒出质量源分析的具体架构。

其相互关系圆桌图如图14-7所示。

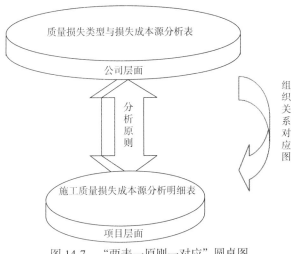

图 14-7 "两表一原则一对应"圆桌图

实际运用中，"二一一"模式各组成部分互为补充，作为寻找实际质量损失成本源的有力依据；通过公司、项目质量管理网络将损失成本源具体化、明确化，从而共同完成损失成本源的归集工作。

在进行质量成本数据核算和收集的基础上，公司还定期对质量成本数据进行分析，预测下期可能的质量成本额，为制定预防和鉴定措施，进行质量改进活动提供了基础数据。

14.8.2 质量成本管理在厦门 ABB 低压电器设备有限公司的应用①

1. 企业介绍

1998年4月厦门 ABB 低压电器设备有限公司成为中国第一家同时获得三项国际管理体系认证的公司，包括 ISO 9001质量体系认证、ISO 14001环境管理体系认证和 OHSAS 18001职业健康安全管理体系认证。厦门 ABB 低压电器设备有限公司的 MNS 低压开关柜和 Emax 空气断路器也分别通过了国家开关质量控制和检测中心及中国电工产品认证委员会的型式试验。

通过不断地培训和开发人才，厦门 ABB 低压电器设备有限公司现在完全有能力独立设计和生产低压开关柜。通过应用先进的设计工具、采用现代生产方式和测试设备，提供高质量的可靠产品和服务从而确保客户事业的成功。

作为厦门 ABB 低压电器设备有限公司于1992年9月在中国投资创办的第一家合资企

① 资料来源：尤建新等（2003）。

业，厦门 ABB 开关有限公司已成为中国规模较大的中压开关制造商，年产中压开关柜超过15 000台，断路器超过35 000台。2004年公司销售收入已突破20亿元人民币，拥有员工400人。

1994年，厦门 ABB 开关有限公司在中国开关行业率先通过了 ISO 9001质量管理体系认证。1996年又荣获国家环保局环境管理体系审核中心颁发的中国第001号 ISO 14001 环境管理体系认证证书；1998年更成为全国首家获得联合国中国国家清洁生产中心认定的"清洁生产企业"。2000年，公司以 ABB 卓越经营模式为框架，建立了兼容 ISO 9001、ISO 14001和 OHSAS 18001的全面质量管理体系。2002年，公司荣膺由中国质量协会评审颁发的"全国质量管理奖"，这是中国第一家获此殊荣的中小型企业和开关设备生产厂家。2003年又获得了 ISO 10012测量管理系统认证。2004年，国家工商行政管理总局授予公司"守合同重信用"企业称号。

2. 质量成本管理的实施

2001年公司在原有质量管理体系基础上，开始实施质量成本管理，其核心内容是建立一套有效的质量成本核算体系。公司质量成本核算体系运作的程序如下。

（1）依据公司质量成本三级科目设置表和公司质量成本核算总分类账与明细分类账，建立质量成本核算账簿。

（2）依据公司质量成本核算原始凭证及其传递程序设计，建立企业质量成本相关科目统计核算体系。

（3）依据公司财务会计明细科目对应设置表，调整企业财务会计明细科目（表14-3）：①财务会计核算期间，利用原始凭证返工单、废品报告单、退换货报告单统计核算返工损失、废品损失、退换货损失等质量成本三级科目，并记录于质量成本核算账簿相关账户；②财务会计核算期末，依据公司财务会计明细科目对应设置表，利用相关财务会计明细分类账记录，启用质量成本会计核算账簿，建立相关质量成本明细分类账记录；③进行最终汇总。

表 14-3　厦门 ABB 低压电器设备有限公司的质量成本科目

质量成本明细科目		财务会计明细科目对应设置
预防成本（QC1）	质量管理人员工资和统筹费用（QC1.1）	应付工资——质量管理人员
		应付统筹费——质量管理人员
	质量管理部门办公费用（QC1.2）	管理费用——办公费——质量管理部门
	质量管理部门办公设备维修、校验和折旧等费用（QC1.3）	管理费用——修理、校验费——质量管理部门
		管理费用——折旧费——质量管理部门
	建立和运行质量管理体系费用（QC1.4）	管理费用——质量认证
	质量培训费用（QC1.5）	管理费用——教育费——质量管理人员培训
	供应商质量保证费用（QC1.6）	管理费用——差旅费——质量保证
	产品检验和审核费用（QC1.7）	管理费用——质量评审费

质量成本明细科目		财务会计明细科目对应设置
鉴定成本（QC2）	检验人员工资和统筹费用（QC2.1）	应付工资——质量检验人员
		应付统筹费——质量检验人员
	质量检验部门办公费用（QC2.2）	管理费用——办公费——质量检验部门
	试验检验费用（QC2.3）	管理费用——差旅费——质量检验
		管理费用——消耗材料——质量检验
	检测设备维修、校验和折旧等费用（QC2.4）	管理费用——修理、校验费——质量检验
		管理费用——折旧费——质量检验
	检验人员培训费用（QC2.5）	管理费用——教育费——质量检验人员培训
内部损失成本（QC3）	废品损失（QC3.1）	原始凭证（废品报告单）
	返工损失（QC3.2）	原始凭证（返工单）
	停工损失（QC3.3）	营业外支出——非正常停工损失——质量原因造成
外部损失成本（QC4）	保修费用（QC4.1）	公司产品基本无保修费用
	索赔费用（QC4.2）	营业外支出——赔偿金
	退换货损失（QC4.3）	原始凭证（退换货报告单）

厦门 ABB 低压电器设备有限公司在质量成本核算的基础上，进行了相应的质量成本分析工作，其主要步骤包括以下几个方面。

1）明确工作目标

公司质量损失成本分析的工作目标有：①了解质量损失成本各主次项目的发生额、总额及趋势；②了解质量损失成本占质量成本、总成本、产值或销售额、利润等的比重；③掌握质量损失成本各项计划控制目标的完成情况；④了解存在质量损失成本差异的原因、影响因素和主要问题；⑤提出质量改进建议并预计建议实施的效果。

2）汇总和整理数据

汇总和整理数据是指对有关的数据进行核对，并利用已设计好的各种表格对数据进行归类、汇总和整理，以供分析时使用。

3）进行质量损失成本分析

质量损失成本项目构成分析：①对产生质量损失成本的质量问题进行统计，做 ABC 分类分析确立 A 类质量问题；②对 A 类质量问题进行影响原因分析，并分析其影响程度；③确认关键不合格及缺陷项目的责任部门。

质量损失成本总额及相关指标分析：①计划期质量损失成本总额及时间序列分析；②计划年度内质量损失成本累计总额及时间序列分析；③质量损失成本占质量成本、总成本、产值或销售额、利润等的比例指标分析。

质量损失成本差异分析：①质量损失成本计划控制目标与实际发生额的比较；②质量损失成本差异分析。

4）提出质量改进建议

对于成功的措施，提出标准化、制度化和持续改进巩固建议，供决策过程参考；对于薄弱或不合格环节，提出改进措施建议，供决策过程考虑。

5）实施审核和改进

审核质量损失成本分析工作文件；审核质量损失成本分析工作活动；撰写质量损失成本分析工作审核报告，提出改进建议；改进质量损失成本分析工作。

通过这一系列的核算和分析工作，帮助企业了解各个环节的质量成本数据，为企业管理决策提供重要的依据。

研讨

（1）建筑类企业和制造业企业在质量成本管理的具体内容上有何不同？从案例中的两家企业的科目构成，可以说明什么问题？

（2）单一企业实施质量成本和集团公司层面实施质量成本管理会有什么不同？

（3）案例中的两家企业制定的质量成本科目中的各个项目，有哪些是可以直接从财务数据中得到的？对于那些无法直接得到的数据，应当采取那些具体的方法去获取？

本章小结

质量成本由预防成本和鉴定成本、内部损失成本和外部损失成本组成。企业实施质量成本管理的主要任务是，揭示企业质量管理体系运行中的不合格（无效）工作和不合格（有缺陷）产品，为企业质量改进活动和整体管理水平的提高指明方向。

企业质量成本管理工作涉及企业内所有与质量职能有关的部门和人员，因而在工作中需要这些相关的部门和人员的共同努力及通力合作，企业应赋予他们相应的质量成本管理的职责。

质量成本的归集和核算是企业质量成本管理的核心工作。企业中各部门和各岗位的工作失误都会导致质量成本发生，为此必须尽快找到发生源，制定纠正措施和预防措施，以减少损失和避免问题的重复发生。所以，对质量成本源进行研究，是有效进行质量成本归集和核算的基础工作。在研究和分析质量成本问题中，质量损失问题是最关键的内容。

为了确保企业质量成本管理的有效性和高效率，建立质量成本管理工作程序是很必要的，并且应该有相应的手册和程序文件予以支持。

进一步阅读文献

坎帕内拉 J. 2004. 质量成本原理：原理、实施和应用. 王鲜华，等译. 北京：机械工业出版社.

尚珊珊，尤建新. 2012. 降低质量成本的信息化解决方案. 上海：上海人民出版社.

杨文培. 2016. 现代质量成本管理. 2 版. 北京：中国质检出版社.

尤建新，郭重庆，等. 2003. 质量成本管理. 北京：石油工业出版社.

 思考题

1. 为什么质量损失成本是企业质量成本管理的重点？

2. 做一份质量成本报告，体会一下企业的老板对质量成本报告的兴趣点之所在，并考虑对质量成本报告格式和内容的改进。

第*15*章

顾客满意管理

导读

　　"顾客"的角色似乎在不断变化,他们不再是企业产品的被动接受者,而更像是企业的"主人",企业开始聆听顾客的各种声音,并努力将顾客的各种需求转化为他们所需要的产品来取悦他们以获得自身成长。

　　许多企业都在其经营理念中加上了"让顾客满意"或"顾客至上"等类似的语句,将顾客满意作为企业所追求的最终目标,以此提高企业在激烈竞争环境中的抗衡能力并使企业获得持续发展。

　　放眼望去,顾客满意已涵盖了几乎所有的经营领域,成为企业界共同追求的目标,甚至连政府部门也开始视服务对象为"顾客"并积极改善同他们的关系,通过开展"行风评议"等活动,聆听"顾客"的声音,通过各种服务举措让他们感到满意。让顾客满意,显然已成为这个时代的一种要求,如果无法达到这种要求,企业将无法生存,政府将失去信任。

■ 15.1 顾客满意管理的相关概念

15.1.1 顾客的内涵及其分类

　　顾客,是将会或实际接受为其提供的,或应其要求为其提供产品或服务的个人或组织,包括消费者、委托人、最终使用者、零售商、内部过程的产品或服务的接收者、受益者和采购方(注:顾客可以是组织内部的或外部的)。可以将顾客分为以下几类。

1. 内部顾客与外部顾客

　　根据上述标准的注解,顾客可以是组织内部的或外部的。传统理论认为,顾客就是指组织外部的个人或组织,但事实上,在组织内部同样存在着使用者与服务提供者的关系。一般而言,内部顾客可以分为两大类。

第一类是组织内部的上下级间的顾客关系，上级一般会给下级下达任务，如营业指标、质量要求等，下级必须努力完成上级的任务并努力让上级满意，从这个意义上来说，上级是下级的顾客。同时，上级在向下级分配任务时，必须为下级创造完成任务的适当条件，如适当的授权、必要的指导等，如果这些条件无法使下级满意的话，下级就有可能无法按要求完成任务，因此从这个意义上来说，下级又是上级的顾客。所以，在组织内部上下级关系中，顾客关系是相互的。

第二类是组织不同职能部门或不同工序之间的顾客关系，只要在职能上或前后工序中一个部门或工序有为另一个部门或工序提供服务的义务，那么就存在着内部顾客关系。例如，技术部门必须为顾客服务部门提供技术支持，顾客服务部门就是技术部门的顾客；仓库部门必须为送货部门提供准确完好的物品，送货部门就是仓库部门的顾客；企业的采购、生产、销售这些部门之间，生产部门是采购部门的顾客，采购的原料必须符合生产部门的要求，而销售部门又是生产部门的顾客，销售部门销售的产品必须是合格、优质的；流水线中后一道工序是前一道工序的顾客等。

实际上，企业运营过程中充满了此类内部服务功能，他们彼此相互支持，并为与最终的外部顾客发生相互作用的员工和职能部门提供支持。图15-1就反映了这种顾客与服务者间的关系，在一个企业中，可能存在一个或一套内部服务职能或工序，每一个职能或工序由一个方格表示，它又包含于一个更大的方框内，这些职能或工序对于其他内部顾客来说，又是服务提供者。最后，在服务过程中，最终的输出就是外部顾客接受或感知的外部服务。

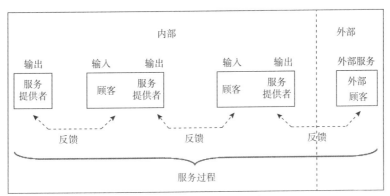

图 15-1　内部服务过程图

然而，通常很难使参与支持其他职能的内部服务部门中的员工认识到他们的业绩对最终服务质量的重要性，他们不直接接待外部顾客，这使他们很容易认为他们所服务的对象只不过是同事而已，他们所进行的工作对外部绩效影响不大。针对这种情况，引入"内部顾客"概念是十分有益的，它将顾客与服务者之间的关系引入企业内部，为组织内部开展工作提供了一种全新的视角：只有当顾客满意时——考虑的仅仅是满意，不论顾客是外部的还是内部的——工作才能被顺利地完成。

外部顾客一般就是指组织以外的个人或组织，包括个人消费者、零售商、采购方等，他们直接消费或感知企业的产品或服务，是企业最主要的利润来源。需要指出的是，虽然组织内部的人员或部门都应保证自己内部顾客的满意，但组织内部顾客的满意或不满意应该以外部顾客的满意与否为前提条件，为最高标准。

2. 中间顾客与最终顾客

中间顾客是指处于产品流转链中间的顾客，他们并不直接消费企业的产品，而是将产品继续流转到下一位顾客手中。中间顾客大致包括零售商、批发商、经销商等，他们对扩展企业的营销市场具有很大的作用，甚至有些企业的绝大多数营业额是依赖于他们实现的，是企业的主要利润来源。中间顾客一般比企业更加接近于消费者，他们会间接地将企业形象、信誉等信息传递给消费者，当然，这种传递是以中间顾客对企业的主观感受为前提的，若中间顾客对企业不满，则有可能向消费者传达企业的负面信息，甚至诋毁企业的声誉，在当今信息高速传播的时代，这种以讹传讹的结果是十分可怕的。

最终顾客是指产品的最终使用者，他们的不满将直接导致发生拒绝购买的行为，因此是组织顾客满意战略的关注焦点。虽然中间顾客也很重要，但最终顾客的满意才是企业生存的关键，企业应更多地关注于最终顾客，以他们的满意，而不仅仅是中间顾客的满意为最终目标。虽然中间顾客的满意与否有时会影响到最终顾客的满意状况，但顾客除了从中间顾客处获得信息外，还有其他的信息渠道，他们会根据各种消息做出权衡，做出是否购买的决策。在更多情况下中间顾客的满意与否是以最终顾客的满意与否为导向的，但显然，企业还是应该尽量提高这些中间顾客的满意程度。

3. 现实顾客与潜在顾客

现实顾客是指已经成为顾客的组织或个人。企业必须认识到，当今社会的销售并不是"一锤子买卖"，有企业的实践表明，开发一个新客户的成本是留住老客户的5倍。因此，企业应尽可能抓住现实顾客，固化他们的购买取向。对于正在消费组织产品或享受服务的顾客，让他们满意自不必说，对于已经完成消费过程的顾客，也要通过提供让他们满意的售后服务等附加价值让他们满意，争取让他们再次购买本企业的产品或服务。事实上，在一个成熟的市场，如发达国家的汽车市场，新顾客的比例很小，绝大部分顾客都是以旧换新的现实顾客。我国的一部分产品市场，如手机市场等，也已基本达到成熟，顾客中很高比例都是以旧换新。因此，伴随着我国市场的日益成熟，如何才能让这部分顾客满意，让他们忠诚于本组织的产品，将对我国的企业具有越来越大的现实价值。

潜在顾客是由于一些原因尚未成为但可能成为顾客的组织或个人。潜在顾客是企业的"战略资源"，有时可以决定企业的未来发展规模。对潜在顾客的调查无法涉及对本企业产品或服务的满意度，但应该调查他们未能成为本组织顾客的原因，这些原因可能是因为信息获得渠道不畅、购买困难，或者尚处于同类产品选择的犹豫阶段、对产品的某些功能不满等，这些信息都能够成为企业持续改善或者扩大市场的重要情报，具有很高的战略价值。一般而言，企业应该努力减少阻碍潜在顾客成为现实顾客的因素，争取更多的顾客，特别是当一个地区或者一个阶层中存在大量潜在顾客时，很有可能是因为企业在该地区没有销售网点，或者对某一特定群体的潜在顾客缺乏具有针对性的产品，企业要针对这些潜在顾客的需要展开相应的经营活动，争取能把他们发展成为现实顾客。当一个市场中的潜在顾客数量较少时，企业就应该对开发新市场还是继续争取潜在顾客做出权衡。

4. 核心顾客与一般顾客

核心顾客通常由一般顾客进化而来，他们一般对企业的产品或品牌有特殊的好感，是这些产品或品牌的长期用户，他们对于企业竞争对手的产品往往也具有"抵抗力"，经常"非××品牌不买"。不但如此，他们对该产品价格的变化也会有较低的敏感性，会不厌其烦地将这些自己热衷的产品或品牌介绍给身边的亲朋好友、同事邻居，希望获得他们对该产品或品牌的认同，对产品偶尔出现的瑕疵也会持宽容态度。可以说，核心顾客是企业最为宝贵的财富，是企业最为重要的购买群体，正如"28原理"（20%的顾客创造了公司80%的利润）所述，他们在企业所有顾客中往往只占极小比例，企业应该为他们制定个性化的"VIP"满意策略，让他们为企业带来长期稳定的利益增长。

5. 其他顾客

更为广义的"产品"定义可以不仅仅局限于企业所生产的商品或提供的服务，根据"产品"的不同定义，企业还拥有其他顾客，如银行、股东等向企业提供贷款与资金的"资本顾客"。企业向它们出售的"产品"是企业的信誉和增值潜力，而它们购得的是这种增值潜力并在适当的时候转化为有形资本。又如，以政府为代表的"公利顾客"。作为公共利益的代表，政府给企业的并非金钱之类的有形资本，而是各类政策资源、科技资源、人力资源等经营性资源，企业为此以税收等形式支付费用，这是一种交换关系而不是一个简单的"上缴"问题和"收取"问题。另外，政府对企业的要求无疑比一般消费者更多，企业让政府感到满意同样是非常重要的。

15.1.2 顾客满意与顾客满意度

顾客满意是顾客对其期望已被满足程度的感受。在产品或服务交付之前，组织有可能不知道顾客的期望，甚至顾客有时也在考虑之中。为了实现较高的顾客满意度，企业可能有必要满足顾客那些既没有明示也不是通常隐含或必须履行的期望。投诉是一种满意程度低的最常见的表达方式，但没有投诉并不一定表明顾客很满意。即使规定的顾客要求符合顾客的愿望并得到满足，也不一定确保顾客很满意。

顾客满意度指数，是对顾客要求被满足程度的一种量值表示。顾客满意度指数调研是实施顾客满意战略的重要推进方法，既量化体现了顾客满意，也量化反映了供方组织努力追求顾客满意的成效。顾客满意管理的指导思想是将顾客需求作为企业进行产品开发或服务设计的源头，在产品功能设计、价格设定、分销促销环节建立及完善售后服务系统等方面以顾客需求为导向，最大限度地使顾客感到满意。其目的是提高顾客对企业的总体满意程度，营造适合企业生存发展的良好内、外部环境。企业要及时跟踪研究顾客对产品或服务的满意程度，并依此设定改进目标，调整营销措施，在赢得顾客满意的同时树立良好的企业形象，增强竞争能力。

顾客可以是个人、群体或是一个单位，其需求构成市场。企业对顾客需求的满足程度决定着企业的获利能力。因此，顾客满意可以被认作为企业效益的源泉，这一点从以下一些由专家调查研究得出的数据结论可以得到证明：①开发1个新顾客的成本是留住老顾客的5倍，而流失1个老顾客的损失，只有争取10个新顾客才能弥补；②一位不满意的顾客会向至少8~10个人进行抱怨；③企业只要将顾客保留率提升5%，就可以将其利润提高85%；④将产品或服务推销给1位新顾客和1位老主顾的成交机会分别为15%和50%；⑤如果事后补救得当，70%的不满意顾客仍然将继续购买企业的产品或服务；⑥1个满意的顾客会引发8笔生意，其中至少有1笔成交，1个不满意的顾客会影响25个人的购买意愿。

除此之外，在营销界还有一个著名的等式：100-1=0。意思是，即使有100个顾客对企业满意，但只要有1个顾客对其持否定态度，企业的美誉度就会立即归零。这种形象化的比拟显然有些夸大，但实际的调查数据表明：每位非常满意的顾客均会将其满意的产品或服务告诉至少12个人，其中大约有10个人在产生相同需求时会光顾该企业；相反，一位非常不满意的顾客会向至少8~10个人抱怨他的不满，这些人在产生相同需求时几乎不会光顾被抱怨的企业，而且会继续扩大这一负面影响。

从以上这些数据可以看出，顾客满意问题将直接影响现代企业的利润获得能力。企业向社会所提供的产品的最终使用者是顾客，他们在购买和使用产品以后，会产生一种可以模糊测定的心理体验，即满意程度。现代企业可以以提升这一满意程度为核心，展开其整个经营管理工作。

15.1.3 顾客满意管理

顾客满意管理是一种追求顾客满意的管理活动，它将追求顾客满意的理念融入企业经营管理活动的每一个环节：将顾客的需求作为企业进行产品开发或服务设计的源头，从顾客的利益出发考虑产品功能设计、价格设定、分销促销环节建立等问题，建立完善的售后服务系统为顾客提供支持。总之，企业的一切经营管理活动都要最大限度地使顾客感到满意，最终通过营造出适合企业生存发展的良好内外部环境，获得一批稳定的客户群来保证企业利润的持续增长。要实现这一目标，企业必须及时跟踪研究顾客对产品或服务的满意程度，并依此设定改进目标，调整营销措施，在赢得顾客满意的同时树立良好的企业形象，增强竞争能力。

顾客满意管理作为一种以顾客为中心的管理方式，主要具有以下特点。

（1）全程观念。追求顾客的满意始终贯穿顾客满意管理的全过程，即从产品的前期研发或服务的设计到产品的生产、销售直至交付顾客使用及售后服务的全过程。

（2）始终面向顾客。顾客满意管理的核心内容就是以顾客需求为中心，这需要从顾客需求结构调查、指标权值体系确定及顾客主观感受调查等几方面予以保证。

（3）持续改进。在现代企业经营管理的工作中融入顾客满意的理念，其重要目的就在于时刻对企业的经营管理工作进行监督，以更好地做出改进。而顾客满意本身就是一个动态的概念，顾客的需求处在不断变化和发展之中。因此，在现代企业的经营管理中实施顾客满意策划，不是一蹴而就的事情，必须坚持持续改进的原则。

15.2 顾客满意理论与实践发展

15.2.1 顾客满意理论的缘起

顾客满意度概念最早由美国密歇根大学工商学院的经济学家、CFI 国际集团董事长 Fornel 教授于1990年提出。Fornel 教授主持创立的"美国顾客满意度指数(American customer satisfaction index，ACSI)体系"为美国政府提供了一个衡量宏观社会经济发展总体趋势和微观企业整体经营状况并能够支持企业决策的强有力工具。多项调查研究的结果显示：顾客满意度指数不仅通过顾客保留率直接影响着企业的经营业绩（尤其是利润额），而且与道琼斯工业指数（Dow Jones industrial index）等传统指标一样能较为准确地反映整个社会的经济发展趋势。纵观许多在股票市场上表现出色的明星企业，其 ACSI 指标均居同行业前列。相反，ACSI 指标靠后的企业，其在道琼斯工业指数中也都处于低位。例如，美国 PC 业巨头 Compaq 在接连并购 Tandem 和 DEC 之后，实力大增。虽然并购令整个企业面貌焕然一新，但经营方面的差距较以前反而增加了。与此同时，它的 ACSI 指标也在下降。1996年，Compaq 在 PC 业排名第三，ACSI 指标较前一年下降1.3%；1997年排名未变，ACSI 指标下降了3.9%；到1998年，在190家企业的大名单中，Compaq 列第172位，ACSI 指标较1997年又下降了9.5%。

Fornel 教授认为：如今企业管理的中心已逐步从以产值、销售额、利润等为中心转向以顾客或顾客满意为中心，作为一种质量型经济指标，顾客满意度指数可以较好地弥补数量型经济指标的不足，从而科学地评价企业的经营业绩，以顾客满意度指数为指向，对企业的经营管理进行改进，达到企业和顾客双赢的目的。

早在20个世纪初，Keith 等就强调经济活动应当满足顾客的需求和愿望。然而对于顾客需求和顾客满意的深入研究只是近二三十年的事。对顾客满意的含义的理解主要有两种观点。

（1）预期理论。它认为顾客的满意程度与顾客对将获得产品或服务的售后表现及售前预期相比较的结果相关，并且，顾客的满意程度将会导致三个基本结果：顾客流失、顾客抱怨和顾客忠诚。这种理论的概念模型可用两个函数关系来表示：

$$CS = f（售前预期，售后表现）$$

$$顾客忠诚 = f（顾客满意度，转移障碍，顾客口碑）$$

该理论在概念上比较容易理解，但未考虑到愿望对顾客满意所起的作用，显然，如果事先仅有过低的预期，则得到的满意是低水平的。

（2）预期愿望理论。它认为顾客的满意程度与他获得的产品或服务的品质及预期和愿望的综合比较相关，顾客满意并不局限于产品或服务本身，还与他事先获得的信息有关。而以往的理论仅注意到期望对满意的影响，忽视了另一个决定因素——愿望。期望与愿望的区别在于：期望是顾客对产品的服务属性、利益或产出所持信念的一种可能性，而愿望是产品或服务的属性、利益或产出导致的一个人对价值层次的评价。期望是未来导向性的，相对易变；而愿望是现在导向性的，比较稳定。它把愿望和信息满意等概念引入顾客满意模型，丰富了顾客满意的内涵，提出了导致顾客全面满意的七个因素的关系模型，见图15-2。

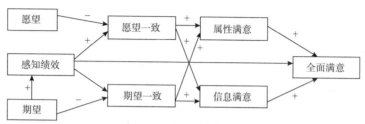

图 15-2　预期愿望理论顾客满意关系模型

如图15-2中箭线及正负号所示，其中"感知绩效"对"全面满意"的作用是通过愿望一致、期望一致、属性满意和信息满意来传递的。

15.2.2　顾客满意度指数的变量模型

顾客满意度指数的概念与消费者需求分析理论中的不和谐原理、学习理论等都具有某种理论上的渊源关系。不和谐原理是一种研究人们在购买消费品后的感觉对再次购买的影响的理论。该理论认为：人们的购买力是有限的，因此消费者在选择购买某些商品或服务的同时，必须放弃另外一些选择。在购买了一些消费品后，消费者往往会将其与所放弃购买的那些商品或服务相比较，从而产生满意或不满意的感觉，进而影响进一步购买的欲望。学习理论则强调了经验对消费品购买的重要性，学习即有目的地接受信息，将其保留在记忆中。消费者在购买某物品后，获得的如果是正面的经验，则在类似条件下其对购买该商品的忠诚度提高，反之，则大幅下降。

在消费者需求理论中有一些研究消费者心理和行为过程的模型，霍华德-谢思模型就是其中的一种，该模型的基本结构如图15-3所示。

霍华德-谢思模型较为详细地列举了投入、产出的各种成分，揭示了消费过程中人的内在因素所产生的影响。从图15-3可以看出：作为投入，一种是客观的、实际的、显著的信息，即商品的质量、价格、特性等（相当于顾客满意度指数模型中的感知价值、感知质量），另一种是顾客通过联想和想象体会到的商品的质量（相当于顾客满意度指数模型中的预期质量）。但是，该模型没有成功的实践基础，缺乏定量分析的方法和内容，所以只能用于教学和理论分析。

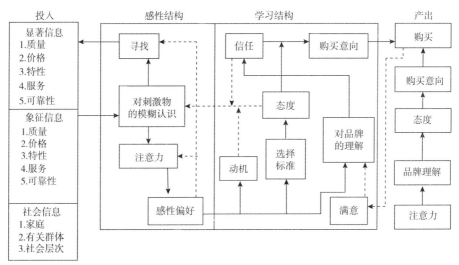

图 15-3　霍华德-谢思模型

图15-4是顾客满意度指数的变量模型结构图。

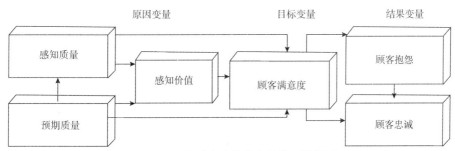

图 15-4　顾客满意度指数变量模型结构图

如图15-4所示，预期质量、感知质量（可观测的质量）和感知价值（可观测的价值）是顾客满意度指数的原因变量，它们是影响顾客满意程度的三个初始因子。顾客抱怨和顾客忠诚是顾客满意度指数的结果变量。

决定预期质量的观测变量有三个：顾客对产品特色的预期、顾客对产品功能质量的预期和顾客对产品的总体预期。

感知质量则包括：对产品特色的感受、对产品功能质量的感受及对产品总体质量的感受。

感知价值有两个观测变量：一个是给定价格下对质量的感受，另一个是给定质量下对价格的感受。

因此，顾客满意度指数包括实际感受与预期质量的比较，实际感受与理想产品的差距及顾客的总体满意程度三部分内容。

顾客满意度指数的高低直接决定顾客抱怨（观测变量为顾客的正式和非正式抱怨）和顾客忠诚度，顾客忠诚度是最终的因变量，它有两个观测变量：即顾客重复购买的意向和对价格变化的承受力。"顾客抱怨"对"顾客忠诚"的关系视情况而定。如公司已妥善处理顾客的抱怨，并使这些顾客重新忠诚于公司，则呈现正相关的关系；否则，公司和抱怨顾客的关系将越来越糟，并导致更多顾客对公司不"忠诚"，此时，将是负相关关系。

顾客满意度指数的变量结构模型基于计量经济模式（econometric model）的原理，通过将观测变量输入该模型求出目标变量——顾客满意度指数，进而判断顾客忠诚度，并用量化的百分比来表示有多少顾客再来购买商品或服务。顾客满意度指数的变量模型在研究消费者消费心理和行为方面提出了较好的定量分析方法，具有较强的实践意义。至少在这一点上，是优于霍华德–谢思模型的。

15.2.3　顾客满意的理论研究方法

顾客满意的理论与方法之所以能够较为准确地对国民经济运行质量、行业现状及前景、企业经营状况进行评价和预测，是因为贯穿于顾客满意度指数统计和计算过程中的理论研究方法。该方法以图15-5所示的四个阶段的特有过程来证明顾客满意理论的可靠性。

图 15-5　顾客满意战略研究的四个阶段

另外，顾客满意理论的研究方法还有以下一些特点。

（1）二次调查：一次调查统计的结果会因主题分散而流于形式，二次调查则可以在最大程度上获取与调查主题相关的可用的综合信息。

（2）专家调查：通过专家调查，可以充分发挥专家的专业知识优势，删除无用信息和项目，构建指标体系。

（3）定性研究：可以根据调查结果撰写管理人员所需要的不同主题的研究报告，还可以让管理人员充分了解顾客的其他需求。

（4）定量求值：目标在于找出对企业的经营业绩和顾客满意度影响最为显著的因素，同时以函数形式表达各因素的影响程度。

15.2.4　各国有关顾客满意的研究与应用概况

1. 国外有关顾客满意的研究与应用概况

顾客满意战略发源于欧洲的市场营销研究领域，传播到美国后，首先运用于对顾客满意度的调查。1986年，美国的一家市场调查公司首次以顾客满意为标准公布了消费者对汽车行业满意度的排行榜。不久后，顾客满意理念被日本导入，迅速席卷日本企业界。作为一种全新的经营思想，顾客满意的理论与方法已经被许多国家的企业接受和应用，并在实践中显示出强大的生命力，顾客满意战略逐步成为现代企业参与市场竞争的新利器。

瑞典是世界上首先在全国范围内应用顾客满意度指数的国家，该国于1989年推出了全称为 Swedish customer satisfaction barometer（瑞典顾客满意度晴雨表）的顾客满意度指数，简称 SCSB。该指数共测定了瑞典国内31个工业行业的100多个公司的 SCSB。经过五年的运行实践，瑞典研究人员得出一个重要的研究结论：企业如果能够每年提高 SCSB 一个百分点，那么企业的平均资产收益率能增加11.33%。这一指数在瑞典国内已经成功运行了多年，成为越来越具有价值的国民经济指标，企业可以利用 SCSB 的波动起伏与公司的盈利状况、股票价格、GDP、劳动生产率等做比较，并预测其发展趋势。

美国虽然早在1990年就由长期留学瑞典并获得博士学位的经济学家 Fornel 教授提出了顾客满意度的概念，但真正在全国范围内测定顾客满意度指数（即 ACSI）是从1994年开始的，该指数分为全国、7个部门、40个行业、203家公司或机构等四个层次，分别按公司或机构的销售额大小和行业对 GDP 的贡献为权。ACSI 的测评管理工作由美国质量协会、密歇根大学工商学院和安德森咨询公司等共同负责，每年对5万个消费者进行电话访问，由密歇根大学的统计学家按6个不同的质量指数对调查结果进行测评，用百分数对200家企业或政府服务机构进行评分。美国的 *Fortune* 杂志每季度公布1次 ACSI（表15-1、表15-2）。ACSI 是参照 SCSB 建立起来的，在四个层次的满意度指数构成中，顾客以具体企事业单位提供的产品和服务的满意度指数为基础指标给予评价。该指数通过问卷，调查顾客在产品或服务购买和使用过程中的一系列主观感受并量化，然后输入一种数学模型分析得出。该方法的优点在于能够处理一些不易准确测量或无法直接测量的变量。

表 15-1　2000 年、2001 年第二季度美国顾客满意度行业指数（节选）

行业（品牌）	2000 年第二季度	2001 年第二季度	与上年同期比变化率
1　个人电脑	74	71	−4.1%
1.1　Dell	80	78	−2.5%
1.2　Apple	75	73	−2.7%
1.3　Hewlett-Packard	74	73	−1.4%
1.4　IBM	75	71	−5.3%
⋮			
2　家用电器	85	82	−3.5%
2.1　Kenmore	85	86	1.2%
2.2　GE	83	83	0
2.3　Whirlpool	86	83	−3.5%
⋮			
3　汽车	80	80	0
3.1　GM-Cadillac	86	88	2.3%
3.2　BMW	84	86	2.4%
3.3　Mercedes Benz	87	86	−1.1%
⋮			

表 15-2 美国顾客满意度公司指数（节选）

名次	公司	1997 年	与 1996 年相比
1	Mercedes-Benz	87	0
10	Coca-Cola	84	−3.4%
11	Toyota	84	0
12	Nets	83	1.2%
46	Shell	81	5.2%
51	AT&T	80	−3.6%
65	Philips	79	−3.7%
145	Apple	70	−7.9%
172	Compaq	67	−9.5%
187	American Airlines	62	−12.7%
189	McDonald's	60	−4.8%

ACSI 认为，国家的竞争力和经济的健康程度取决于经济资源的生产力及由这些经济资源产生的输出的质量，两者的不平衡最终都将对经济增长造成危害。建立 ACSI 的目的就是测量经济资源输出结果的质量。它的目标是：①通过顾客的消费感受来衡量经济输出结果的质量；②更深刻地了解经济运行的状况；③成为未来经济利润的主要晴雨表；④衡量市场功能的有效性。对企业来说，ACSI 是非常有效的管理工具，可帮助企业与竞争对手比较，评估企业所处的竞争地位，了解自己的发展趋势。指数的公布，对优秀企业是激励，对平庸企业是刺激或警告。例如，ACSI 表明美国邮政局业绩不佳，经过分析，美国邮政局意识到丢失的市场份额是让快递公司夺去了，所以正在改善经营。

1990年，丰田和日产两大汽车制造公司在日本国内首先引入顾客满意战略，接着是 JR 东日本铁道公司全面实施顾客满意战略，1991年，随着日立公司导入顾客满意战略，顾客满意度指数评价与调查在日本的家电、电脑、机械制造、银行、证券等领域迅速推广。1991年5月，日本部分行业开始了全国范围内的顾客满意度调查。例如，在对百货业的调查中，日本的高岛屋百货公司顾客满意度指数分值最高。该公司在为顾客的服务过程中，注重对顾客意见和建议的征询及处理工作，该公司设有"商品实验室"，一方面向顾客提供质量优良的新产品，另一方面为企业收集顾客对产品和服务的反映情况。

德国、新西兰、中国台湾等国家和地区也已开始了对顾客满意度指数的研究，英国质量保证学会首先着手进行5个行业的顾客满意策划，并于1999年夏季第一次公布了英国顾客满意度指数。

2. 中国有关顾客满意的研究与应用概况

美国、瑞典、日本等国家的顾客满意理论已被广泛应用于国民经济运行质量监控、行业评价及企业经营预测等领域。与这些国家相比，中国的关于顾客满意理论的研究尚处于刚刚起步的阶段。

中国经济经过几十年的数量型增长，也已经开始转向可持续发展战略所提倡的质量型增长。此外，随着市场经济体制的建立和发展，买方市场已经形成，行业价格恶性竞争状况比较严重，通过研究顾客满意理论，形成顾客满意度指数体系，测定顾客对产品和服务的满意程度，可以反映和指导提高行业及企业产品或服务的质量，引导企业开展良性竞争。通过质量型经济指标——顾客满意度指数来更科学地衡量国民经济发展态势，可对国家宏观调控和企业发展提供有益帮助。相对于其他数量指标，顾客满意指标不大受季节性波动、成本变化或会计实践变化的影响，它既可以作为评价企业经营业绩的指标如市场占有率、利润、投资回报率的补充，又可以纳入国家计账系统，作为生产率指标的补充。正是认识到顾客满意和顾客满意度指数的重要性，中国质量协会于1999年组成了专家小组开始在全国范围内推动企业开展顾客满意管理和研究顾客满意度指数，并于第二年在天津召开了用户满意理论与实践国际研讨会，促进了中国企业顾客满意管理的进步。

上海质量协会用户评价中心在顾客满意的研究和应用方面处于国内领先地位。其研究人员主持的科研开发项目"上海 CSI 理论模型构建及运行研究"被列为上海市科技发展基金资助项目并顺利通过鉴定。他们首选上海市出租汽车行业进行试点，采用国外先进做法，对全市出租汽车行业从规范服务、安全行车、礼貌待客、收费合理、车况车貌、服务管理6个方面共26个指标进行测评。联合上海市出租汽车管理处于1999年10月公布了我国首个地区性行业顾客满意度指数。采用顾客满意度指数来评价一个地区、一个行业的质量水平，这在国内尚属首次。这标志着上海市出租汽车行业的服务质量管理模式率先与国际通行做法接轨。2003年，上海大众出租汽车公司获得中国质量协会颁发的全国质量管理奖，成为全国服务业中首个获得该奖项的企业。

15.3　顾客满意度调查与顾客满意度测评

15.3.1　顾客满意度调查

顾客满意度调查贯穿于企业实施顾客满意战略的整个过程中，用来了解顾客的需求、发现顾客的不满、寻求自身缺陷、制订改进计划及检验企业各项措施的有效性，是企业以达到正确认识自己为目的的一种非常有效的方法。因其方法成熟简单，已为众多企业所采用。顾客满意度调查的形式多种多样，但就其一般过程而言，它的基本程序都是相同的。图15-6表明了顾客满意度调查过程的基本程序。

图 15-6　顾客满意度调查过程

1．设计调查方案

调查方案是整个调查的总体计划，行动纲领。由于企业状况千差万别，不可能有适用于所有企业的调查方案，即使对同一个企业也没有一成不变的调查方案。调查方案的制订必须在特定要求、特定环境、特定目的等约束条件的基础上设计。比如，一个餐馆对顾客进行的就餐环境满意度调查方案就不可能与对顾客的整体满意度调查方案一样。

调查方案就是进行调查的框架设计，好的方案应能保持调查有序并且高效地进行。方案设计一般由以下几部分组成。

1）确定调查性质

调查分为两大类：探索性的和结论性的。

探索性研究的基本目的是获得一些资料，帮助调查者认识和理解所反映的问题。常常用于在一次正式的调查之前帮助调查者将问题定义变得更准确些，帮助确定相关的行动和探索获取更多的有关资料。这一阶段所需的信息是不求精确的，研究过程很有灵活性，没有一定的结构，但通过探索性研究能够发现新的问题，拓展管理者思考问题的思路。探索性研究的方式主要有专家咨询、试点调查、个别研究、二手数据分析等。

结论性研究的目的是检验假设和考察现象间的关系，这就要求所需的信息要清楚地规定好。结论性研究比探索性研究更正式、更具结构性，其一般以大规模的有代表性的样本为基础，所得数据要进行定量分析，因为研究的结果要用作管理决策制定的依据。当然结论没有一成不变的，结论具有相对性和阶段性。结论性的研究以描述性的最为普遍。

2）抽样方案设计

首先要确定调查的对象。顾客满意情况的调查对象当然是顾客，这就涉及识别谁是组织的顾客的问题。一般从企业角度来辨认，正如前面章节所述，顾客是消费者、委托人、最终使用者、零售商、受益方和采购方，同时，顾客也可以是企业内部的或外部的。因此，我们必须根据调查的目的选择和识别有必要进行调查的顾客。本书所讨论的顾客满意度调查，涉及的均是对外部顾客满意度的调查，而且外部顾客主要指产品和服务的购买者及消费者，其中不仅包括企业的已有用户，还包括选用了竞争对手产品或是其他可能对企业产品有意见的顾客。

其次在确定好调查对象后，就要进行样本的抽取，主要包括抽样方法、样本量及具体抽样对象的确定。抽样方法很多，但归根结底可以分为非随机抽样和随机抽样两类。当样本对总体的代表性要求对问题的研究非常重要，并且需要估计抽样误差时，就需要采用随机抽样（即概率抽样）；若抽样受到费用、时间、样本获得困难等因素的限制，则可采取非随机抽样，但通过非随机抽样，从样本中获得的结果无法被推广到整体中。经常采用的随机抽样方法主要有简单随机抽样、分层抽样、整群抽样、多阶抽样和等距抽样（系统抽样）等，非随机抽样方法有随意抽样、限额抽样、维度抽样、鉴定抽样、滚雪球抽样等。在具体实施时，我们还可以将多种方法综合运用。在顾客满意度调查中，简单随机抽样和分层抽样用得较多。确定了抽样方法后，还要确定样本的大小及样本中的调查对象失访（找不到或是拒绝合作）时的处理方法。

3）调查问卷设计

顾客满意度调查中应用最为广泛的一种形式就是问卷调查。一份调查内容设计恰当的问卷，不但可以明确反映调查者的目的，同时被调查者也会乐意合作，因此设计好调查问卷就成为获得满意的调查结果的关键。

（1）制定编题计划。编题计划是设计调查问卷的依据，它指出了应该写多少或写哪些类型的题目。题目设计好以后可将题目的实际分布情况与编题计划相对照，以确定问卷设计是否恰当地反映了所测评的领域和是否遗漏了重要问题。例如，ACSI在对企业用户进行满意度调查时会根据这样的编题计划设计问卷，如下所示：①在使用产品/服务之前有关顾客期望值的三个问题；②有关顾客对产品服务实际体验的三个问题；③关于价值的两个问题——从价格看质量和从质量看价格；④关于产品/服务总体满意度的一个问题；⑤关于产品/服务超出期望值或低于期望值的一个问题；⑥关于理想产品/服务比较的一个问题；⑦关于投诉的分三步问的问题；⑧关于购买可能性的一个问题；⑨关于价格承受力的两个问题。

（2）调查问卷的内容设计。调查问卷一般由标题、致被调查者的短信（开场白）和必要的填写说明、调查的主要内容（各种形式的问题）、编码号、调查实施情况记录五部分基础内容组成。当然并不是每一份问卷都必须包括这五部分内容，一般前三项是必需的。

（3）问卷答案设计。在设计调查问卷工作中，一旦具体问题的内容确定了，接下来的工作就是确定每个问题的回答形式。一般问题可分为两种：开放式问题和封闭式问题。

开放式问题不提供答案，由被调查者自己回答。开放式问题能被用来搜集具有各种特点的原始数据，如具有人口统计学、态度、意向、行为等特点的原始数据。这种问题允许回答者自由发表意见，因此得到的资料丰富生动，但通常也包含较多无价值、不确切的信息，且不易进行编码和统计分析，同时回答也较费力。所以一般开放式问题应只占一小部分，而且应避免放在问卷的开头。

封闭式问题提供若干个备选答案，被调查者可从中进行选择。此类问题回答简单、方便，获取的数据标准统一，便于编码和统计分析。一般来说，调查问卷中封闭式问题所占比例较大，其形式可据回答形式分为多种。

4）制订数据处理计划、进行经费预算和进度安排

数据处理计划应包括：采用何种类型的计算机进行处理；统计分析的深度，如只要求做基础的统计（包括频数、平均值等），还是要运用统计工具或是数学模型进行处理；最后就是要确定由哪一个机构进行处理工作。

进行经费预算有利于调查的顺利完成，通常应事先考虑所有可能出现的调查费用，列出清单和金额。

进度安排从最初设计调查方案开始到最后的数据分析、出调查报告，每一个阶段的起讫时间都应事先确立，以利于调查总体进度的控制。

5）撰写调查方案设计报告

调查方案设计报告的结构和内容可以视具体情况而有所改变，一般包括以下几个方面的内容：①摘要，摘要是整个报告书的一个简明清晰的小结；②调研目的，即说明调查的背景、要研究的问题和调查可能带来的效益；③调查方法，简洁表述采用的方法特征、抽样方案的主要内容和步骤、数据收集的方法和调查的方式、问卷的形成及设计方面的有关考虑、数据处理和分析的方法等；④调查进度和经费预算，详细列出整个调查各阶段的起讫时间和每个阶段的预计费用；⑤附录。包括调查的负责人和参加者名单、每个人的分工和整个调查方案中的一些技术及细节的说明。

2. 实施调查

在完成顾客满意度调查方案的设计后，一旦问卷印刷等相关准备工作完成后，就可以组织相关人员，按照设计好的问卷与抽样方案实施顾客满意度调查。

顾客满意度调查并不是拥有了好的问卷、合理的抽样方案就会一帆风顺，对于一项有效的顾客满意度调查来说，是不是在正确的时间、正确的地点收集了正确的被调查者的意见，同样是顾客满意度调查结果真实有效的基础。这取决于调查者所选用的调查方式。事实上，企业的核心顾客、企业普通顾客及竞争对手的顾客所含信息量往往存在着巨大差别，这也在客观上需要调查人员针对不同的被调查者选用合适的调查方法。

表15-3归纳了不同的顾客满意度调查方法的优缺点与适用对象，企业应该根据不同调查对象的特点，在实施顾客满意度调查的过程中灵活采用这些方法，以获得更为翔实的顾客满意信息。

表 15-3　顾客满意度调查方法归纳

调查方法		优点	缺点	适用对象
座谈会		能够获得更全面的信息	成本较高 对主持人要求较高	忠诚顾客组成的小组 一般顾客组成的小组
当面调查	拦截调查	调查效率高	调查信息量限制	所有顾客
	入户调查	能够获得更全面的信息	成本较高 拒访率高	忠诚顾客
电话调查		简单易行 成本较低	调查信息量限制 对调查人员要求较高	所有顾客
邮寄调查		调查范围广 成本较低 能够获得更全面的信息	有效回收率低	所有顾客
网上调查		能够获得全面的信息 更为生动的交流过程 相对节约成本	调查对象限制 网络作弊等现象	网民

3. 调查结果分析

无论是设计调查方案还是实施调查，最终都必须对调查结果进行分析，做出合理的解释以获得有用的信息。对顾客满意度调查结果的分析，一般希望可以得到以下信息：被调查群体对企业产品的总体满意情况；对企业产品满意的与不满意的用户群体的特征；忠诚顾客占调查总体的比例；影响顾客（包括潜在顾客）满意与顾客购买行为的主要因素；顾客（包括潜在顾客）对理想产品与服务水平的期望。

此外，通过对顾客满意度调查结果的进一步分析，还可以得到以下信息：一些变量之间的相互关联程度，如顾客收入水平与满意度、顾客年龄与满意度、市场环境与顾客满意度、用户满意与销量、用户满意与用户忠诚之间的关系等；具体的趋势预测，如某项产品或服务顾客满意度的发展趋势。

以上这些信息对企业是十分有益的，它们能否发挥更大的作用，离不开企业高层领导的重视，企业应该根据这些信息制定相应的策略，这些策略可以是对企业自身工作流程的改进，可以是对现有产品或服务的改进，也可以是对企业促销方式、广告宣传方式、营销渠道等方面的改进，所有这些改进的最终目标只有一个：提高顾客的满意度。

由于调查非常贴近顾客，所以制定的相应策略往往更具有针对性、更具有现实意义。对于制定的相应策略，如对产品或服务如何进行改进才有助于增加顾客的满意等问题有时会关系到企业的进一步发展，应慎重地加以对待。可以通过进一步试验、专家评审、二次调查等方式来对其进行具体验证，以防止决策失误造成重大损失。

当然，调查的结果也可以向社会公布，这非常有助于在顾客中树立企业追求顾客满意的良好形象。

15.3.2　顾客满意度指数测评

顾客满意度指数是企业获悉顾客满意水平的一种方式。顾客满意度指数不仅仅是一套顾客满意测评系统，还可以用于评价企业、行业、部门和国家经济的绩效，反映国家整体经济情况。

美国从1994年开始在全国范围内测定ACSI，ACSI涉及全国、7个部门、40个行业、203家公司，列入ACSI调查的有关企业和机构的产值占其GDP的40%，这些企业和机构生产的产品及提供的服务在消费品市场上大约占其GDP的30%（美国经济部门与行业的划分见表15-4）。

表 15-4　美国经济部门和行业的划分

部门	行业	部门	行业
制造业 （非耐用消费品）	服装	商业	零售店
	运动鞋		打折店
	啤酒		饭店/快餐
	香烟		超市
	食品（6种）	交通/通信/公用事业	民航
	汽油		广播电视
	报纸		电力供应
	个人消费品		邮政快递
	软饮料		电话（长途、短途）
制造业 （耐用消费品）	小汽车		美国邮政服务
	消费类电器	金融保险	银行/商业银行
	家用电器		保险/寿险
	个人计算机/打印机		保险/财险
服务业	医院	公共管理/政府部门	垃圾处理
	宾馆		城市、城郊警务
	电影院		国内税收

许多国家根据自己的特点，陆续建立了针对本国的顾客满意度指数并开始运行。例如，1992年德国顾客满意度指数（Deutsche Kunden-barometer，DK）构建、1998年韩国顾客满意度指数（Korea customer satisfaction index，KCSI）构建、1998年瑞士顾客满意度指数（Swiss index of customer satisfaction，SICS）构建、2000年欧洲顾客满意度指数（European customer satisfaction index，ECSI）构建，中国顾客满意度指数（China customer satisfaction index，CCSI）也已于2015年投入使用，并每年向全社会发布最新调查结果。

顾客满意度指数测量方法主要可分为两种类型：指标测量法（driver measurements method）和结构方程组法（structural equations method，SEM）。

1. 指标测量法

目前，DK 和美国的 JD Power 公司所建立的顾客满意度指数采用的是指标测量法。DK 是世界上第二个建立的国家顾客满意度指数，它始于1992年，由德国电信赞助，德国市场营销协会负责它的日常运作。美国 JD Power 公司是一家客户服务研究公司，已在汽车、金融、电信、旅游等行业进行了大量顾客满意状况的研究，该公司已在许多国家和地区建立了行业顾客满意度指数，如泰国、印度、中国台湾的汽车行业 CSI 等。

指标测量法主要针对不同行业产品或服务的特征，首先确定行业中影响顾客满意的关键因素，然后通过加权求和来得到该行业的顾客满意度指数，即

$$CSI = \sum_{i=1}^{n} w_i x_i$$

式中，w_i 为第 i 个因素的权重；x_i 为其得分。

指标测量法方法简单，但主要存在两个方面的问题。

（1）权重确定问题。究竟该采用主观赋权法还是客观赋权法一直是争论焦点之一，但无论使用哪种方法，对于覆盖多个行业的顾客满意度指数来说，使用指标测量法必然造成不同行业顾客满意度指数的可比性不强。

（2）指标选取问题。一方面很难将一个行业顾客满意的指标因素考虑周全。有学者曾指出，DK 选取的指标仅考虑了大约30%的影响因素。

这两个问题使指标测量法很难成为主流的顾客满意度指数测量方法。

2. 结构方程组法

目前该方法在顾客满意度指数模型构建及调查结果评价中得到了广泛的应用，ACSI、ECSI、SCSB、KCSI 等顾客满意度指数采用的都是该方法。ACSI 模型构造如图15-7所示。事实上，ACSI、ECSI、KCSI 等模型都是在 Fornell 教授最初的顾客满意度指数模型的基础上加以改造，使之更符合本国家或地区的特点而成，它们都使用结构方程建模来进行模型构建和参数估计。

结构方程组法是应用统计领域近年来发展非常迅速的一个分支。与传统的回归分析不同，结构方程组法可以同时处理多个因变量，并可对不同的理论模型进行比较和评价；与传统的探索性因子分析不同，结构方程组法可以提出特定的因子结构，并检验它是否与数据吻合。

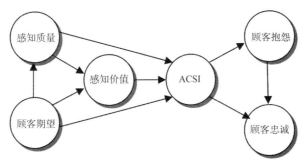

图 15-7 ACSI 模型

15.4 顾客满意管理的原则、基础工作和目标

15.4.1 顾客满意管理的基本原则

在顾客满意战略指引下，企业应紧紧围绕顾客需求这一中心开展整个企业的经营活动。根据这一特点，将顾客满意战略的理念引入现代企业的质量管理过程中，开展顾客满意管理时必须坚持以下原则。

（1）全程性原则。全程就是指实施顾客满意战略不能只局限于产品的前期研发阶段，企业实施顾客满意管理必须贯穿于从开发决策、设计、生产、销售到交付顾客使用及提供售后服务的全过程。任何一个环节上偏离顾客需求或不重视顾客满意管理，都会导致企业全盘皆输。

（2）面向顾客原则。实施顾客满意战略的核心内容就是以顾客需求为导向，这需要从顾客需求结构的调查、反映顾客需求的项目指标及指标权值体系的确定和对顾客主观感受的调查等几方面予以保证。以顾客需求为导向，将极大地提高企业质量管理的绩效。

（3）持续改进原则。在现代企业质量管理中实施顾客满意战略，其重要目的就在于时刻推动企业质量管理工作的改进。顾客满意本身是一个动态的概念，顾客的需求处在不断变化和发展之中。因此，在现代企业中实施顾客满意管理不是一蹴而就的事情，必须坚持持续改进的原则，才能取得更大的、持续的成功。

15.4.2 顾客满意管理的基础工作

实施顾客满意战略是一项全新的管理工作，企业要顺利开展这一工作须首先做好以下三个方面的基础工作：第一，必须建设新的企业文化，使员工形成重视顾客需求、以顾客满意为努力目标的价值取向；第二，建立新的企业组织结构，赋予员工更多的权限和提供更多的工作支持；第三，提高员工的综合素质。

1. 围绕顾客满意建设企业文化

实施顾客满意战略，企业的全部经营活动都要从满足顾客的需要出发，尽可能地预先把顾客的"不满意"从产品的设计、制造和供应过程中去除，并顺应顾客的需求趋势，预先在产品上营造顾客的满意点，通过发现顾客的潜在需要并设法用产品去引发这些需要，使顾客感受到意想不到的满意。与此同时，企业要在顾客满意度调查和顾客消费心理分析的基础上，建立起企业的理念满意系统、行为满意系统、视听满意系统、产品满意系统和服务满意系统等五大子系统。其中，企业理念满意系统的建立的核心在于确立以顾客为中心的企业文化，它具体表现在企业的经营宗旨、经营方针和经营哲学上，并贯穿于企业的质量、服务、社会责任、人才等多种经营观念中。

有人将企业文化定义为"我们这里共同的做事方式"。由此可见，企业文化影响着员工的行为方式。事实上，许多成功的企业通常都有着强大的企业文化的支持。企业所强调的重视顾客需求、以顾客满意为目标的价值取向，必须得到企业所有员工的认同，而这种认同的获得有赖于企业文化的影响。

建设新的企业文化需要进行细致的策划，并持之以恒地、有计划地进行。首先，企业的高层管理人员必须给予企业文化足够的重视和支持，并积极参与其中。他们的表率作用可以得到员工的广泛重视和响应。其次，应选择有利时机发起创建新文化的活动。这种时机可以来自环境的压力，如行业竞争加剧、企业的生存和发展受到威胁、顾客需求和期望有变化、国家政策和法规的变化。再次，创建新的企业文化需要坚持不懈进行，避免诸如"顾客至上""顾客永远是正确的"等理念仅仅流于形式，成为口号。最后，企业文化的变革不宜过于激进、急于求成。一定要在获得员工理解和认可后，逐步推进。只有这样，新的企业文化才可能确立其地位，并保持下去，产生良好的效果。

2. 建立以顾客满意为导向的企业组织结构

组织是管理活动的基本职能，是其他一切管理活动的保证和依托。企业实施顾客满意战略必须在组织结构上予以保证，以适应顾客满意策划决策目标的需要。所以，在实施顾客满意策划和强化顾客满意意识的同时，按照以顾客为关注焦点的原则，健全企业质量管理体系，在组织结构上为顾客满意管理增添活力。组织内部要保证通畅的双向沟通，养成鼓励创新的组织氛围，建立对顾客的需求的快速反应机制，使之能够满足实现组织目标的要求。

3. 培养员工优良的综合素质

顾客的购买过程是一个不断在消费过程中寻求尊重的过程。员工对企业经营活动的参与程度和积极性，很大程度上影响着企业的顾客满意度。美国 Sears 公司对零售行业的顾客满意度分析和多年的经营实践证明：高素质的、充满活力和竞争力的员工队伍，较良好的硬件设施，更能让顾客满意，进而创造优异的业绩。在某种意义上，员工就是企业的品牌。有了追求顾客满意的企业文化，有了更有效的组织结构和更合理的权力配置，企业要想使顾客满意战略的实施真正取得成效，还必须认识到提高员工素质的重要作用，这是全面质量管理的基础。

15.4.3 顾客满意管理的目标——实现顾客忠诚

需要说明的是，满意度的增加并不意味着顾客忠诚度也在增加，调查显示，65%～85%的表示满意的顾客会毫不犹豫选择竞争对手的产品。因此，顾客满意与顾客忠诚是两个完全不同的概念，顾客满意的最高目标是提升顾客忠诚度，而不仅仅是满意度。这两者的主要区别在于：企业提供的可使顾客满意的产品质量标准还是在顾客的期望范围之内，顾客认为你是应该或者可以提供的，英文中用 desired（渴望的）表示（基本质量标准是 expected）；而可提高顾客忠诚度的产品质量标准是超出顾客想象范围的，令顾客感到吃惊的、兴奋的服务，英文用 excited 表示。

顾客忠诚是指顾客在满意的基础上，对某品牌或企业做出长期购买的心理承诺，是顾客一种倾向性意识和行为的结合。它是顾客满意的进一步发展，是企业所期望和最终追求的目标。以下以图15-8和图15-9来说明两者之间的关系。

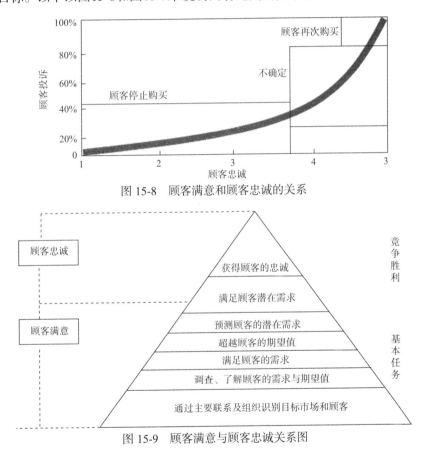

图 15-8　顾客满意和顾客忠诚的关系

图 15-9　顾客满意与顾客忠诚关系图

从图15-8中可以较直观地看出顾客满意和顾客忠诚之间的关系，顾客非常不满意对应的顾客忠诚度为零，此时顾客会离企业而去；达到了顾客满意，顾客忠诚度大约为35%，此时仍有大部分顾客不会再次购买；只有在顾客满意的基础上，进而达到非常满意，顾客忠诚度超过了80%，顾客才会发生再次购买行为，成为这个品牌的忠诚顾客。

从图15-9中可以看出，了解顾客的需求和期望，满足顾客的期望，能使顾客满意；

进而超期望地让顾客满意，包括了解并满足顾客潜在的需求，才能实现顾客忠诚。对于企业来说，达到顾客满意是基本任务，否则产品是卖不出去的，而获得顾客的忠诚是参与竞争取胜的保证。所以，顾客满意管理追求的目标是在顾客满意的基础上达到顾客忠诚。

■ 15.5　案例研讨①

手机质量成为消费者申诉热点。对此，上海市质量技术监督局委托上海市质量协会用户评价中心开展满意度测评。本次测评选取小米、华为、联想、诺基亚、苹果、HTC、三星、摩托罗拉、LG 等主要品牌及迪信通、国美、京东商城、苏宁、永乐等主要销售渠道为调查对象，共获得有效样本9571个。

调查显示，上海市场智能手机顾客总体满意度为71.53，处于一般至较满意水平；诺基亚、苹果和 HTC 分获2012年上海市场智能手机品牌总体满意度前三位，满意度分别为76.64、76.37和76.00（表15-5）。

表 15-5　2012 年上海市场智能手机品牌总体满意度排行榜

排名	品牌	满意度
1	诺基亚	76.64
2	苹果	76.37
3	HTC	76.00
4	三星	75.89
5	小米	75.11
6	摩托罗拉	73.69
7	索尼移动	73.37
8	联想	72.77
9	LG	72.42
10	魅族	71.75

在产品质量方面：2012年上海市场智能手机产品使用质量的顾客评价为74.61。苹果、诺基亚、三星居前三位，满意度分别为80.51、78.93和78.25（表15-6）。

表 15-6　2012 年上海市场智能手机产品使用质量满意度排行榜

排名	品牌	满意度
1	苹果	80.51

① 资料来源：雍虎（2013）。

排名	品牌	满意度
2	诺基亚	78.93
3	三星	78.25
4	HTC	77.92
5	小米	77.28
6	摩托罗拉	75.70
7	LG	75.21
8	索尼移动	74.94
9	魅族	74.12
10	夏普	73.43

　　智能手机的表面质量（显示屏疵点、整机光洁度、塑料件注塑痕迹等）顾客评价最高，得分为78.37；外形设计（造型、厚度、颜色等）、通话音质（杂音、话筒失效等）分居二、三位，分别为77.62和76.35。摄像头效果、标配软件功能、待机时间评价相对较低，其中待机时间评价最低，得分仅为67.3。而死机是高发故障，曾发生过故障的手机，有45.6%的故障为死机。

　　智能手机方便快捷、功能强大，售后服务却成"众矢之的"。消费者对投诉处理的满意度欠佳，仅为67.26。其中诺基亚投诉处理服务顾客评价最佳，得分为74.23，HTC和酷派分获二、三名，评价分别为73.40和72.87。在维修服务方面：2012年上海市场智能手机专业维修点售后服务顾客评价为74.51，专业维修点售后服务满意度排行榜见表15-7。

表 15-7　2012 年上海市场智能手机专业维修点售后服务满意度排行榜

排名	品牌	满意度
1	摩托罗拉	79.33
2	三星	77.69
3	HTC	77.51
4	诺基亚	77.24
5	苹果	76.02
6	小米	75.32
7	索尼移动	73.78
8	魅族	72.54
9	LG	72.47
10	天语	70.63

　　其中维修操作规范（包括开具现场维修服务单、当场清点手机包含配件及记录配件

序列号、联系方式确认）指标评价最高，为83.16。而维修时工作人员的态度得分相对较低，为72.08。调查显示，专业维修点维修后有回访的比率仅为43.8%；网上销售送货后有回访的比率为66.18%。维修、送货回访是服务质量方面的薄弱环节，需要进一步提升。

消费者提出十项意见与建议。

（1）手机的待机时间与说明书明示的时间不符，希望待机时间能够达到产品标称值。

（2）部分手机质量稳定性不够，经常出现信号不稳定、按键失灵、黑屏、死机等现象。

（3）部分被访者反映所购买的品牌手机出现反复维修，质量问题得不到根本解决。

（4）部分被访者反映购买手机后，发现实际使用与产品介绍不相符合，提出退货遭拒绝。

（5）随机安装的软件太多，实用性不强，且不可自行删除，既占用内存又影响正常使用，让顾客有被迫接受服务的感觉。

（6）被访者反映，一些专业维修点存在维修速度过慢、现场环境及秩序乱、服务人员态度差、收费不合理等现象。

（7）在有过投诉的被访者中，大部分被访者反映投诉处理效果不理想，没有达到预期。

（8）销售渠道和专业维修店能通过回访进一步了解顾客对销售与维修服务的感受，让顾客购买舒心、使用放心。

（9）国货当自强，不少被访者希望联想，包括魅族、小米等国产自主品牌能提升形象、改进质量，成为国人心目中的手机购买首选。

（10）政府相关部门要加强对手机行业的监管，进一步处理好各渠道厂商与消费者的关系；生产厂家针对消费者的投诉与意见要重视，持续改进质量，让顾客使用满意。

研讨

（1）顾客满意度调查可以帮助企业收集到哪些质量信息？

（2）如何将顾客满意度测评工作转化为顾客满意管理内容，从而实现顾客满意度的提升？

（3）经过多年的发展变化，对于华为和苹果这两大手机供应商的服务，从顾客满意这一理念出发，您有什么评价？

➤ 本章小结

顾客满意是企业健康和持续发展的基础，是企业经营管理追求的核心目标。由于顾客满意反映了顾客满意程度的感受，企业用顾客满意度指数来量化反映顾客对企业产品的满意程度，以便实施有效的质量管理。

有效实施顾客满意管理必须遵循全程性原则、面向顾客原则和持续改进原则，并做好以下三个方面的基础工作：围绕顾客满意进行企业文化建设，形成以顾客满意为努力目标的价值取向；建立以顾客满意为导向的企业组织结构；提高员工的综合素质。

　　从顾客满意到顾客忠诚，是现代企业提高竞争能力的重要体现。顾客满意是顾客忠诚的基础，顾客忠诚是对顾客满意的超越。实现顾客忠诚的一个重要因素是企业员工满意，所以员工满意是顾客满意管理的最基本的要求。

　　顾客满意管理不仅适应于企业的质量管理，也是公共部门开展质量管理的重要内容。一些国家已经开始用顾客满意度指数来对政府机构的工作绩效进行测评，帮助公共部门更好地改进工作，提高公众的满意度，这是值得我们借鉴的。

进一步阅读文献

上海质量管理科学研究院. 2009. 顾客满意的测量分析与改进. 北京：中国标准出版社.

雍虎. 2013. 上海市场智能手机顾客满意度调查. 上海质量，(4)：32-33.

尤建新，陈强，鲍悦华. 2008. 顾客满意管理. 北京：北京师范大学出版社.

朱立恩. 2012. 顾客满意最后一公里和顾客投诉案例：对GB/T19010的再思考. 北京：中国质检出版社.

思考题

　　1. 企业为什么要开展顾客满意管理？

　　2. 请讨论一个企业开展顾客满意度指数测评与一个行业开展顾客满意度指数测评带来的效果。

　　3. 从公众的角度提出对政府机构的顾客满意度指数的调查方案建议。

第 *16* 章

六西格玛管理

导读

　　通用电气公司在杰克·韦尔奇的带领下通过实施六西格玛管理达到了令全球瞩目的商业绩效。中国公司纷纷效仿，但是效果却不显著。这是为什么？是我们拷贝过程走样了？还是我们没有六西格玛管理生存的土壤？六西格玛管理到底有什么神秘和独特之处？

　　本章将告诉读者，六西格玛并不神秘，六西格玛管理本身也不复杂，它提供了一种衡量缺陷率的方式，提出了一个激进的目标，形成了一种方法，构成了一个管理系统，它驱动企业不断关注顾客、不断追求完美、不断减少浪费、降低成本，最终以实现顾客价值和企业价值的双赢为目标。成功的六西格玛管理过程中最关键的因素是来自高级管理层的承诺（不仅仅是支持），自上而下的整体承诺。

16.1 六西格玛管理相关概念

16.1.1 六西格玛的非技术性定义

　　六西格玛管理是管理者坚定、严格地追求在所有的过程中减少偏差以实现连续和突破性的变革，以此影响组织的上线和下线并提高顾客的满意度。另一个普遍的定义是六西格玛管理是由组织发起的对制造、服务和管理过程进行新的创造，由此在减少缺陷和缩短产品周期时间方面得到持续的大幅度的提高（如当摩托罗拉公司开始六西格玛管理后，两年内缺陷就减少了10倍，产品开发周期缩短了50%）。例如，在2000年，某家银行平均需要花60天的时间处理一件贷款，并有10%的重复工作率。而2002年，在一个六西格玛组织中，银行规定不能花超过30天的时间处理一件贷款，并且只有1%的错误率。2004年，处理事件就变为不能超过15天和0.1%的错误率。很明显，这需要对贷款过程做大量的改进和创新。

16.1.2　六西格玛的技术性定义

正态分布。六西格玛一词取自于统计学中的正态分布。许多可观察的现象都以铃铛形的图形或正态分布所描述。

在任何测量过程中，可以看到输出结果（产品或服务）的大小、形状、外表、感觉或其他可测量的特性都是变化的。统计学上描述过程输出的特征值是平均值或平均。测量的偏差在统计学上被称为标准差。在正态分布中，由均值加减2倍标准差得到的区间包含了95.44%的数据点，或者说是每百万个数中有45 600个在这个区间之外[（1.00 − 0.9544）× 1 000 000 = 45 600]。在正态分布中，由均值加减3倍标准差得到的区间包含了99.73%的数据，或者说每百万个数中有2 700个在这个区间之外[（1.00 − 0.9973）× 1 000 000 = 2 700]。在正态分布中，由均值加减6倍标准差得到的区间包含了99.999 998%的数据，或者说是10亿数据点中有2个在这个区间之外。

过程之声（voice of the process，VOP）和顾客之声之间的关系。六西格玛提出这样一个思想，即对一个正常稳定的正态分布过程（过程之声），其输出结果的分布应该被设计为不超过在规格限制允许范围（顾客之声）内的一半。尽管过程可能被设计在最好的状态下，但随着时间的改变，过程偏差也可能会增加。这种增加了的偏差可能是由于过程输入的细小偏差、过程监控的方法、条件改变等原因造成的。过程偏差的增加常被假设是为了对类似于潜在过程均值的暂时改变的简单描述。过程偏差的增加在实践中已被证明等于偏离最初设计和监控的过程的平均值1.5倍的标准差。如果最初设计的过程比顾客所期望的好2倍（如设计的规格表示了顾客需求是过程目标值的6倍标准差），此时，即使过程有变化，顾客的需求也还是会被满足的。事实上，即使过程偏移目标值1.5倍标准差，在过程平均值（$\mu + 1.5\sigma$）和最接近的规格（$\mu + 6\sigma$）也仍然有4.5倍的标准差，此时，最坏的情况也只是增加的偏差与1.5倍标准差的偏移具有相似的影响。在20世纪80年代，摩托罗拉公司证明了1.5倍标准差的偏移是在实际中许多标准过程中存在的。

16.1.3　六西格玛管理技术术语

六西格玛管理应用者常使用大量的术语。如果想使用这一方法就得知道六西格玛管理所使用的语言。

个体（unit）。一个个体便是六西格玛项目研究的一个对象。比如，产品或零部件、服务或服务程序或者是时间周期等。

关键质量特性（CTQ）。关键质量特性是对一件产品、一种服务或过程的关键品质参数，CTQ 是英文 critical-to-quality 首字母的缩写词。它是对顾客所关心的重要指标的一种测量。比如，在一个内科医生诊断室外，每天选取四个候诊病人作为样本，病人排队等候的平均时间和差异时间就是关键质量特性。又如，对一个银行来说，它的一个自动取款机在每个月的交易错误率，或者对一个交通部门来说，在某一段特定的高速公路上每个月汽车在此出现意外事故的数量都是关键质量特性。六西格玛项目正是被设计用来改进和优化这些关键质量特性。

缺陷（defect）。缺陷就是指不符合关键质量特性规范的任何事件，它导致了顾客的不满意。对一个给定的单位而言，每个质量特性是由将顾客的期望转化为具体规格而定义的。对每个单位缺陷进行可操作性定义是非常重要的。例如，如果一份文件的某个单词拼写错误，该单词可能就被认为是一个缺陷。一个缺陷并不一定会构成一个单位的缺陷。比如，一个水瓶的外表面可以被擦伤（缺陷），但它仍然可以装水（不是有缺陷的）。然而，如果顾客需要的是没有擦伤的水瓶，那么那个擦伤的水瓶就被认为是有缺陷的。

缺陷体（defective）。一个缺陷体就是指没有达到特定规范的个体，也称不符合的个体。

缺陷机会数（defect opportunity）。缺陷机会数就是产生不满足关键质量特性的可能情况。一个特定的单位中可能有很多缺陷机会数。例如，一次服务可能由4部分构成，如果每个组成部分都包含3个缺陷机会，则该服务就有12个可能导致关键质量特性不被满足的缺陷机会数。

单位缺陷数（defect per unit，DPU）。单位缺陷数是给定单位数中所有缺陷数的平均值，即过程输出的"缺陷"总数量除以过程输出的"单位"数量 n。例如，你创作50页的文件，单位是页，如果总共发现150处拼写错误，那么，单位缺陷数就是150/50，或者是3.0。如果你创作10本50页的文件，单位是50页，如果在10本文件中有75处拼写错误，那么，单位缺陷数就是75/10，或者7.5。

机会缺陷数（defect per opportunity，DPO）。机会缺陷数是"缺陷"总数量除以"缺陷机会数"。如果一次服务构成一个缺陷机会，在100次服务中发生20次错误，则单位缺陷数就是0.20（20/100）。然而，如果每次服务有12个缺陷机会数，那么100次服务就有1200个缺陷机会数。在这种情况下，机会缺陷数就是0.0167（20/1200）（机会缺陷数也可以用单位缺陷数除以每次的机会缺陷数来计算）。

百万机会缺陷数（defect per million opportunity，DPMO）。DPMO=DPO×1 000 000。因此，对上面的例子而言，DPMO = 0.0167×1 000 000，或者是16 700 DPMO。

过程西格玛（process sigma）。过程西格玛是使用 DPMO 和稳态正态分布对过程性能进行的测量。过程六西格玛是一种度量标准，假定所有过程都是稳定的正态过程时，可以用它对过程如部门、公司或国家进行横向比较。在六西格玛术语中，过程的六西格玛值是用来表示 DPMO 值或者过程对于顾客期望和需求满足程度的度量。

产出率（yield）。产出率是在规格限制内的部分单位除以总的单位数，即如果生产出的25个单位中有20个是好的，那么产出率就是0.80（20/25）。

滚动产出率（rolled throughput yield，RTY）。滚动产出率是通过流程中的每个阶段产品的最终产出率。它是一个单位的产品通过所有 k 个独立的阶段并且没有缺陷的概率。RTY = $Y1 \times Y2 \times \cdots \times Yk$，这里的 k 为过程中独立的步骤数，或者一件产品或服务的独立组成零件或步骤数。在计算滚动产出率之前必须计算出每步骤或每个零件的产出率 Y。对那些机会数等于单位数的步骤而言，$Y = 1 - DPU$。对那些可能出现大量缺陷但只观察到很少一部分缺陷（如文件的印刷错误、语法错误和拼写错误）的过程而言，其产出率（每个单位无缺陷的概率）可以由公式 $Y = e^{-DPU}$ 计算。$Y = e^{-DPU}$ 值随着 DPU 值的改变见表16-1。

表 16-1 $Y = \mathrm{e}^{-\mathrm{DPU}}$ 值

DPU	$Y = \mathrm{e}^{-\mathrm{DPU}}$	DPU	$Y = \mathrm{e}^{-\mathrm{DPU}}$
1	0.367 879	6	0.002 479
2	0.135 335	7	0.000 912
3	0.049 787	8	0.000 335
4	0.018 316	9	0.000 123
5	0.006 738	10	0.000 045

例如，如果一个过程有三个步骤，其中第一步（$Y1$）的产出率是99.7%，第二步（$Y2$）的产出率是99.5%，第三步（$Y3$）的产出率是89.7%，则其滚动产出率是88.98%（$0.997 \times 0.995 \times 0.897 = 0.8898$）。

表16-2的左边栏目给出了没有均值偏移（偏移均值为0）的稳定、正态分布 DPMO 值及与其相对应过程西格玛度量值，这里假设缺陷只发生在单侧规格限之外。表16-2的右边栏目给出了均值偏移1.5西格玛的稳定、正态分布 DPMO 值及与其对应过程西格玛度量值。

表 16-2 西格玛过程的 DPMO 表

均值没有偏移		均值有 1.5 西格玛偏移	
西格玛过程水平	过程 DPMO	西格玛过程水平	过程 DPMO
0.1	460 172.1	0.1	919 243.3
0.2	420 740.3	0.2	903 199.5
0.3	382 088.6	0.3	884 930.3
0.4	344 578.3	0.4	864 333.9
0.5	308 537.5	0.5	841 344.7
0.6	274 253.1	0.6	815 939.9
0.7	241 963.6	0.7	788 144.7
0.8	211 855.3	0.8	758 036.4
0.9	184 060.1	0.9	725 746.9
1.0	158 655.3	1.0	691 462.5
1.1	135 666.1	1.1	655 421.7
1.2	115 069.7	1.2	617 911.4
1.3	96 800.5	1.3	579 259.7
1.4	80 756.7	1.4	539 827.9
1.5	66 807.2	1.5	500 000.0
1.6	54 799.3	1.6	460 172.1
1.7	44 565.4	1.7	420 740.3
1.8	35 930.3	1.8	382 088.6
1.9	28 716.5	1.9	344 578.3
2.0	22 750.1	2.0	308 537.5
2.1	17 864.4	2.1	274 253.1
2.2	13 903.4	2.2	241 963.6
2.3	10 724.1	2.3	211 855.3
2.4	8 197.5	2.4	184 060.1

续表

均值没有偏移		均值有 1.5 西格玛偏移	
西格玛过程水平	过程 DPMO	西格玛过程水平	过程 DPMO
2.5	6 209.7	2.5	158 655.3
2.6	4 661.2	2.6	125 666.1
2.7	3 467.0	2.7	115 069.7
2.8	2 555.2	2.8	96 800.5
2.9	1 865.9	2.9	80 756.7
3.0	1 350.0	3.0	66 807.2
3.1	967.7	3.1	54 799.3
3.2	687.2	3.2	44 565.4
3.3	483.5	3.3	35 930.3
3.4	337.0	3.4	28 716.5
3.5	232.7	3.5	22 750.1
3.6	159.1	3.6	17 864.4
3.7	107 .8	3.7	13 903.4
3.8	72.4	3.8	10 724.1
3.9	48.1	3.9	8 197.5
4.0	31.7	4.0	6 209.7
4.1	20.7	4.1	4 661.2
4.2	13.4	4.2	3 467.0
4.3	8.5	4.3	2 555.2
4.4	5.4	4.4	1 865.9
4.5	3.4	4.5	1 350.0
4.6	2.1	4.6	967.7
4.7	1.3	4.7	687.2
4.8	794.4	4.8	483.5
4.9	479.9	4.9	337.0
5.0	287.1	5.0	232.7
5.1	170.1	5.1	159.1
5.2	99.8	5.2	107.8
5.3	58.0	5.3	72.4
5.4	33.4	5.4	48.1
5.5	19.0	5.5	31.7
5.6	10.7	5.6	20.7
5.7	6.0	5.7	13.4
5.8	3.3	5.8	8.5
5.9	1.8	5.9	5.4
6.0	1.0	6.0	3.4

例如，假设一个过程有三个相互独立的步骤，每步的产出率都是95%。则过程的滚动产出率 RTY 为85.74%（0.95 × 0.95 × 0.95=0.8574），其机会缺陷数是0.1426（DPO=1.0−RTY=1.0−0.8574=0.1426），假设每个步骤只有一个缺陷机会数，此时单位缺陷数与机会缺陷数是相同的。过程的 DPMO 为142 600（DPMO = DPO × 1 000 000）。假设过程均值的1.5西格玛偏移，可以看 DPMO 对应列与142 000接近的两个数字来获得过程西格玛过程值。实际的过程六西格玛值是在相应的两个西格玛过程值之间。在本例中，142 000在125 661.1DPMO 和158 665.3DPMO 之间。对应的六西格玛值分别是2.6和

2.5。因此，实际的过程六西格玛值大约是2.55。

16.2　六西格玛管理实施过程

16.2.1　六西格玛改进模式——DMAIC模式

DMAIC模式有五个阶段：界定（define）、测量（measure）、分析（analyze）、改进（improve）和控制（control）。这是一种应用于六西格玛管理中以改变组织现有体系的模式。同时是PDSA（即plan—计划、do—实施、study—研究、ameliorate—改进）模式的备选模式。DMAIC模式用于六西格玛管理中从现有过程到修订过程的转变。

1. 定义阶段

定义阶段包括制订项目计划（合理）、理解供应商—输入—系统—输出—顾客之间的关系（称为SIPOC分析）、分析顾客之声的数据以确定对顾客来说重要的关键质量特性和确定项目目标。

例如，高层管理者指派一个六西格玛小组回顾财务部门月报的制作情况，并将其看作一个可能的六西格玛项目。这包括确定项目的需求（与其他可能项目的相关性）、项目的成本和收益、项目所需要的资源和项目的进度表。在经过了SIPOC分析和顾客之声分析后，项目小组确定了管理层希望月度财务报表要在7天之内完成（正常完成时间为7天，有1天的标准差）。同时小组也确定了报告完成时间不能低于4天（相关信息收集不完全），也不能超过10天。组员确定的目标如下。

减少（方向）周期（测量）的偏差以便制作准确无误的财务报告（系统），在2004年2月10日前（完成时间），从当前的7天水平之上加上或减去3天控制到7天加上或减去1.5天（目标）。

2. 测量阶段

测量阶段包括对每个关键质量特性进行可操作性定义，研究确定对每个关键质量特性进行测量程序的有效性及为每个关键质量特性建立基准过程能力。

以财务报告为例，组员对周期内的变量进行可操作性定义以便所有相关人员都同意这个定义（如明确界定计算时间周期的起点和终点）。然后，组员再进行统计研究确定周期内的变量的测量系统的有效性。最后，收集变量的基准数据，并用统计方法分析以对当前情况进行清楚的描绘。

3. 分析阶段

分析阶段包括用流程图确定每个关键质量特性的可追溯变量（X_s）。可追溯变量是影响关键质量特性的因素。首先，对关键质量特性进行量化表述：

$$CTQ = f(X_1, X_2, X_3, \cdots, X_k)$$

其中，CTQ为DMAIC模式中定义阶段确定的和分析阶段阐明的对顾客来说重要的关键质量特性：

$X_i =$ 假设对关键质量特性有影响的可追溯的第 i 个变量（i^{th}）。

而且，分析阶段包括了对每个 X 的可操作性定义、对每个 X 收集基准数据，研究确定每个 X 的测量系统的有效性，建立每个 X 的过程能力并理解每个 X 对关键质量特性的影响。

对于财务报告的例子，组员使用流程图确定所有的输入和系统变量，称为 X_s。它们是

$X_1 =$ A 项目数据从请求到收到的天数

$X_2 =$ B 项目数据从请求到收到的天数

$X_3 =$ C 项目数据从请求到收到的天数

$X_4 =$ D 项目数据从请求到收到的天数

$X_5 =$ 重新排列项目数据到准备报告的天数

$X_6 =$ 准备报告的天数

$X_7 =$ 财务书记员准备报告（Mary 或 Joe）

$X_8 =$ 报告的错误数

$X_9 =$ 修正报告的天数

$X_{10} =$ 财务主管（Harry 或 Sue）审核报告的天数

$X_{11} =$ 报告发布之前所需的签名数

例如，报告发布之前所需的签名数（X_{11}）可能会影响制作报告的平均时间，或财务书记员准备报告（X_7）可能会对制作报告的时间的可变性造成很大影响。然后，组员对 X_s 进行可操作性定义并对如何确定测量系统有效性进行统计研究。接下去，组员需要收集基准数据并使用控制图（见第10章）确定 X_s 的当前状态。最后，组员对数据进行研究并对 X_s 和关键质量特性的关系进行假设检验。在本例中，关键质量特性的柱状图的每个 X 的每个水平显示：X_1（A 项目数据从请求到收到的天数）、X_3（C 项目数据从请求到收到的天数）、X_7（财务书记员准备报告（Mary 或 Joe））和 X_{10}（财务主管（Harry 或 Sue）审核报告的天数）可能对减少制作时间更加重要。而其他 X_s 不直接对关键质量特性构成影响。

许多实践者在分析阶段也包括确定和给每个 X 重新进行可操作性的定义及对每个 X 的测量系统的准确性进行研究，特别是在那些变量已经研究过的很好监控的系统，如前面的 DMAIC 项目。

4. 改进阶段

改进阶段包括采用试验设计来理解关键质量特性和变量 X_s 之间的关系，确定优化关键质量特性所需的关键 X_s 的水平，制订行动计划来规范化关键 X_s 的水平进而优化关键质量特性，以及进行系统修订的试验测试。

组员进行试验确定分析阶段已确定的关键 X_s 的水平，以便减少做财务报告时发生的偏差。试验揭示了组员必须与负责 A 产品线与 C 产品线的工作人员一起努力减少将产品清单送到制作报告的部门的天数的平均值和标准差。并且，试验还揭示了准备报告的书记员与审核报告的主管之间的关系。分析显示，如果 Mary 准备报告，则最好是由 Sue 来审核报告，或者如果 Joe 准备报告的话，就由 Harry 来审核报告。制作财务报告的修订系统的试验运行显示，它最终制作出了均值为7天的正态稳定分布，标准差为1.5天。

5. 控制阶段

控制阶段包括对 X_s 的潜在风险管理和防错、成功过程修订的标准化、控制关键的 X_s、记录每个控制计划并将修订过程移交给体系所有者。风险管理指制订一个计划使周期时间变化增大的风险达到最小。防错法是在建立一个报告制作过程中使产生错误的概率很小的方法（或系统），过程包括输入数据到递交报告的整个过程。

组员采用风险管理和防错法来确定潜在问题及方法，并且根据 X_1、X_3、X_7、X_{10} 变量避免这些问题。例如，他们建立程序来保证系统中的书记员和主管之间的连接，进行数据收集来确定和解决系统将来会出现的问题。新系统要标准化并在手册中详细记录。此时，组员就可以把修订好的系统交给过程所有者，并可以庆祝了。而过程所有者就继续把当前水平的过程持续不断地向修订好的过程改进。制作报告的天数分布已经改进到平均值为7天，标准差为1.5天的稳定的可预测的正态分布。那就意味着报告出现早做和晚做的概率是每24 500年1次，即组员选择的是杜绝每个错误的发生。

16.2.2 六西格玛设计

通常应用 DMAIC 方法针对企业现有的流程或产品来做改善，使其至少能达到70%的改善成效。而事实上，根据实证的结果，运用 DMAIC 方法执行六西格玛方案，质量水准可由三西格玛、四西格玛逐步改进，但会在五西格玛处停滞不前（我们通常称之为五西格玛墙），无法再加以突破。因此，六西格玛设计（design for six sigma，DFSS）应运而生，以有别于 DMAIC 的工具与手法来突破上述的"撞墙"，持续往六西格玛的水准迈进。

六西格玛设计可以概括为将顾客的各项需求采用科学的方法按照合理的步骤和科学的方法转变为产品的各项设计要求，从而最终实现低成本、高可靠性和零缺陷的目标。目前六西格玛设计通常应用于产品的早期开发过程，通过强调缩短设计、研发周期和降低新产品开发成本，实现高效能的产品开发过程，准确反映客户的要求。它的核心思想是在顾客需求明确以后，有针对性地开发出技术含量高、生命力强、适销对路的产品，换句话说，六西格玛设计是在产品设计阶段就赋予产品六个西格玛甚至七个西格玛的固有质量，并在后续各生产过程严格按照设计要求逐步进行生产，从而使得最终产品能够达到六西格玛水平。

六西格玛设计主要的设计流程包括以下方面。

（1）DMADV 流程，即界定（define）、测量（measure）、分析（analyze）、设计（design）、验证（verify），该模式可以充分利用已有的 DMAIC 流程，但其局限性在于该流程主要适用于已经存在的产品或者流程的局部重新设计。

（2）IDDOV 流程，即识别（identify）、界定（define）、设计（design）、优化（optimize）、验证（verify），该流程比较适合产品或流程的全新设计。但是，美国供应商协会的乔杜里总裁仅仅提出了该流程的主要过程，但却没有给出具体的操作过程。

（3）DMEDI 流程，指的是界定（define）、测量（measure）、探索（explore）、研发（develop）、实现（implement）。

16.3   六西格玛管理中的角色及其职责

六西格玛管理中有几个关键的角色：高级管理者（首席执行官或者总裁）、管理团队成员、倡导者、黑带大师、黑带、绿带和过程所有者。这些角色和其职责描述如下。

16.3.1   高级管理者

高级管理者为六西格玛活动的成功实施提供推动力和方向并提供必需的资源。高级管理者的职责如下。

（1）学习六西格玛管理。

（2）领导最高管理团队将六西格玛项目与组织目标联系起来。

（3）参加合适的六西格玛项目小组。

（4）保持对整个体系的全局把握避免仅仅是局部优化。

（5）保持一个长期发展的视野。

（6）在合适的情况下，解释六西格玛管理的长远的好处。

（7）不论是公开还是私下都始终如一倡导六西格玛管理。

（8）主持对六西格玛项目的重要环节的审查和评价。

那些宣传六西格玛的较为成功的组织所付出的努力都有一个共同点——即坚定、清晰的自上而下的领导授权。毫无疑问，在每个人心目中，六西格玛意味着 "我们做事的方式"。尽管我们可能只是在更低层的管理层次上导入六西格玛概念和过程，但是只有在高级管理者的积极参与并扮演领导者角色的情况下，组织才有可能取得较大的成功。

16.3.2   管理团队成员

管理团队成员是来自组织中的高层管理者。在六西格玛管理中，他们应该担当与高级管理者相同等级的角色。成员职责如下。

（1）学习六西格玛管理。

（2）在整个组织中开展六西格玛管理。

（3）管理和区分六西格玛项目的优先次序。

（4）给六西格玛项目分派倡导者、黑带和绿带。

（5）在他们的职责范围内，与高级管理者一起主持六西格玛项目的审查和评价。

（6）改进六西格玛过程。

（7）清除六西格玛管理的障碍。

（8）提供六西格玛管理所必要的资源。

16.3.3　倡导者

倡导者作为一个项目积极保证者和领导者来导入及完成六西格玛项目。倡导者应该是管理团队成员或者至少是一个可以信任的向管理团队成员直接汇报的人员。他应该有足够的影响力去清除障碍或提供必要资源而无须向上层组织申请。倡导者的工作和管理团队成员紧密地联系，他们任命六西格玛项目的领导（称为黑带）、黑带大师（黑带主管）监督这些项目的实施。倡导者有以下的责任。

（1）通过组织内仪表盘确定要实施的六西格玛项目。

（2）与管理团队成员探讨项目的使命。

（3）挑选黑带（简单项目挑选一个绿带）作为项目的领导者。

（4）为六西格玛项目清除一切政治上的障碍或资源上限制（冲突）。

（5）为项目小组和管理团队成员提供持续的交流通道。

（6）帮助小组成员统筹安排他们的资源及进行预算控制。

（7）按照项目的时间表回顾项目的进度。

（8）提供方向和指导以保持整个小组对项目关注。

（9）确保项目中六西格玛方法和工具的使用。

（10）参与对六西格玛项目的重要环节的审查和评价。

16.3.4　黑带大师

黑带大师作为六西格玛过程的管理者和执行顾问或商业管理者，他担当着领导者角色，并通过协调由黑带或者绿带领导的项目来提升他的技能。通常，他直接向管理团队成员或者是高级管理者汇报。黑带大师已经成功领导过许多小组完成了复杂的六西格玛项目，在六西格玛管理中，他是一个变革领导者、执行者、推动者及技术专家。黑带大师也是一个职业通道。对于一个组织来说，最好是发展自己的黑带大师。不幸的是，因为时间关系，有时候对一个组织来说这几乎是不可能的，因为一般这需要花好几年的时间去学习、实践，并需要有组织外的黑带大师的指导。比较理想的情况是，黑带大师从组织中的黑带里挑选出来，不过通常需要从组织以外挑选黑带大师。

黑带大师的职责如下。

（1）与管理团队成员和商业管理者讨论六西格玛管理。

（2）通过组织的仪表盘识别、区分和协调六西格玛项目。

（3）持续改进和创新组织的六西格玛过程。

（4）将六西格玛应用于生产和交易过程，如销售、人力资源、信息技术、设备管理、呼叫中心、财务等。

（5）教授黑带及绿带六西格玛理论，工具和方法。

（6）指导绿带和黑带。

黑带大师具有连续10年的领导工作经验，并在六西格玛管理中全面指导组织内的领导。

16.3.5 黑带

黑带是一个全职的变革执行者和改进领导者，他不一定是过程方面的专家。理想的黑带应具有如下品质。

（1）具有技术和管理流程改进/创新的技能。

（2）热衷于统计和系统理论。

（3）理解个人和项目组的心理。

（4）理解 PDCA 循环并具备良好的学习技能。

（5）具有优秀的沟通和写作能力。

（6）适应项目组工作。

（7）能够组织会议。

（8）具有幽默的个性，以工作为乐趣。

（9）能用非技术性术语与顾客很好的沟通。

（10）不为更高层管理者所胁迫。

（11）关注顾客。

黑带的职责如下。

（1）帮助设立项目目标。

（2）与倡导者及过程所有者交流项目进度。

（3）领导六西格玛项目组。

（4）组织会议和后勤协调。

（5）帮助项目组成员进行试验设计和分析。

（6）为项目小组成员提供关于六西格玛工具和项目组功能的培训。

（7）帮助项目组成员为倡导者和管理团队成员对六西格玛项目的审查和评价做准备。

（8）从仪表盘上推荐额外的六西格玛项目。

（9）指导绿带项目，限制项目范围。

黑带是一个全职的、高素质的专业人员，他由黑带大师指导，但也可以由一个经理来承担黑带的职责。从一个临时的黑带转变为全职的黑带，合适的时间是两年。对于组织内的领导者和具有高素质潜能的人员的发展来说，黑带的技能和项目管理工作非常关键。

16.3.6 绿带

绿带利用部分工作时间（25%）完成六西格玛项目，他可以是复杂项目的成员也可以是较简单项目的领导者，同时是六西格玛项目中的中坚力量。在一个成熟的六西格玛组织中，大部分经理都是绿带，而且绿带证书也是晋升的一个关键要求，因为它被认为是最好的管理实践方式。

领导较简单项目的绿带的职责如下。

（1）确定项目目标。

（2）与倡导者一起审查项目目标。

（3）选择项目组成员。

（4）与倡导者、黑带大师、黑带及过程所有者进行全方位的项目的沟通交流。

（5）推动项目小组的各个阶段的工作。

（6）组织会议和后勤协调。

（7）项目各个阶段的数据分析。

（8）在项目各个阶段，向项目组成员进行六西格玛工具和方法的培训。

在复杂的六西格玛项目中，绿带与项目领导者（黑带）紧密合作，以保证项目在各个不同阶段的项目组功能和进度得到有效控制。

绿带项目和黑带项目。黑带项目和绿带项目在五个准则方面有所不同。绿带项目会比较简单（如只有一个 Y 和少数的 X_s），不会牵涉政治方面的问题，不需要许多的组织资源，不要求大量的资金投入及只使用基本的统计方法。反之，黑带项目则要处理更为复杂的情况（如涉及政治因素或者是需要跨部门合作），需要充分的组织资源和资金投入以实现目标，也会用到比较高级的统计方法。一个例外情况是高层管理者作为绿带项目领导者，他们控制着大量的预算并负责组织系统和业务。因此，在这种情况下，他们能够从黑带或者是黑带大师处得到足够的支持。还有一个例外情况是过程所有者比项目领导者具有更多的某一领域的专门知识和技能。这种情况在专门知识和技能比六西格玛知识和技能更重要的某些专业领域的六西格玛项目中经常发生。在这种条件下，黑带更多的是一个推动者，而过程所有者/项目领导者对项目更具有决定权。在项目进行过程中的早期，因为项目小组刚刚成立和此时它需要被提供方向及其他支持，于是黑带担当更正式的项目领导者。但当项目组已经能够自己掌握努力的方向，能够运用六西格玛工具和方法及能够开始实施某些改革时，项目领导者对过程情况所掌握的知识对项目的成功则显得更为重要。这时，黑带就可以转变为观察者和教练的角色来指导项目组。

不同层次六西格玛角色的管理幅度如表16-3所示。同时，表16-3也给出了不同层次角色可监管的低级别的角色的幅度。对小型组织而言（如100人），需要1个黑带大师、6～12个黑带和25～50个绿带。对大型组织来说（如100 000人），需要1 000个黑带大师，6000～12 000个黑带和25 000～50 000绿带。这个管理幅度意味着六西格玛在项目中必须是从战略层面上发起，也是将六西格玛管理向不同组织层级推动的关键点。

表 16-3　不同层次六西格玛角色管理幅度

等级	组织需要此等级数量占组织人员总数的比率	管理幅度
黑带大师	1%	一个黑带大师一次可指导 10 个黑带。但如果黑带大师掌握了足够的技能，并有一些熟练的黑带的时候，一个黑带大师可以管理很多的黑带
黑带	6%～12%	一个黑带一次可以指导 4～8 个绿带
绿带	25%～50%（包括最高管理层）	

16.3.7 过程所有者

过程所有者是过程的管理者，对具体的过程负责，通过授权管理或改变过程。过程所有者应该被确定和加入属于管理范围内的所有六西格玛项目。

过程所有者有如下的职责。

（1）有责任在他所管理的过程中采取最好的工作方式和得到最好的输出结果。

（2）推动他的员工持续改进以得到最好的工作方式。

（3）推动项目小组持续关注项目的目标。

（4）帮助项目小组的工作按照项目计划有序进行。

（5）给予项目必要的资源（人力、空间等）。

（6）在六西格玛项目完成以后，接受和管理被改进的过程。

（7）利用 PDCA 循环修订过程。

（8）通过仪表盘保证过程的目标和指标与组织的使命密切相关。

（9）理解过程如何工作、理解过程能力、理解过程与组织中其他过程的关系。

（10）参加六西格玛项目的重要环节的审查和评议。

16.4 精益六西格玛管理

1990年沃麦克等在《改变世界的机器》一书中提出了精益生产的概念，以诊治美国大量生产方式过于臃肿的弊病。精益生产以更低的成本及时地按照顾客的需求提供高质量的产品。精益生产的精髓是精益思想，精益思想可以概述为五个原则：精确地定义特定产品的价值；识别出每种产品的价值流；使价值不断地流动；让客户从生产者方面拉动价值；永远追求尽善尽美。

精益生产和六西格玛在文化追求、战略基础、目的、过程改进方式、对人员的认识等多方面都是一致的，具体分析见表16-4。两者都是持续改进、追求完美理念的典范。两者结合起来有可能保证组织获得更好的绩效。

表 16-4　精益生产与六西格玛方法比较

名称	精益生产	六西格玛方法
假定	（1）消除浪费，可以改善绩效 （2）大量的小改进更有利于组织成长	（1）问题总是存在 （2）测量是重要的 （3）随着变异减少，系统产出得到改进
直接目标	（1）消除一切浪费，降低成本 （2）缩短流程周期，增强响应能力	（1）消除变异，增加价值 （2）优化流程，提高质量
关注焦点	价值流	问题
工具方法	5S 现场管理、准时生产、Kanban（看板）、并行工程、自动化、TPM、持续改进、面向可制造与装配设计、价值工程、标准化作业等	分层法、散布图、排列图、因果图、关联图、系统图、矩阵图、矩阵数据分析法、过程决策程序图、SIPOC 图、质量功能展开、FMEA、统计过程控制、Benchmarking（标杆管理）等

续表

名称	精益生产	六西格玛方法
共同点	（1）关注顾客满意，顾客驱动 （2）关注财务指标 （3）注重持续的系统整体改进 （4）重视改变思想观念和行为方式 （5）全员参与，团队相互合作与协调 （6）管理层的大力支持与参与 （7）注重人、系统和技术集成	
特点	（1）工具软性，但很有效 （2）注重柔性、灵活性和机动性 （3）强调节流	（1）工具精良、功能强大 （2）注重系统性、规范化 （3）强调开源
工作方式	自下而上推动，线外控制	自上而下推动，线外与在线控制结合
主要效果	（1）减少一切浪费 （2）优化流程、缩短交货期 （3）提高生产率 （4）降低成本，改善资本投入	（1）减少变异、统一产出 （2）消除缺陷，改进质量 （3）增加顾客价值，提高利润 （4）顾客满意与忠诚
长处	（1）持续的全面创新和变革 （2）强调连续流动和拉动 （3）与相关利益主体全面合作关系 （4）整体优化，追求尽善尽美 （5）见效快	（1）应用大量统计工具，精确界定问题 （2）流程彻底改进和设计 （3）追求完美和精求精
不足	（1）过多依赖经验管理，缺乏定量分析 （2）对波动处理不力，难以"精益" （3）属于人才培训和系统方法整合 （4）急功近利，出现"非精益化"反弹	（1）无法提高流程周转速度 （2）不鼓励创新和变革
精益六西格玛优势	通过持续快速改进，消除浪费与缺陷，低成本快速地满足顾客需求，获得竞争优势	

资料来源：何桢和车建国（2005）

　　精益六西格玛不是精益和六西格玛简单相加，而是要把精益和六西格玛有机结合起来，处理整个系统的问题，对于系统中不同过程或同一过程的不同阶段的问题，只有精益生产和六西格玛相互补充，才能达到1+1>2的效果。例如，当过程处于起始状态，问题较为简单时，可以直接用精益生产的方法和工具解决，但随着过程的发展，当问题处于复杂状态时，就要用六西格玛的方法解决。从广义上讲，精益六西格玛是一种基于流程持续改进的管理模式，它以企业战略为导向，以价值、价值流分析为基石，以尽善尽美为目标，通过界定—测量—分析—改进—控制来解决问题，从而提高系统速度、效率、质量，降低成本、消除浪费、创造价值，及时提供给顾客满意的产品或服务，完成社会赋予组织的使命。

　　精益六西格玛管理实施流程可以把精益生产思想和六西格玛管理的 DMAIC 模式结合起来，互相补充，协同运作，其流程如图16-1所示。

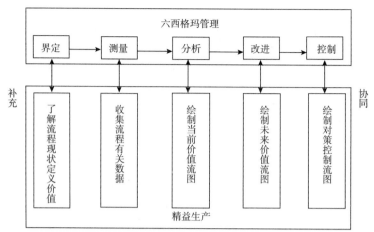

图 16-1　精益六西格玛实施流程图

资料来源：周延虎（2007）

实施精益六西格玛项目时应该合理选择精益生产与六西格玛的工具。选择工具的原则是：结合组织的资源选择最佳的工具，简单的问题要用简单的工具，否则，浪费资源。不同阶段主导工具的选择可以参考图16-2。

界定	测量	分析	改进	控制
问题/目标陈述	测量系统分析	方差分析	关键路径	控制图
排列图	过程能力	多变异分析	全面设备维护	看板管理
卡诺模型	提前期	回归分析	实验设计	可靠性实验
项目识别工具	节拍	相关性分析	改善测量	标准操作程序
价值链分析	循环效率	残差分成	优化技术	可视化技术
头脑风暴	能力利用率	聚类分析	创造性思维	甘特图
平衡计分卡	FMEA	5W1H	数学规划	标准时间
资源分析	直方图	新、老七种工具	图论技术	
基准分析	排列图	价值流图	质量功能展开	
力场分析		动作分析	调优运算	
SIPOC图		抽样分析		
		实验设计		

图 16-2　精益六西格玛实施各阶段工具选择参考图

资料来源：周延虎（2007）

16.5 案例研讨①

科利尔汽车集团（Colliers Motor Group）于1926年在伯明翰创立。该集团在20世纪90年代扩展成7个分公司，分布在英格兰中部地区。这个以中部地区为基地的公司是一个私有企业，2010年时任董事长是艾伦·克拉克，员工近300名。公司目前特许经营的品牌包括日产公司旗下的品牌，以及菲亚特、西亚特、捷豹、马自达、路虎、雪佛兰、本田和标致。

2008年，公司决定解决在伯明翰科克斯格林的科利尔日产公司的一个具体问题。作为业务发展的一部分，该日产特许经销公司的主陈列室将进行翻修。公司希望对未来的翻新活动展开研究并证实：对一个已盈利的特许经销单位将会有什么影响；对其他业务会有什么潜在的效应，尤其是零部件和维修；变化可能会对维修服务带来什么影响。

公司还希望提高车间的效率和售后服务部门的盈利能力。另外，维修部的交货时间在延长，公司需要利用现有设施来提高能力。

16.5.1 日产服务之道

公司报名参加了"日产服务之道"的倡议活动，以求得帮助。这一活动开始于2006年，有100多家经销单位参加。活动以日产公司的名义，由来自雷诺日产咨询公司的精益专家提供培训和现场技术指导。

"日产服务之道"是根据日产精益制造的专业知识而制定的，目的是要将这些原则应用于经销商的工作环境。通过对许多日产经销商的广泛调查，公司发现这些经销单位在服务、维修及客户处理方面的过程效率有着极大的改进余地。经过详细的"时间与动作"研究，绘制出了整个过程中人员的"移动路线"，并确定了布局和工作实践的改进机会。为了优化实际收益，要求经销商调整工作区域以方便采用工厂形式的"标准运作"。

在最初对科利尔汽车集团的评审中，发现问题出在位于展示厅的服务接待区域，包括售后部门和销售部门之间的沟通路线。然后，公司检查了销售过程及执行日常任务的情况，以便了解目前涉及相关部门的过程有效性。

公司决定把重点放在新车交付给顾客前做检验的作业指导书上。这个指导书必须明确相关的资源，诸如技术工人及车辆配件，时间限制必须可行和确保车辆已为实现按时交付做好了一切准备。

16.5.2 发现需改进的区域

为了辨别需要进行的改变，公司使用下面的方法：用过程图对作业指导书进行跟踪；对售后部门进行评估；做车间工作负荷分析；对技术工人的作业进行录像以识别浪费；

① 资料来源：周旭春和奇希蒂（2011）。

作车辆停放的移动流程图。

公司辨别了三个需改变的区域：服务接待区、车间和零部件部门。对于服务接待区，公司已开始检查做什么，以及如何做和为什么这样做。检查包括对预约登记准则和顾客到达服务部门后的整个过程的详细分析等，结果表明在这些方面有改进的空间。

公司对时间进行精确的测算，以反映车间的负荷能力。这意味着需要明确有哪些技术工人、他们的技能如何，以及他们执行任务时的潜在效率如何。

服务部门建立一个机制，可以同时控制可用资源和进行时间限制。零部件部门确保所有部件在需要的时候已准备就绪。在检查车间时，公司认为生产设施、技术工人的生产率和效率也是需改进的地方。

用摄像机捕捉数据，公司绘制出 Spaghetti 图[①]，显示技术工人离开工作岗位时的去向，以及他们为何要离开岗位。公司发现他们离开工作区域，通常是为了取他们放在别处的工具，他们每天还需多次走到零部件部门和服务接待区，等待派工。

通过对零部件部门的检查，公司发现车辆需要的零部件有近20%不能提供。需要建立一个流程，确保常规零部件能保证供应。

16.5.3　应用改进工具

公司第一个步骤是建立一块车间控制板，这块板用来计划技术工人的一天工作量，以便减少与前台的联系。工作计划确保所需技能得到落实、做好车辆在规定的时间点交付的准备。这块板也帮助控制需要留存的车辆，保持车间过程的连续性。该控制板还包括顾客等待提示，有助于减少停车场的拥挤。控制板的一边是技术工人的姓名，另一边是时间。技术工人的工作计划在前一天就制订好了，并贴在板上，这样能使部门经理立刻知道一天是否有充足的工作量，并做好工作量不足的相应准备。

公司还决定在工作区域实施改进。所有的维修设施都安置在工作区域，技工都配有一辆装有维修所需要工具的小车。工作区域的坡道中还配备了另外一些工具，以减少工作停顿时间。公司现在采用了一个标准移动路线，使技术工人能发挥所有的职能，把工作区域的重复走动减到最少。

在获得成功后，这项工作被逐步应用到其他的车间。很明显，团队经过这个过程后观念发生了巨大的变化。公司对作业指导书的流程进行了改进。按顾客信息及工作要求对其进行验证，然后再传递到零部件部门做零件的预提。这使得技术工人遵守工作流程，并专注于他手上的工作，最大限度地减少干扰及离开工作地点的时间。

通过5S审核，公司实现了可持续改进。通过标准的选择，公司确保过程的主要内容能得到保持。公司要求所有个人对他们负责的部分承担责任，并制定了日常行为准则。公司还对过程中的关键部分制定了检查表，服务经理进行审核以确保可持续性。公司把检查表与经销商标准关键绩效指标相关联，用于识别可能出现的不足。

总的来说，项目取得了很大成功。这可以表现在许多不同的方面：服务部门销售的

---

① Spaghetti 图（意大利面条图），用来展示一个实体或多个实体类型（如产品、信息）的实际流动，以及一个流程周期相关的移动距离的工具，它是移动距离和移动方式的可视化表现形式。

增值小时数增加；技术工人的整体效率提高了20%以上，生产率提高了13%；车间利用率增加了10%；每个维修订单的工时收入增加25%。

服务部门净利润环比增长30 000英镑，与上年同期相比利润增加60 000英镑。

改进后的过程，使车辆在三天内可完成准备及交付。这意味着资金在制造商回收车辆费用之前，已经从顾客或金融机构处进入公司的账户。新车也不再占用不必要的停车场地，停车场现在更通畅，有能力确保车辆可以在承诺的时间框架内周转。现在，改进后的过程涵盖了从车辆预订到完成各项手续后提车的整个客户体验。科利尔日产公司能准确地按时为客户提供服务，减少"周转时间"。因此，客户能确保他的车已完全按日产的服务要求进行维修，而且花费更少的时间等待或与经销商工作人员进行讨论。

获得2008年英国质量基金会精益六西格玛奖对科利尔日产公司来说是一个很大的荣誉，它是对团队所有成员的辛勤工作和承诺的表彰。日产汽车（英国）公司的理查德·克拉克和雷诺日产咨询团队合作帮助公司确保项目的所有方面成功部署，并对公司做了承诺。此项目的各项倡议对公司业务领域的各方面都产生了积极的影响，提高了人员的士气、改进了过程，增进了公司的能力和效率、提高了客户满意度、大幅度地增加了公司的利润。

研讨

（1）科利尔日产公司获得2008年英国质量基金会精益六西格玛奖的关键要素是哪些方面？

（2）尝试用其他精益六西格玛策划一个质量改进项目实施方案，进一步提升科利尔日产公司服务水平？

本章小结

技术术语对六西格玛管理来说非常重要。所以统一术语是一个必要的工作，因为六西格玛管理涉及方方面面，几乎所有的员工都有可能参与其中，必须确保来自各个不同部门的员工相互之间的沟通不存在歧义。

尽管大家都是其中的重要一员，但是在六西格玛管理的实施过程中，无论是六西格玛改进还是六西格玛设计，无论是 DMAIC 模式还是六西格玛设计的适用模式的某个环节，管理者都必须为六西格玛活动的成功实施提供推动力和方向并提供必需的资源。当管理层意识到六西格玛管理是用来解决危机或提出愿景的管理模式时，六西格玛管理就开始了。大家各司其职，密切配合才能使项目取得成功。

进一步阅读文献

何桢，车建国. 2005. 精益六西格玛：新竞争优势的来源.天津大学学报(社会科学版)，(5)：321-325.

吉特洛 H S，莱文 D M. 2007. 六西格玛绿带与倡导者手册原理、DMAIC、工具、案例和认证. 张建同，张艳霞，等译. 北京：机械工业出版社.

马林. 2004. 六西格玛管理. 北京：中国人民大学出版社.

潘迪 P S,纽曼 R P,卡瓦诺 R R. 2017. 六西格玛管理法：世界顶级企业追求卓越之道(原书第 2 版). 毕超，崔丽野，马睿，译. 北京：机械工业出版社.

乔治 M L，罗兰兹 D，普赖斯 M，2015. 精益六西格玛工具实践手册. 曹岩，杨丽娜，等译. 北京：
　　机械工业出版社.
周旭春，奇希蒂 A. 2011. 把精益之道导入汽车销售服务过程——英国科利尔汽车集团持续推动改进案
　　例. 上海质量，(1)：28-30.
周延虎. 2007. 精益六西格玛集成应用的若干问题研究. 天津：天津大学.

 思考题

　　1. 一项服务有十个步骤，并且每个步骤都只有一个缺陷机会。如果每个步骤的
DPMO 是2700，最终服务的滚动产出率（RTY）是多少？最终服务的过程西格玛是多少？

　　2. 给出六西格玛管理的非技术性定义。

　　3. 描述过程所有者、倡导者、绿带、黑带大师的角色和职责。

　　4. 举出一个服务类的例子来解释滚动产出率、机会缺陷数、DPMO 和过程西格玛。

　　5. 如何确保精益六西格玛成功实施？